Rita Kohnstamm

Praktische Psychologie des Schulkindes

Rita Kohnstamm

Praktische Psychologie des Schulkindes

Eine Einführung

Mit einer Einleitung von Hans Aebli

Dritte Auflage
unverändert nach der zweiten, vollständig
überarbeiteten und ergänzten Auflage

Verlag Hans Huber
Bern · Göttingen · Toronto · Seattle

Die niederländische Originalausgabe dieses Buches ist unter dem Titel «Kleine Ontwikkelingspsychologie, Deel 2: De Schoolleeftijd» 1987 im Verlag Van Loghum Slaterus, Deventer, erschienen. Der Übersetzung der 2. deutschen Auflage liegt die neueste niederländische Ausgabe zugrunde.
Die Übersetzung stammt von Yves H. W. Fuchs, Nijmegen.

Früher ist erschienen: Rita Kohnstamm, Praktische Kinderpsychologie, eine Einführung für Eltern, Erzieher und Lehrer. Das früher erschienene Buch befaßt sich mit den ersten 7 Lebensjahren. Die beiden Bücher können unabhängig voneinander benutzt werden.

Die Deutsche Bibliothek – CIP-Einheitsaufnahme

Kohnstamm, Rita:
Praktische Psychologie des Schulkindes : eine Einführung / Rita Kohnstamm. Mit einer Einl. von Hans Aebli. [Die Übers. stammt von Yves H. W. Fuchs]. – 3., unveränd. nach der 2., vollst. überarb. und erg. Aufl. – Bern ; Göttingen ; Toronto ; Seattle : Huber, 1996
Einheitssacht.: De schoolleeftijd ⟨dt.⟩
Teilausg. von: Kohnstamm, Rita: Kleine ontwikkelingspsychologie
ISBN 3-456-82826-8

1. Nachdruck 2001
3. Auflage 1996, unverändert nach der 2., vollständig überarbeiteten und ergänzten Auflage

Gesamtherstellung: Druckerei Kösel, Kempten
Printed in Germany

Einleitung

Nach der «Praktischen Kinderpsychologie», in der sie die Entwicklung im Vorschulalter darstellt, legt Rita KOHNSTAMM nunmehr eine Entwicklungspsychologie des Schulkindes vor. Die Zeit von 6 bis 15 Jahren: Freud hatte sie als Latenzperiode gekennzeichnet, weil er meinte, darüber gebe es nicht viel zu berichten. Auch bei PIAGET ist das Bild der Veränderungen zwischen 6 und 12 Jahren blaß: das wichtige Entwicklungsgeschehen spielt sich bei ihm sozusagen am Rand dieser Periode, zwischen 5 und 7 und von 12 Jahren an ab. Kein Wunder, daß sich Lehrer und Erzieher über die Entwicklungspsychologie der Schuljahre häufig desillusioniert äußern: Hat sie uns wirklich etwas zu geben?

Rita KOHNSTAMMS Buch zeigt, *daß* die Entwicklungspsychologie etwas über diese Zeit zu sagen hat. Dies ist darum möglich, weil sie das Kind nicht als bloßes Naturwesen ansieht, jenseits von Kultur und Erziehung und unabhängig von den gesellschaftlichen Verhältnissen, in denen es aufwächst. Der Mensch ist ein Kulturwesen; das gilt auch schon für das Kind. Sein Verhältnis zur kulturellen und sozialen Umwelt aber wandelt sich im Verlaufe des Schulalters in mannigfaltiger Weise. Rita KOHNSTAMM zeichnet diesen Wandel in seinen zahlreichen Fazetten nach. Darum ist ihr Buch auch keine Entwicklungspsychologie im herkömmlichen Sinn. Es ist ebensosehr eine pädagogische Psychologie.

Das zeigen schon die ersten Kapitel. Es geht um die drei grundlegenden Kulturtechniken des *Lesens,* des *Schreibens* und des *Rechnens.* Jeder von diesen entsprechen psychologische Prozesse: das Entschlüsseln von Symbolen, das Kodieren von Botschaften in gesprochenen und geschriebenen Wortzeichen und das Operieren mit qualitativen und quantitativen Größen. Alle diese geistigen Leistungen haben ihre Vorläufer, aus denen sie sich aufbauen. Das ist der Entwicklungsaspekt des Geschehens.

Dabei spielen auch die Medien eine wichtige Rolle. Darum die Kapitel über die *Kinderbücher,* über *Computer* und über das *Fernsehen.* Das Kind ist eingetaucht in eine Kultur. Sich entwickeln heißt für es, sich mit seiner geistigen Umwelt auseinandersetzen, aus den Medien lernen – oder ihr Opfer werden. Hier schon wird ein weiteres Merkmal von Rita KOHNSTAMMS Buch sichtbar: seine große Modernität. Comicbücher werden ebenso wie «das gute Jugendbuch», die einfachen Computerspiele ebenso wie lehrreiche Computerprogramme besprochen. Bei alledem bleibt die Grundhaltung zuversichtlich und optimistisch. Die moderne Welt wird nicht verteufelt. Auch aus dem Fernsehen können Kinder etwas lernen. Es kann ihre Erfahrung bereichern.

Zwei Kapitel behandeln die *soziale Entwicklung im Schulalter,* einmal so, wie sie sich im Rahmen der Schulklasse und der Familie abspielt, und sodann bezüglich der Inhalte, vor allem der Normen und Werte, die das

Verhalten zum Nächsten bestimmen. Hier erfahren wir Grundlegendes über die Rolle der sozialen Kognitionen, der Wahrnehmung und des Wissens, des Fühlens und des Wollens im Umgang des Kindes mit seinen Altersgenossen und mit den Erwachsenen, Eltern und Lehrern. Rita KOHNSTAMM scheut sich nicht, auch das heiße Eisen der *erzieherischen Autorität* anzufassen. Sie ruft uns dazu einige Grundwahrheiten in Erinnerung, die auch empirisch belegt sind. Das Kind sucht nicht nur Ungebundenheit, es sucht auch einen starken Erwachsenen, der ihm Geborgenheit und Gegenhalt bietet. Das Kapitel über die *Familie* des Kindes und ihren Einfluß auf seine Entwicklung ist realistisch und modern. Es stellt nicht nur die Familie dar, wie sie sein sollte, sondern zeigt auch ihre heutigen Probleme: der arbeitslose Vater, die Probleme, welche die Scheidung der Eltern und die Erziehung durch einen alleinerziehenden Elternteil für das Kind mit sich bringen. Den damit und auch mit anderen Belastungen zusammenhängenden *Kindersorgen* ist ein weiteres ganzes Kapitel gewidmet. Hier läge die Versuchung wohl am nächsten, einem Kultur- und Sozialpessimismus zum Opfer zu fallen. Rita KOHNSTAMM bleibt auch hier zuversichtlich. Sie hat Tröstliches über die Widerstandsfähigkeit und über die Fähigkeit zur Bewältigung von Problemen durch Kinder zu berichten.

Das Ziel der ganzen Entwicklung ist die zunehmende Selbständigkeit des jungen Menschen. Darum finden wir schon im ersten Teil des Buches ein interessantes Kapitel über das *Lernenlernen,* das heißt über den Weg zum selbständigen Lernen und zum Erwerb von autonom anzuwendenden Lernstrategien, und im sozialpsychologischen Teil noch einmal ein Kapitel über das *Selbständigwerden.* Wiederum handelt es sich um ein Problem, das ebensosehr von den Eltern und Erziehern wie vom Kinde selbst gelöst werden muß. Vater und Mutter und die Lehrer müßen sich selbst überflüßig machen, um das Kind in die Autonomie zu entlassen. Das soll aber nicht mit leeren Händen geschehen. Im Verlaufe seines Lernens und seiner Entwicklung soll es mit den geistigen Werkzeugen, den Kompetenzen und den Orientierungsfähigkeiten ausgerüstet werden, die es ihm ermöglichen, seinen Weg selbständig zu verfolgen, wenn die Eltern und Erzieher hinter ihm zurückbleiben.

Man sieht: das Buch bietet scharfsinnige Analysen der kindlichen Entwicklung im Schulalter. Zugleich aber gibt es dem Erzieher viele Hinweise über die Rolle, die er und die Umwelt in der Entwicklung des Kindes spielen, sicher nicht einfache Rezepte, manchmal vielleicht sogar Aussagen von verwirrender Vielfalt. Die Marschrichtung ist jedoch deutlich: es ist der Weg des modernen jungen Menschen in eine moderne Welt, sicher keine problemlose, aber auch eine Welt mit großen Möglichkeiten, in die sich junge Menschen mit Hoffnung und Optimismus hineinwagen können.

Burgdorf/Bern, den 29. Dezember 1987 *Hans Aebli*

Nachbemerkung des Verlags:

Hans Aebli hat diese Einleitung zur ersten Auflage des Buches von Rita Kohnstamm geschrieben. Leider ist er im Sommer 1990 verstorben, so daß es ihm nicht möglich war, seinen Text der zweiten Auflage anzupassen. Wir drucken seine Einleitung daher unverändert nach – in der Meinung, daß sie im Wesentlichen weiterhin gültig ist.

Bern, im Juli 1996 Der Verlag

Inhaltsverzeichnis

1. Kapitel
Lesen lernen

Wann endet in der Entwicklung des Kindes die frühe Kindheit? Die Festlegung auf einen bestimmten Zeitpunkt ist ziemlich willkürlich, denn während jeder Entwicklungsphase wachsen Kinder über die vorangehende Phase hinaus. Das gilt nicht nur für ihre körperliche, sondern auch für ihre geistige Entwicklung. Sie können mehr und wissen mehr, als sie kurz vorher gekonnt und gewußt haben. Trotzdem gab es in den Niederlanden früher einen Zeitpunkt, der eine entscheidende Veränderung in der Entwicklung des Kindes markierte: Die Einschulung in die Grundschule. Im Alter zwischen dem sechsten und siebten Lebensjahr wurde das Kind, wie man sagte, schulpflichtig. Dieser Zeitpunkt ist keineswegs willkürlich gewählt. Auch in anderen europäischen Ländern liegt nämlich das «Schulpflichtalter» in diesem Entwicklungsabschnitt. Die Schulpflicht beginnt beispielsweise in Belgien im Alter von sechs Jahren, in Skandinavien und Rußland im Alter von sieben Jahren. Offenbar sind Kinder in diesem Altersabschnitt reif für das, womit in der Schule das Lernen anfängt: Das Lesen. In den Niederlanden besuchen Kinder jetzt die Grundschule bereits ab dem fünften Lebensjahr. Darüberhinaus will man Lernprozesse nicht mehr auf einen bestimmten Zeitpunkt festlegen, sondern stufenweise gestalten. Trotzdem zeichnet sich ab, daß die meisten Kinder erst nach dem sechsten Lebensjahr für das Lesenlernen reif sind. Kinder, die lesen können, sind keine Kleinkinder mehr. Die Aneignung des Lesens ist ein Meilenstein in der Entwicklung des Kindes. Kinder, die lesen können, führen ein ganz anderes Leben als Kinder, die es noch nicht können. Lesen macht sie unabhängiger und zugleich auch ungeschützter. Diese Kinder kommen auch ohne Hilfe der Eltern an verschiedenartigste Informationen und Erklärungen heran. Auf der anderen Seite können Eltern ihre Kinder auch nicht mehr so wirksam von unerwünschten Informationen abschirmen. Bücher auf dem Regal, Zeitungen auf dem Tisch, Reklameschilder auf der Straße: Kinder, die lesen können, nehmen an der Kultur teil, mit allen ihren positiven und negativen Aspekten. Deshalb fängt dieses Buch, in dem es um «große» Kinder geht, mit dem Thema Lesenlernen an.

Siehe hierzu Praktische Kinderpsychologie, Kapitel 17, Abschnitt «Schulalter», wo gezeigt wird, wie nach PIAGET ein Kind in diesem Alter die Phase der konkreten Denkoperationen erreicht.

Lesevoraussetzungen

Wenn Kinder anfangen, lesen zu lernen, können sie sich bereits seit längerem fließend in ihrer Muttersprache verständigen. Doch das reicht nicht aus, um auch sofort zügig lesen zu können. Hierzu gehört mehr. Virginia MANN nennt Lesen einen Nutznießer der gesprochenen Sprache. Lesen ist eine visuelle Fähigkeit, die auf der gesprochenen Sprache aufbaut. Ohne gesprochene Sprache gäbe es keine geschriebene Sprache. Allerdings handelt es sich beim Lesen um eine andere Kombination von Fähigkeiten als beim Sprechen. Nach RUMELHART beruht das Lesen auf einer einzigartigen Kombination von Fähigkeiten, die bei keiner anderen menschlichen Tätigkeit in genau dieser Zusammensetzung vorkommt. Unter diesem Gesichtspunkt ist es ein Wunder, daß die meisten Kinder ohne allzu große Probleme lesen lernen.

Hieraus ergeben sich zwei große Forschungsaufgaben. Sie betreffen das, was man insgesamt Lesevoraussetzungen nennen kann. Als erstes muß man die Fähigkeiten analysieren, aus denen sich der Lesevorgang zusammensetzt. An zweiter Stelle steht eine Analyse der Lernprozesse, durch die Kinder diese Fähigkeiten erwerben können. Hierbei ergibt sich sogleich ein Untersuchungsproblem. Die für diese Untersuchungen verwendete Methode besteht darin, Kinder miteinander zu vergleichen, die beispielsweise alle aus den ersten drei Klassen der Grundschule kommen, aber entweder als gute oder schlechte Leseschüler eingestuft werden konnten. Man prüfte, wie sich diese beiden Gruppen hinsichtlich ihres Entwicklungsstandes und der spezifischen Fähigkeiten, die zum Lesen gehören, unterscheiden. Kann ein Kind beispielsweise mit seinen Augen etwas vor ihm Stehendes konzentriert betrachten, aber gleichzeitig auch bemerken, was sich daneben befindet? Diese Fähigkeit ist nötig, um sich fließendes Lesen aneignen zu können. Ein anderes Beispiel: Kann ein Kind bei Wörtern, die es hört, die einzelnen Laute unterscheiden? Beim Lesen ist dies wichtig, denn einzelne Buchstaben stehen für einzelne Laute.

Wenn man gute und schlechte Leseschüler in dieser Weise vergleicht, ergeben sich Unterschiede in der genannten Richtung. Die Versuchung ist nun groß, daraus die Schlußfolgerung zu ziehen, daß die so erhobenen Leistungen *Voraussetzungen* für flüssiges Lesen sind. Aber Kritiker dieser Argumentation sind davon überzeugt, daß man mit demselben Recht diese Fähigkeiten für eine *Folge* des Lesens halten kann. Gute Leseschüler können die Beziehung zwischen Buchstaben und Lauten besser als schlechte Leseschüler erkennen, weil beide Gruppen im Lesen unterschiedlich geübt sind. Methodologisch betrachtet, handelt es sich bei solchen Untersuchungen um *Korrelationsstudien*, durch die man herausfinden will, ob zwei Eigenschaften, Fähigkeiten oder Ereignisse überzufällig häufig zusammen auftreten. Was Ursache und was Wirkung ist, darüber sagt dieser Zusammenhang allerdings nichts aus.

Für die von verschiedenen Forschern gefundenen Korrelationen beim Lesenlernen gibt es auch noch eine Art Kompromißerklärung: Die meisten allgemeinen und spezifischen Fähigkeiten sind keine Voraussetzung des Lesenlernens, aber sie erleichtern es. Je stärker diese Fähigkeiten bei Kindern ausgeprägt sind, desto zügiger geht das Lesenlernen voran. Andere Kinder werden erst durch den Vorgang des Lesenlernens in die Lage versetzt, sich eine oder mehrere Fähigkeiten anzueignen.

Bei den am häufigsten verwendeten Lesemethoden werden die verschiedenen Fähigkeiten getrennt geübt. Der Begriff «Lesevoraussetzungen» hat sich inzwischen allerdings eingebürgert. Es gibt keinen Grund, ihn fallen zu lassen, aber man sollte, wenn man von Lesevoraussetzungen spricht, das soeben Besprochene berücksichtigen.

Wortschatz, Aufmerksamkeit und Regeln

Bevor Kinder sich alle für das Lesen einschlägigen Fähigkeiten aneignen können, müssen ihre allgemeine Sprachentwicklung und ihre allgemeine geistige Entwicklung ein bestimmtes Niveau erreicht haben. Nach DUMONT sind das die «Vorläufer» des Lesens.

Erstens muß das Kind über einen bestimmten Wortschatz verfügen. Aber es genügt nicht, konkrete Dinge, die sichtbar oder hörbar sind, mit einem Wort benennen zu können. Ein Wort muß eine Vorstellung hervorrufen können von Dingen, die momentan nicht wahrgenommen werden, denn das geschriebene Wort steht auch für etwas, das im Moment nicht da ist, es sei denn, Abbildungen begleiten die sprachlichen Erläuterungen. Dieser letztere Fall ist ein Mittelding zwischen der Benennung von sichtbaren Gegenständen und von ausschließlich durch Wörter ausgelösten inneren Vorstellungen. Darum sind Bilderbücher für Kleinkinder so wichtig. Bilderbücher bilden eine Brücke zum abstrakten Vorstellungsvermögen, ohne das Lesen nicht möglich ist. Beim Lesen müssen Kinder allein schon durch ein paar Kritzeleien auf dem Papier einen Baum vor sich sehen können, der nicht vorhanden ist.

Zweitens müssen Kinder ihre Aufmerksamkeit auf eine Sache konzentrieren können. Beim Lesen kann man nämlich nicht ab und zu ein paar Wörter lesen und zwischendurch wieder spielen. Eine Untersuchung von WILLOWS und MACKINNON mit Jungen aus einer sechsten Schulklasse zeigt, wie wichtig das Konzentrationsvermögen für das Lesen ist. Gute und schlechte Leseschüler sollten eine Geschichte lesen, die in schwarzen Buchstaben gedruckt war. Die schwarzgedruckten Sätze wechselten mit rotgedruckten Sätzen ab, in denen eine zweite Geschichte erzählt wurde. Es stellte sich heraus, daß beide Gruppen Schwierigkeiten hatten, sich auf eine Geschichte zu konzentrieren. Für die Gruppe der schlechten Leseschüler war allein schon das Vorhandensein eines andersfarbigen *Buchstabenbildes* hinderlich; für die guten Leseschüler dagegen bestand die Schwierigkeit in der Verarbeitung des *Inhaltes* der rotgedruckten Geschichte, der ungewollt durch ihre Köpfe schwirrte.

Drittens müssen Kinder in der Lage sein, feste Regeln einzuhalten. Im Spiel und in der Phantasie ist alles möglich, Regeln können verändert und alles kann auf den Kopf gestellt werden. Ein geschriebener Text dagegen ist einer strengen Gesetzmäßigkeit unterworfen. Zum Beispiel gilt die Regel, daß Wörter in unserer Schrift immer von links nach rechts gelesen werden und daß ein «b» ohne Ausnahme als b-Laut gelesen werden muß und nicht manchmal als r-Laut, nur weil man den Eindruck hat, «Raum» klänge besser als «Baum».

Kurz- und Langzeitgedächtnis

Zur Entwicklung des Gedächtnisses, siehe Praktische Kinderpsychologie, Kapitel 4.

Das Lesen hängt – *viertens* – auch von einer bestimmten Funktionsweise des Gedächtnisses ab. Dieses Gedächtnis, das Kurzzeitgedächtnis, nimmt Informationen auf, mit denen man gerade beschäftigt ist, und hält sie für die unmittelbare Verarbeitung bereit. Während des Lesens machen die Augen fortwährend kleine Sprünge (*Sakkaden*) über ungefähr acht Buchstaben in etwa dreißig Millisekunden. Während der Pausen fixieren die Augen den jeweiligen Text und nehmen die enthaltenen Informationen auf.

«Überschreiben» ist ein Ausdruck aus der Computerwissenschaft. Während man an einem Computer arbeitet, werden die Daten in einem Arbeitsspeicher bereitgehalten. Will man die Daten dauerhaft aufbewahren, dann muß man sie mittels eines Kommandos in einen Plattenspeicher oder eine besondere Diskette überschreiben.

Das Kurzzeitgedächtnis hat eine begrenzte Kapazität. Die Zeitspanne, in der etwas behalten werden kann, umfaßt tatsächlich nur einige Sekunden. In diesem Gedächtnis werden Informationen nur vorläufig aufbewahrt. Um etwas länger zu behalten, muß der Leser die Informationen ins Langzeitgedächtnis *überschreiben*. Beim Lesen spielt das Langzeitgedächtnis dann eine Rolle, wenn es um das Verständnis längerer Texte geht oder dem bereits vorhandenen Wissen neue Informationen zugeführt werden. Während des eigentlichen Leseprozesses benötigt man jedoch vor allem das Kurzzeitgedächtnis. Für Leseanfänger erhält ein Wort erst dann einen Sinn, wenn alle Buchstaben entziffert sind; alle Buchstaben eines Wortes müssen also behalten werden. Für den erfahrenen Leser wird die Bedeutung eines Satzes erst dann erkannt, wenn er ihn zu Ende gelesen hat. Erst dann erschließen sich ihm Form und Inhalt. Ein Satz, der mit «Wenn die Flasche leer war», beginnt, wird wesentlich anders verstanden, wenn darauf folgt: «schlief das Baby sofort ein», als wenn es heißt: «mußten sie zehn Kilometer zu einem Laden mit Campinggas gehen».

Gegen diese Vorstellung vom Lesevorgang spricht eine Theorie von Carpenter und Just, in deren Mittelpunkt der Begriff *immediate assumption* steht. Nach dieser Theorie versuchen Leser, jedes Wort zu interpretieren, sobald sie es lesen. Leser fixieren ein Wort so lange, bis diesem Wort im Zusammenhang mit dem vorangegangenen Text eine Bedeutung beigemessen werden kann. Mit jedem folgenden Wort wird der Satz gewissermaßen neu interpretiert. Manchmal läßt der Leser die Augen wieder auf das vorangegangene Wort zurückspringen, um die Bedeutung des zuletzt gelesenen Wortes besser bestimmen zu können. Durch die genaue Messung der Augenbewegungen kann man für jedes Wort angeben, wie lange und wie oft es fixiert wird. Carpenter und Just sehen dies als Bestätigung ihrer Theorie, daß Wörter, die einem Satz eine andere Wendung geben (eine neue Interpretation notwendig machen), länger und öfter fixiert werden als Wörter, die die vorhandene Information lediglich erweitern. Das durch die Messung von Fixationen erhaltene Muster der Augenbewegungen spiegelt den syntaktischen und semantischen Schwierigkeitsgrad des Satzes wider. Kleinkinder können weniger im Kurzzeitgedächtnis speichern als ältere Kinder und Erwachsene. Für diesen Unterschied ist nicht der Umfang des Kurzzeitgedächtnisses ausschlaggebend. Das Gedächtnis ist nämlich nicht ein bestimmter Behälter im Kopf, der mehr oder weniger gefüllt ist. Etwas behalten, «es im

Die Syntax betrifft die Grammatik, die Semantik die inhaltliche Bedeutung. Siehe hierzu Praktische Kinderpsychologie, Kapitel 16.

Gedächtnis besitzen», sei es für kurz oder für lang, bedeutet, eine Verbindung zwischen Nervenzellen herstellen. Unter dem Einfluß einer Richtung in der Denkpsychologie – dem *Konnektionismus* – gewinnt man stets mehr die Überzeugung, daß sich ein bestimmter Gedächtnisinhalt nicht an *einer* Stelle im Gehirn befindet, sondern aus einem festen Muster von Verbindungen zwischen verstreut liegenden Gehirnknotenpunkten besteht, die mittels Schaltungen in einer bestimmten Reihenfolge aktiviert werden können. Darum ist *vergessen* meistens auch keine Frage von *Alles–oder–Nichts*. Es bleibt immer eine vage Idee darüber hängen, um was es sich handelte und wie es sich zusammensetzte, d. h. also, daß nicht das ganze Verbindungsnetzwerk verschwunden ist. Die Anzahl möglicher Schaltungen ist nahezu unendlich. Wenn das Kurzzeitgedächtnis arbeitet, sind diese Schaltungen jedoch von kurzer Dauer. Da Kleinkinder noch nicht so schnell und wirkungsvoll Informationen verarbeiten, werden in kurzen Zeitabschnitten nicht so viele vorläufige Verbindungen hergestellt. Ihre *Gedächtnisspanne* ist noch klein.

Ein Erwachsener kann durchschnittlich sieben Einheiten in seinem Kurzzeitgedächtnis festhalten. Nach Raaymakers bestehen diese aus ungefähr vier neuen Einheiten und drei mehr oder weniger bekannten, wobei das Langzeitgedächtnis Unterstützung bieten kann. Man darf sich diese «Einheiten» jedoch nicht unstrukturiert vorstellen, sondern als sinnvolle Zusammenhänge verschiedener Komplexität. So können Erwachsene innerhalb der sieben Einheiten ihrer Gedächtnisspanne in ihrem Kurzzeitgedächtnis viel mehr behalten als Kinder. Diese Tatsache wurde erstmals durch Miller (1956) beschrieben und *chunking* genannt, was bedeutet, daß Informationen zu Brocken zusammengefaßt werden. Je mehr zusammenhängende Informationselemente die sieben Chunks enthalten, desto wirkungsvoller ist das Kurzzeitgedächtnis. Nach Raaymakers haben verschiedene Untersuchungen gezeigt, daß Kinder im fünften bis sechsten Lebensjahr das Stadium der sieben Chunks erreicht haben, auch wenn in diesen noch nicht so viele Elemente enthalten sind, vielleicht pro Chunk nur ein Element. Dies ist jedoch ausreichend, um mit dem Lesen zu beginnen. Geht man davon aus, daß alle Buchstaben für Leseanfänger noch neu sind, müssen sie drei oder vier in ihrem Kurzzeitgedächtnis behalten, um ein Wort buchstabierend lesen zu können. Haben sie einige Buchstabengruppen im Langzeitgedächtnis gespeichert, so wird die Verarbeitung von sieben Buchstaben möglich. Bei schon lesenden Kindern kommt der Chunkingprozeß erst richtig in Gang. Kurze Wörter, die Kinder schon als Wortbilder erkennen, werden zu kleinen «Brocken» zusammengefaßt. So versteht das Kind mit der Zeit zuerst kurze und dann immer längere Sätze. Das Kurzzeitgedächtnis speichert immer größere Informationsbrocken während des Lesens.

Für das spätere begreifende Lesen, bei dem die ganze Aufmerksamkeit auf den Inhalt gerichtet werden muß, wird das Langzeitgedächtnis stets wichtiger.

Visuelle Diskriminierung

Ein wichtiger Punkt beim Lesenlernen ist, wie gut ein Kind visuell diskriminieren kann. Unterschiede zwischen den Buchstaben sind oft nur klein. Man denke etwa an die Unterschiede zwischen den Buchstaben p, d und b. Verglichen mit älteren Kindern und Erwachsenen sehen jüngere Kinder Dinge mehr als Ganzheiten an. Sie haben Mühe, sich hiervon zu lösen und dieses Ganze in einzelne Merkmale zu zerlegen. Dies macht sich u. a. bei Sortierspielen bemerkbar. Gibt man einem Kleinkind rote und blaue viereckige Bauklötze und außerdem runde Bauklötzchen, die rot und blau sind, kann es entweder alle roten und alle blauen Klötzchen sortieren oder alle runden und alle viereckigen. Es muß bei der Klassifikation lediglich auf *eine* Eigenschaft der Gegenstände achten. Es gelingt dem Kind aber nicht, die Klötze in vier Gruppen aufzuteilen, da es dann bei jedem Klotz gleichzeitig zwei Eigenschaften unterscheiden muß, nämlich die Farbe und die Form. Mit Buchstaben ergeht es dem Kind ähnlich. Jeder Buchstabe besteht aus einer Kombination von Einzelmerkmalen, die gleichzeitig erkannt werden müssen, damit Buchstaben voneinander unterschieden werden können.

Ein Kind ist nach PIAGET dann noch in der präoperationalen Phase. Siehe hierzu Praktische Kinderpsychologie, Kapitel 17, Abschnitt «Kleinkindes- und Vorschulalter nach Piaget».

Ein schönes Beispiel hierzu stammt von Ellen STROMMEN. Für die meisten Menschen ist das Geräusch eines laufenden Motors nur ein undifferenziertes Gebrumme. Erst bei stärkeren Abweichungen hört der *normale* Mensch etwas Verdächtiges, während ein Automechaniker schon die geringste Abweichung erkennen kann. Ähnlich undifferenziert nehmen Kleinkinder Buchstabengruppen wahr. GIBSON unterscheidet u. a. drei solcher Gruppen, bei denen Kinder die zugrundeliegenden Unterschiede zwischen den Buchstaben noch nicht richtig auseinanderhalten. Nach abnehmender Schwierigkeit sind dies: Spiegelbilder und Umkehrungen (p und q; u und n); gerade Linien und Rundungen (u und v); offene und geschlossene Formen (o und c). GIBSON hat nachgewiesen, daß die Verwechslung dieser Buchstabenbilder zwischen dem vierten und achten Lebensjahr abnimmt. Zwischen vier und fünfeinhalb Jahren ist der Entwicklungsfortschritt am stärksten ausgeprägt.

Wenn Kinder älter werden, diskriminieren sie nicht nur besser, sondern sie fangen auch an zu verstehen, daß verschiedenartige Merkmale mit verschiedenen Eigenschaften verbunden sind, auch wenn die Unterschiede nur geringfügig sind. Beispielsweise kann man einen großen Ball treten, aber einen Ballon, der so etwas wie ein «Ball mit einem Faden» ist, nennt man Ballon und hält ihn in die Luft. Dies ist ein Unterschied, den ein Kind schon früh lernen kann, während ihm der Unterschied zwischen einer Papierschere und einer Drahtschere noch nicht geläufig ist. Beim Lesenlernen ist es notwendig, daß ein Kind die Konsequenzen visueller Unterschiede für Aussprache und Bedeutung richtig erfaßt.

Obwohl Kleinkinder Gegenstände noch ziemlich global wahrnehmen, lassen sie sich andererseits leicht durch auffällige Details ablenken. Sie prüfen nicht, ob das, was sonst noch zu sehen ist, mit dem

Eindruck übereinstimmt, den das Detail vermittelt. Beim Lesen kann sich dies störend auswirken, nämlich dann, wenn die Aufmerksamkeit eines Kindes z. B. nur auf Rundungen liegt und das Kind deshalb übersieht, daß bei manchen Kreisen an verschiedenen Stellen ein Strich vorhanden ist (lauter o's anstatt p,d,q,b).

Vorbereitung auf das Lesen

Kindern, die noch nicht über die «Vorläuferfähigkeiten des Lesens» verfügen, wird das Lesenlernen schwerer fallen als solchen Kindern, die schon reif für das Lesen sind. Jedoch können auch hier, wie bereits erwähnt, Leseübungen die Entwicklung der *allgemeinen Fertigkeiten* beschleunigen. Für Vorstufen des Lesenlernens sind besondere Übungsaufgaben entwickelt worden, die das Lesen vorbereiten. Was die Leserichtung von links nach rechts anbelangt, werden z. B. die Unterscheidungen von zuerst – mitten – zuletzt, vorne – dazwischen – hinten, auf – unter – daneben, links – rechts anhand von Abbildungen geübt. Für das Erlernen visueller Diskriminierungen sind Übungen entwickelt worden, bei denen Kinder aus einer Anzahl von Bildern, deren Elemente sich nur geringfügig unterscheiden, die beiden identischen Abbildungen herausfinden müssen.

Spielerischer Leseanfang und auditives Bewußtsein

Um richtig lesen zu können, müssen auch Fertigkeiten geübt werden, die nur beim Lesen eine Rolle spielen. Sie werden unter dem Begriff des Frühlesens zusammengefaßt, um sie so vom eigentlichen Lesen abzugrenzen. Bei diesem Lesen geht es spielerisch zu. Das Beherrschen der Schriftzeichen als Lautzeichen steht im Vordergrund. Beim Lesen im engeren Sinn formen die Schriftzeichen dann ein Instrument, bei dem die Aufmerksamkeit auf den Inhalt gerichtet ist.

Eine Befragung (vgl. KOHNSTAMM et al. 1981) hat ergeben, daß nach Auffassung niederländischer und belgischer Lehrkräfte Kinder im Alter von ungefähr sechs Jahren ca. 2000 gesprochene Wörter unterscheiden können sollten. Allerdings begreifen die Kinder noch nicht, daß dieser Wortschatz aus lediglich vierzig verschiedenen Lauten besteht: Den Buchstaben des Alphabets und den Doppellauten. Das müssen Kinder erst lernen, denn die Wörter, die sie lesen, sind Symbole für Laute. Nach DUMONT ist das *auditive Bewußtsein*, wie er es nennt, eine wesentliche Voraussetzung für das Lesenlernen. Solange Kinder dieses Bewußtsein nicht besitzen, haben sie Schwierigkeiten beim Lesenlernen. Verschiedene Aspekte des auditiven Bewußtseins können unterschieden werden. Bei der auditiven *Identifikation* müssen Kinder lernen, daß in verschiedenen Wörtern dieselben Laute vorkommen. Bei Lautübungen zur auditiven Identifikation bemüht sich der Lehrer um eine besonders deutliche Aussprache und fragt das Kind beispielsweise: «Was klingt bei Baum und Raum

Einzelne Laute nennt man in der Sprachwissenschaft «Phoneme». Einzelne dazugehörige Buchstaben nennt man «Grapheme».

gleich?» Die Kinder lernen auch, bei ihrer eigenen Aussprache auf übereinstimmende Laute zu achten. Bei der auditiven *Diskriminierung* müssen Kinder lernen, Unterschiede von Lauten, die beinahe gleich klingen, zu erkennen: «Hörst du zweimal dasselbe in *den* und *denn*?» Danach folgt die auditive *Analyse*. Bei jedem Wort muß ein Kind auf die Reihenfolge der einzelnen Laute achten, um ein geschriebenes Wort gut auszusprechen. Dazu dienen Lautübungen wie «Was hörst du am Anfang von Baum? Was am Ende von Maus? Was in der Mitte von Feuer? Was hörst du hintereinander in Glocke? Und hörst du den Unterschied zu Gockel?» Auch hierbei sprechen die Kinder die Wörter immer nach, so daß sie ein Gefühl für den Aufbau der Laute bekommen.

Das ist aber noch nicht alles. Beim lautierenden Lesen eines Wortes wird auch der umgekehrte Weg eingeschlagen, indem einzeln nacheinander gelesene Laute fließend zu einem Wort verbunden werden. Erst diese auditive *Synthese* oder das Ineinander-Übergehen der Laute (*sound-blending*) ermöglicht es, Wörter ohne Hilfe der dazugehörigen Abbildungen zu lesen und – was noch wichtiger ist – im Laufe der Zeit auch unbekannte Wörter, die noch nicht im Wortschatz vorhanden sind, zu lesen.

Es hängt von der Lesemethode ab, wie diese Lautübungen mit den Buchstaben kombiniert werden. Wenn beim Schreibenlernen die Druckschrift verwendet wird, kann man Buchstaben und Laute so verbinden, daß Kinder zunächst ein in Druckbuchstaben geschriebenes Wort abzeichnen sollen. Nehmen wir als Beispiel die Abbildung eines Vogels, unter der das Wort «Rabe» steht. Dieses Wort müssen die Kinder in vier Laute unterteilen. Weiterhin müssen sie jeden Laut mit einem Schriftzeichen verbinden, indem sie eines nach dem anderen abzeichnen und zum Schluß von den vier Lauten wieder zu dem Wort zurückkehren, das sie als Bezeichnung für einen Vogel kennen: Rabe. Statt abzuzeichnen können Kinder auch verschiedene Buchstabenklötze verwenden, um Worte zu *legen*.

In dem Kapitel «Schreiben lernen» wird besprochen, warum das Abpausen von Druckbuchstaben abgelehnt wird, da es schlecht für die Schreibmotorik sein soll.

Im Leseunterricht geht man heutzutage jedoch vom ganzen Wort aus. Bevorzugt werden Wörter, die Kinder aus ihrem Alltag bereits kennen. Ein solches Wort wird dazu verwendet, um die Prozesse Identifikation, Diskriminierung, Analyse und Synthese zu üben. Wörter sollen fortwährend aufgeteilt und wieder zusammengefügt werden. Dies Verfahren nennt man auch *analytisch-synthetisches* Lesenlernen. Es ist nicht identisch mit der einige Zeit in Mode gewesenen *Ganzheitsmethode* des belgischen Pädagogen DECROLY. Diese arbeitet mit ganzen Wörtern und sogar mit kurzen Sätzen, allerdings werden diese niemals in Laute zerlegt und aus Lauten zusammengefügt. Kinder lernen Wörter als Ganzes erkennen. Man könnte sagen, Wörter, die ein Kind schon vom Sprechen her kennt, bekommen ein geschriebenes Erkennungsbild. Die Methode von DECROLY wurde kritisiert, da Kindern bei dieser Methode das Lesen von neuen Wörtern besonders schwer fiel, da sie zwischen Laut und Buchstaben keine einleuchtende Beziehung sahen.

VENEZKY kam nach verschiedenen Untersuchungen zu dem

Schluß, daß eine Lesemethode, die mit dem Lautaufbau eines Wortes beginnt, schneller zur Worterkennung führt als die Ganzheitsmethode, die von Anfang an mit ganzen Wörtern arbeitet. Die Worterkennung ist bezeichnend für den geübten Leser: Man erkennt ein Wort auf einen Blick als Ganzes. Mit der Strukturmethode lernt das Kind nicht nur die einzelnen Laute und die dazugehörigen Buchstaben, sondern es bekommt auch ein Gefühl dafür, welche Buchstabenkombinationen vorkommen und welche nicht. Diese *orthographischen Gesetzmäßigkeiten* fördern eine schnelle Worterkennung.

Im allgemeinen sind Kinder vor dem sechsten Lebensjahr noch nicht in der Lage, ein *akustisches Bewußtsein* zu entwickeln, und die auditive Identifikation, Diskriminierung, Analyse und Synthese ist nicht möglich. SAVIN hat darauf hingewiesen, daß Kinder, die noch kein akustisches Bewußtsein besitzen, auch keine Geheimsprache entwickeln können, während ältere Kinder oft mit Begeisterung Geheimsprachen konstruieren. Eine solche Geheimsprache beruht meistens auf der systematischen Umstellung oder Auswechslung *eines* Lautes in jedem Wort. Beispielsweise kann der erste Laut eines jeden Wortes weggelassen und dann am Ende eines jeden Wortes isoliert ausgesprochen werden. «Gehen wir schwimmen?» wir dann als «ehen-ge-ir-wewimmen-sch» ausgesprochen. Die genaue Unterscheidung von Lauten ist eine Voraussetzung für Umstellungen dieser Art.

Unbewußte kognitive Prozesse

Kinder, denen ein auditives oder akustisches Bewußtsein noch fehlt, sind nicht in der Lage, Buchstaben für Buchstaben zu lesen. Es kann vorkommen, daß Kinder gut visuell diskriminieren und alle Buchstaben richtig als verschiedene Formen auseinanderhalten können. Sie sind aber nicht in der Lage, mit den Formen die zugehörigen Laute zu verbinden, weil die richtige Erkennung der einzelnen Laute noch nicht funktioniert.

Eine von ROZIN entwickelte Theorie des Lesenlernens legt den Schwerpunkt auf die Prozesse der Diskriminierung. ROZIN unterscheidet das *bewußte* und *unbewußte* Erkennen von Lautunterschieden. Bei Kleinkindern ist das bewußte Erkennen noch nicht ausgebildet, während das unbewußte Erkennen bereits möglich ist. Diese Annahme wird aus der Evolutionsgeschichte begründet. Im allgemeinen geht man davon aus, daß bei der Informationsverarbeitung des Menschen bestimmte psychologische Fähigkeiten bedeutsam sind. Im Verlauf der menschlichen Evolution haben sich Verhaltensmuster herausgebildet, die ursprünglich für die Anpassung an neue Situationen geeignet waren und die dann weitergegeben wurden. Dies gilt auch für kognitive Prozesse. In der Geschichte der Menschheit ist die Differenzierung von Lautunterschieden überlebenswichtig geworden, da hierdurch die Möglichkeiten der Kommunikation verbessert wurden. Zu den angeborenen, instinktiven Möglichkeiten der Menschen gehört eben auch das Sprechen in fein abgestuften Lauten ohne bewußte

Vielleicht wurde ROZIN durch den Kulturphilosophen MCLUHAN inspiriert, der durch «The medium is the message» bekannt geworden ist: in der Zeit, in der man nur mündlich miteinander kommunizierte, waren die Eigenschaften der Stimme, wie beispielsweise Lautstärke und Artikulation, wichtig. Dies kann man mit Handlungen vergleichen, die man völlig gedankenlos ausführt, die jedoch mißlingen, sobald man bewußt darüber nachdenkt, was man tut.

Kontrolle. Hierbei handelt es sich um einen unbewußten kognitiven Prozeß, dessen Abläufe nicht beliebig kontrolliert werden können. Beim Schreiben und Lesen sind allerdings auch bewußte Kontrollprozesse notwendig. Menschen sind, verglichen mit Tieren, höher entwickelt, weil auch die instinktiven Verhaltensmöglichkeiten dem Bewußtsein zugänglich sind und für andere als die biologisch vorprogrammierten Zwecke benützt werden können. Aber das ist mit Aufwand verbunden. Kinder, die fließend und artikuliert sprechen, sind nicht ohne weiteres in der Lage, ihre eigenen Äußerungen in Laute zu unterteilen. Die Aufteilung in Laute ist kein *natürlicher* Prozeß, sondern abhängig von Lernprozessen.

Die moderne Computertechnik ermöglicht neue Formen der Lautübungen. Gegenwärtig werden Programme entwickelt, mit denen Kinder vor dem Bildschirm und versehen mit Kopfhörern den Leseanfang üben können. Über die Kopfhörer erhält das Kind Aufträge, die es ausführen muß, z. B. mit dem Finger auf dem Bildschirm einen bestimmten Buchstaben anweisen, zeigen, wo sich ein Buchstabe im Wort befindet usw. Wörter, die auf dem Bildschirm erscheinen und die das Kind nicht lesen kann, können von ihm angewiesen werden, worauf sie ihm über die Kopfhörer vorgelesen werden. Mit Sicherheit wird es bald möglich sein, daß Kinder während des Eintippens eines Wortes in eine Tastatur gleichzeitig die entsprechende lautliche Form des Wortes hören können. Hierdurch wird das auditive Bewußtsein geschärft.

Mehr Informationen über die erzieherischen Möglichkeiten des Computers enthält Kapitel 7.

Das Lesenlernen als eine Technik und ein Sprachinstrument verläuft in erster Linie vom buchstabierenden zum erkennenden Lesen. Beim buchstabierenden Lesen geht es um das Unterscheiden und später das Zusammensetzen von Buchstaben. Beim erkennenden Lesen kann das Kind Wörter, die ihm vertraut sind, mit einem Blick lesen, ohne sie erst buchstabieren zu müssen. Untersuchungen, beispielsweise von REITSMA legen nahe, daß Kinder Zugang zu einer Art *innerem Lexikon* der Schriftsprache haben, das Bestandteil ihres sprachlichen Wissens ist. Da jedes Wort eine einzigartige Buchstabenkombination besitzt, ist es nach einiger Zeit nicht mehr notwendig, alle Buchstaben zum Erkennen des Wortes identifizieren zu müssen.

Nachdem eine Schulklasse als Ganzes das Lesen beherrscht, zeichnen sich deutlich individuelle Unterschiede ab. Der auffallenste Unterschied ist der Unterschied zwischen Jungen und Mädchen. Mädchen sind im allgemeinen besser im Lesen als Jungen. Im Großen und Ganzen ist dieser Unterschied nicht besonders groß und ist daher für die Praxis des Unterrichts nicht von Bedeutung, jedoch wissenschaftlich gesehen sehr interessant, da er bei Untersuchungen immer wieder festgestellt wird. Groß ist der Unterschied zwischen den Geschlechtern aber in der kleinen Gruppe der Kinder, die Leseprobleme haben: diese Gruppe umfaßt viermal soviel Jungen wie Mädchen.

In der Praktischen Kinderpsychologie, Kapitel 16, wird auch darauf hingewiesen, daß Mädchen im allgemeinen schneller Sprechen lernen als Jungen.

Dyslexie

Untersuchungen von RISPENS haben gezeigt, daß Kinder, die Leseprobleme in einem Alter haben, in dem andere das Lesen bereits beherrschen, nicht so sehr mit der auditiven Diskriminierung Schwierigkeiten haben, sondern daß vielmehr ihre Probleme bei der auditiven Analyse und Synthese beginnen.

Diese schlecht lesenden Kinder werden umgangssprachlich als *wortblind* bezeichnet. Dieser Begriff ist irreführend, denn die hiervon betroffenen Menschen sind alles andere als blind. Die wissenschaftliche Bezeichnung hierfür ist *Dyslexie*, ein Thema, auf das in einem Buch wie diesem leider nicht ausführlich eingegangen werden kann. Einige Aspekte der Dyslexie sollen jedoch auch hier zur Sprache kommen.

Dyslexie bedeutet wörtlich: Gestörtes Lesen.

Man spricht von Leseschwäche oder Dyslexie, wenn ein Kind nach einigen Monaten Leseunterricht noch immer nicht in der Lage ist, einsilbige Wörter wie «Ball» oder «Hut» zu lesen. Manche Kinder können dies zwar, scheitern aber im nächsten Stadium bei komplizierteren Lautkombinationen wie «Schulter» oder «Pinsel». Ein Erkennen des entsprechenden Wortes ist selbst bei wiederholtem Lesen nicht möglich. Es bleibt beim buchstabierenden Lesen, wobei meistens wenig Fehler beim Unterscheiden der einzelnen Buchstaben und der dazugehörigen Laute gemacht werden. Das Straucheln beginnt erst bei der Lautsynthese zu einem Wort, vor allem bei bestimmten Kombinationen.

Die Frage nach den Ursachen für das Andauern solcher Probleme beim Lesen ist noch immer ungelöst. Die Psychologen suchen, wie gleich deutlich werden wird, in allen möglichen Richtungen. Laufend werden neue Erklärungen vorgeschlagen, wodurch die Uneinigkeit immer größer wird.

Auf der Suche nach den Ursachen der Dyslexie werden Psychologen sogleich mit einer Streitfrage konfrontiert: Muß man nach einem Defekt in einer der Teilfertigkeiten beim Lesen suchen, nach einem kaputten Rädchen, durch das das gesamte Räderwerk zum Stillstand kommt, oder ist es so, daß alle Rädchen in Ordnung sind, sie sich jedoch durch einen Mangel an Koordination nicht harmonisch drehen können?

Eine solche beschädigte Teilfähigkeit muß man bei den oben besprochenen Lesevoraussetzungen suchen. In diesem Zusammenhang sind Experimente durchgeführt worden, die von viel Erfindungsreichtum zeugen. Will man einen solchen Defekt feststellen, so wird man erwarten, daß dieser sich nicht nur beim Lesen, sondern auch in anderen Situationen bemerkbar macht. Virginia MANN sucht die Ursache der Abweichung in Unzulänglichkeiten des Kurzzeitgedächntisses bei der Lauterkennung. Sie führte beispielsweise Geräuschexperimente mit reimenden und nicht-reimenden Wörtern und mit sprachlichen und nichtsprachlichen Lauten durch. Ebenso wurde mit bzw. ohne Lärm im Hintergrund oder mit bzw. ohne gleichzeitig erscheinende, dazugehörige Bilder u.s.w. gearbeitet.

Diese Art der Experimente veranlaßte Sylvia FARNHAM-DIGGORY zu dem Protest, «daß es bei den meisten Leseuntersuchungen im Laboratorium überhaupt nicht ums Lesen geht». Sie selbst ist eine Anhängerin der Prozeßtheorie: Ein dyslektisches Kind ist ein Kind, dessen Fähigkeiten im Einzelnen in Ordnung sind, aber dessen Informationsverarbeitungssystem sich beim Lesen, wo diese Fähigkeiten koordiniert werden müssen, inadäquat verhält. Außerdem vertritt sie eine Theorie, die besagt, daß es ein wirkliches Leseproblem gibt und daß Lesen – wie RUMELHART sagt – eine einzigartige Tätigkeit ist. Psychologen wie MANN, BRADY und SHANKWEILER sind dagegen der Ansicht, daß dyslektische Kinder Probleme mit der Sprache im allgemeinen – auch der gesprochenen Sprache – haben. Einige Psychologen gehen noch weiter: Sie betrachten Leseprobleme als allgemein kognitive Probleme, wie beispielsweise das Unvermögen, Regelsysteme anzuwenden und gleichzeitig allerlei Unregelmäßigkeiten zu berücksichtigen. MORRISON: Ein geschriebenes s spricht man wie ein s oder sch aus (Stein), steht ein ch dahinter, spricht man es immer als sch aus. Dieses Entziffern und Decodieren erfordert geistige Flexibilität, was mehr als nur Sprechen ist. Den extremsten Standpunkt vertreten Psychologen wie WOLFORD und FOWLER. Die Annahme, Dyslexie habe nichts mit Intelligenz zu tun, ist ihrer Meinung nach nicht aufrechtzuerhalten. Nach WOLFORD und FOWLER erfordert das Lesen ein gewisses Maß an abstraktem Denken, welches ja wiederum auch bei Intelligenztests gemessen wird. Lesen bedeutet also, weiter zu denken, als der konkrete Reiz der Wortbilder reicht.

Dies könnte man in etwa mit der Minimalen zerebralen Dysfunction vergleichen. Auch hierbei läßt sich keine Veränderung im Gehirn finden, sondern nur eine solche beim Funktionieren des Gehirns.

Wie man mit Kindern, die Leseprobleme haben, umgeht, ist abhängig davon, wo man die Ursache der Dyslexie vermutet. Dieses Problem ausführlich zu behandeln würde jedoch den Rahmen dieses Kapitels sprengen. Jedoch soll noch vermerkt werden, daß die Erkennung und Behandlung von Leseproblemen von allergrößter Wichtigkeit ist. Denkweisen wie «Nur nichts überstürzen» und «das wird sich schon geben» sind nach DUMONT verhängnisvoll. Der Dyslexie kann ein Kind nicht «entwachsen». Das Problem äußert sich sowohl emotional als auch intellektuell. Kinder, die bei einem so spannenden Vorgang wie dem Lesenlernen nicht mit ihren Klassenkameraden mithalten können, verlieren schnell ihr Selbstvertrauen, was möglicherweise eine allgemeine Versagensangst zur Folge hat. Da der Großteil des Lehrstoffs in geschriebener Form vorliegt, bleiben diese Kinder auch beim allgemeinen Lernen zurück, da es ihnen große Mühe bereitet, die geschriebenen Texte zu verstehen. Dies macht es so schwierig zu belegen, daß Leseprobleme etwas mit Intelligenzschwäche zu tun haben. Um gute Resultate bei einem Intelligenztest zu erreichen, ist die Sprache sehr wichtig. Schlechtes Lesen könnte der Grund für schlechte Testresultate sein.

Mehr über die Versagensangst im Kapitel «Kindersorgen».

Wenn man jedoch zugeschnittene Tests verwendet, bestehen unter dyslektischen Kindern genauso Intelligenzunterschiede wie bei Kindern ohne Leseprobleme. Untersuchungen von u. a. Marian ANNETT haben zu überraschenden Resultaten geführt. Sie stellte nämlich fest, daß intelligente dyslektische Schulkinder oft sehr linkshändig waren

(d. h., daß sie alles links taten und mit dieser Hand sehr geschickt waren), und weniger intelligente dyslektische Kinder oft rechtshändig waren (und mit dieser Hand ungeschickt waren). Probleme beim Lesen traten also oft mit einer sehr einseitigen Fertigkeit auf. Kinder ohne Leseprobleme haben ebenso wie die meisten Menschen nur einen geringen Vorzug für rechts: man kann viel mit links, aber mehr mit rechts.

Dies ist einer der Anhaltspunkt bei der Suche nach den tieferen Ursachen der Dyslexie im Gehirn. Denn so groß die Uneinigkeit unter den Psychologen beim Andeuten der Fazette im Leseprozeß, über die dyslektische Kinder straucheln, auch ist, so ist man sich im allgemeinen jedoch darüber einig, daß es irgendwie mit dem Funktionieren des Gehirn zu tun haben muß. Mit Sicherheit können drei Angaben gemacht werden: (1) Es gibt vier mal so viel dyslektische Jungen wie Mädchen, (2) Dyslexie tritt oft zusammen mit Allergie auf und (3) die Vererbung spielt eine Rolle. DUMONT diskutiert eine genetische Untersuchung, aus der hervorgeht, daß Kinder mit einer Dyslexie beinahe immer einen Elternteil haben, der ebenfalls von Dyslexie befallen ist. Die Ausprägung der Dyslexie muß jedoch nicht gleichartig sein.

Dies alles weist auf eine neurobiologische Grundlage der Leseschwäche hin. Aber wo und wie man diese suchen muß, ist noch nicht deutlich. Es muß auf eine komplizierte Art und Weise mit der Funktion des Gehirns zu tun haben.

Die linke und die rechte Gehirnhälfte

Das Gehirn besteht aus einem komplizierten Netzwerk von Nervenfasern und Blutgefäßen, von dem aus die körperlichen und geistigen Prozesse gesteuert werden. Charakterisierend für Menschen ist das hoch entwickelte *Großhirn*, die oberste Lage des Gehirns. Das Großhirn besteht aus zwei Hälften, den *Hemisphären*, verbunden durch ein Bündel von Nervenfasern, dem *Gehirnbalken*. Die Nervenbahnen aus diesen beiden Hälften kreuzen sich im Kopf. An jeder Hemisphäre lassen sich eine Anzahl Lappen unterscheiden: vorne, hinten, an den Seiten und in der Mitte. An den Lappen läßt sich erkennen, daß die Hemisphären hinsichtlich ihres Aufbaus asymmetrisch sind. Schon bei der Geburt sind die Lappen an der linken Seitenlinie größer als auf der rechten, während an der Vorseite rechts größer ist.

Diese Asymmetrie des Aufbaus des Gehirns bringt man in Zusammenhang mit den speziellen *Funktionen*, die die beiden Gehirnbereiche links bzw. rechts ausführen. Den Entwicklungsprozeß, in dem sich jede Gehirnhälfte mehr oder weniger spezialisiert, nennt man *Lateralisation*. Bis vor kurzem ging man davon aus, daß die Lateralisation erst nach der Geburt in Gang kommt. Moderne Untersuchungen haben jedoch gezeigt, daß sie bereits bei der Geburt besteht.

Es handelt sich hierbei um die *geistigen* Prozesse, die vom Gehirn gesteuert werden. Bei rein *körperlichen* Prozessen der sinnlichen Wahrnehmung und Bewegung besteht nämlich sehr wohl eine Funktionssymmetrie: bewußte und unbewußte Prozesse der rechten Körperhälfte werden durch die linke Gehirnhälfte gesteuert – und umgekehrt. Das kommt daher, daß sich die Nervenbahnen, die vom Gehirn zum Rest des Körpers laufen, zum Teil hinter den Augen kreuzen. Daher bilden die Augen auch eine Ausnahme. (Für das Sehen gilt, daß alle Reize, die bei beiden Augen links auf die Netzhaut fallen, in der linken Hemisphäre, und die Reize, die auf der rechten Seite der Netzhaut eindringen, in der rechten Hemisphäre verarbeitet werden).

Das erklärt, warum die meisten Menschen rechtshändig sind. Die rechte Hand wird von Bereichen der linken Hemisphäre gesteuert. Da diese Bereiche bei den meisten Menschen größer sind als die rechten Bereiche, hat die Steuerung der rechten Hand die *Überhand*.

Bei komplizierteren geistigen Prozessen arbeitet das Gehirn jedoch asymmetrisch. Einige Beispiele: Links ist spezialisiert für alles, was mit Sprache zu tun hat. Rechts ist spezialisiert für das Steuern von Aufmerksamkeit, Emotionen und visueller Raumbestimmung.

Neueste Untersuchungen haben jedoch gezeigt, daß diese Spezialisierung nicht allzu wörtlich genommen werden sollte. Namentlich die noch lange nicht vollständig erfaßten Nervenverbindungen durch den «Balken» machen eine Zusammenarbeit der beiden Hälften viel wahrscheinlicher als eine getrennte Spezialisierung.

Lesen als geistiger Prozeß

Nehmen wir z. B. den Prozeß des Lesenlernens. Er betrifft die Sprache, und wir haben gesehen, daß das Unterscheidenkönnen von Lauten auch notwendig ist. Das *sitzt* alles auf der linken Seite. Jedoch gehört zum vorbereitenden Lesen auch Aufmerksamkeit, Konzentration und Raumbestimmung (vorne, mitten, hinten, unten, oben usw.). Das *sitzt* auf der rechten Seite. Außerdem geht es nicht nur um das *Material*, mit dem man beschäftigt ist (beim Lesen die Sprache), sondern um einen Prozeß mit verschiedenen *Phasen*.

Bradshaw und Nettleton sind der Meinung, daß es bei Sprachprozessen im allgemeinen und beim Lesen im besonderen sowohl Spezialisierung als auch Zusammenarbeit geben muß. Die linke Hemisphäre ist so strukturiert, daß sie Steuerungsprozesse von nacheinander auftretenden Phänomenen ermöglicht. Die Struktur der rechten Hemisphäre ermöglicht die Steuerung ganzheitlicher Prozesse, wobei gleichzeitig auftretende Phänomene als Einheit verarbeitet werden. Beim Lesen werden beide Gehirnhälften benötigt: Die eine Hemisphäre für das Erkennen der einzelnen Buchstaben und Wörter, die andere Hemisphäre für das Erkennen der Beziehungen der Buchstaben zueinander.

Weitere Theorien über den Leseprozeß stammen von Goldberg und Costa, sowie von Sergent. Den ersten beiden zufolge kann die rechte Hemisphäre vor allem neue Informationen verarbeiten, während die linke Hälfte mehr das schon vorhandene Wissen verarbeitet. Für das Lesen sind natürlich beide von Bedeutung. Sergent ist der

Meinung, daß rechts vor allem für schnelle, einfache Denkprozesse verwendet wird, während links zur gründlichen Analyse von komplizierten Informationen dient.

Eine zu starke Symmetrie

Wenn wir an die Dyslexie zurückdenken, ist also deutlich, daß deren tiefere Ursache mit dem Aufbau und den Funktionen des Gehirns zusammenhängt. So wird beispielsweise vermutet, daß etwas beim Funktionieren bestimmter Gehirnzellen die *Sakkaden* unregelmäßig macht, wodurch manchmal kleine Sprünge zurück gemacht werden oder aber kleine Stückchen ausgelassen werden. Dadurch erhalten die Gehirnzellen, die mit der Worterkennung zu tun haben, unvollständige Informationen.

Bei dyslektischen Kindern mit geringer Intelligenz denkt u. a. Marian ANNETT *an genetische Faktoren, die jedoch den Rahmen dieses Buches sprengen würden.*

Die meist gehörte Auffassung ist, daß manche normal intelligente Kinder geboren werden mit einer *stärkeren Symmetrie* des Gehirns, wodurch die linke Hemisphäre nicht größer ist als die rechte oder sogar kleiner. Dadurch wird die Steuerung der Sprachfunktionen und der Lautunterscheidung geschwächt.

Auch in der *Balancetheorie* von BAKKER sind beide Hemisphären beteiligt, wenn auch auf eine andere Art und Weise. In der rechten Hälfte werden vor allem die räumlich-visuellen Prozesse, in der linken Hälfte vor allem die sprachlichen Prozesse gesteuert. Das anfängliche Lesen einzelner Buchstaben ist eine visuell-räumliche Aufgabe. Werden die Buchstaben miteinander verbunden, beginnt schon ein echter Sprachprozeß, denn man muß bedenken, daß ein Kind an Hand der ihm bekannten Wörtern lesen lernt. Eigentlich beginnt dann schon die Worterkennung. Sagt ein Kind buchstabierend R-a-b-e, erlebt es ein Aha-Gefühl von etwas Bekanntem, vorausgesetzt sein Sprachbewußtsein hilft ihm dabei. Dieses Gefühl äußert sich noch stärker beim Erkennen eines schon oft gelesenen Wortes auf einen Blick. Das Kind erkennt so das Sprachsystem, das sich hinter diesen Buchstaben verbirgt. Es versteht, daß gesprochene und geschriebene Wörter dasselbe ausdrücken. Sein Gefühl für die Sprache wird von der linken Hemisphäre gesteuert.

Die Balancetheorie unterstellt, daß bei leseschwachen Kindern der Wechsel von der rechts- zur linkshemisphärischen Steuerung nicht spontan gelingt. Die Ursache hierfür schreibt man sowohl der linken Struktur zu, die weniger als durchschnittlich zur Sprachsteuerung ausgerüstet ist, als auch der rechten Struktur, die überdurchschnittlich entwickelt ist. Die rechte Hemisphäre ist so dominant, daß die linke nicht durchbrechen kann, und das Lesen bleibt im Stadium der räumlichen Unterscheidung einzelner Buchstaben stecken. Dazu paßt, daß dyslektische Kinder häufig eine überdurchschnittliche Fähigkeit zur räumlichen Unterscheidung haben.

Eine mögliche Ursache einer größeren Symmetrie als gewöhnlich wurde von GESCHWIND und GALABURDA formuliert. Sie gehen davon aus, daß beim ungeborenen Kind die *rechte* Hemisphäre *eher fertig ist*. Die *linke* benötigt eine *längere Entwicklung* und ist daher länger störenden Einflüssen ausgesetzt. Ein solcher Einfluß kann das männliche Hormon *Testosteron* sein, das bei Föten beiderlei Geschlechts vorkommt, aber bei Jungen stark zunimmt, sobald sich die Hoden entwickeln. Diese schnelle Zunahme kann sich negativ auf die sich noch entwickelnde Hemisphäre auswirken. Dies könnte erklären, warum Mädchen im allgemeinen besser lesen und warum es mehr dyslektische Jungen als Mädchen gibt.

Eine weitere Ursache sieht man in Störungen des *Abwehrsystems*, da eine derartige Erkrankung der Mutter öfter als zufällig bei dyslektischen Kindern angetroffen wird. Da ein solcher Zusammenhang mit Vätern nicht gefunden wurde, weist alles auf einen ungünstigen Einfluß während des Verbleibs in der Gebärmutter in. BRYCE- SMITH hat bei dyslektischen Kindern einen Mangel an *Zink* festgestellt und geht davon aus, daß dies schon während der Schwangerschaft der Mutter einen negativen Einfluß auf die Entwicklung des Gehirns haben kann. Man kann sich leicht vorstellen, daß man über den *Aufbau* des Gehirns viel durch Leichenschau (*Autopsie*) erfahren kann, daß man aber das *Funktionieren* des Gehirns nur indirekt studieren kann. Nach Unfällen z.B. wird das Gehirn an einer bestimmten Stelle beschädigt; durch Beobachtung, was diese Menschen nicht mehr bzw. nicht mehr so gut können, kann man Schlußfolgerungen über das Funktionieren dieser Gehirnteile ziehen. Eine andere Methode ist die Analyse von gleichzeitig auftretenden Phänomenen, wie beispielsweise das zuvor erwähnte gemeinsame Auftreten von Dyslexie und dem Vorzug für eine Hand oder von Dyslexie und räumlicher Einsicht.

Begreifendes Lesen

Das Ziel des Lesenlernens ist das begreifende Lesen. Dieses begreifende Lesen ist ein Verfahren, ein Instrument, das Kinder automatisch handhaben können, um einen Inhalt zu erfassen und alle Aufmerksamkeit auf die Aussage des Textes zu richten. Lediglich bei unbekannten Wörtern stockt der automatisierte Leseprozeß kurz. Das betreffende Wort muß dann bewußt gelesen werden. Im Durchschnitt dauert es zwei Jahre, bis ein Kind fließend lesen kann. Ob es dann auch schon gut begreift, was es liest, ist eine andere Frage.

Der Begriff «gut» ist in diesem Zusammenhang kein eindeutiges Kriterium. Nach GIBSON und LEVIN muß man den Grund, warum jemand etwas liest, berücksichtigen. Liest man zur Entspannung? Oder um auf dem Laufenden zu bleiben? Dies hat Einfluß auf die Intensität, mit der man sich in einen Text vertieft. Das Überfliegen von Schlagzeilen wird eher zu einem «guten» Resultat führen als die Beantwortung einer Examensfrage. Was den Text selber betrifft, ist es wichtig, ob er leicht zu verstehen ist und ob es sich um ein dem Leser vertrautes Thema handelt. Wichtig ist auch, ob der Leser Spaß an der Lektüre hat oder ob es sich um eine Pflichtübung handelt. Eine weitere Komponente ist der Stil: Ist er klar und deutlich oder nicht? Denn

Personen, die aus der gleichen Motivation heraus denselben Text lesen und auch mit der technischen Seite des Lesens keine oder die gleiche Mühe haben, holen nicht notwendigerweise dasselbe oder ebensoviel aus diesem Text heraus. Hinsichtlich des begreifenden Lesens können zwischen den Lesern also große Unterschiede bestehen. CARR unterscheidet zwei wichtige Kategorien, denen diese Unterschiede zuzuordnen sind. Die erste Kategorie beinhaltet das Gefühl für bestimmte Nuancen, die einem Satz eine andere Wendung geben können. Hierzu gehört auch die Unterscheidung von Haupt- und Nebensachen und das Verständnis für die Bedeutung grammatischer Strukturen. «Maria wurde so böse, daß sie eine Masche fallen ließ». «Maria wurde böse, so daß sie eine Masche fallen ließ». «Maria wurde böse, weil sie eine Masche fallen ließ». Hier geht es um drei Sätze mit zwei gleichen Erscheinungen, dem Bösesein und dem Maschenfallenlassen, die sich in ihrer Bedeutung jedoch subtil unterscheiden. Die zweite Kategorie betrifft das Gefühl für Implikationen, d. h. für das, was nicht ausdrücklich gesagt wird, sondern durch das schon vorhandene Wissen ergänzt wird. «Hans hob das Tier, das aus dem Nest in die Dachrinne gefallen war, auf.» Ein Kind, das schnell begreift, versteht, auch ohne daß es wörtlich ausgedrückt wird: Es handelt sich hier um einen Vogel. Die Kehrseite der Medaille ist, daß man manchmal liest, was man erwartet, und nicht, was da steht.

In diesem Zusammenhang ist ein Experiment von WOLFORD und FOWLER interessant. Die beiden Forscher wollten zeigen, daß der Unterschied zwischen Kindern mit Leseproblemen und Kindern ohne Leseprobleme auf das Folgern bzw. Nicht-folgern auf der Grundlage unvollständiger Information zurückzuführen ist. Achtjährige Kinder lernten eine Anzahl chinesischer Schriftzeichen. Bei den Tests wurden Schriftzeichen verwendet, die entweder gleich, beinahe gleich oder verschieden aussahen. Die beinahe gleich aussehenden Schriftzeichen erkannten die guten Leser leichter als die schlechten Leser.

Gute technische Leser darf man jedoch nicht mit gut begreifenden Lesern gleichsetzen. Beim technischen Lesen kommt die Intelligenz zwar auch bis zu einem gewissen Grad zum Ausdruck, es ist aber nicht – wie das begreifende Lesen – eine ausschließliche Angelegenheit der Intelligenz. Dieser Unterschied gilt für Erwachsene und für Kinder.

Mehr über Intelligenzunterschiede im Kapitel «Lesen lernen».

Das Lesen von Schriftzeichen

Die erste durch Menschen im Laufe der Zeit entwickelte Schrift bestand aus Bildern, genauer, aus Zeichen für ganze Wörter oder Silben. Diese Schreibweise erforderte keine Aufteilung in einzelne Laute. In China und Japan besteht die Schrift noch immer aus tausenden von Schriftzeichen und stilisierten Formen früherer Bilder. Japan verwendet ungefähr 2000 chinesische Wortzeichen und eine ergänzende Silbenschrift. Auffallend ist, daß bei dieser Schriftform das in der westlichen Welt bekannte Leseproblem der *Wortblindheit* kaum besteht. Dies ist vielleicht dadurch zu erklären, daß Kinder nicht einzelne Laute lesen müssen, sondern Wörter und Silben, die akustisch leichter unterscheidbar sind.

Anfangs ging man davon aus, daß es in Ländern, die Wortzeichen verwenden, überhaupt keine Leseprobleme gäbe. Diese Ansicht mußte, u. a. durch die Untersuchungen von STEVENSON, revidiert werden. Da in chinesischen und japanischen Schulen im Chor gelesen wird, fallen Leseprobleme erstens nicht so sehr auf, und zweitens fehlt es an spezifischen Tests, um eventuelle Leseschwierigkeiten aufzuspüren. Ein *wortblindes* Kind wird deshalb möglicherweise als unbegabt (oder faul) angesehen.

2. Kapitel

Das Schreibenlernen

Das Schreiben ist eine *geistige* Aktivität, die eine motorische Aktivität steuert, nämlich die Bewegungen der Muskeln in der schreibenden Hand. Welche geistige Reife muß nun ein Kind erreicht haben, um schreiben lernen zu können? Lesen und Schreiben werden oft in einem Atemzug genannt, was verständlich ist. Bei Wörtern, die man liest oder schreibt, geht es um nicht konkret vorhandene Wirklichkeit. Alles, was Kinder wissen müssen, um lesen zu lernen, gilt auch für das Schreibenlernen. Das betrifft sowohl die Sinnesorgane – beispielsweise ein Wort in seine einzelnen Laute zerlegen zu können – als auch Einsicht, denn Lesen wie auch Schreiben erfordern ein Vorstellungsvermögen.

Zu den Lesevoraussetzungen siehe Kapitel «Lesenlernen».

Daß sowohl dem Lesen- wie auch dem Schreibenlernen eine gemeinsame kognitive Entwicklung zugrunde liegt, läßt sich aus einer Untersuchung des russischen Psychologen Luria folgern. Luria hatte herausgefunden, daß Kinder, die noch nicht schreiben können, eher Zahlen kritzeln können als Wörter. Eine Zahl unter zehn ist ebenso wie ein chinesisches Schriftzeichen als Piktogramm aufzufassen: Ein geschriebenes Symbol steht als Ganzes für etwas und muß nicht in einzelne Wortlaute zerlegt werden.

Der Lehrplan in den meisten Schulen geht von einer bestimmten Logik aus, nach der ein Kind erst zu entziffern lernt, was andere Menschen geschrieben haben (lesen) und danach diese Kunst selber lernt (schreiben). Aber unabhängig davon, ob diese beiden Lernprozesse im Unterricht auseinandergehalten werden oder eng miteinander verbunden werden: Es beginnt alles mit dem Lesen. Das Schreiben ist die Fortsetzung davon.

Im vorderen Orient gab es gegenständliche Mengensymbole (Tonkugeln) schon 5000 Jahre vor den eigentlichen Piktogrammen.

Die Tatsache, daß Kinder erst Druckbuchstaben lernen und danach geschriebene Buchstaben gab Anlaß zu Konflikten unter den Experten. In einigen Lehrmethoden wird nämlich den Kindern zur Unterstützung des Lesenlernens beigebracht, Buchstaben abzupausen oder nachzuzeichnen. Hieraus entsteht dann die geschriebene *Blockschrift*, welche jedoch später beim Lernen der *Schrägschrift* ein Hindernis bilden kann, da die beiden Schreibweisen einen unterschiedlichen motorischen Aufbau haben.

In den letzten zehn Jahren ist es jedoch mit Hilfe der enorm weiterentwickelten Mikroelektronik gelungen, die Bewegungen der Muskeln und den Verlauf der Handbewegung genau zu untersuchen, um so mehr Einsicht in die motorischen Voraussetzungen zu erlangen, die das Schreibenlernen zu einem selbständigen Lernprozeß machen. Nach Van De Pavert müssen Schreiben und Lesen als zwei autonome Funktionen getrennt bleiben. Wenn der Prozeß des Lesenlernens dadurch gefördert werden soll, daß das Kind selber Wörter bildet, kann dies auch mit Hilfe von Buchstabenklötzen oder losen Plastikbuchstaben geschehen; das Kind muß dann die Druckbuchstaben nicht selber schreiben. Neben dem motorischen Argument besteht außerdem noch der Einwand, daß es für Kinder verwirrend ist, mit zwei Buchstabenarten konfrontiert zu werden: Den geraden Druckbuchstaben und den schrägen Schriftbuchstaben. Dies ist jedoch kein gewichtiger Einwand, da Kinder beide Schreibweisen ja schon aus dem täglichen Leben kennen: Die Zeitung, die die Mutter liest, sieht anders aus als der Einkaufszettel, den die Mutter schreibt. Die meisten Kinder wollen natürlich beide «Künste» lernen.

Um allen Konflikten zu entgehen, wird von einigen der Standpunkt verteidigt, sowohl beim Lesen als auch beim Schreiben nur die Blockschrift zu verwenden. Gegner dieser Auffassung glauben beweisen zu können, daß die Schrägschrift «besser von der Hand geht», schneller ist und länger ohne Verkrampfung durchgehalten werden kann.

Schreibvoraussetzungen

Im Nachfolgenden wird vom rechtshändigen Schreiben ausgegangen. Das linkshändige Schreiben wird in einem gesonderten Abschnitt behandelt.

Außer den Voraussetzungen, die schon beim Lesenlernen zur Sprache gekommen sind, sollten beim Schreibenlernen noch zwei weitere genannt werden: Ein notwendiges Niveau an *Koordination von Auge und Hand* und eine *gute Motorik*.

Der erste Punkt spricht für sich selber. Ein Kind muß die Hand, die den Stift festhält, zielgerichtet auf dem Papier führen können. Bezüglich der Motorik ist es wichtig, daß das Kind alle Fingerknöchel kontrollieren und willkürlich biegen und strecken kann, ohne den ganzen Arm zu benützen. Außerdem sind der Daumen und das Handgelenk sehr wichtig. Ein Kind muß diese leicht nach innen oder außen drehen können. Ein Kleinkind beispielsweise zeichnet meistens aus der Schulter heraus. Der ganze Arm macht bei der Zeichenbewegung noch mit. Aber aus dem Kraftgriff der zeichnenden Kleinkindfaust muß der Präzisionsgriff des Grundschülers werden. Dabei stützt er den Stift mit dem Mittelfinger, hält ihn unverkrampft zwischen Daumen und Zeigefinger und steuert ihn durch subtiles Beugen und Strecken der Muskeln und kleiner Drehungen der Gelenke.

Siehe in Praktische Kinderpsychologie, Kapitel 3, Abschnitt «Fein- und Grobmotorik» wie die Entwicklung der Körperbeherrschung von proximal (Muskeln, die dem Gehirn am nächsten sind) zu distal (Muskeln, die dem Gehirn am entferntesten sind) verläuft.

Alfred BINET (1857–1911), französischer Psychologe und Erfinder der Tests, mit denen man Intelligenzunterschiede bei Kindern messen kann. Die modernere Version seines Tests ist unter dem Namen Stanford-Binet bekannt geworden.

Es gibt zwei bekannte Tests, mit denen die motorische Reife eines Kindes untersucht werden kann. Der Test von OSERETSKY wurde mehr oder weniger als motorisches Gegenstück zu dem Intelligenztest von BINET entwickelt. Durch Untersuchungen mit großen Gruppen von Kindern konnte man für jede Altersgruppe das gemittelte Niveau der verschiedenen motorischen Fähigkeiten feststellen. Die Leistung, die ein getestetes Kind erbringt, kann der Leistung gegenübergestellt werden, die als normal für seine Altersgruppe angesehen wird. Darüberhinaus gibt es noch den *Hamm-Marburger Körpergeschicklichkeitstest* mit verfeinerten Meßmethoden, vor allem in Zweifelsfällen. Beide Testmethoden sind sozusagen «auf das Produkt ausgerichtet»,

d. h. sie untersuchen das, was ein bestimmtes Kind kann bzw. nicht kann. Über die vorausgehenden Prozesse, die bestimmte Bewegungen möglich machen und über die Störungen, die eventuell auftreten können, geben diese Tests keinen Aufschluß. Beim Schreiben sind zumindest drei vorausgehende Prozesse zu unterscheiden. *Erstens* muß wahrgenommen werden, daß eine Bewegung verlangt wird und um welche Bewegung es sich handelt, d. h. es muß geschrieben werden, aber um welche Buchstaben geht es? *Zweitens* müssen die hierfür erforderlichen Muskeln durch das Nervensystem stimuliert und koordiniert in Einsatzbereitschaft versetzt werden. Dann erst kommt es – *drittens* – zur tatsächlichen Ausführung der Muskelbewegung, wobei kontrolliert werden muß, ob alles nach Plan verläuft (*feedback*) und ob eventuell Korrekturen oder Nuancierungen angebracht sind.

In Praktische Kinderpsychologie, Kapitel 17, kommt im Abschnitt über die «Denkstrategien» derselbe Einwand im Zusammenhang mit Intelligenztests zur Sprache; der IQ sagt nichts über den Denkprozeß aus.

Feedback (Rückkoppelung) ist ein Begriff aus der Informatik. Er beinhaltet die Information über die Wirkung von Handlungen.

Bei jedem dieser Prozesse sind wieder Teilprozesse zu unterscheiden, und es kann jeden Moment etwas schiefgehen, während das Resultat – das geschriebene Produkt – dasselbe bleibt: Es kommen keine zusammenhängenden Buchstaben aufs Papier. Mit Hilfe der modernen Mikroelektronik versucht man, diese Prozesse so zu analysieren, daß sich die Ursachen der Schreibstörungen bei Kindern aufspüren lassen.

Ein natürliches Schema

Beim Schreibenlernen beginnt ein Kind jedoch nicht an einem absoluten Nullpunkt. Nach LURIA hat das Kind schon in der Kleinkindphase entdeckt, daß aus wild hingekritzelten Linien manchmal etwas zum Vorschein kommt, das Ähnlichkeit hat mit dem, was auch von Erwachsenen produziert wird, und vom Kind bedeutungsvoll etwa so ausgedrückt wird: «Sieh mal, das ist dein Buchstabe, das M von Maria».

Jaqueline GOODNOW zieht Parallelen zwischen dem Schreiben und dem schon früher einsetzenden Zeichnen. Schreiben ist Zeichnen von feststehenden Formen nach einem bestimmten Schema. In der Standardschrift, die man in der Schule lernt, ist nicht nur die Form der Buchstaben festgelegt, sondern auch die Reihenfolge, in der die Linien, die für einen bestimmten Buchstaben nötig sind, gezogen werden müssen. Selbst später, wenn die Schrift durch individuelle, charakteristische Unterschiede gekennzeichnet ist, beginnt man bei jedem Buchstaben an einem bestimmten Punkt und schreibt ihn dann immer nach demselben Schema. Hierbei ist die Frage interessant, ob es beim Zeichnen feststehender Formen so etwas wie eine natürliche Reihenfolge gibt.

Zur Entwicklung des frühen Zeichnens siehe Praktische Kinderpsychologie, Kapitel 15.

Diese Frage veranlaßte GESELL 1946 zu einer Untersuchung, bei der Kinder einfache Formen wie Dreiecke, Kreuze und Vierecke nachzeichnen mußten. Er stellte fest, daß in den verschiedenen Altersstufen tatsächlich ein spontaner Vorzug für eine bestimmte Reihenfolge besteht. So zeichneten 80% der Vierjährigen erst die vertikale Linie eines Kreuzes und danach die horizontale Linie. Jaqueline

Goodnow setzte diese Untersuchungen fort und kam zu der Auffassung, daß man sechs Regeln unterscheiden kann, an die man sich beim Abzeichnen von Figuren in einem bestimmten Alter hält, – oder eben nicht hält. Diese sechs Regeln sind: (1) Beginnen an einem Punkt oben. (2) Beginnen an der linken Seite der Figur. (3) Beginnen mit einer vertikalen Linie. (4) Eine horizontale Linie von links nach rechts ziehen. (5) Eine vertikale Linie von oben nach unten ziehen. (6) Zeichnen ununterbrochener Linien. Diese sechs Regeln können jedoch im Widerspruch zueinander stehen. Wer z. B. ein Viereck in einer ununterbrochenen Linie zeichnen will, muß eine vertikale Linie von unten nach oben ziehen und eine horizontale Linie von rechts nach links. Es geht dann lediglich um die Frage, welche Regeln in solchen Fällen von den einzelnen Altersgruppen bevorzugt angewandt werden. Wir beschränken uns auf einige Beispiele, die im Zusammenhang mit dem Schreiben interessant sein könnten.

Das «Beginnen mit einem Punkt oben links» nimmt ab dem vierten Lebensjahr signifikant zu und genießt auch bei Erwachsenen Vorrang. «Beginnen mit einer vertikalen Linie» kommt bei jüngeren Kindern oft vor, nimmt aber nach dem fünften Lebensjahr ab. Die unterschiedlichen Schreibstile der Menschen bleiben bestehen, jedoch behält jeder Mensch seinen eigenen Vorzug für einen bestimmten Stil. Bis zum sechsten Lebenjahr besteht eine Vorliebe für ununterbrochene Linien, auch wenn das bedeutet, daß eine andere Regel nicht angewendet werden kann; im Alter von neun Jahren ist diese Erscheinung verschwunden.

Nun kann man jedoch nicht sagen, daß die menschliche Schrift aus einem natürlichen Reihenfolgemuster entstanden sei. Dazu sind die kulturellen Unterschiede zu groß. Arabische und hebräische Handschriften laufen beispielsweise in eine ganz andere Richtung als unsere Schrift. Aber bezüglich des Schreibenlernens kann es wichtig sein zu wissen, daß bei einigen Buchstaben die kulturellen Reihenfolgemuster mit der natürlichen Reihenfolge übereinstimmen und bei anderen Buchstaben nicht. Das macht den einen Buchstaben leichter erlernbar als den anderen. Man könnte auf dieser Basis eine Schwierigkeitsskala entwickeln. Aus dieser Sicht wird der Lernprozeß erschwert, wenn man beim Buchstabenlernen immer mit einem Aufwärtsstrich von links*unten* beginnt. In der Tatsache, daß um das sechste Lebensjahr die Vorliebe für ununterbrochene Linien abnimmt, könnte man eine Erklärung dafür sehen, daß das Schreibenlernen von Druckbuchstaben in der ersten Klasse problemloser verläuft als das Erlernen der zusammenhängenden Schrägschrift. Druckbuchstaben werden häufiger in *einzelnen Linienteilen* geschrieben. Schreibenlernen in zusammenhängenden, ununterbrochenen Linien scheint irgendwie gegen die natürliche Entwicklung zu laufen.

Diese Argumentation kann noch erweitert werden. Untersuchungen von Pennings haben gezeigt, daß Erst- und Zweitkläßler der Volksschule (wie sie damals noch hieß), die Druckbuchstaben schreiben lernten, anfangs eine weniger verkrampfte Handschrift hatten als Kinder, die die zusammenhängende Schrägschrift benützten. Als diese

Kinder aber in der dritten Klasse eine zusammenhängende Blockschrift anwenden mußten, verloren sie ihren Vorsprung, und zwar für immer. Dies stimmt überein mit der Feststellung von GESELL, daß mit neun Jahren (3. Klasse) der Vorzug für die ununterbrochenen Linien ganz verschwunden ist. Denn auf einmal zusammenhängend schreiben zu müssen, ist kein natürlicher Vorgang. Mit sechs Jahren dagegen ist der Übergang zur Gewohnheit – sei es auch mit einiger Mühe – noch leichter.

Buchstabenformen

Ein Buchstabe besteht aus einer Anzahl *Strichen*, d. h. Linien in verschiedenen Richtungen, die miteinander verbunden sind. Bei der *Druckschrift* stehen wie bei Druckbuchstaben die vertikalen Striche kerzengerade. Druckbuchstaben können – müssen aber nicht – durch dazwischenliegende Striche verbunden werden. Bei der Schrägschrift neigen sich die vertikalen Linien etwas nach rechts und die Buchstaben sind immer zusammenhängend.

Daß jüngere Kinder vertikale Linien bevorzugen ist wahrscheinlich auch eine Erklärung für das anfänglich leichtere Lernen der Blockschrift im Gegensatz zur Schrägschrift.

Die ältesten Schriften aus unserem Sprachgebiet bestehen aus einer Art Druckbuchstaben. Das kann mit den Schreibgeräten jener Zeit zusammenhängen. Der Schilfrohrstift war allein für gerade Striche zu verwenden. Die später verwendete Feder ermöglichte eine Neigung nach rechts und damit eine schräge, zusammenhängende Schrift. Der noch später entwickelte Federhalter war beinahe nur in geneigter Haltung zu verwenden, was dazu führte, daß die *Schrägschrift* allgemein verwendet wurde. Der Vorteil war, daß dies eine schnelle Schriftform ist, die – vorausgesetzt, sie wurde richtig verwendet längere Zeit ohne Verkrampfung durchgehalten werden konnte. Das kam der steigenden Zahl von Büroangestellten im vorigen Jahrhundert gut gelegen. Die stets zusammenhängenden Buchstaben der Schrägschrift ermöglichten eine fließende Handschrift, da die Hand fortwährend in Bewegung bleibt und ein Buchstabe fließend in den nächsten übergeht. Bei derselben Buchstabenform, jedoch geradestehend geschrieben (*Steilschrift*), stockt die Hand nach jedem Buchstaben für den Bruchteil einer Sekunde, bevor sie mit dem nächsten Buchstaben beginnt.

Die Erfindung der Schreibmaschine hat das stundenlange Schreiben mit der Hand überflüssig gemacht. Füllfederhalter und Kugelschreiber, die sozusagen Allgemeingut sind, ermöglichen viele verschiedene Schrifttypen. Diese zwei Errungenschaften haben auch den Schreibunterricht an den Schulen verändert.

Als im vorigen Jahrhundert die Schulpflicht eingeführt wurde und alle Kinder schreiben lernen mußten, geschah dies mit Übungen in der Schrägschrift nach der Methode des englischen Pädagogen CARSTAIRS oder der des belgischen Pädagogen CALLEWAERT. Das Papier lag gerade auf der Schulbank, parallel zum Schulbankrand. Um dann schräg rechts schreiben zu können, mußte der Schüler schief vor der Schulbank sitzen. Diese Haltung beim Schreiben, vor allem wenn sie länger anhielt, erhöhte das Risiko einer Rückgratsverkrümmung. Die deutschen Ärzte Berlin und Remboldt fanden gegen 1900 die Lösung, die auch heute noch gebräuchlich ist: Das Papier wurde etwas nach links gedreht und der Schreibende konnte gerade sitzen. Durch diese einfache Schreibmethode, die in allen Schulen angewandt wurde, entstanden nationale Handschriften: Spitz, einigermaßen schwungvoll, mit dünnen Aufwärtsstrichen und dicken Abwärtsstrichen. Unter dem Einfluß der *Neuen Sachlichkeit* (dem Bauhausstil) entstand gegen 1925 eine Reformbewegung mit dem Ziel, die Schrift zu vereinfachen. In England wollte man am weitesten gehen und nur lose Druckbuchstaben verwenden (*script writing*). In Deutschland entstand die *Sütterlinschrift*, die zwar zusammenhängend war, aber aus aufrechtstehenden Buchstaben bestand, rund in der Form, mit Geraden anstatt Schleifen. In den Niederlanden wurde diese Schrift unter dem Namen *Koordschrift* bekannt, man fügte ihr jedoch noch eine Variante hinzu: Die nach rechts geneigte Koordschrift.

Der Begriff «Neue Sachlichkeit» (Bauhausstil) bezeichnet eine innovative Richtung in der Kunst und Architektur gegen 1920, in der man nach reiner Funktionalität strebte.

Seit dieser Zeit ist es mit der nationalen Handschrift vorbei. Jede Schule kann ihren eigenen Stil bestimmen und die dabei passende Lehrmethode verwenden. Dazu kommt, daß man den Kindern weniger Zwang auferlegt, genau nach den Regeln der jeweiligen Methode zu schreiben. Stärker als in der ersten Hälfte dieses Jahrhunderts haben Kinder heute die Möglichkeit, ihre Schrift individuell zu variieren, auch dort, wo dies den Gesetzen, denen eine fließende Handschrift unterworfen ist, widerspricht.

Die Strichstruktur

Jeder Buchstabe besteht aus einer einzigartigen Kombination von Strichen, der *Strichstruktur*. Für eine deutlich leserliche Schrift betrachtet man im allgemeinen fünf Striche pro Buchstabe als Maximum. Mehr als fünf Striche bedeutet meistens unnötiges Geschnörkel. Die langen Striche dürfen höchstens doppelt so lang sein wie die kurzen Striche. Bei einer guten Schreibmethode teilt man die Buchstaben nach steigendem Schwierigkeitsgrad der Strichstruktur ein. Jeder Strich verläuft ein wenig anders als der vorausgehende, d. h. es muß immer wieder eine andere Kombination von Muskel- und Gelenkbewegungen in Gang gesetzt werden. Darum muß bei einem Buchstaben der Übergang von einer Richtung in die andere logisch sein. Er darf «nicht gegen den Strich laufen». Viele der runden Formen, wie z. B. die breiten Schleifenbuchstaben, erfordern viel mehr Muskelaktivität als eine Schrift mit kleinen, scharfen Richtungsveränderungen. Bei der Block- und Steilschrift können die Striche vertikal, horizontal und diagonal sein. Die Variation der Richtungsveränderungen untereinander kann also ziemlich groß sein. Bei der Schrägschrift sind alle Striche mehr oder weniger diagonal. Bei dieser Schrift deutet man den Unterschied zwischen den Strichen dann auch lieber mit aufwärts und abwärts als mit horizontal und vertikal an. Die Variation bei der Richtungsveränderung zwischen aufwärts und abwärts ist jedoch klein. Die Logik der Bewegung besagt: Je mehr die Diagonalen sich nach rechts neigen, desto weniger runde Schriftzüge können entstehen. Die Buchstaben können dadurch sehr spitz werden. Umgekehrt gilt dann auch: Je gerader, desto runder.

Was die Buchstaben der Schrägschrift unterscheidet, ist vor allem die Kombination der Abwärtslinien. Anders ausgedrückt: der *Abwärtsverlauf* eines Buchstabens enthält mehr Information als der Aufwärtsverlauf. Der Charakter einer Handschrift äußert sich dementsprechend auch mehr in diesem Abwärtsverlauf als bei anderen Elementen einer Linie. Der Grund hierfür liegt wahrscheinlich darin, daß im allgemeinen in der Feinmotorik Bewegungen, bei denen die Finger gebogen werden, genauer ausgeführt werden können als Bewegungen, bei denen die Finger gestreckt werden. Die Abwärtsbewegung geht *zum Körper hin* und die Finger müssen sich *beugen*. Bei der Aufwärtsbewegung, wobei die Finger sich *strecken* müssen, *entfernt* sich die Schreibbewegung vom Körper, sowohl bei einzelnen Buchstaben wie auch beim Übergang von einem Buchstaben zum anderen.

Um schnell schreiben zu können, sind jedoch nicht nur die Finger notwendig. Auch das Handgelenk muß sich beugend und streckend mitbewegen. Die Bewegungen des Handgelenks sind schneller als die Fingerbewegungen, und bei der Aufwärtsbewegung begünstigt es das Vorwärtskommen. Schreiben aus dem Puls heraus fördert auch die Schräge nach rechts.

Steuern und Korrigieren

Schließlich muß jeder Strich eines Buchstabens von einer Anzahl Muskeln mit einem Kraftstoß ausgeführt werden. Mit einem Stoß muß Geschwindigkeit entstehen, mit einem Stoß abgebremst werden, übergehend zum nächsten Kraftstoß für den folgenden Strich. Dies nennt man *ballistisches* Schreiben. Dem gegenüber steht ein Schreiben, bei dem man die Richtung einzelner Striche mittendrin anpaßt. Dies ist charakteristisch für ein Kind, das noch damit beschäftigt ist, schreiben zu lernen. Es sieht und fühlt durch visuelle und propriozeptive Rückmeldung, daß das, was es tut, nicht ganz richtig ist und korrigiert einen Strich. Hierdurch entstehen unzulässige Knicke. Das Kind hat noch keine *feste Hand*, mit der jeder Strich in einem Zug entsteht.

«Ballistisch» ist ein Begriff aus der Waffenkunde, abgeleitet von dem Wort «Ballistik»: So heißt die Lehre der Bewegungen geschleuderter oder geschossener Körper in der Luft.

Die propriozeptive Wahrnehmung ist die Wahrnehmung der eigenen Bewegungen, Körperhaltung und des Gleichgewichts.

Ein zweiter Schritt besteht darin, daß das Kind zwischen zwei Strichen eine orientierende Pause macht. Es schreibt dann *stückweise*, d. h. ein Buchstabe ist die Summe verschiedener Bewegungselemente. Untersuchungen von GRÜNEWALD haben gezeigt, daß diese Pausen Jahr für Jahr abnehmen und bei neun- bis zehnjährigen das Niveau eines Erwachsenen erreichen. Richtungsveränderungen, bei denen genau dieselbe Strecke zurückverfolgt werden muß, verursachen die längsten Pausen, da sie völlig gegen die Schreibprogression verlaufen. In den meisten Schreibmethoden der Gegenwart werden diese Rückwärtsbewegungen bei den Buchstabenformen vermieden. Ein berüchtigtes Beispiel, womit Kinder früherer Generationen konfrontiert wurden, sind die Häkchen über dem u. Bei einer fließenden Handschrift bleiben diese dann auch weg.

Die längsten Pausen entstehen meistens zwischen zwei Buchstaben. Es sind *drei Verbindungsstriche* zwischen zwei Buchstaben möglich. Horizontal (vom o zum m), diagonal (vom u zum n) und Vertikalverbindungen, wobei die Diagonale in die Vertikale des folgenden Buchstaben übergeht (vom i zum l). Die meisten sind diagonal.

Damit das Kind eine deutliche Rückmeldung über das Muskel- und Tastgefühl bekommt, sollte es rauhes Papier und Bleistift benutzen. Dank dem ziemlich unnachgiebigen Material fühlt das Kind besser, was es tut. Bei der Montessoriunterrichtsmethode beginnt der Lernprozeß, indem Kinder Buchstaben aus Schmirgelpapier abtasten. Aus demselben Grund sind in vielen Teilen Deutschlands Griffel und Schiefertafel beim Schreibenlernen so beliebt geblieben. Gegner der Druckschrift weisen darauf hin, daß die propriozeptive Rückkoppelung bei Druckbuchstaben immer kurz unterbrochen wird, sowohl beim einzelnen Buchstaben als auch zwischen den Buchstaben. Dadurch erhält ein Kind eine weniger zuverlässige Rückmeldung über seinen Bewegungsablauf.

Ein Kind, das gerade erst zu schreiben begonnen hat, drückt noch hart auf das Papier. Das fördert zwar die propriozeptive Rückmeldung, wirkt aber auch verkrampfend. Die Stärke beim Aufdrücken nimmt jedoch mit zunehmder Schreibfertigkeit ab. Am stärksten ist diese Abnahme in der ersten Klasse. Eine gewisse Reibung zwischen Stift und Papier – der Stiftdruck – bleibt jedoch immer bestehen, und jeder Schreiber hat sein eigenes, charakteristisches Druckniveau. Meistens ist dieser Druck am Anfang des Satzes stärker als am Ende. Stärkere Druckschwankungen sind oft ein Zeichen von Verkrampfung. Aber auch das Schreibzeug ist von Bedeutung: Ein Kugelschreiber erfordert mehr Druck als ein Filzstift.

Die Größe der Buchstaben ist bei einer geübten Hand ohne Einfluß darauf, wieviel Zeit man für einen bestimmten Text benötigt. Die Geschwindigkeit der Schrift paßt sich der Größe der Buchstaben an. Untersuchungen von GRÜNEWALD ergaben, daß die Zunahme der Geschwindigkeit in den ersten drei Monaten des Schreibenlernens am größten ist. Danach geht es bis zur vierten Klasse immer etwas schneller. In einer Schulklasse sind die schnellsten Schreiber ungefähr doppelt so schnell wie die langsamsten Schreiber.

Bewegungsschema

Beim Schreibenlernen sind *drei Aspekte* zu unterscheiden. Ein Kind muß lernen zu behalten, wie die einzelnen Buchstaben aussehen und welche Bewegungen nötig sind, um sie zu schreiben: Es muß die Buchstabenbewegungen im Gedächtnis *speichern*. Ferner muß das Kind lernen, während des Schreibens das Wissen über den Bewegungsverlauf schnell aus dem Gedächtnis *abzurufen*, so daß der eine Buchstabe fließend in den nächsten übergehen kann. Zum

Schluß muß das Kind lernen, diese Bewegungen schnell und korrekt *auszuführen*.

Die Speicherung eines Buchstabenbildes und der dazugehörigen Bewegung darf man sich aber nicht zu konkret vorstellen. Was sich schließlich im Kopf eines Kindes festsetzt, ist ein abstraktes Schema der relativen Position der verschiedenen Striche untereinander und die relative Rangordnung der Orientierungspunkte, an denen die Striche die Richtung ändern. Dieses Bewegungsschema sagt aber nichts aus über die *Größe* eines Buchstabens oder über die *Geschwindigkeit*, mit der geschrieben wird, sondern beschränkt sich lediglich auf das *Wechselverhältnis* innerhalb eines Buchstabens. Zur Übung gibt es drei Methoden mit einem steigenden Grad an Abstraktion. (1) Auf dem Papier sind einzelne Punkte vorgedruckt, die das Kind mit Strichen verbinden muß. (2) Das Kind muß, bevor es den Buchstaben schreibt, selber eine Anzahl von Punkten setzen. (3) – die abstrakteste Methode von PANTINA – das Kind muß üben, diese Punkte nur im Kopf zu setzen.

Letztere Methode ist gerade wegen ihrer Abstraktion am beliebtesten, denn der Sinn der Sache besteht darin, ein Bewegungsschema lediglich mit seinen abstrakten Merkmalen zu speichern. Die beiden anderen Methoden machen die Bewegung konkret, da die Punkte tatsächlich vorhanden sind. Eigentlich geht es hierbei mehr um die Übung der Koordination von Auge und Hand. Dieser Einwand gilt auch für das Nachzeichnen und Durchzeichnen von Buchstaben. Das Kind hält sich dann zu sehr an das konkrete Modell. Es ist nicht sinnvoll, daß ein Kind lernt, einem vorgegebenen Weg zu folgen, sondern es muß lernen, die aufeinanderfolgenden Orientierungspunkte aus eigener Kraft zu erreichen. Nach- und Durchzeichnen verhindern das Entstehen eines globalen Schemas, mit dem das Kind beispielsweise gefühlsmäßig erfaßt, daß der kurze Teil des h ungefähr genauso hoch wie breit ist. Aber die Höhe und die Breite sind abhängig von der Größe der Schrift, mit der ein Kind zu einem bestimmten Zeitpunkt schreiben muß. Soll es auf eine Tafel schreiben? Oder in ein Heft zwischen die Zeilen? Mit Filzstift auf ein Stück Papier?

Nach TEULINGS und THOMASSEN ist es wichtig, daß ein Kind beim Lernen verschiedene Schreibgeräte benutzt, verschiedene Schriftgrößen verwendet und in verschiedenem Tempo schreibt. Auf diese Weise erkennt es, daß es sich immer wieder um dieselben *Verhältnisse* handelt.

Zur Kenntniserweiterung ist es weiterhin sinnvoll, Kindern die Gründe für die verschiedenen Buchstabenverbindungen zu verdeutlichen. Beispielsweise kann ein horizontaler Verbindungsstrich nur dann sinnvoll sein, wenn der erste Buchstabe wie beim o obenan endet. Endet er aber wie beim u unten, ist ein diagonaler Strich erforderlich, damit man wieder oben beginnen kann. Ein Aufwärtsstrich endet in einer scharfen Drehung, wie z. B. der erste Strich beim n. Ein etwas runder Aufwärtsstrich mit einer Drehung nach rechts führt zum a, der etwas hohle Aufwärtsstrich mit einer Drehung nach links zum e. Dies kann mit Hilfe von Transparentpapier geschehen, wobei sich auf jedem einzelnen Blatt ein bestimmter Strich befindet. Indem man die Blätter aufeinander legt, kann man demonstrieren, welche Buchstaben in einem logischen Verlauf zueinander passen und welche nicht. MEULENBROEK und DE KLERK raten, in diesem Zusammenhang Ausdrücke wie Fähnchen, Stock, Schleife und Welle zu vermeiden und durch Strukturausdrücke wie auf und ab, schief nach oben, drehend nach links etc. zu ersetzen.

Dies sind einige Möglichkeiten, einem Kind die globale, schematische Form eines Buchstabens zu veranschaulichen. Daß es sowohl beim Lesen wie auch beim Schreiben von Buchstaben auf Schemata ankommt und nicht auf konkrete Formen, zeigt sich beispielsweise in der Tatsache, daß ein Kind ziemlich schnell Druckbuchstaben lesen kann und etwas später auch Handschriften und daß seine persönliche Handschrift als Erwachsener wiederum eine Variante dieses Schemas sein wird. Keine zwei Handschriften sind identisch, jedoch (beinahe) alle sind lesbar.

Abruf und Ausführung

Auch der Abruf einer Buchstabenbewegung aus dem Gedächtnis kann geübt werden. Da es hier darum geht, schnell hintereinander verschiedene Bewegungsstrukturen abzurufen, hat es wenig Sinn, Reihen von gleichen Buchstaben schreiben zu lassen. Vielmehr sollte man Buchstabenpaare verwenden, wobei z. B. der erste Buchstabe derselbe bleibt und der zweite wechselt: la, lo, li, le, lu.

Sowohl beim Üben des Speicherns als auch beim Lernen des Abrufs schreibt das Kind und ist daher immer auch mit dem dritten Aspekt des Schreibenlernens beschäftigt: Der Ausführung. Diese drei Aspekte sind daher auch untrennbar miteinander verbunden. Ein Kind, das Schreibunterricht erhält, legt einmal den Nachdruck auf den einen Aspekt, ein andermal auf einen anderen Aspekt. Jedoch dauert das Lernen des Ausführungsaspekts bedeutend länger als das Lernen von Speicherung und Abrufen. Auch wenn ein Kind weiß, was es tun muß, bleibt die *motorische Ausführung* davon doch noch mühsam.

Das Bewegungsschema, das gespeichert ist und abgerufen wird, muß nämlich in Muskelkommandos umgesetzt werden, durch die die Striche aufs Papier kommen. Oben sind schon verschiedene Fazetten dieser ausführenden Motorik erwähnt worden. Am Anfang schreibt ein Kind noch *strichweise*, jeden Buchstaben Strich für Strich, mit Korrekturen mitten im Strich. Man nennt dies die *Phase des Schreibens nach innerem Modell*. Nach jedem Strich muß das Kind sich das Modell des Buchstabens wieder ins Gedächtnis rufen. Danach kommt die *Etikettenphase*, in der jeder Buchstabe – wenn auch noch etwas zittrig und wenn nötig mit einer kleinen Pause zwischen den Strichen – in einem Zug geschrieben wird, ohne daß bei jedem Strich wieder das Modell ins Gedächtnis gerufen werden muß. Das Buchstabenbild und das Bewegungsschema hat das Kind dann schon fest im Kopf, da eine motorische Gestalt entstanden ist.

Der Begriff «Gestalt» betrifft das Phänomen, daß Menschen zusammenhängende Ganzheiten wahrnehmen und erleben anstatt einzelne Teile.

Die letzte Phase ist die der *Automatisierung*. Die Steuerung der Muskeln durch das aus dem Gedächtnis abgerufene Bewegungsschema geschieht nun unbewußt. Man muß sich ja auch nicht jedesmal wieder bewußt ins Gedächtnis rufen, wie man heißt. Man schreibt einen Buchstaben so «automatisch», wie man seinen Namen nennt.

Linkshändigkeit

Im ersten Kapitel haben wir über die symmetrischen und asymmetrischen Gehirnfunktionen gesprochen. Die Körperbeherrschung fällt unter die symmetrischen Funktionen, wobei allgemein gilt, daß die rechte Körperhälfte durch die linke Gehirnhälfte und die linke Körperhälfte durch die rechte Gehirnhälfte gesteuert wird.

Zur Entwicklung der linken und rechten Gehirnhälfte siehe Kapitel «Lesenlernen».

Etwa 70% der Menschen sind ausgesprochen rechtshändig. Sie haben über die rechte Hand die beste Kontrolle, vor allem, was die Feinmotorik betrifft. Aus diesem Grund ist man zu der Überzeugung gelangt, daß beide Gehirnhälften eine wichtige Steuerungsfunktion haben, sich aber so entwickelt haben, daß die linke Hälfte bezüglich der *motorischen Geschicklichkeit* dominant geworden ist. Wäre dies nicht der Fall, wäre die Fertigkeit der rechten und der linken Hand gleich. Dies ist jedoch nur bei ungefähr 20% der Menschen der Fall, wobei diese für verschiedene Handlungen immer eine bestimmte Hand benützten, z. B. rechts schreiben und links schneiden.

Ein kleiner Teil der Menschen ist ausgesprochen linkshändig. Schätzungen bewegen sich zwischen acht und dreizehn Prozent, wobei der Anteil der Jungen höher liegt als der der Mädchen. VAN DER VLUGT fand bei seinen Untersuchungen heraus, daß dieser Anteil bei den Jungen ungefähr 10% und bei den Mädchen ungefähr 6% beträgt. Hier hat sich die Lateralisation also anders entwickelt.

Bessere Kenntnisse über die Abläufe im Gehirn haben zu der Einsicht geführt, daß man einem Kind seine Linkhändigkeit nicht abgewöhnen soll, sondern daß es sie genauso wie ein Rechtshänder durch Übung beherrschen lernen soll. Eine NIPO-Untersuchung (Nationaal Instituut voor Persoons Onderzoek) von 1982 ergab, daß von Personen über 35 Jahren zwei Prozent, von Personen unter 35 Jahren neun Prozent Linkshänder waren. Bei Schülern der Grundschule geht man heutzutage von dreizehn Prozent aus.

Diese Zahlen zeigen, daß seit den 50er Jahren in den Schulen größere Toleranz hinsichtlich des Linksschreibens herrscht. Vor dieser Zeit wurden Linkshänder gezwungen, rechtshändig zu schreiben. Eine Ursache hierfür kann der Umstand gewesen sein, daß man mit einer Stahlfeder fast nicht links schreiben kann.

Gute Schreibmethoden umfassen gegenwärtig auch Anweisungen für Linkshänder, wobei darauf geachtet wird, daß auch beim linkshändigen Schreiben die Striche der Buchstaben durch Beugung der Muskeln und Gelenke ausgeführt werden und daß sich das Handgelenk bei Aufwärtsstrichen strecken kann, wodurch der Schreibfortgang Kraft bekommt. Das Papier ist dann meistens nach rechts gedreht.

Ein wichtiger Unterschied zur Rechtshändigkeit besteht darin, daß – da unsere Schrift von links nach rechts verläuft – beim Linksschreiben die fortschreitende Bewegung sich nicht vom Körper entfernt, sondern sich auf ihn zu bewegt. Ein Nachteil besteht dann darin, daß der Blick auf das Geschriebene beeinträchtig wird und daß das zum Verwischen der Tinte und zu Flecken auf dem Papier führen kann. Dieses Übel kann jedoch vermieden werden, wenn der Linkshänder von Anfang an lernt, den Stift etwas höher zu fassen. Er kann dann unter der Hand durchsehen.

THOMASSEN und THEULINGS nennen *zwei spontane Bewegungsmuster*, die bei Linkshändern das Spiegelbild der rechtshändigen Bewegungsmuster sind. Bei einer runden Schreibbewegung geht die Bewegung bei Rechtshändern meistens gegen den Uhrzeigersinn, bei Linkshändern dagegen bewegt sie sich im Uhrzeigersinn. Beide orientieren sich dabei an ihrer eigenen Körperachse und bewegen sich in einer Beugebewegung erst zum Körper hin. Beim Ziehen einer geraden Linie haben beide den natürlichen Drang, eine Streckbewegung auszuführen, die sich vom Körper entfernt; bei Rechtshändern also von links nach rechts, oder, wenn es sich um Diagonalen handelt, von links unten nach rechts oben; bei Linkshändern natürlich von rechts nach links und von rechts unten nach links oben.

Die natürlichen Reihenfolgemuster von Rechtshändern stimmen also mit der bestehenden Schreibrichtung überein: Die runden Striche in einem Buchstaben gehen gegen den Uhrzeigersinn, der Fortgang verläuft von links nach rechts. Die spontane Bewegung der Linkshänder ist in diesem Moment gegen den normalen Richtungsverlauf und führt dadurch oft zu einer geraden oder nach hinten geneigten Schrift. Dies war für Jaqueline GOODNOW Anlaß zu der Frage, ob es nicht besser wäre, Kinder, bei denen diese Neigung stark entwickelt ist, jeden einzelnen Buchstaben eines Wortes von rechts nach links schreiben zu lassen.

Schreibstörungen

Dysgraphie ist eine Störung beim Schreibenlernen. Von *Agraphie* spricht man dann, wenn eine einmal erlernte Schreibfertigkeit durch eine Störung im Gehirn wieder verloren gegangen ist. Aufgrund ihrer Untersuchungen betrachtet Elisabeth HAMSTRA-BLETZ ungefähr 10% der Kinder in der Grundschule auf die eine oder andere Art als dysgraphisch, was immer mit anderen Lernproblemen Hand in Hand geht.

Die dysgraphische Skala von DE AJURIAGUERRA ist eine Beurteilungsliste von 25 Handschriftsmerkmalen, mit welchen festgestellt werden kann, ob von einer Störung beim Lernen eines zusammenhängenden Schriftstiles gesprochen werden kann. Die wichtigsten Aspekte hierbei sind anscheinend: Die Buchstabenform, die Schärfe der Konturen, die Größenverhältnisse zwischen den Buchstaben, der Abstand zwischen den Buchstaben und der Zeilenverlauf.

Hierbei wird nur das Schreib*produkt* beurteilt; über die zugrundeliegenden Prozesse, die die Ursache für das schlechte Schreiben sind, wird nichts ausgesagt. Wie bereits erwähnt, steckt die Prozeßanalyse noch in den Kinderschuhen. Man versucht, mit verfeinerten Methoden alle Teilprozesse zu untersuchen, die der eigentlichen Schreibhandlung vorausgehen. Auf den ersten Blick scheint es so zu sein, daß Kinder mit Schreibstörungen vor allem Mühe haben, die einzelnen Teilprozesse aufeinander abzustimmen. Man kann keinen lokalisierbaren Defekt nachweisen, aber an bestimmten Punkten in der Ausführung hapert es mit der *Programmierung*.

Ähnliches kam im Kapitel über das «Lesenlernen» zur Sprache. Auch bei Lesestörungen scheint es sich mehr um Koordinationsprobleme als um einen einzelnen Defekt zu handeln.

Darüber hinaus bestehen eine Reihe von Schreibstörungen, die auf mangelhafte Unterrichtsmethoden und ungenügende praktische Anleitungen zurückzuführen sind. Hierbei geht es beispielsweise um eine schlechte Körperhaltung beim Schreiben, ein verkrampftes Halten des Stiftes oder eine falsche Lage des Papiers. Auch emotionale Probleme können zu Verkrampfungen führen. Handschriften werden dementsprechend – ebenso wie Zeichnungen – gerne für Charakteranalysen verwendet. Auch aus Kinderhandschriften kann man Entwicklungsstörungen, Ängste und andere Emotionen ablesen. Im allgemeinen beruhen derartige Beurteilungen jedoch nicht auf systematischen Untersuchungen, sondern auf der Intuition der «deutenden» Person. Nur sehr erfahrene Lehrkräfte, die hunderte von Kinderhandschriften gesehen haben, können diese auf Grund von Vergleichen bis zu einem gewissen Grad beurteilen. Dies trifft vor allem auf Kinder zu, die ein Lehrer gut kennt und die plötzlich ihren Schreibstil ändern. Man sollte mit solchen Beurteilungen aber eher zurückhaltend sein. Ungefähr in der vierten Klasse, wenn Kinder das Schreiben einigermaßen beherrschen, beginnen viele mit der Schrift zu experimentieren. Das führt oft zu seltsamen und gezierten, manchmal zu steifen und stockenden Schriftzügen, denen jedoch keine tiefen Seelenregungen zugrundeliegen.

Im Kapitel «Computerkinder» wird darauf hingewiesen, daß Kinder, die sehr krakelig schreiben und immer wieder mit ihren eigenen schluderigen Texten konfrontiert werden, durch einen Textverarbeiter wieder Spaß am Schreiben erlangen können.

Sinnvolles Schreiben

Wenn Kinder technisch schreiben gelernt haben, heißt dies noch lange nicht, daß sie ihre Gedanken auch fließend zu Papier bringen können. Das Verfassen von Texten bleibt für viele Schüler lange Zeit problematisch. Untersuchungen von WESDORP ergaben, daß der kommunikative Aspekt des Schreibens bei 44% der Sechstkläßler noch schlecht entwickelt ist.

Dies scheint jedoch ein altes Problem zu sein. GEEL liefert in einer Übersicht zur Aufsatzmethodik der letzten 125 Jahre auch verschiedene Beispiele von Klagen aus dem Schulbereich. Kinder, die sehr bildhaft erzählen konnten, schrieben oft sehr steife Aufsätze. Die Ursache hierfür sah VAN DEN BOSCH gegen Ende des vorigen Jahrhunderts in dem gehobenen Sprachgebrauch, der von den Schülern verlangt wurde, und in den Übungsaufgaben, die den Schwerpunkt auf schwierige Wörter und Synonyme legten. VAN DEN BOSCH setzte sich für einen natürlichen Sprachgebrauch ein und fand in THIJSSEN einen Nachfolger, der davon ausging, daß ein Kind nur «durch Schreiben schreiben lernt». Aufsätze wurden nicht korrigiert, denn es ging lediglich um die Übung als solche. Das Kind sollte lernen, sich frei auszudrücken. Eine Gemeinsamkeit der verschiedenen Methoden, etwas aufzusetzen, – die eine mehr gerichtet auf einen straffen Aufbau, die andere mehr auf Freiheit – bestand darin, daß sie mehr auf Intuition beruhten und die kognitive Entwicklung der Kinder berücksichtigten. Dies könnte ein Grund für die unbefriedigenden Ergebnisse gewesen sein. Das Interesse der kognitiven Psychologie für das Verfassen von Texten ist ziemlich neu und kam erst in den 80er Jahren richtig in Gang, vor allem durch Arbeiten von FLOWER und HAYES und von BEREITER und SCARDAMALIA. Sie untersuchten weniger die Qualität des Endproduktes, sondern mehr den Schreibprozeß selbst, d. h. die kognitiven Prozesse eines Kindes, das einen geschriebenen Text produziert.

Vergleiche hierzu, was in Praktische Kinderpsychologie, Kapitel 17, Abschnitt «Denkstrategien», über erfahrene Schachspieler gesagt wird, die mehr Zeit für die Stellungsanalyse auf dem Schachbrett verwenden als für das Abwägen der einzelnen Züge (das wirkliche «Schachspiel»).

Schreiben beginnt mit der *Planung*, es folgt die *Niederschrift* und nach dem Durchlesen eventuell die *Korrektur*. Bei erfahrenen Schreibern erfordert das Planen relativ mehr Zeit als das eigentliche Schreiben: Für wen schreibe ich? Was will ich erzählen? Was weiß ich darüber? Was muß ich nachschlagen? Wie hängen die Dinge zusammen? Erst wenn dies ungefähr bekannt ist, beginnt die Niederschrift, wobei die dazugehörigen Sätze gebildet werden. Wenn Schüler in der dritten Klasse beginnen, Aufsätze zu schreiben, sind sie zu einer solchen Planung noch nicht in der Lage. Sie beginnen sofort mit der Niederschrift. Ihr größtes Problem besteht darin, daß sie sich schnell *ausgeschrieben* haben. KEENEY stellte fest, daß Kinder, deren Aufsatz aus weniger als 100 Wörtern bestand, dies damit begründeten, daß sie nichts mehr wüßten. Ermunternde Vorschläge wie z. B. «Was kann man denn alles am Strand unternehmen» sind ausreichend, um einen neuen Satz hervorzurufen, danach stockt der Text wieder, selbst wenn es sich um Themen handelt, die Kinder aus ihrem Alltag sehr gut kennen. So wird das Wissen über ein Thema zusammenhangslos aneinandergereiht, bis der Wissensvorrat erschöpft ist. Die fehlende Planung führt zu einer Aufsatzform, die BEREITER und SCARDAMALIA *Wissenswiedergabe* («knowledge telling») nennen. Das Thema ruft bei dem Kind eine erste Assoziation hervor, und etwas Wissen darüber wird aneinandergereiht, bis das eigentliche Thema verschwunden ist. Ein Aufsatz mit dem Thema «Der Winter» beginnt mit «Im Winter kann man einen Schneemann bauen. Dazu muß man eine große Kugel machen. Die Augen macht man aus zwei Steinen. . .»

Ältere Schüler verwenden dies als bewußten Trick im weiterführenden Unterricht, wenn sie eine Antwort auf eine Frage suchen, auf die sie keine direkte Antwort wissen.

Bei einer Wissenserzählung wird nicht kontrolliert, ob der letzte Satz logisch auf dem vorangegangen Satz aufbaut, ob die Übergänge stimmen usw. Das hängt wahrscheinlich damit zusammen, daß das Geschriebene nicht wirklich kommunikativ ist. Der Schüler zählt für sich selbst auf, was ihm über das Thema gerade einfällt, und richtet sich nicht an den Leser, dem etwas erzählt werden soll. «Fertig» bedeutet dementsprechend auch nicht, daß ein Thema vollständig und in einer Weise behandelt worden ist, die für einen anderen verständlich ist, sondern daß das Blatt voll ist oder die zwei aufgegebenen Seiten gefüllt sind.

Das letzte Stadium, das Nachlesen und Korrigieren, betrifft bei erfahrenen Lesern hauptsächlich den Inhalt: Sind die Sätze gut strukturiert? Sollte man diese zwei Sätze vielleicht umdrehen? Unerfahrene Schreiber achten nur auf das Äußere: Die Grammatik, die Orthographie und auf undeutlich geschriebene Buchstaben.

Neuere Programme, die durch kognitive Psychologen wie BEREITER und SCARDAMALIA entworfen wurden, sind auf die Systematisierung der Planungsphase gerichtet, da Schüler diese offensichtlich aus sich selbst heraus nicht entwickeln können. Weiterhin wurden Kontrollelemente eingebaut, an denen Kinder sich orientieren können, um nicht vom Thema abzuschweifen.

Zu den Schwierigkeiten, mit Hilfe eines Textverarbeiters das begreifende Schreiben zu lernen, siehe Kapitel «Computerkinder».

3. Kapitel

Logisches Denken, Rechnen und Mathematik

Zum sinnvollen Lesen siehe Kapitel «Lesenlernen», zum Schreiben siehe Kapitel «Schreibenlernen».

Lesen und schreiben zu können sind Grundvoraussetzungen für das weitere Lernen in der Schule. Für fast alle Fächer gilt, daß der Lehrstoff gelesen werden muß und daß Übungen dazu geschrieben werden. Dabei geht es nicht mehr um die technische Ausführung. Die muß «sitzen», so daß man sich völlig auf den Inhalt des Stoffes konzentrieren kann. Bei beinahe allen Schulfächern erfordert der Inhalt ein Nachdenken, d. h. man beschäftigt sich mit den gesetzmäßigen Zusammenhängen zwischen den Erscheinungen der Wirklichkeit. Diese werden in einem Lehrbuch erklärt, und ein Kind muß sie schriftlich ausdrücken können.

Die Welt ist voll von *Gesetzmäßigkeiten*; Fakten und Ereignisse bestehen nicht isoliert voneinander und treten nicht völlig willkürlich auf, sondern sie bilden zusammenhängende Sequenzen, wodurch sie erklärbar und voraussagbar werden. Wenn man vier Apfelsinen hat und eine davon weggibt, bleiben noch drei Apfelsinen übrig. Wenn eine Autofahrt genau eine Stunde gedauert hat und der Fahrer zehn Minuten nach zwölf Uhr angekommen ist, dann muß er zehn Minuten nach elf Uhr losgefahren sein. Wenn früh morgens eine Eisschicht auf der Straße liegt, muß es in der Nacht zuvor Frost gegeben haben. Wenn auf der Zugstrecke München-Hamburg Kassel weiter nördlich liegt als Nürnberg, muß der aus München kommende Zug erst Nürnberg passieren und dann Kassel. Wenn Stefan ein Einzelkind ist, kann er keine Geschwister haben.

Dies sind Beispiele der unendlich vielen Gesetzmäßigkeiten, die auch untereinander wieder komplex zusammenhängen. Sie gleichen einem Netz von Verbindungen in der Wirklichkeit und bilden deren logische Struktur. Die Sprache ermöglicht es, sich denkend mit der Wirklichkeit zu beschäftigen, ohne daß eine Situation konkret auftreten muß. Man muß nicht wirklich im Zug von München nach Hamburg sitzen und mit eigenen Augen sehen, daß der Zug erst in Nürnberg und dann in Kassel hält. Durch den vorgestellten Sachverhalt kann man zu derselben Schlußfolgerung gelangen. Diese Art des «sich denkend mit der Wirklichkeit beschäftigen» wird im Schulunterricht besonders betont. Dabei wird einerseits Wissen über Tatsachen und Geschehnisse vermittelt und andererseits Einsicht in ihre Zusammenhänge. Die Niederlande haben eine Königin (Tatsache). Die Königin hat drei Söhne und keine Tochter (Tatsache). Also bekommen die Niederlande nach dieser Königin einen König (Schlußfolgerung). Im Alter von sechs bis sieben Jahren sind Kinder in der Lage, die Anfänge einer solchen logischen Schlußfolgerung zu verstehen.

Das Stadium der konkreten Operationen

Nach der Theorie PIAGETS kommen Kinder bezüglich ihrer geistigen Entwicklung im Alter von 6 Jahren allmählich in das Stadium der *konkreten Operationen*. Dies ist die Phase, in der Kinder zu begreifen beginnen, daß der vorgefundene Zustand eines Ereignisses davon abhängt, *was vorher mit ihm geschehen ist* und welche Ursache welche Wirkung hat. Die Schüler lassen sich bei der Beurteilung einer Situation nicht mehr so leicht durch äußerliche Merkmale ablenken, sondern vertiefen sich in die Struktur der Handlung. Während ein Kleinkind noch glaubt, daß die Limonade, die aus einem tiefen, breiten Glas in ein hohes, schmales Glas umgegossen wird, mehr wird (eine Täuschung, die durch äußerliche Merkmale bedingt ist), sieht ein Kind in der Phase der konkreten Operationen ein, daß der Inhalt des Glases gleich bleiben muß, da die Handlung «umgießen» nicht zu einer Verminderung oder Vermehrung einer Menge führt. Sieht ein Schulkind jedoch neben dem hohen, schmalen Glas eine Limonadenlache, wird es zu dem Schluß kommen, daß die Limonade weniger geworden ist – obwohl dies nicht unbedingt dem optischen Eindruck entpricht –, denn der Endzustand weist auf die Handlung «Verschütten».

Zu den Basisprinzipien von PIAGET und über die geistige Entwicklung vor der Schulzeit siehe Praktische Kinderpsychologie, Kapitel 17.

In der von PIAGET entwickelten Theorie geht es um die *Art des Denkens* von Kindern. Dabei handelt es sich nicht um die Ergebnisse des Denkens. In der Schule ist das jedoch genau umgekehrt. Da ist im Lehrplan festgelegt, *was* ein Kind, wenn es um Fakten, Begreifen und Verstehen geht, alles wissen muß. Dies unterscheidet sich also von PIAGETS Arbeiten, obwohl auch er findet, daß man die typischen Kennzeichen des operationalen Denkens im Unterricht berücksichtigen müsse, um so dafür zu sorgen, daß der Lehrstoff begriffen wird. PIAGET spricht sich dafür aus, die geistige Entwicklung einerseits und das Lernen andererseits deutlich zu trennen. Die Entwicklung des Denkens ist ein spontaner Prozeß, den Kinder durchmachen, und der in der menschlichen Natur und in ihrem Erbgut verankert ist, genauso wie das Körperwachstum. Lernen dagegen bedeutet Intervention von außen. Wissen unterschiedlichster Art wird durch die Umwelt – insbesondere durch die Schule – vermittelt, und Zusammenhänge werden erklärt. Aufgrund der kognitiven Entwicklung kann ein Kind Fakten aufnehmen und verstehen, solange die neue Information das Niveau des bisher erworbenen Denkens nicht überschreitet. Kurz ausgedrückt: Nach PIAGET wird erst durch die Denkentwicklung das Lernen möglich. Dies ist genau das Gegenteil der behavioristischen Auffassung, wonach die Entwicklung erst durch Lehrprozesse und die Summe der Lernaktivitäten zustande kommt.

Die Behavioristen betrachten Entwicklung als das Ergebnis eines Komplexes von Verhaltensweisen, die belohnt (und dadurch erhalten bleiben) oder bestraft werden (und darum aufgegeben werden).

Nach PIAGET kann ein einmal erreichtes Denkstadium nicht mehr verloren gehen, während es bei Dingen, die man gelernt hat, vorkommen kann, daß man diese vergißt. Dies steht im Einklang mit seiner Theorie, die *Entwicklung* als *autonomen, internen, gesetzmäßig ablaufenden* Prozeß zu betrachten. So ist beispielsweise die Körpergröße, die ein Kind erreicht (wobei es sich hier – vorausgesetzt das Kind erhält die richtige Ernährung – auch um einen autonomen, gesetzmäßigen Prozeß handelt), nicht rückgängig zu machen.

Damit die internen Prozesse jedoch ablaufen können, benötigt ein Kind Arbeitsmaterial, welches die Schule ihm liefert. Das operationale Denken ermöglicht, daß Kinder etwa vom siebten Lebensjahr an sich für Fakten und Probleme interessieren, die ihnen vermittelt werden und die Verständnis für Zusammenhänge erfordern.

In der Phase der konkreten Operationen kann ein Kind bestimmte *Operationen* ausführen. Es geht hierbei um schlußfolgernde Handlungen, d. h. um das Erkennen von Ursache- und Wirkungsbeziehungen (was führt wozu), und damit um die Bildung interner Handlungsschemata. Derartige Operationen sind «bereinigte Denkhandlung», d. h. von ihnen sind einzelne zufällige Merkmale, die in der konkreten Situation vorhanden sind, abgestreift worden.

Alles nimmt dabei seinen Anfang in konkreten Situationen. Eine *mentale Handlung* (ein Denkprozeß) beruht immer auf einer *körperlichen Handlung* aus einem *früheren Stadium*. Schon während der Ausführung erkennt das Kind die wesentliche Handlungsstruktur und beginnt sie zu «bereinigen». Es hat beispielsweise Limonade, Milch, Suppe und Pudding verkleckert, ebenso wie Hagelzucker und Chips. Aus allen diesen Handlungen (am Tisch, im Bett und im Auto) hat es mit der Zeit zwei Operationen herausdestilliert, die sich prinzipiell unterscheiden (der Rest ist zufällige Äußerlichkeit): Kleckern, wobei etwas verloren geht, und kleckern, wobei das Verkleckerte wieder aufgehoben werden kann. Diese zwei Operationen stehen dem Kind fortan zur Verfügung. Ohne es ausprobieren zu müssen, weiß das Kind nun, daß beim Verschütten von Cola unwiderruflich weniger zu trinken übrig bleibt, während die Chips, die auf den Boden gefallen sind, wieder aufgelesen werden können. Es ist jedoch so – und darum spricht PIAGET auch von *konkreten* Operationen – daß der Denkprozeß sich noch in Bildern vollzieht. Kinder stellen sich noch vor, was passiert und welche Wirkung eintritt; in Gedanken operieren sie noch mit konkreten Objekten und konkreten Operationen. Erst in der Phase der *formalen* Operationen, die nur von ungefähr der Hälfte der Menschen erreicht wird und im späteren Schulalter eintritt, wird es möglich, sich lediglich mit abstrakten Symbolen eine fiktive Wirklichkeit auszudenken.

Das Stadium der konkreten Handlungen ist universell. Das Stadium der formalen Handlungen ist mehr kulturgebunden und vor allem in industrialisierten Gesellschaften, die ein hohes Schulniveau haben, zu finden. Trotzdem erreicht auch hier nur die Hälfte der Menschen dieses Stadium.

Bezeichnend für Operationen – ob sie nun konkret oder später formal sind – ist, daß sie immer ein *logisches Gegenstück* haben, d. h. zu jeder Operation gehört eine Handlung, die den entgegengesetzten Effekt hat: Fallenlassen – aufheben, zusammenbinden – aufmachen, vergößern – verkleinern, zusammenzählen – abziehen, einpacken – auspacken usw. Das ist die Basis der Systembildung, die die Operationen zusammenhält. Nach PIAGET gehört das Verständnis der Umkehrbarkeit dann auch zur Phase der konkreten Operationen. Bei jeder neuen Denkhandlung, mit der Kinder in dieser Phase konfrontiert werden, ist es darum ein wichtiges Kriterium, ob ein Kind wirklich begriffen hat, daß die Handlung auch umgekehrt ausgeführt werden kann. Dies ist erst in der operationalen Phase möglich, denn erst in ihr sind Kinder in der Lage, sich von dem Zustand, in dem sich etwas zu einem bestimmten Zeitpunkt befindet, loszulösen. Solange Kinder Handlungen nur konkret ausführen können, um deren Wirkung auszuprobieren, sind sie nicht in der Lage, bei jeder Handlung auch ihr Gegenstück auszuführen. Durch Handlungen, die dies ermöglichen, entdecken sie das Prinzip der *Reversibilität*.

Erst wenn diese Handlungen als *Denkoperationen* internalisiert sind, können sie sich entgegengesetzte Handlungspaare ausdenken, da in Gedanken alles rückgängig gemacht werden kann. Ein Kind kann sich dann den Prozeß, der zu einem bestimmten Zustand geführt hat, vorstellen, dazu auch die Handlungsumkehrung, vorausgesetzt, es hat den Handlungszusammenhang wirklich erkannt.

Invarianz, Klassifikation, Reziprozität, Relativität

Kinder lösen sich also mit 6 bis 7 Jahren von dem Denken, das nur auf den Zustand gerichtet ist, und verfügen über Denkoperationen. Diese Operationen spiegeln die *zwischen* zwei Zuständen auftretenden Prozesse wider. Sie äußern sich, wie wir im Beispiel vom Umschütten und Verkleckern gesehen haben, auch im Verständnis für *Invarianz*. Invarianz betrifft die physischen Eigenschaften der Objekte: Z. B. Menge, Anzahl, Länge, Oberfläche, Gewicht, Dichte und Inhalt. Das Kind beginnt zu verstehen, welche Handlungen zu Veränderungen dieser physischen Eigenschaften führen und welche nicht. Legt man zehn Bonbons weiter auseinander, dann wird die Reihe zwar *länger*, aber die *Anzahl* nicht größer. Legt man die Bonbons näher aneinander und legt noch einige aus der Tüte dazu, erhöht sich die Anzahl, auch wenn die Reihe gleich lang bleibt.

Im décalage vertical sieht PIAGET das Phänomen, daß ein Problem, für das ein Kind mit Hilfe seiner gegenwärtig vorhandenen Denkschemata eine Lösung gefunden hat, erneut gelöst werden muß, wenn es eine neue Denkform wie z. B. das formale Denken entwickelt hat.

Diese Einsicht reift allmählich, aber nicht für alle Eigenschaften gleichzeitig. Die Oberfläche wird beispielsweise über zwei Eigenschaften definiert, der Inhalt dagegen über drei Eigenschaften. Um nun die Invarianz beurteilen zu können, müssen diese Eigenschaften gleichzeitig berücksichtigt werden. Hier ist der Schwierigkeitsgrad höher als etwa bei der Bestimmung der Anzahl. Die Einsicht in die Invarianz beginnt dementsprechend auch mit Menge und Anzahl. Der Rest folgt später. PIAGET spricht von *décalage vertical* (horizontalen Verschiebungen): Es besteht zwar ein Verständnis für die Invarianz einfacher Größen, das kann aber noch nicht auf Problemsituationen aller Schwierigkeitsgrade übertragen werden. Untersuchungen zur zunehmenden Anzahl von Kriterien (Dimensionen), mit denen Kinder umgehen können, wurden u. a. von CASE durchgeführt. Er fand heraus, daß im allgemeinen zwischen fünf und sieben Jahren eine Dimension, zwischen sieben und neun Jahren zwei Dimensionen und zwischen neun bis elf Jahren drei und mehr Dimensionen berücksichtigt werden können.

Durch das Verständnis für die Umkehrung von Prozessen ist das Kind in der Lage, eine Operation rückgängig zu machen und mit demselben Material eine andere Operation auszuführen, d. h. in Gedanken von der einen Handlung auf die andere umzuschalten. Dies äußert sich u. a. in der Fähigkeit, von einer *Klassifikation* von Objekten auf eine andere hinüberzuwechseln. Dies geschieht parallel zur Einsicht, daß ein Objekt gleichzeitig verschiedenen Klassen angehören kann, je nach dem zugrundegelegten Kriterium, dem Gesichtspunkt, den man gewählt hat. Die Klassen können hierarchisch geordnet sein und überlappen. Ein schwarzer Pudel gehört der Klasse der Hunde an, Hunde gehören zur Klasse der Haustiere, die wiederum der Klasse der Tiere angehören. Ein schwarzer Pudel ist ein Hund, und Hunde sind Säugetiere. Da der Pudel schwarz ist, gehört er auch der Klasse der schwarzen Tiere an und tritt auf einmal in derselben Klasse wie die Krähe auf, die weder Haus- noch Säugetier ist. Ein Kind in der operationalen Phase ist in der Lage, vom *Pudel* auf das Säugetier zu schließen und *umgekehrt*, so daß es danach auch vom *Pudel* auf das *schwarze Tier* schließen kann.

In dem Kapitel «Lesenlernen» kam die gleichzeitige Einbeziehung verschiedener Eigenschaften bei der Unterscheidung verschiedener Buchstabenformen zur Sprache. Im Kapitel «Computerkinder» wird dies im Zusammenhang mit Videospielen besprochen.

Das Kind lernt im Laufe der Schulzeit, solche Klassifizierungsbegründungen auf immer komplexere Fälle anzuwenden, auch wenn dieses Verständnis noch ab und zu ins Stocken gerät. Charakteristisch ist auch, wie Kinder diese Klassifikationen auf sich selbst anwenden: Franz Müller, Gartenstrasse, München, Bayern, Deutschland, Europa, Welt, Weltall. Fragt man Franz aber: «Bist du Europäer?» kann es passieren, daß er «nein» sagt.

In der operationalen Phase reift auch das Verständnis für *relationale Begriffe*. Dies sind Begriffe, die ein Verhältnis zwischen Gegenständen und Geschehnissen wiedergeben. Hierzu muß ein Kind lernen, zwei Dinge zu verstehen: Die *Reziprozität* und die *Relativität*. Reziprozität besagt, daß sich aus dem Verhältnis zwischen zwei Objekten, die von einer Seite betrachtet werden, zwangsläufig auch das Verhältnis aus der Sicht der komplementären Betrachtung ergibt. Wenn Hans rechts von Peter sitzt, dann sitzt Peter links von Hans. Ist Peter größer als Hans, dann ist Hans kleiner als Peter. Wenn Hans der Bruder von Peter ist, ist Peter auch der Bruder von Hans.

Relativität besagt, das einige relationale Begriffe je nach Situation veränderlich sind. Hans und Peter bleiben Brüder, unabhängig davon, wo sie sich befinden. Dies ist ein absoluter Aspekt ihrer Beziehung. Wechseln sie jedoch die Sitze, dann sitzt Peter vielleicht rechts von Hans. Links und rechts sind relative, relationale Begriffe, wie z. B. vorne, hinten, oben, unten, mittendrin, davor und dahinter.

Ein letzter Aspekt in der Phase der konkreten Operationen, der mit dieser Relativität zusammenhängt, ist die Abnahme des Egozentrismus des Kindes. Es betrachtet Objekte und Ereignisse nicht mehr als unabänderlich, sondern seine Beurteilung ist abhängig von seinem persönlichen Gesichtspunkt. Man kann beispielsweise nicht sagen:

«Der Bücherschrank *ist* links», sondern lediglich: «Der Bücherschrank *steht* links von mir». Dementsprechend muß man sich vorstellen können, daß jemand, der ins Zimmer tritt, bedingt durch die Lage der Tür, sagen wird: «Der Bücherschrank steht *rechts von mir*».

Meßbare Wirklichkeit

Nach PIAGET gelangt ein Kind durch seine innere Entwicklung auch ohne Unterricht zu dieser Art des logischen Denkens. Durch den Umgang mit der Wirklichkeit und durch Handeln entsteht Verständnis, und die Handlungen werden als Denkprozesse verinnerlicht. Ein Junge spielt beispielsweise auf einem Gartenweg mit Kieselsteinen. Er bildet mit ihnen eine Reihe und zählt sie, wobei er zu dem Ergebnis kommt, daß es zehn Kieselsteine sind. Er zählt sie noch einmal, beginnt diesmal aber mit dem aus seiner Sicht hintersten Stein. Wieder sind es zehn Steine. Der Junge ist sichtbar überrascht, daß er, an welcher Seite er auch zu zählen beginnt, immer zehn als Ergebnis erhält. Dann bildet er mit den Steinen einen Kreis und zählt sie im Uhrzeigersinn, und wieder sind es zehn. Danach gegen den Uhrzeigersinn. Wieder zehn Kieselsteine. Dann legt er sie in wieder einer anderen Kombination nebeneinander, und wieder sind es zehn Steine. Mit diesen Kieselsteinen als Material kommt der Junge spontan zu der Entdeckung, daß er sein bestehendes Denkschema anpassen muß, er muß es *akkommodieren*. Worin besteht diese Entdeckung? Er entdeckt, daß, obwohl er mit Kieselsteinen und Reihen, mit Kreisen und Haufen beschäftigt ist, ein Merkmal auftritt, das unabhängig vom Material ist, nämlich die Anzahl «zehn». Durch seine ordnende Handlung hat er dieses Phänomen erkannt – Handlungen zwischen dem einen Zustand und dem folgenden: Von links nach rechts und von rechts nach links zählen, im Kreis zählen usw. Eine Ahnung für das Verständnis von Zahlen ist erwacht: Zehn ist weder eine Eigenschaft von Kieselsteinen noch von Reihen, sondern hat nur etwas mit dem Zählen zu tun.

Zur Akkommodation und dem Gegenstück Assimilation siehe Praktische Kinderpsychologie, Kapitel 17, Abschnitt «Feste Reihenfolge der Denkstrategien».

Daher ist es auch kein Zufall, daß sich die Theorie von PIAGET vor allem für naturwissenschaftliche Inhalte wie Rechnen, Mathematik und Biologie eignet. Er betrachtet die Entwicklung des menschlichen Gehirns als einen gesetzmäßigen Prozeß, wobei die logische Ordnung der Wirklichkeit allmählich deutlich wird. Ob nun das Gehirn dafür verantwortlich ist, daß ein Säugling seine Mutter anlächelt, daß ein Kleinkind ein verstecktes Spielzeug finden kann, daß ein Kind den Unterschied zwischen Flunkern und Phantasieren ahnt oder daß ein Schulkind versteht: Ein Kilo Steine ist ebenso schwer wie ein Kilo Styropor – alle diese Phänomene erklärt PIAGET mit ein und demselben kognitiven Prozeß, dem eine gesetzmäßig aufeinanderfolgende Komplexität zugrundeliegt. Daß es sich hier um verschiedene Gebiete wie zwischenmenschliche Beziehungen, Objektpermanenz, Gewissen und Gewicht handelt, betrachtet er als unwesentlich.

Viele Psychologen – darunter PIAGETS früherer Anhänger FLAVELL

– bezweifeln, daß eine so starke Generalisierung gerechtfertigt ist und daß diese Theorie auf alle Facetten des menschlichen Lebens mit einer solchen «eisernen Logik» angewendet werden kann. Sie heben hervor, daß einige Gebiete wie beispielsweise Emotionen und Motivation ebenso wie Sprache anderen Gesetzen folgen. Um aber zu erklären, wie bei einem Schulkind die rechnerische, mathematische und biologische Erkenntnis reift, scheint die Theorie PIAGETS geeignet zu sein, da es bei diesen Fächern um die meßbare und voraussagbare Seite der Wirklichkeit geht. Weiterhin bieten diese Fächer Einblick in die logischen und gesetzmäßigen Strukturen der Wirklichkeit. Dadurch sind sie für PIAGET die Basis für jegliches Wissen – auch wenn es sich um die typisch menschliche und zwischenmenschliche Wirklichkeit handelt. Nach PIAGET sind auch hier im Prinzip dieselben Strukturen und logischen Zusammenhänge zu finden. Entwicklung bedeutet für ihn, zu stets verfeinerten Einsichten in die Zusammenhänge und das Funktionieren sowohl materieller wie auch humaner Strukturen zu gelangen. Auch wenn man mit dieser Generalisierung nicht übereinstimmt, können wir bei der Betrachtung, wie Kinder Rechnen und Mathematik lernen, viel von PIAGETS Theorie zurückfinden.

Die alte Gewohnheit, das Wort Rechnen für die Grundschule zu benutzen und das Wort Mathematik für die weiterführenden Schulen zu reservieren, hat sich als falsch erweisen. Schon bei den ersten Rechenaufgaben werden den Schülern mathematische Einsichten vermittelt.

Die Begriffe «Rechnen» und «Mathematik» werden in diesem Kapitel etwas durcheinander verwendet. Sie bedeuten jedoch nicht dasselbe. Mathematik ist Wissen über die meßbare und voraussagbare Seite der Wirklichkeit. Die Beschäftigung mit Zahlen heißt Rechnen. Das *Schulfach* heißt *Mathematik*, aber das *Verb* ist *rechnen*. Beide gehören zur Grundschule dazu.

Zahlenverständis

Das Zahlenverständnis bildet die Basis für jede mathematische Erkenntnis und jede rechnerische Handlung. Es ist nicht dasselbe wie die – natürlich ebenfalls erforderliche – Fähigkeit zu zählen. Bei einem kleinen Kind, das stolz ist, bis zehn zählen zu können, handelt es sich jedoch lediglich um das Aufsagen einer Reihe von *Lautassoziationen* (ähnlich wie bei «ene--mene-muh» usw.). Es kann in diesem Stadium meistens auch nur dann zählen, wenn es bei 1 beginnen darf. Wird es gefragt, beispielsweise bei 5 anzufangen, gelingt das meistens nicht. Anscheinend wird das *Reihchen* in seinem Kopf dann durchbrochen.

Eine Assoziation ist eine Koppelung von zwei Gedächtnisinhalten, wobei die Gegenwart des einen Inhalts von selbst den anderen hervorruft, da beide sehr oft oder sehr intensiv zusammen erlebt worden sind.

Der nächste Schritt ist das Zählen von Gegenständen. Das Kind weist jedem Gegenstand eine Zahl zu und nennt jedesmal die nächstfolgende Zahl. Dies nennt man das Stadium des *Zuordnens von Zahlwörtern*: Es hält sich hierbei auch an die Regel, daß man bei jedem Element nur ein Zahlwort nennen darf. Daß Kinder hierbei noch nicht begreifen, worum es wirklich geht – nämlich darum, daß das Wort eine Anzahl ausdrückt, und was eine Anzahl ist – geht aus folgendem Test von PIAGET und seiner engen Mitarbeiterin Bärbel INHELDER hervor.

Kinder im Kindergartenalter ließen mit jeder Hand Perlen in je ein Glas fallen, mit der einen Hand in das eine, mit der anderen Hand in das zweite Glas. Dabei mußten sie laut zählen. Nachdem sich einige Perlen in den Gläsern befanden, beantworteten sie die Frage, ob sich nun in beiden Gläsern dieselbe Anzahl Perlen befindet, mit «Ja». Danach deckte INHELDER die Gläser ab und die Kinder fuhren fort, Perlen gleichzeitig in die Gläser fallen zu lassen und laut zu zählen. Als nun erneut die Frage gestellt wurde, ob sich die gleiche Anzahl Perlen in den Gläsern befindet, lautete die Antwort: «Das weiß ich nicht, denn ich kann nichts sehen». Das Zählen allein genügte nicht zur richtigen Beantwortung der Frage.

Korrespondenz allein ist also nicht ausreichend für das Zahlenverständnis. Es sind noch zwei andere Dinge nötig, nämlich *Mengenbildung* und *Reihenbildung*. Unter *Mengenbildung* versteht man, daß ein Kind begreifen muß, daß richtig zählen nicht einfach darin besteht, Zahlwörter bis zur letzten Zahl zuzuordnen, sondern daß Zählen immer eine bestimmte Menge von Objekten bestimmt. Es geht hierbei um Objekte, die man im Augenblick aus diesem oder jenem Grund zu einer Menge zusammenfaßt und deren Anzahl man wissen möchte. Hierzu gehört auch die Einsicht, daß innerhalb einer bestimmten Menge Subkategorien vorhanden sind, die ebenfalls gezählt werden können.

Zählt man beispielsweise alle Blumen eines Strausses oder nur die Tulpen? Oder nur die Narzissen? Dies ist eine Entscheidung, die die zählende Person selbst machen kann. Eine Zahl ist darum auch keine feste Eigenschaft wie z. B. die Farbe. Die Tulpen und Narzissen eines Strausses *sind* alle gelb, aber sie sind nicht allemal «zehn». Abhängig von der Klasse, die man zählt, erhält man eine andere Zahl, was jedoch nichts über die einzelnen Blumen aussagt. Man zählt zehn Blumen oder sechs Tulpen und vier Narzissen. Fügt man dem Strauß eine Tulpe hinzu und nimmt eine Narzisse weg, erhält man beim Zählen aller Blumen weiterhin zehn, während die Anzahl der Tulpen auf sieben steigt und sich die Anzahl der Narzissen auf drei verringert. *Es ist also aussschlaggebend, was man zählt.*

So entsteht durch Handlungen wie Klassifizieren, Zufügen und Wegnehmen die Einsicht, daß das, was man zählen will, eine willkürliche Entscheidung ist, während innerhalb der Menge, die man zählt, gesetzmäßige Zusammenhänge bestehen: 6 + 4 = 10, aber auch 7 + 3 ergibt 10.

Daß «Anzahl» eine Folge der Wahl der Klassifizierung ist, läßt sich an der Zahl 1 verdeutlichen. Der russische Psychologe GALPERIN hat darauf hingewiesen, daß Kindern beim Zählenlernen im Unterricht viel zu oft die Ziffer 1 als eine Art Basiseinheit präsentiert wird. Dies ist seiner Ansicht nach völlig falsch: Die 1 ist eine Zahl, die genau wie alle anderen Zahlen von der Wahl der Klassifikation, die man vor dem Zählen gemacht hat, abhängig ist. Will man eine Bonbonrolle zählen? Dann zählt man tatsächlich 1. Will man die Anzahl der Bonbons in der Rolle zählen, dann zählt man 12. Es handelt sich jedoch in beiden Fällen um ein «Ding». Dementsprechend kann 1 mehr sein als 4, in Abhängigkeit davon, was man zählt: Eine Rolle Bonbons ist mehr als 4 Bonbons. Wenn Kinder nicht von Anfang an lernen, diese Relativität zu verstehen, kann das später beim Erlernen des Bruchrechnens zu Problemen führen.

Reihenbildung bedeutet, innerhalb einer Menge eine Ordnung der Abfolge herzustellen, beispielsweise von klein bis groß oder von schön bis häßlich. Aber auch bei einer einfachen Handlung wie dem Aneinanderreihen entsteht eine Reihenfolge, denn die Kieselsteine aus dem oben genannten Beispiel liegen jetzt nicht mehr auf einem Haufen, sondern der eine kommt *nach* dem anderen. Das Aufheben der Steine zur Bildung einer Reihe schafft an und für sich schon eine Reihenfolge, denn ein Kieselstein kommt eher dran als ein anderer. Ja, allein das Zählen selbst bringt schon eine Reihenfolge zustande, da man nicht zwei Zahlen gleichzeitig aussprechen kann. So entsteht Einsicht in den (zahlenmäßigen) Aufbau einer Menge; Einsicht darin, daß die *Grundzahl* oder *Kardinalzahl* die *Ordnungszahlen* oder *Ordinalzahlen* enthält.

Bevor diese Einsicht vorhanden ist, zählen Kinder auch nicht, wenn man sie fragt: «Wieviele sind das?» Für sie hat Zählen noch nichts mit Mengen zu tun, sondern ist ein davon losgelöstes Kunststück. Wenn sie etwas später in ihrer Entwicklung etwas zählen und danach erst die «Wieviele»-Frage gestellt bekommen, antworten sie meistens mit einer Kardinalzahl. Einer Untersuchung von FRYE zufolge tun sie das anfangs nur weil sie gemerkt haben, daß man offenbar immer die letzte Zahl nennen muß. Das geschieht ohne Einsicht in das Verhältnis zwischen Kardinal- und Ordinalzahlen, um das es bei Mengen schließlich geht.

Erst der gleichzeitige Umgang mit Grund- und Ordnungszahlen und deren wechselseitige Anwendung weisen auf ein echtes Zahlenverständnis hin. Ein Kind begreift dann die gesetzmäßigen Zusammenhänge innerhalb des Zahlensystems. Es begreift beispielsweise, daß in einer Menge von sieben Objekten ein drittes Element sein muß, und daß, sobald man dieses Element beim Zählen erreicht hat, noch vier weitere folgen müssen.

Ein Kind mit Zahlenverständnis kann dann lernen, daß die Zahlen in Ziffersymbolen geschrieben werden und daß Operationen wie Addieren und Subtrahieren – und später Multiplizieren und Dividieren – durch Symbole wie + und – ausgedrückt werden.

Rechenaufgaben

In der Phase der konkreten Operationen können Kinder auf diese Art und Weise rechnen, da sie sich vom zustandsgerichteten Denken gelöst haben, welches auf die direkte Wahrnehmung ausgerichtet ist. Sie können mit Zahlen operieren und sich dabei innerlich vorstellen, was man mit einer Zahl logischerweise alles tun kann. Sie können voraussagen, was dabei «herauskommt». Im Sinne von PIAGET hat das Operieren dann das Wahrnehmen überwunden. Das Kind ist nicht länger Gefangener dessen, was es sieht, sondern kann in Gedanken mit Zahlen umgehen.

Das anfängliche Rechnen beginnt mit dem Anlernen von *Basisautomatismen*. Dies beinhaltet hauptsächlich das Zusammenzählen von Zahlen unter zehn. Dies kann geschehen mit Hilfe einer Anzahl Abbildungen von Gegenständen, unter denen sich Zahlensymbole befinden (drei Äpfel und zwei Äpfel). Anfangs wird das Kind die «Wieviele»-Frage beantworten, indem es von der einen Reihe (drei Äpfel) durchzählt zur nächsten Reihe (zwei Äpfel) und so zum Ergebnis *fünf* gelangt. Etwas weiter in der Entwicklung sieht es dann mit einem Blick, daß die erste Reihe aus drei Äpfeln besteht und es zählt von diesem Punkt aus die zweite Reihe hinzu.

Danach kann es mit den wirklichen Rechenaufgaben beginnen. Meistens besteht die erste Aufgabe im Zerlegen der Kardinalzahl in alle möglichen Kombinationen von Teilmengen: 7 = 7 + 0; 7 = 6 + 1; 7 = 5 + 2; usw. bis hin zu 7 = 0 + 7. Dabei muß das Kind auch begreifen lernen, daß 6 eine Teilmenge innerhalb von 7 (und höheren Zahlen) darstellt, die ebenso zerlegt werden kann: 6 = 4 + 2 usw. Im Laufe der Zeit gelangt das Kind auch zu der Einsicht, daß man anstatt 7 = 6 + 1 auch 7 = 4 + 2 + 1 sagen kann. Im Laufe der Zeit kann auch *zurückgerechnet* werden mit Rechenaufgaben wie ..–6 = 1.

Durch diese Art des Zusammenzählens und Abziehens erhalten die meisten Kinder in ihrem Gedächtnis Zugriff auf alle Zahlenkombinationen unter zehn. Nach einiger Zeit ist es nicht mehr nötig, auszurechnen, wieviel 3 + 2 ergibt; man weiß automatisch: 5. Dies sitzt fest in ihrem Gedächtnis verankert. Dann folgt die *Zehnerüberschreitung*: Zusammenzählen und Abziehen bis 20.

Nachdem sich auch hier die Automatismen gefestigt haben, kann mit der *Bearbeitung* begonnen werden: dem *Rechnen*. Es handelt sich hierbei um Rechenaufgaben, deren Ergebnisse nicht mehr fix und fertig aus dem Gedächtnis abgerufen werden können, sondern bei denen richtig gerechnet werden muß: 21 + 17 oder 33–18. Bei derartigen Rechenaufgaben besteht auch ein Unterschied hinsichtlich des Schwierigkeitsgrads, d. h. ob beim Addieren oder Subtrahieren der Einheiten das Ergebnis einen Zehner größer oder kleiner wird. Bei 21 + 17 ist das nicht der Falle, wohl aber bei 24 + 19. Der erste Typ ist einfacher, ebenso wie 38–13 einfacher zu rechnen ist als 33–18. Bei dieser Art von Rechenaufgaben unterscheidet man zwei Lösungsstrategien, die *G10*-Methode und die *1010*- Methode. Bei G10 bleibt die erste Zahl stehen, dann wird erst die Zehnerzahl der zweiten Zahl addiert oder subtrahiert und danach die Einheiten:

21 + 17 → 21 + 10 = 31 → 31 + 7 = 38

Bei der 1010-Methode werden beide Zahlen in Zehner und Einheiten aufgeteilt, die erst einzeln addiert und dann zusammengefügt werden:

21 + 17 → 20 + 10 = 30 → 1 + 7 = 8 → 30 + 8 = 38

Untersuchungen von u. a. BEISHUIZEN haben gezeigt, daß Kinder anfangs spontan die 1010-Methode wählen, wahrscheinlich deswegen, weil sie durch die Isolierung der Einheiten ein Ergebnis erhalten, mit dem sie aus einer früheren Phase des Rechnenlernens vertraut sind.

Im Rechenunterricht bevorzugt man jedoch G10, da 1010 bei größeren Rechenaufgaben mehr Fehler verursacht. Sowohl für das Addieren als auch für das Subtrahieren gilt, daß bei 1010 ein Zwischenschritt mehr durchgeführt werden muß. Schon das allein erhöht die Gefahr der Fehlerbildung. Beim Subtrahieren kommt noch ein weiteres Problem hinzu: Die Zehner und die Einheiten müssen alle einzeln subtrahiert werden, das Ergebnis beider Aufgaben muß jedoch addiert werden:

$36 - 11 \rightarrow 30 - 10 = 20 \rightarrow 6 - 1 = 5 \rightarrow 20 + 5 = 25$

Diese *Richtungsveränderung* vom Subtrahieren zum Addieren schafft Verwirrung, wodurch dann Fehler entstehen. Enthält die Rechenaufgabe dann auch noch eine Zehnerüberschreitung (36–19), steigt die Anzahl der Fehler.

Dyskalkulie

Es gibt jährlich stattfindende Untersuchungen über das Niveau der Schüler an Grundschulen. Die Ergebnisse zeigen, daß die Leistungen der Schüler beim Rechnen im allgemeinen weit hinter den Erwartungen der Lehrer und Eltern liegen. Obwohl dies natürlich kein exaktes Kriterium ist, besteht doch Grund zur Besorgnis. Um so mehr, nachdem Untersuchungen gezeigt haben, daß auch Studenten an pädagogischen Hochschulen nicht alle gewünschten Rechenleistungen erbringen.

Dieses Phänomen wurde in mehreren westlichen Ländern konstatiert und – analog zum Analphabetismus – sogleich mit einem Namen versehen: *Dyskalkulie*. Verschiedene mögliche Ursachen wurden genannt, jedoch können sich diese nicht auf Untersuchungen stützen. Man denkt beispielsweise an die zunehmende Verwendung von Taschenrechnern, wodurch die Gesetzmäßigkeiten, die den Berechnungen zugrunde liegen, nicht mehr sichtbar und verständlich sind. Andere sehen die Ursache in der Zunahme der Schulfächer, wodurch dem Rechenunterricht weniger Zeit gewidmet wird. STEVENSON sieht als Grund die Prioritätsverlagerung auf *verbale Schulfächer*, bei denen die Interaktion zwischen Lehrer und Schülern zentral steht und wobei Ideen und Meinungen entwickelt werden können. Rechnen hingegen erlaubt keine Meinungsbildung, es geht um Fakten und Gesetzmäßigkeiten, die nun einmal so sind wie sie sind. Darum muß viel erklärt werden, wodurch die Lehrkraft meistens das Wort hat und die Schüler aufmerksam zuhören müssen. STEVENSON zufolge gilt diese Unterrichtsform in westlichen Ländern als überholt, weil sie als zu autoritär befunden wird.

STEVENSON wurde bekannt durch eine groß angelegte Untersuchung, in der er amerikanische Schulkinder mit Schulkindern aus China, Japan, Korea und Taiwan verglich. Hinsichtlich des mathematischen Wissens hat Amerika einen enormen Rückstand. In den erwähnten vier Ländern wird in großen Klassen Unterricht gegeben, in denen die Schüler still sein müssen und in denen dem Rechnen viel Zeit gewidmet wird.

Geschlechtsunterschiede

Untersuchungen ergaben ebenso wie beim Lesen und Schreiben auch beim Rechnen Geschlechtsunterschiede. Diesmal schneiden jedoch die Jungen besser ab. Beim Lesen lagen die großen Unterschiede bei den Leseproblemen (viermal soviel Jungen wie Mädchen). Beim Rechnen schneiden die Jungen besonders gut ab: unter den Schülern mit besonderer Mathematikbegabung befinden sich nur sehr wenig Mädchen und die brilliantesten Mädchen sind immer etwas weniger brilliant als die brilliantesten Jungen.

Ebenso wie bei den Leseproblemen kann man auch bei der Mathematikbegabung nur indirekt herausfinden, worin der Zusammenhang zwischen dem Phänomen und dem Funktionieren des Gehirns besteht. So hat man beispielsweise festgestellt, daß mathematikbegabte Menschen verhältnismäßig öfter linkshändig, kurzsichtig und allergisch sind. Damit soll natürlich nicht gesagt werden, daß diese drei Eigenschaft etwas mit Mathematik zu tun haben. Es geht nur darum, daß sie auf bestimmte Merkmale des Gehirns hindeuten. Argumentiert man weiter, könnte man sich fragen, ob es vielleicht dieselben Merkmale sind, die eine außergewöhnliche Mathematikbegabung ermöglichen und ob sie bei Männern öfter vorkommen als bei Frauen.

In diesem Zusammenhang denkt man beispielsweise an eine größere Spezialisierung der linken und rechten Gehirnhälfte bei Männern als bei Frauen. Wenn es dann um Aufgaben mit allerlei logischen und emotionalen Facetten geht, würden Frauen im Vorteil sein, da sie über bessere wechselseitige neurologische Verbindungen verfügen. Im ersten Kapitel wurde Lesen als geistiger Prozeß mit vielen Fazetten beschrieben. Lesen dient meistens nicht allein dem Zweck. Lesen vermittelt Inhalte, die irgendwie Interesse und Emotionen wecken. Das Lesen selbst und das Verarbeiten des Inhalts verlangen eine Zusammenarbeit verschiedener Gehirnbereiche.

Mehr über die Unterschiede zwischen linker und rechter Gehirnhälfte in Kapitel 2.

Mathematische Einsicht und Rechnen dienen jedoch meistens nur allein dem Zweck und sind auf einen bestimmten Teil des menschlichen Argumentierens zugespitzt. Sie verlaufen wahrscheinlich besser, je mehr sie sich – wie bei Männern – auf einen begrenzten Gehirnbereich beschränken. Frauen haben mehr Schwierigkeiten, sich auf eine solche Fazette zu konzentrieren. Populär ausgedrückt: andere Gehirnbereiche, die eigentlich nichts mit der Sache zu tun haben, «mischen sich zu sehr ein».

Das gemeinsame Auftreten von Mathematikbegabung und Linkshändigkeit, Kurzsichtigkeit und Allergien wird damit erklärt, daß bei einem sehr spezialisierten Gehirn kleine lokale Störungen eher hinderliche Auswirkungen haben, als wenn andere Gehirnbereiche «aushelfen» können.

Aus einer beeindruckenden Übersicht von Camilla Benbow geht hervor, daß bei dem hinsichtlich der Mathematikbegabung immer wieder festgestellten Geschlechtsunterschied noch viel offene Fragen bestehen. Es wird suggeriert, daß die geringere mathematische Begabung von Mädchen zusammenhängt mit deren geringeren räumlichen

Einsicht, da bei beiden dieselben rationalen Prozesse aktiv sind: In Gedanken gesetzmäßige und systematische Veränderungen anbringen am Material (Plan, Zahlen, Figuren usw.), das man vor sich hat.

Das könnte man nun so formulieren: Mädchen und Jungen haben beide ihre starken Seiten, die Mädchen die Sprache, die Jungen das Rechnen. Aber so einfach geht das nicht, denn Mathematik und alles, was damit zusammenhängt, hat größere gesellschaftliche Auswirkungen als fließend lesen zu können. Die anfänglich etwas schlechteren Leistungen im Rechnen führen zu einem Dominoeffekt und haben weitreichende Folgen: Mädchen erwerben weniger Fertigkeiten im Rechnen, rechnen aus eigenem Antrieb heraus nur wenig und haben daher auch weniger Erfahrung damit. Das führt dazu, daß die Umgebung findet, das wäre doch kein Fach für Mädchen: Dies nimmt den Mädchen noch mehr die Lust, sich im weiterführenden Unterricht für Mathematik zu entscheiden, was wiederum ihre Ausbildungs- und Berufschancen verschlechtert. Daher ist es wichtig, in der Grundschule auch Mädchen für das Fach Rechnen zu motivieren, damit bei ihnen nicht so ein *Das-ist-nichts-für-mich*-Gefühl entsteht.

Ein wichtiger Unterschied, auf den Lehrkräfte achten sollten, ist, daß Mädchen viel weniger als Jungen geneigt sind, Fragen zu stellen. Mädchen finden auch, daß die Lehrer im Mathematikunterricht viel mehr den Stoff mit den Jungen diskutieren. Daher ist es nur vorteilhaft für Mädchen, wenn eine Lehrkraft sie bewußt mehr am Mathematikunterricht teilhaben läßt.

Geld

Eine der wichtigsten und alltäglichsten Verwendungen des Rechnens ist der Umgang mit Geld. Er ist für Entwicklungspsychologen ein noch ziemlich neues Forschungsgebiet, jedoch gibt es einige interessante Beobachtungen hinsichtlich der Frage, wie Kinder über Geld denken und – mehr allgemein – wie sich ihre ökonomischen Einsichten entwickeln. Daß sie eine Menge verkehrter Ansichten über Geld und Wirtschaft haben, liegt auf der Hand – es handelt sich hier schließlich um einen komplizierten Bereich, mit dem sie kaum etwas zu tun haben. Besonders interessant ist, daß ein System in ihren Fehlern steckt. Dies sagt etwas aus über den Denkprozeß, den sie sukzessiv durchlaufen. LEAHY zufolge lebt ein Kind in den Jahren vor der Grundschule in einer Wohlstandswelt, in der seinem Gefühl nach jeder bekommt, was er benötigt. Vier- bis Fünfjährige wissen zwar, daß Geld besteht, aber seine Funktion ist ihnen noch undeutlich. Sie denken beispielsweise, daß man Geld, das man benötigt, in einem Geschäft kaufen oder bei einer Bank holen kann. Manchmal gehen sie davon aus, daß Geld irgendwo liegt und daß man es eben suchen muß. Wenn man in ein Geschäft geht, muß man Geld mitnehmen, aber das betrachten Kinder mehr als ein Ritual. Den Zusammenhang mit dem gekauften Produkt sehen sie nicht. Man gibt dem Ladenbesitzer etwas Geld und der gibt einem etwas Geld zurück. So gehört sich das nun mal.

In diesem Alter sind Kinder noch – wie PIAGET es genannt hat – *egozentrisch*. Sie können sich noch nicht in die Lage von anderen versetzen. Sie kennen nur einen Gesichtspunkt: Ihren eigenen. Daß ein Käufer und ein Ladenbesitzer verschiedene Belange haben und daher aus unterschiedlichen Gesichtspunkten zu einer Kauftransaktion gelangen, können sie noch nicht überblicken. Daher begreifen sie auch noch nicht, daß das *zu bezahlende Geld* und das *Wechselgeld* im Hinblick auf den Preis in einer festen Beziehung zueinander stehen. Wenn man Vorschulkinder fragt, etwas zu nennen, das *viel Geld* kostet, nennen sie meistens etwas Großes, da sie den Preis als Eigenschaft eines Gegenstands auffassen: Umgekehrt gehört zu *wenig Geld* etwas Kleines.

Zum kognitiven Egozentrismus, siehe Praktische Kinderpsychologie, Kapitel 17.

Das ändert sich ungefähr im Alter von sieben Jahren. Es beginnt mit der Einsicht, daß man Geld durch Arbeit verdienen muß. Dies lernen Kinder vom Hörensagen; es ist eine *indirekte Erfahrung*, da sie ja selbst noch nicht arbeiten. Mit diesem Geld kann man Dinge kaufen – denn das wissen sie aus eigener Erfahrung. Wie der Preis eines Produkts berechnet wird, verstehen sie noch nicht, denn dazu ist es erforderlich, die indirekte Erfahrung, die sie nur vom Hörensagen kennen (Geld verdienen), an die direkte Erfahrung, die sie selbst regelmäßig machen (kaufen), zu koppeln: Mit dem Geld, das man verdient, kauft man Produkte, die ein anderer produziert hat, der damit wiederum sein Geld verdient. Diesen Schluß können sie jedoch noch nicht ziehen. Jedoch fangen Siebenjährige an zu begreifen, daß zwischen dem zu zahlenden Geld und dem Wechselgeld ein Zusammenhang besteht.

Die meisten Forscher, die sich mit der Entwicklung des ökonomischen Denkens beschäftigen, werden von der Theorie PIAGETS beeinflußt. Dies führt jedoch zu Schwierigkeiten. Das oben Erwähnte über die Veränderungen zu Beginn der Grundschule läßt sich gerade noch mit der Idee der Phase der konkreten Operationen vereinbaren. Die Handlung *kaufen* gehört meistens in die Erfahrungswelt von Kindern. Sie können sie als Vorstellung internalisieren und daraus Prinzipien destillieren. Beim *Geld verdienen* ist dies schwieriger, da keine konkrete eigene Erfahrung zugrunde liegt. Die Idee der «indirekten» Erfahrung bedient sich der Sprache – aus dem, was Vater und Mutter über ihre Arbeit erzählen, muß das Kind sich ein Bild vom *Einkommen* machen. Wie wir gesehen haben, ist dies der Theorie von PIAGET zufolge unmöglich. Noch unzulänglicher ist die Theorie bei abstrakten Begriffen wie *Gewinn* und *Zinsen*, die wichtige Bestandteile des Geldwesens sind. Strikt den Prinzipien PIAGETS zufolge ist es Kindern erst in der Phase der formalen Operationen – also gegen Ende der Grundschule – wirklich möglich zu begreifen, was diese Begriffe beinhalten.

Die spontanen Äußerungen von Acht- bis Zehnjährigen vermitteln tatsächlich den Eindruck, daß ihnen noch die Einsicht fehlt, worauf es bei Gewinn und Zinsen ankommt. Der schottische Psychologe JAHODA stellte beispielsweise fest, daß Kinder in diesem Alter ohne weiteres davon ausgehen, daß der Preis, den der Ladenbesitzer berechnet, derselbe ist, den er für das Produkt bezahlen muß. Wenn er mehr verlangen würde, fänden sie das unehrlich.

Gleichzeitig wissen diese Kinder jedoch, daß ein Ladenbesitzer mit seinen Waren Geld verdienen muß, um für sich selbst sorgen zu können. Doch bleiben diese für sie unterschiedliche Denkelemente. «Ein Ladenbesitzer verkauft» und «ein Ladenbesitzer muß Geld verdienen» können sie noch nicht miteinander verbinden.

Ähnlich ist es bei dem Begriff *Zinsen*. Bis zum siebten Lebensjahr denken Kinder, daß eine Bank etwas ist, bei der man Geld *holen* kann. Erst im Alter von acht Jahren begreifen sie, daß man zur Bank auch Geld *bringen* kann. Als Grund hierfür geben sie aber noch an, daß das Geld da sicherer verwahrt ist als in der Spardose und daß es ihnen nicht gestohlen werden kann. Erst mit ungefähr neun Jahren beginnen sie zu begreifen, daß man bei einer Bank auch Geld *leihen* kann. Holen, bringen, leihen – das ist die Denkreihenfolge im Laufe der Jahre. Bis zum zehnten Lebensjahr gehen Kinder davon aus, daß das Geld, das man bei der Bank spart, gleich bleibt – so wie in der Spardose, in der es sich auch nicht von selbst vermehrt – und daß man, wenn man Geld leiht, denselben Betrag zurückzahlen muß. Nachdem sie einmal begriffen haben, daß in beiden Fällen bezahlt werden muß, gehen sie anfangs davon aus, daß beide Zinssätze gleich hoch sind.

Hier ist es ähnlich wie im Falle des Ladenbesitzers, wenn auch mit einem höheren Schwierigkeitsgrad. Es bleiben zwei unterschiedliche Denkelemente. Daß geliehenes Geld mehr Zinsen kosten muß als gespartes Geld an Zinsen einbringen kann, da sonst die Bank keinen Gewinn erzielen kann, ist ein Zusammenhang, der erst im Alter von etwa zwölf bis dreizehn Jahren geschaffen werden kann.

Die spontanen Ansichten der Kinder scheinen also die Theorie von PIAGET zu untermauern. Die Frage ist jedoch, ob es nicht doch möglich ist, Kindern in einem jüngeren Alter eine Vorstellung von Gewinn und Zinsen zu vermitteln. Interessant sind in diesem Zusammenhang Untersuchungen von SAXE, bei denen jugendliche Verkäufer zwischen fünf und fünfzehn Jahren in Brasilien beobachtet wurden. Auch da hatten die jüngsten Kinder Ältere nötig, um einen Preis festzulegen, denn sonst hätten sie denselben Preis verlangt, den sie selber bezahlen mußten.

Für SAXE stellt sich die Frage, ob derartige Erfahrungen die Entwicklung der ökonomischen Einsicht nicht beschleunigen können. Andere Psychologen haben experimentelle Lernsituationen entworfen, um zu untersuchen, ob man Kindern ein Verständnis für Gewinn vermitteln kann. Dies geschieht am besten, indem Kinder in einer konkreten Einkaufssituation erfahren, daß ihr Denkschema über Einkaufs- und Verkaufspreis nicht aufgeht und daß sie es darum anpassen müssen, d. h. sie müssen *akkommodieren*.

Die italienischen Psychologen Anna BERTI und Anna BOMBI entwickelten derartige Experimente. Sie versuchten, Achtjährigen den Begriff «Gewinn» deutlich zu machen. Dies geschah mit Hilfe eines «Kaufladens», in dem Taschentücher verkauft wurden. In dem ersten Experiment spielte die «Forscher/Kauffrau» mit 1000 Lire in der

Kasse genau nach den Anweisungen der «Schüler/Käufer», die selber über Geld verfügten. In Voruntersuchungen hatte sich gezeigt, daß die meisten Achtjährigen nicht verstanden, daß ein Unterschied zwischen Einkaufs- und Verkaufspreis vorhanden sein muß, damit man etwas verdient. Für sie waren diese Preise gleich. Während des Spielens von Einkaufen, Verkaufen, Geld auf die Seite legen, um Nahrungsmittel zu kaufen, wieder neu einkaufen usw. wurden die Schüler dann auch mit der Tatsache konfrontiert, daß auf diese Weise die Ladenkasse früher oder später leer war und auch keine Taschentücher mehr zum Verkauf vorhanden waren.

Im zweiten Experiment operierte die «Forscher/Kauffrau» nach den echten Kaufmannsregeln, die sie den «Schülern/Käufern» während des Spiels demonstrierte und erklärte: Um Geld für den Lebensunterhalt zu verdienen, muß man den Verkaufspreis höher ansetzen als den Einkaufspreis.

Die Resultate beider Lernsituationen scheinen sich nicht stark zu unterscheiden. Kinder zu befragen und ihnen Probleme zu präsentieren, auf die sie von sich aus nicht gekommen wären, ist anscheinend doch nicht so störend, wie PIAGET unterstellt. Im Gegenteil, es kann den Weg zum nächsten Entwicklungsniveau sogar abkürzen.

4. Kapitel
Lernen lernen

Ein Kind hat auch schon vor seiner Schulzeit sehr viel gelernt. Worin besteht nun der Unterschied zwischen dem vorschulischen und dem schulischen Wissen, das sich ein Kind aneignen muß? Die amerikanische Pädagogik-Psychologin Ann BROWN nennt *drei Unterschiede*. (1) Das nichtschulische Lernen vollzieht sich – ohne systematisches Training – ziemlich von selbst. (2) Vieles von dem, was Kinder außerhalb der Schule lernen, betrifft soziale Aktivitäten, während es in der Schule vor allem um individuelle kognitive Fertigkeiten geht (ein Kind muß alleine lesen, schreiben und rechnen können). (3) Beim in der Schule vermittelten Wissen handelt es sich um – wie es manchmal genannt wird – «kalte» Kognition, d. h. das Kind soll soviel objektives Wissen wie möglich erwerben, ohne daß dieses Wissen durch Emotionen «gefärbt» wird (Wasser kocht bei hundert Grad, ob man das nun interessant findet oder nicht).

«Kalte und warme Kognitionen» sind Begriffe aus der sozialen Kognitionstheorie, wobei man davon ausgeht, daß Informationsverarbeitungsprozesse beziehungsweise Motivationsprozesse die menschliche Wahrnehmung und den Kenntniserwerb beeinflussen, einschließlich der Fehler und Verzerrungen, die dabei auftreten.

Diese drei Unterschiede sind jedoch nicht absolut, sondern sind eine Frage des Ausmaßes. Vom Großteil des schulischen Wissens, das ein Kind in sich aufnehmen muß, kann man sagen, daß eine *systematische Anstrengung* erforderlich ist, damit *objektives Wissen* und *individuelle Kompentenz* entstehen. Da anscheinend individuelle Unterschiede darin bestehen, wie weit Kinder vom Unterricht für die Kompetenzaneignung profitieren, ist es eine wichtige Aufgabe der pädagogischen Psychologie, die Ursachen dieser Unterschiede aufzuspüren und auf dieser Grundlage bessere Unterrichtsmethoden zu entwickeln.

Objektives Wissen kann Emotionen hervorrufen. Schüler können sehr empört reagieren, wenn sie beispielsweise Fakten über den früheren Sklavenhandel lernen.

Ein Rückblick auf die Geschichte

In der Entwicklung der pädagogischen Psychologie nach dem 2. Weltkrieg unterscheidet Ann BROWN drei Perioden. Bis zu den fünfziger und sechziger Jahren war der Einfluß des *Behaviorismus* in den USA sehr groß. Man betrachtete den Schüler hinsichtlich der Konditionierungsprozesse, die das Lernen ausmachen, als ein ziemlich passives Wesen. Verbesserungen im Unterrichtswesen suchte man in der Verbesserung des programmierten Aufbaus der Lernsituation und des Lernmaterials, und zwar in der Weise, daß das *Reiz-Reaktionsschema* in den Lernprozessen so klar wie möglich zur Anwendung kam. Dabei lag der Nachdruck begreiflicherweise auf Faktenkenntnis und meßbaren Lernresultaten – grob ausgedrückt auf «der richtigen Antwort», «der richtigen Reaktion». Die behavioristischen Psychologen, die das Unterrichtswesen beeinflußten, machten keinen Unterschied zwischen

Der Behaviorismus ist die Strömung in der Psychologie, die nur äußerlich wahrnehmbares Verhalten untersuchen will. Das Wissen über innere Prozesse wird als Spekulationen abgelehnt. Lernen wird als Verhaltensveränderung aufgefaßt.

den Lernprozessen von Erwachsenen, Kindern oder Tieren. Nach dieser Theorie geht es im Prinzip bei allen um dieselben Konditionierungsprozesse.

In den siebziger Jahren wurden die Psychologen dieser Ausrichtung in zunehmendem Maße durch *Kognitions-* und Entwicklungspsychologen verdrängt, die das typisch kindliche Denken untersuchten. Unter dem Einfluß von PIAGET betrachtete man ein Kind keineswegs als passiv, sondern als eigenständigen Organismus, der sich durch eigene Aktivität entwickelt. Eine Verbesserung des Unterrichts versuchte man durch Lehrmaterialien und Lernsituationen, die besser zu den aufeinanderfolgenden kindlichen Denkstrukturen paßten. Die Schule mußte Erfahrungen, mit denen ein Schüler seinen eigenen Lernprozeß entwickeln kann, besser vermitteln lernen. Natürlich bedeutete das eine geringere Betonung der Faktenkenntnis und eine stärkere Betonung von schlußfolgerndem Denken und damit eine Verlagerung vom *Lern*resultat hin zum Lern*prozeß*. Dieser Auffassung zufolge ist nicht so sehr die Antwort selbst, sondern der Weg, auf dem der Schüler zur Antwort gelangt, ein Kriterium für die Qualität des Lernprozesses. In direktem Zusammenhang damit entstand ein Interesse an Lernstrategien, mit denen der Lehrstoff auch eingeprägt wird und dafür, in welchem Maße Kinder in der Lage sind, diese Lernstrategien anzuwenden. Dies weckte Mitte der siebziger Jahre großes Interesse an den Phänomenen *Metagedächtnis* und der *Metakognition*. Es geht hier um das Wissen über das eigene Wissen. Können Kinder schon einschätzen, was sie selber wissen und was nicht? Sind sie sich der Struktur der eigenen Lernprozesse bewußt? Wissen sie, wie ihr Gedächtnis arbeitet? Wissen sie, welche Strategien sie verwenden, um den Lehrstoff zu behalten? Lernstrategien (Metagedächtnis) und Metakogniton stehen auch heute noch im Mittelpunkt des psychologischen Interesses.

In den achtziger Jahren läßt sich in der pädagogischen Psychologie eine *Integration* der *beiden vorangegangenen Strömungen* konstatieren. Es geht nicht mehr nur um den Schüler, der den Lehrstoff – solange dieser perfekt programmiert ist – passiv aufnimmt, noch ausschließlich um den autonomen Schüler, der sich seinen eigenen kognitiven Weg im Lehrstoff sucht. Unterricht kann nur aus einem Interaktionsmodell heraus erklärt werden, wobei Schüler, Lehrstoff und Lernsituation zusammenwirken. Die Interaktion zwischen *einem* Schüler und *einem* Lehrstoff ist anders als die Interaktion zwischen *einem anderen* Schüler und *einem anderen* Lehrstoff. Immer mehr wird auch anerkannt, daß es nicht nur um Faktenkenntnis oder nur um Kenntnis von Regeln geht, denn das eine schließt das andere nicht aus. Wie gut man auch schlußfolgern kann, man muß doch ein bestimmtes Wissen an Fakten haben, um die richtige Antwort geben zu können. Nach SPAN ist das unterschiedliche Wissen zur Hälfte der Grund für die Unterschiede in den Lernleistungen von Kindern.

JENKINS hat dieses Interaktionsmodell in einem Quadrat veranschaulicht. Den Beitrag der Schüler unterteilt er in *Merkmale* (Intelligenz, Fähigkeiten, schon vorhandenes Wissen usw.) und *Lernaktivitä-*

Das griechische Wort «Meta» bedeutet u. a. «oben» und «über». Das Metagedächtnis ist also das Behaltenkönnen von Strategien, die nötig sind, um etwas im Kopf zu behalten. Metakognition ist also das Wissen über das Wissen.

Vergleiche hierzu das Interaktionsmodell Kind/Text, beschrieben in Kapitel 5.

ten (Zuhören, Wiederholen, verwendete Strategien usw.). Den Beitrag des Lehrstoffes unterteilt er in die *Art des Materials* (verbal, visuell, aktivitätsgerichtet, Schwierigkeitsgrad usw.) und – wie er es nennt – *critical tasks*, d. h.: Was ist der Zweck des Lernens? Was muß der Schüler hinterher wissen? Muß er das Erlernte lediglich erkennen oder sich daran erinnern? Muß er es wörtlich wiedergeben können oder reicht es, wenn er den Kern wiedergibt? Jeder dieser vier Aspekte steht im Zusammenhang mit den drei anderen Aspekten.

Das schulische Lernen ist also ein komplexes Ganzes. In der modernen pädagogischen Psychologie geht man davon aus, daß nicht nur Psychologen Einblick in diese Interaktionsprozesse haben müssen, sondern auch die Schüler selber. Auf diese Weise «lernen sie zu lernen». Gerade bei dem metakognitiven Lernen muß darum die Rolle des Lehrers näher untersucht werden.

Motivation und Kompetenz

Fehlende Motivation in der Schule ist kein modernes Problem. Seit Einführung der Schulpflicht wird über diesen Mangel geklagt. Dies hat dazu geführt, daß im Unterricht öfter mit «Belohnungssystemen» gearbeitet wurde, um Kinder zum Lernen zu «verführen». Diese extrinsische (von außen erzeugte) Motivation ist zwar wirkungsvoll, hat aber zugleich einen negativen Einfluß auf das Lernresultat. Dies zeigt sich beispielsweise daran, daß die Schüler einen Teil ihrer Energie und Aufmerksamkeit auf die Belohnung anstatt auf den Lernprozeß richten. Dies kann man aus Experimenten ableiten, die gezeigt haben, daß eine in Aussicht gestellte Belohnung einen negativeren Effekt hat als Belohnungen, die man nach Beendigung der Aufgabe unerwartet erhält. (Man mißt bei diesen Experimenten das Interesse der Schüler, mit der erlernten Tätigkeit fortzufahren).

Der Unterschied zwischen intrinsischer und extrinsischer Motivation wird in Praktische Kinderpsychologie, Kapitel 4 erklärt.

Weitere Experimente haben gezeigt, daß das physische Vorhandensein einer versprochenen Belohnung die Lernergebnisse negativ beeinflußt. Ein weiterer Nachteil besteht darin, daß sich dies negativ auf die Beziehung zum Lehrer auswirken kann, da der Lehrer es ist, der beispielsweise sagt: «Du hast kein Bildchen verdient» oder «Du darfst noch nicht aus dem Bibliotheksbuch lesen» und dadurch verhindert, daß der Schüler die begehrte Belohnung erhält. Nur wenn keine Spur von intrinsischer (von innen kommender) Motivation bei einem Schüler zu finden ist, kann die Verwendung von Belohnungen eine Lösung sein. In allen anderen Fällen ist es besser, die noch vorhandene intrinsische Motivation zu stimulieren.

Vergleiche hierzu Praktische Kinderpsychologie, Kapitel 10, Abschnitt «Gewissensbildung als Lernresultat» hinsichtlich des Zurückstellens der Bedürfnisbefriedigung nach der Theorie von Mischel. Seiner Meinung nach ist hierfür ein gewisses Maß an abstraktem Denken erforderlich. Das Kind darf sich das Begehrte nicht zu realistisch vorstellen, da es sonst Schwierigkeiten hat, die eigene bedürfnisbefriedigende Aktivität zu beherrschen.

Die Notwendigkeit, dafür zu sorgen, daß genügend intrinsische Motivation vorhanden ist, wurde schon von den ersten pädagogischen Psychologen erkannt. So nannte Berlybe in den sechziger Jahren ein wichtiges Kapitel in seinem Buch *Curiosity and Education* (Neugier und Erziehung). Bei einem guten Unterricht bleiben die Schüler neugierig. Vorschulkinder stellen den ganzen Tag lang Fragen, die mit *warum* beginnen. Die so bezeichnende fragende Einstellung darf nicht erlöschen. BERLYNE zufolge wird Neugier geweckt, wenn etwas ein bißchen – jedoch noch nicht ganz – verstanden wird. Überraschung, Zweifel, Erstaunen und Widerspruch führen zur genaueren Untersuchung des Sachverhalts. Dies ist eine allgemeine menschliche Eigenschaft, derer man sich im Unterricht bedienen muß.

Diese Einstellung vertritt auch der amerikanische Bildungsexperte CONDRY. Seine Zuversicht gründet er auf Analysen der Lernprozesse, mit denen Kinder vor ihrer Schulzeit konfrontiert wurden, aber auch auf Analysen von Kindern, die später als Schüler wenig motiviert waren. Wie oben erwähnt, haben Kinder, auch schon bevor sie schulpflichtig werden, eine außerordentliche geistige Entwicklung durchgemacht. Dies geschah – im Gegensatz zur Schule – ohne systematisches und bewußtes Training. Diese vorschulischen Lernprozesse beruhen nach CONDRY vor allem auf der Einstellung, mit der Kinder Probleme lösen. Dies äußert sich auf zweierlei Weise: Sie formulieren selbst erfundene Folgerungen, um die für sie unbegreiflichen Ereignisse doch noch erklären zu können, und sie suchen nach einer voraussagbaren Regelmäßigkeit der Erscheinungen.

Die problemlösende Einstellung ist nach BRUNER die höchste der typisch menschlichen Errungenschaften nach den Werkzeugen Sprache, soziale Organisation und verlängerte Kindheit.

CONDRYS Schlußfolgerung besteht dementsprechend auch darin, daß der Unterricht so eingerichtet werden muß, daß Kinder fortwährend vor Aufgaben gestellt werden, wobei viel Raum für Exploration geschaffen werden muß, während «die richtige Lösung» für einige Zeit in den Hintergrund tritt. Kinder müssen ihre eigenen Argumentationen aufbauen können, mit denen sie, entsprechend ihrem gegenwärtigen Denkniveau, selbst zufrieden sind. Erst in der nächsten Unterrichtsstunde sollte man ihnen dann die richtige Erklärung geben. Dies ist stimulierender, als dem Kind sofort beizubringen, wie die Wirklichkeit strukturiert ist, da die erste Methode die explorierende Einstellung der Kinder aufrechterhält. Es ist deutlich, daß das Arbeiten mit Belohnungen nicht zu dieser Art des Unterrichts paßt, da die Aufmerksamkeit des Kindes sich unvermeidlich auf die richtige Lösung richtet und es daher zu wenig selber nachdenkt.

Dies steht in Übereinstimmung mit den Auffassungen von MONTESSORI. Sie betrachtet Kinder als Wesen, die von Natur aus die Neigung haben, Ordnung in das Chaos ihrer Erfahrungen zu bringen. Darin braucht man sie nicht zu unterrichten. Ein Kind, das nicht unter Druck gesetzt wird, tut dies von sich aus. Aufgabe des Unterrichts ist es, die physische Welt so zu gruppieren und zu ordnen, daß es für einen Schüler leichter wird, Zusammenhänge und Erklärungen selber zu entdecken. Der Lehrer muß hier im Hintergrund bleiben; er ist mehr Ratgeber als Lehrkraft. Die Lehrer im Montessoriunterricht heißen dementsprechend auch «Leiter» und «Leiterin». Das Lehrmaterial ist in dieser Unterrichtsform sehr wichtig, da der Schüler mit Hilfe des Materials seinen eigenen Lernprozeß in Gang hält. Das Material steigert sich Schritt für Schritt mit dem Niveau der Schüler. Gerade durch diese Freiheit kommen nach Maria MONTESSORI die intellektuellen Möglichkeiten eines Kindes zu ihrem Recht. Sie ist überzeugt davon, daß hinter der geistigen, vernunftsmäßigen Entwicklung der Menschen genauso eine Wachstumskraft steckt wie hinter der motorischen

Die Wirklichkeit ist auf eine unendliche Menge von Kombinationen der Basismengen (Zirkel, Vierecke usw.) zu reduzieren. Die Kategorisierung dieser Grundformen ist ein wichtiger Aspekt des traditionellen Montessoriunterrichts. Phantasie wird als ein Hindernis beim Ordnen der Wirklichkeit betrachtet. Siehe hierzu auch Praktische Kinderpsychologie, Kapitel 13, Abschnitt «Trennung von Phantasie und Wirklichkeit».

Entwicklung. Ein Kind erhält ja auch keinen Unterricht im Sitzen, Stehen und Laufen, sondern dies ist ein Drang, der von innen heraus entsteht.

In diesem Zusammenhang ist auch die Auffassung des amerikanischen Pädagogen BLOOM interessant. Er unterscheidet für jeden einzelnen Lernprozeß *drei Stadien. Erstens* das *affektive* Stadium, in dem sich die Aufmerksamkeit des Kindes auf das Thema oder das Problem richtet und in dem es sich auf seine eigene Art und Weise mit ihnen beschäftigen kann. Dies geschieht ohne Verpflichtungen, da noch keine bestimmten Resultate erwartet werden. Es handelt sich eher um ein spielerisches «Beschnüffeln».

Die Ideen von PAPERT werden ausführlich in dem Kapitel über Computerkinder beschrieben.

Ein schönes Beispiel für die Bedeutung des affektiven Elements liefert der amerikanische Kognitionspsychologe PAPERT. Über seine eigene kognitive Entwicklung als Kind im Vorschulalter erzählt er: «Ich verliebte mich in Zahnräder». Er kam mit ihnen durch Zufall in Berührung, und sie faszinierten ihn sehr. Sein Lieblingsspiel wurde die «Übertragung» in allen möglichen Variationen. In seiner Kindheit half ihm das Bild der sich drehenden kleinen und großen Zahnräder, den Zusammenhang zwischen den Zahlentafeln der Multiplikationsrechnung zu verstehen.

Ist ein solches Interesse an einer Sache einmal geweckt, entsteht nach BLOOM der Drang, mehr darüber zu wissen und zu lernen, wie sie funktioniert, wie sie strukturiert ist und welchen Zweck sie verfolgt. Diszipliniertes und akkurates *Lernen* und *Üben* (das *zweite* Stadium) werden dann nicht als langweilig empfunden, da das geweckte Interesse motivierend wirkt. Es ist eine didaktische Kunst, das erste Stadium so lange andauern zu lassen, bis genügend Neugier entstanden ist. Es darf also auch nicht zu lange dauern, da anderenfalls das Thema oder das Problem seinen stimulierenden Reiz verliert. Man muß genau zum richtigen Zeitpunkt mit dem wirklichen Unterricht beginnen. Im *dritten* Stadium kann ein Kind dann das Erlernte in seinen «Wissensschatz» *integrieren* und etwas damit beginnen, d. h. es in der Praxis anwenden, wodurch ein Gefühl der *Kompetenz* entsteht.

Der Begriff der Kompetenz steht im Mittelpunkt der Theorie von ERIKSON über die Schulzeit. Seiner Meinung nach ist dies die Phase, in der sich das Lebensgefühl der Kinder auf die Dimensionen *Aktivität* (industry) und *Minderwertigkeit* hinbewegt. Die «Aktivität» äußert sich in einer Explosion neuer Fähigkeiten und Kompetenzen. Die kognitive Entwicklung, die ein Kind in diesem Alter durchlebt, ist daran nicht unmaßgeblich beteiligt. Zum ersten Mal in seinem Leben kann das Kind an Erwachsenenaktivitäten wie Lesen und Schreiben teilhaben. Aber auch andere Dinge, beispielsweise allein Busfahren und an der richtigen Haltestelle aussteigen oder auf das Wechselgeld achten, sind jetzt Bestandteil seiner Kompetenzen. Alles, was als kindlich gilt, weist ein Kind in dieser Phase energisch zurück. Gleichzeitig ist es jedoch intellektuell und sozial noch ein «Neuling» und daher leicht verletzlich. Die Aktivität und der Enthusiasmus müssen darum gehegt, unterstützt und stimuliert werden, denn nur so wächst das Gefühl für Kompetenz. Geschieht dies nicht, weil zu hohe Anfor-

In dem Kapitel «Selbständig werden» kommen allerlei Aspekte der Kompetenz und des Selbstvertrauens zur Sprache.

derungen an das Kind gestellt werden, oder umgekehrt, weil dem Kind alles aus den Händen genommen wird, dann können Minderwertigkeitsgefühle entstehen, die eine negative Einschätzung der eigenen Person und manchmal sogar Versagensangst zur Folge haben.

Leistungsmotivation und Versagensangst

Die Motivation, etwas leisten zu wollen, ist ein zweischneidiges Schwert: Jemand will Erfolg haben oder ein Versagen vermeiden. Dies klingt sehr plausibel. Untersuchungen haben jedoch gezeigt, daß Menschen der einen oder anderen Einstellung unterschiedliche Bedeutung zumessen. Ein wichtiger Aspekt der Motivation in der Schule sind die Beweggründe, warum ein Schüler glaubt, daß er gut lernt oder warum er Mühe hat, einen bestimmten Stoff zu verstehen. Liegt die Ursache seiner Meinung nach bei ihm oder an externen Faktoren, die er nicht verändern kann? Das Suchen und Bestimmen einer Ursache ist WEINER zufolge eine fundamentale menschliche Eigenschaft. Auf dieser Anschauung basiert seine sogenannte *Entscheidungstheorie*. In ihr werden alle Faktoren, die Menschen als Ursache für Ereignisse, die mit ihnen und um sie herum geschehen, verantwortlich machen, systematisch aufgezeichnet.

Hierbei scheint jedermann einen mehr oder weniger eigenen Stil zu besitzen. Die vier fundamentalen Ursachen sind *Veranlagung, Anstrengung, Schwierigkeitsgrad* der Aufgabe und *Glück*. Die ersten beiden Ursachen sind *in der Person selbst* festgelegt, die anderen beiden sind *extern*. Wie–verhält–sich–das–Fragen werden WEINER zufolge öfter gestellt, wenn es sich um wichtige Angelegenheiten handelt, das Ergebnis unerwartet ist und ein Versuch gescheitert ist. Die Entscheidungstheorie wird gegenwärtig auf allerlei Gebieten der Psychologie angewendet – auch in der Pädagogik.

Beim Lernen wird es im allgemeinen als günstiger Entscheidungsstil angesehen, wenn sich ein Schüler sowohl für die Dinge, die gelingen, als auch für die, die scheitern, verantwortlich achtet: «Hier habe ich gute Leistung erbracht». «Hier habe ich einfach nicht aufgepaßt», «Selbst so gewollt». Bei einem negativen Entscheidungsstil wird Erfolg immer auf externe Faktoren zurückgeführt: «Es war aber auch sehr einfach» und beim Scheitern sucht man die Ursache bei sich selbst «Ich kann einfach nichts behalten». Da es in der Grundschule um junge Kinder geht, wurden Interventionsprogramme entwickelt, mit denen ein negativer Entscheidungsstil noch *zurechtgebogen* werden kann. Bei einem solchen Motivationstraining wird versucht, den Schülern die Erfahrung zu vermitteln, daß auch Erfolge ein Teil ihrer selbst sind: das Produkt von Talent und Anstrengungen.

Zur Versagensangst siehe Praktische Kinderpsychologie, Kapitel 7, Abschnitt «Selbsterkenntnis» und über Minderwertigkeitsgefühle im Allgemeinen das Kapitel «Kindersorgen» in diesem Band.

Ein negativer Entscheidungsstil und *Versagensangst* sind eng miteinander verbunden. Die Angst zu versagen, wenn es auf etwas ankommt, ist eine allgemeine menschliche Eigenschaft. Man möchte es doch richtig machen. Leistungsmotivation besteht, wie wir gesehen haben, aus beiden Komponenten: Weg vom Versagen hin zum Erfolg.

Der Einfluß der Versagensangst auf Menschen ist jedoch unterschiedlich. Bei Menschen mit *positiver* Versagensangst führt er zu zusätzlicher Stimulanz und verstärkt das Streben nach Erfolg. Menschen mit *negativer* Versagensangst bleiben darauf fixiert, daß es möglicherweise doch noch schief geht. Dies wirkt sich lähmend aus und versperrt den Weg zum Erfolg.

Schüler mit negativer Versagensangst leisten weniger als sie eigentlich leisten könnten. Für Schüler mit einer doch schon geringeren Intelligenz ist das ein doppeltes Handicap. Der Mangel an Selbstvertrauen hängt großenteils mit dem Charakter des Schülers und der Erziehung im Elternhaus zusammen. Faktoren also, an denen die Lehrkräfte nichts verändern können. HERMANS beschreibt jedoch einige Bedürfnisse von Schülern mit negativer Versagensangst, auf die der Lehrer eingehen und damit die Leistung des Schülers verbessern kann: (1) *Übersichtlichkeit* – also Aufgaben in kleinere Bestandteile unterteilen; (2) *Wissen über die eigene Leistung* – zwischendurch immer sagen können, ob man noch mitkommt oder nicht; (3) eine *warme menschliche Beziehung* – ein Klima, in dem Fehlleistungen nicht bestraft werden; (4) eine *Person als Vorbild* – konkret sehen können, wie etwas zu geschehen hat; (5) *positive Erwartungen*: der Lehrer bietet Gegengewicht zur negativen Selbsteinschätzung.

Im allgemeinen sind Schüler mit einer positiven Versagensangst keine schwierigen Schüler – es sei denn, es fehlt an gerichteten Aufgaben und Ambitionen.

Funktionalität und Zusammenarbeit

Eine interessante Diskussion innerhalb der Pädagogik betrifft die Frage, ob es hinsichtlich der Motivation sinnvoller ist, Kinder mit demselben Leistungsniveau zusammenarbeiten zu lassen oder aber – entgegengesetzt – in einer Klasse heterogene Gruppen zu schaffen.

Sharon NELSON–LEGALL zufolge neigen Menschen *vor Ort* zum Ersten. Nicht nur, weil es den Unterricht übersichtlicher macht. Man geht davon aus, daß es für weniger intelligente Kinder demotivierend ist zu merken, daß andere Kinder alles viel schneller begreifen und daß es für begabte Kinder demotivierend ist, sich mit zu einfachen Aufgaben beschäftigen zu müssen. Untersuchungen haben jedoch gezeigt, daß beide Gruppen von einer Zusammenarbeit profitieren. Die begabten Kinder vertiefen ihr Wissen und ihre Einsicht, während der Lehrer erklärt. Die weniger intelligenten Kinder lernen von den Intelligenteren, indem sie beispielsweise abgucken, wie diese die Aufgaben lösen.

Einem Anderen etwas erklären, ist oft das beste Kriterium, um herauszufinden, ob man es selbst richtig verstanden hat. Dies kann im Klassenunterricht natürlich kompliziert sein, da die nächste Entwicklungszone nicht für alle Kinder dieselbe ist.

Ein weiterer Aspekt der Motivation ist nach dem Psychologen VAN PARREREN die *Funktionalität*. Alle Lernresultate, die direkt in einem folgenden Lernprozeß verwendet werden können oder die im täglichen Leben Anwendung finden, bleiben «lebendig». BURSTALL untersuchte beispielsweise in England den Unterschied zwischen Französischlernen ab sechs Jahren und Französischlernen ab elf Jahren. Mit dreizehn

Jahren schien die letztere Gruppe besser als die erste Gruppe zu sein, was größtenteils durch die Motivation zu erklären war. Die jüngeren Kinder konnten das erlernte Französisch in keiner Weise verwenden, weder in anderen Fächern in der Schule, noch zu Hause, wodurch jegliche Motivation verschwand. Zum Schluß fehlte sogar die Lust, überhaupt Französisch zu lernen. Unter diesem Aspekt ist dagegen Englisch in der Grundschule überaus motivierend. Man denke nur an Popsongs und die im englischen oder amerikanischen Original ausgestrahlten Fernsehprogramme.

Lernfähigkeit

Heutzutage wird häufig der Begriff «Lernfähigkeit» verwendet. Nach VAN PARREREN beinhaltet er die Leichtigkeit, mit der Schüler einen neuen Lehrstoff begreifen, sich zu eigen machen und selbständig anwenden. Diese Definition rückt «Lernfähigkeit» in die Nähe des Begriffs «Intelligenz», wobei Intelligenz sich jedoch nicht nur auf den schulischen Lehrstoff beschränkt, sondern die gesamte Erfahrungswelt umfaßt, die geistig verarbeitet wird und deren Zusammenhänge erkannt werden. Im Zusammenhang mit menschlichen Beziehungen spricht man beispielsweise auch von einer «sozialen Intelligenz». Die Lernfähigkeit ist eines der wichtigsten Fragmente, durch die Intelligenz sich äußert.

Unterschiede in der Intelligenz zwischen Kindern äußern sich dementsprechend auch in *Unterschieden in der Lernfähigkeit*. Diese Schlußfolgerung zieht VAN PARREREN jedoch nicht. Er vermeidet den Begriff Intelligenz, da dieser seiner Ansicht nach zu stark mit der Veranlagung in Verbindung gebracht worden ist und einseitig als erblich bedingt verstanden wird. Die Ursachen für die Unterschiede, die hinsichtlich der Lernfähigkeit in der Grundschule zum Ausdruck kommen, sind nach VAN PARREREN hauptsächlich durch das Milieu, durch *Persönlichkeitsunterschiede* und durch das *Generalisierungsvermögen* bedingt.

Milieuunterschiede werden besonders im Sprachgebrauch deutlich. Wie bisher deutlich geworden ist, müssen Kinder in der Schule mit einer «verbalen Welt» zurechtkommen. BRUNER nennt dies «eine unvermeidliche Auswirkung unserer komplexen Kultur». Eine Lehrkraft kann nur noch sehr wenige Dinge «demonstrieren». Kultur- und Wissensvermittlung geschehen hauptsächlich durch Wörter. Kinder, die von zu Hause aus gewöhnt sind, Sprache kreativ zu verwenden, werden schnell erfahren, daß auch die mit Wörtern beschriebene Welt sehr anschaulich sein kann. Kinder aus einem beschränkteren Sprachmilieu haben es dagegen schwerer, da die verbale Welt, mit der sie in der Schule in Berührung kommen, ihnen fremd sein mag.

Zum Zusammenhang zwischen Sprache und Denken, beispielsweise in der Theorie von BRUNER, siehe Praktische Kinderpsychologie, Kapitel 16, Abschnitt «Semantische Entwicklung».

Neben dieser Einstellung zur Sprache bestehen auch noch quantitative und qualitative Sprachunterschiede. Ein umfangreicher Wortschatz allein reicht nicht aus. Natürlich werden Wörter benötigt, aber wichtiger als die Anzahl der Wörter ist ihr Zusammenhang. Da Wörter

Objekte, Geschehnisse und Erscheinungen beschreiben, die strukturell miteinander verbunden sind, besteht auch zwischen den Wörtern ein Zusammenhang. Das logische Verbindungsnetz der Wirklichkeit spiegelt sich in dem begriffsmäßigen Netzwerk der Wörter wider. Ein Kind lernt klassifizieren und entdeckt, daß Begriffe höheren Ranges Begriffe niedrigeren Ranges einschließen und dementsprechend *Begriffspyramiden* gebildet werden müssen, auf deren Boden Andeutungen der spezifischen Objekte zu finden sind und an deren Spitze der umfassendste Begriff steht.

Kinder aus einem höheren Milieu haben einen größeren Wortschatz und ihre Begriffe sind im allgemeinen differenzierter, wodurch sie Zusammenhänge besser erkennen können. Sie können sich eher vom Gegenwärtigen lösen und Sprache auch in Vergangenheits- und Zukunftsformen verwenden. Dadurch sind sie in der Lage zu phantasieren und sich bei verschiedenen Aufgaben vorzustellen, wie die Lösung aussehen könnte.

Man kann sich aber denken – auch wenn VAN PARREREN diese Schlußfolgerung nicht zieht – daß die Art und Weise und das Tempo, mit der sich ein Kind die vielfältige Sprachkultur der Schule aneignet, doch mit seiner Intelligenz zusammenhängt.

Vergleiche hiermit die kontextabhängige Intelligenz von STERNBERG, die im weiteren Verlauf dieses Kapitels unter dem Abschnitt «Dreiteilige Intelligenz» behandelt wird.

Als Persönlichkeitsmerkmale, die auf die Lernfähigkeit Einfluß haben, nennt VAN PARREREN die Neigung, Initiativen zu ergreifen, intellektuelle Gründlichkeit, Lernmotivation, Durchhaltevermögen, planmäßiges Arbeiten und Einfallsreichtum. Auch beim Zustandekommen dieser Persönlichkeitsunterschiede sind seiner Meinung nach die Milieueinflüsse von großer Bedeutung. Wird ein Kind beispielsweise zu Hause zu Beschäftigungen angeregt, oder werden ihm eigene Initiativen versagt? Oder ist die ursprüngliche Motivation durch Entmutigung in Versagensangst umgeschlagen? Läßt sich ein Kind leicht ablenken, um so etwas Begonnenes nicht zu Ende zu führen?

Man könnte sagen, daß das eine Kind schneller zur Akkommodation gelangt als ein anderes, schneller seine Denkstrukturen reorganisiert, um die neuen Erfahrungen, die der neue Lehrstoff bietet, darin unterzubringen. Das eine Kind reorganisiert auch gründlicher als ein anderes, da es sich eine Reihe von gleichartigen Situationen vorstellen kann, die in einem neuen Licht betrachtet werden. Dies ist jedoch nur eine Vermutung, denn PIAGET hat sich niemals mit den individuellen Unterschieden zwischen den Kindern beschäftigt, sondern nur mit allgemeinen Gesetzmäßigkeiten in der Entwicklung.

Hinsichtlich Initiative, Einfallsreichtum und Motivation finden wir deutliche Übereinstimmungen mit den Auffassungen von BERLYNE, CONDRY, MONTESSORI, BLOOM und ERIKSON über die *Erfahrungen*, die Kinder in ihrem Milieu machen. Planmäßiges Arbeiten kann – wie wir im weiteren Verlauf des Buches sehen werden – durch die Schule stimuliert werden. Das Durchhaltevermögen scheint jedoch eher ein durch *Veranlagung* erworbenes Persönlichkeitsmerkmal zu sein. Es hängt mit dem Temperament zusammen und hat dadurch Einfluß auf das Maß an Konzentration, das ein Schüler einsetzen kann. Intellektuelle Gründlichkeit und Einfallsreichtum sind eigentlich nur weitere Aspekte der oben genannten, mehr umfassenden Intelligenz, die zu einem großen Teil auf der Veranlagung beruht.

Von Veranlagung spricht VAN PARREREN aber nur im Zusammenhang mit dem dritten Faktor für die Lernfähigkeit: Dem *Generalisierungsvermögen*, das seiner Meinung nach schwierig zu beeinflussen ist, da es von Gehirnfunktionen abhängig ist. «Im Unterricht sind Unterschiede zwischen den Schülern bezüglich der Fähigkeit zu generalisieren vorhanden. Dies zeigt sich beispielsweise darin, daß manche Schüler in einem Teil des Lehrstoffs schnell und spontan allerlei

Implikationen sehen, andere Schüler dagegen nicht mehr aufgreifen als das, was strikt unterrichtet wird.» Behandelt der Lehrstoff z. B. Blumenzwiebeln, die im Winter im Dunklen unter der Erde ruhen, so sieht der eine Schüler sogleich die Parallele zu den Hyazinthenzwiebeln zu Hause im dunklen Schrank, ein anderer Schüler muß dagegen erst darauf hingewiesen werden.

Intelligenz

Generalisierungsvermögen ist im Prinzip dasselbe wie *Einsicht*. Es bedeutet, daß man sich loslösen kann von sich aufdrängenden faktischen und konkreten Unterschieden zwischen den Objekten, Situationen oder Ereignissen – unter der Erde im Freien, im Schrank zu Hause – und man auf einem abstrakteren Niveau die tieferliegenden Übereinstimmungen im Prinzip versteht: In unserem Fall nämlich die Dunkelheit. Dem einen Schüler fällt dieses Sich-loslösen vom Konkreten verhältnismäßig leicht, einen anderen Schüler hingegen kostet es große Mühe. Wenn die Einsicht fehlt, kann ein Schüler nicht aus eigener Kraft generalisieren, sondern muß über die Übereinstimmung zwischen den verschiedenen Objekten, Situationen und Ereignissen intensiv unterrichtet werden. Das Generalisierungsvermögen wird von vielen als der Kern der Intelligenz betrachtet. Es geht hierbei darum, inwieweit man bei bestimmten Aufgaben Zusammenhänge mit ähnlichen Aufgaben erkennt. Es bedeutet weiterhin, daß man einen Blick für das Wesentliche hat und über zufällige äußerliche Erscheinungsformen hinwegsehen kann. Der wesentliche Punkt in dem oben genannten Beispiel mit den Blumenzwiebeln ist die «Dunkelheit». Daß sich der eine Vorgang unter der Erde abspielt, der andere im Schrank, bzw. der eine drinnen und der andere draußen, ist hier unwesentlich. Es geht um ein Prinzip, das von der einen Situation auf die andere übertragen werden kann.

Vergleiche hiermit den Begriff «bereinigte Denkhandlung» im Kapitel «Argumentation und Rechnen». Zur Generalisierung siehe Praktische Kinderpsychologie, Kapitel 4.

SLAVENBURG untersuchte die Wirkung des großen Stimulierungsprogramms in Rotterdam: «Unterricht und soziales Milieu». Seine Evaluation ergab, daß ein Mangel an Generalisierungsvermögen die Hauptursache für das Scheitern im Unterricht war. Kinder aus einem niedrigeren Milieu erhielten einen auf sie zugeschnittenen Unterricht, in dem der Lehrstoff in kleinen Schritten präsentiert wurde und wobei jedesmal aufs Neue kontrolliert wurde, ob das Vorausgegangene richtig verstanden worden war, bevor man zum nächsten Schritt überging. Die meisten Schüler lernten so den Lehrstoff zwar besser als ohne diese Stufe, aber das Generalisieren gelang ihnen nicht. Sie waren nicht in der Lage, das erworbene Wissen auch in etwas veränderten Situationen oder Aufgaben anzuwenden. Anscheinend braucht es mehr, damit die Kinder das Generalisieren lernen. Viele Experten glauben daher, daß das Generalisierungsvermögen ein in der Veranlagung verankertes Merkmal des Gehirns ist, wobei jedoch große qualitative Unterschiede zwischen den Menschen bestehen.

Kinder, denen ein Stoff vermittelt wird, den sie aufgrund ihrer

Denkentwicklung noch nicht verarbeiten können, vermögen nicht zu generalisieren. Sie bleiben zu stark an den konkreten Aspekten der Aufgabe hängen und sehen nicht das Prinzip, das von einer ähnlichen auf diese neue Situation übertragen werden kann. PIAGET beschreibt diesen Unterschied als einen Unterschied zwischen *Objekterfahrung* und *logisch-mathematischer Erfahrung*. Erstere vermittelt Kenntnis über die Eigenschaften eines Objektes als solches: Ist es schwer? Ist es weiß? usw. Bei der logisch-mathematischen Erfahrung geht es um die Handlungen, die man mit einem Objekt ausführen kann. Handlungen können nur generalisieren, wenn sie als Operationen verinnerlicht werden, denn diese Operationen sind übertragbar auf andere, ähnliche Objekte. Vermittelt man Kindern Wissen «zu früh», hat das nach PIAGET zwar Objektkenntnis zur Folge, löst jedoch keine Denkoperationen aus.

Die Objekteigenschaften ermöglichen jedoch das eventuelle Entstehen von Denkoperationen. Der Junge aus dem vorigen Kapitel, der durch das Zählen der Kieselsteine («handelnd») Verständnis für den Begriff «zehn» erlangte, hätte – nach PIAGET – dieses Verständnis nicht erlangt, wenn er anstatt Kieselsteine Wassertropfen gezählt hätte. Diese sind nämlich einmalig und hätten sich nach dem erstmaligen Zählen in einer Pfütze gesammelt. Die durch das Zählen der Steine entstandene Einsicht in «zehn» kann jedoch hinsichtlich der Regentropfen generalisiert werden.

Generalisieren ist gewissermaßen auch kategorisieren: Man bringt Objekte, Situation oder Ereignisse ungeachtet ihrer Unterschiede auf denselben Nenner (dunkle Erde, dunkler Schrank, zehn Kieselsteine, zehn Wassertropfen). Im Zusammenhang mit Intelligenz spricht MONTESSORI darum auch ausdrücklich von «ordnen». Bei der Intelligenz geht es nicht um «die Menge des direkten Wissens über die Dinge» sondern darum, «sich unterscheidende Objekte durch ihre Zugehörigkeit zur selben Sorte zu assoziieren». Dazu muß ein Schüler die relevanten Eigenschaften aus der Gesamtheit der Information, die er über die Objekte erhält, herausgreifen. Das Montessorimaterial ist darum auch quantitativ und qualitativ geordnet, um das (intelligente) Verständnis der Schüler anzuheben.

An höheren Schulen gilt vor allem Latein als ein Fach, durch das man diszipliniert zu denken lernt.

Eine gut strukturierte Lösungsmethode ermöglicht die Generalisierung: mit einem Versuch kann man u.U. eine ganze Gruppe von Lösungsmöglichkeiten eliminieren.

Die Generalisierung spielt auch eine Rolle bei der Erklärung, warum einige Schulfächer für alle Schüler Pflichtfächer sind, obwohl sie nicht für jeden Schüler einen direkt nachweisbaren praktischen Nutzen haben – wie z. B. Mathematik –, sondern für das Denken einen mehr allgemein formenden Wert haben. Man hofft, daß die spezifischen Prinzipien, die durch diese Fächer vermittelt wurden, generalisiert werden und so zu allgemeinem logischen Denken führen. Nehmen wir als Beispiel Aufgaben über das Klima oder die Grundstoffgewinnung. Man könnte sie scharf trennen in Ursache und Wirkung – die «wenn-dann» Argumentation in der Mathematik –, man kann aber auch systematisch alle möglichen Lösungen der Aufgabe eliminieren, anstatt allen möglichen Lösungen in willkürlicher Reihenfolge nachzugehen.

Allgemeine und spezifische Intelligenz

In einigen Theorien über die Intelligenz wird manchmal auch ein Unterschied gemacht zwischen allgemeiner und spezifischer Intelligenz. Die allgemeine Intelligenz ist fluide und kann für verschiedene Gebiete generalisiert werden. Die spezifische Intelligenz ist kristallin, und die Generalisierungen spielen sich in einem bestimmten Bereich ab.

Psychologen, die bei der Intelligenz vor allem an den allgemeinen Bereich denken, (*lumpers*) werfen alle Formen von intelligentem Verhalten auf einen Haufen: Das Fliegen eines Düsenjägers, Passagen aus dem Koran auswendig lernen oder ein neues Medikament erfinden – ihrer Meinung nach handelt es hier um dieselbe Denkkapazität, und wer das eine gut beherrscht kann also im Prinzip auch das andere lernen. Demgegenüber stehen die *Splitters* – Psychologen, die davon ausgehen, daß Intelligenz in verschiedene Arten von Denkfertigkeit auseinanderfällt, d. h. daß jemand, der gut ist im Erstellen von Arbeitsvorlagen durchaus Schwierigkeiten beim Erlernen einer Fremdsprache haben kann.

Zwischen diesen beiden Gruppen befinden sich Psychologen, die die Existenz eines allgemeinen Intelligenzfaktors anerkennen, aber sich auch auf die zu unterscheidenden spezifischen Formen richten. Der allgemeine Faktor kommt zum Ausdruck in einer Situation, in der eine Person sich *vor ein Problem gestellt* sieht, und eine mehr oder weniger intelligente Haltung einnimmt. Von der spezifischen Intelligenz hängt es ab, welche Probleme man leicht löst und welche nicht.

Dies ist zwar eine Frage der Veranlagung, aber einige Psychologen denken, daß auch die Unterrichtsform einen Einfluß darauf haben kann. Nach BALKE-AURELL wird die allgemeine Intelligenz durch verbalen Unterricht, die spezifische Intelligenz mehr durch einen anschaulichen Unterricht gefördert. Nach SNOW und LOHMAN wird dieser Unterschied mehr durch einen Unterricht gefördert, der den Nachdruck darauf legt, die Schüler mit bestimmten Lehrstoffen und mit festgelegten Unterrichtsmethoden vertraut zu machen, als durch Unterricht, der den Schüler fortwährend mit neuen Lehrmaterialien und andersartigen Aufgaben überrascht, durch die das Denken «beweglich» bleibt. Verbindet man diese beiden Ansichten, könnte man unterstellen, daß ein verbaler Unterricht, der überraschenden Problemstellungen viel Aufmerksamkeit widmet, die durch die Veranlagung gegebenen Möglichkeiten zur allgemeinen Intelligenz noch verstärkt. Ein anschaulicher Unterricht nach einer Methode, mit der die Schüler schnell vertraut sind und mit der sie konkretes Wissen erlernen, wäre für die spezifische Intelligenz auf einem bestimmten Gebiet optimal.

Die Sprache vereinfacht nach der Theorie von BRUNER und WYGOTSKI die Generalisierung durch Begriffspyramiden. PIAGET teilt diese Ansicht jedoch nicht.

Verbal darf nicht gleichgestellt werden mit *auditiv*. Verbale Menschen können sehr visuell sein und können dann beispielsweise von einem gelesenen Text mehr profitieren als von einem gesprochenen. Ein auf Aktivitäten gerichteter Unterricht ist selbstverständlich visuell und beruht vor allem auf Demonstrieren und Nachmachen. Um die verschiedenen Unterrichtsformen nach der Grundschule einzuteilen, muß man das Maß, in dem sie die allgemeine oder mehr die spezifische Intelligenz erfordern, berücksichtigen.

Ob eine Unterrichtsform mehr fluide oder mehr kristallin sein soll, ist nach BALTES auch vom Alter abhängig. Man kann nicht mit Sicherheit sagen, daß die erste Form der Intelligenz wichtiger ist als die zweite. Das hängt u. a. von der Lebensphase ab, in der man sich gerade befindet. Im jugendlichen Alter, in dem man viele Entscheidungen treffen muß, ist eine fluide Intelligenz wichtig, mit der man auf verschiedenen Gebieten operieren und etwas durchdenken kann. Im späteren Leben, wenn man sich auf bestimmte Lebensbereiche festgelegt hat, ist eine kristalline Intelligenz, die auf die Aufgaben, die man hat, zugeschnitten ist, wichtiger.

Dreiteilige Intelligenz

Die jüngste Version dieser relativierenden Auffassung von Intelligenz stammt von STERNBERG, dessen Werk in den letzten Jahren viel Beachtung fand. Bei BALTES sieht man, daß die Intelligenz nicht nur eine interne Eigenschaft ist, die zu mehr oder weniger intelligentem Verhalten führt, sondern daß es sich um eine Interaktion mit der Umgebung handelt, die sich mit dem Älterwerden verändert.

Nach STERNBERG gehört hierzu der – wie er es nennt – *kontextuelle Aspekt* der Intelligenz, d. h. inwieweit man die Begabung besitzt, sich schnell auf die Forderungen der Umgebung (den Kontext) einzustellen. Dies kommt dem weiter oben erwähnten Begriff der «sozialen Intelligenz» sehr nahe, wird aber von STERNBERG differenzierter behandelt. Er bedeutet einerseits, daß man sich an die Umgebung anpaßt und einschätzen kann, was erwartet wird, andererseits aber auch die Einsicht, welche Erwartungen man nicht erfüllen kann, da sie die eigene Kompetenz übersteigen. Dann aber müßte man versuchen, die Aufgaben so zu modifizieren, daß die eigenen starken Seiten doch noch zum Vorschein kommen können und die schwachen Seiten kompensiert werden. Wenn dies nicht möglich sein sollte, ist es «intelligent», sich von dem Problem zu distanzieren, um so wenigstens «die Ehre zu retten». Eine der vielen Untersuchungen von STERNBERG ergab, daß Laien auf dem Gebiet der Psychologie bei der Frage, was sie unter dem Begriff «Intelligenz» verstehen, vor allem an diese praktischen und sozialen Fähigkeiten denken.

Die Psychologen, die sich mit dem Studium der Denkprozesse beschäftigen, waren die ersten, die sich der Testpsychologie gegenüber kritisch äußerten, da diese sich nur auf die Denkresultate richtet. Siehe hierzu Praktische Kinderpsychologie, Kapitel 17, Abschnitt «Denkstrategien».

Nach STERNBERG gehört zur Intelligenz darüber hinaus auch noch der *Erfahrungsaspekt* (*experimental*). Dieser Aspekt beinhaltet, inwieweit jemand denkend Ideen entwickeln kann und kreativ einen Bezug zwischen bekannten und neuen Problemstellungen herzustellen weiß. Der oben beschriebenen Generalisierung kommt dieser Aspekt am nächsten.

Einen dritten Aspekt nennt STERNBERG den *Komponentenaspekt*. Dies ist der analytische Prozeß, der sich dann abspielt, wenn ein Denkproblem gelöst werden muß. Es geht hierbei um die Denkschritte, die – vom Erkennen der Art des Problems bis hin zur letzten

Prüfung der gefundenen Lösung – ausgeführt werden müssen. Dies betrifft die verwendeten Denkstrategien, die auch Material für Untersuchungen der Informationsverarbeitungsprozesse liefern.

Diese drei Aspekte zusammen nennt STERNBERG die *triarchische* Intelligenztheorie. Man könnte sie wahrscheinlich auch eine «dreiekkige» nennen, da seine Theorie drei Eckpfeiler umfaßt.

Es ist nicht so, daß ein Individuum jeweils nur eine dieser Intelligenzformen besitzt. Es handelt sich vielmehr immer um eine Verbindung der drei, wobei jedoch meistens einer der Aspekte in den Vordergrund tritt. Ebensowenig kann man sagen, daß der eine Aspekt wichtiger sei als der andere, beispielsweise daß jemand mit einem starken Komponentenaspekt am intelligentesten ist. Es ist abhängig von der Situation, in der man sich befindet, von der Art der Aufgaben, die gestellt werden und in welchem Maße man die eigenen Möglichkeiten anwendet. Jemand, dem nur wenige Möglichkeiten zur Verfügung stehen, der diese jedoch alle anwendet, verhält sich intelligenter als jemand, der zwar viele Möglichkeiten besitzt, diese jedoch nicht nutzt. Bei der Beurteilung von Intelligenz ist auch die Anzahl der vorhandenen Möglichkeiten ausschlaggebend.

Dies erinnert an eine Äußerung des bekannten amerikanischen Psychologen WOODWORTH (vor vielen Jahren). Er sagte, man sollte das Wort Intelligenz eigentlich nur als Verb verwenden und nicht als Substantiv. Dadurch würde deutlicher, daß es sich hierbei nicht um eine stabile Eigenschaft handelt, sondern um das, was man damit tut.

STERNBERG geht nicht auf die Frage ein, ob Intelligenz in dieser dreiteiligen Form eine Frage der Veranlagung oder des Milieus ist, obwohl er – mit Erfolg – ein Trainingsprogramm zur Förderung der kreativen Einsicht bei Kindern entworfen hat. Auch läßt er die Frage offen, ob er mit diesem Programm in der Veranlagung verankerte Möglichkeiten stimuliert hat.

Der Nachdruck, den STERNBERG auf die Umwelt legt, liegt auf einem anderen Gebiet. Er ist der Ansicht, daß man das Maß an intelligentem Verhalten nur innerhalb eines kulturellen Kontexts beurteilen kann – ja eigentlich sogar nur in Subkulturen. Jemand kann beispielsweise sehr intelligent mit den Forderungen, die seine eigene Umwelt an ihn stellt, umgehen. Muß er sich dagegen in einer fremden Umgebung behaupten, ist es ohne weiteres möglich, daß er sich «dumm» verhält. Ein bekanntes Beispiel ist das Kind, das sich innerhalb der Subkultur einer ethnischen Minderheit sehr intelligent verhält, aber in der Schule – in der dominanten Kultur der Mehrheit – nicht mithalten kann. Man kann hier nicht sagen, daß das Kind nicht intelligent *ist*, sondern lediglich, daß es sich in der neuen Umgebung nicht intelligent *verhält*. Ein anderes Kind aus derselben Subkultur kann dazu in der Lage sein. Es ist jedoch falsch zu unterstellen, daß das zweite Kind intelligenter ist. Wahrscheinlich ist nur der kontextuelle Aspekt seiner Intelligenz dominanter. Beim ersten Kind kann der Erfahrungs- oder der Komponentenaspekt stärker ausgeprägt sein. Diese beiden Aspekte sind jedoch bei der Bewältigung einer völlig neuen Situation weniger ausschlaggebend.

In dem Abschnitt «Lernfähigkeit» wird jedoch nahegelegt, daß es doch etwas mit Intelligenz zu tun hat, wenn Kinder aus einem spracharmen Milieu sich ziemlich schnell in der verbalen Welt des Unterrichts heimisch fühlen.

Vergleiche zwischen Kindern oder zwischen Erwachsenen können STERNBERG zufolge darum nur sehr schwer angestellt werden, denn dazu ist der Begriff der Intelligenz zu umfassend. Vergleiche sind nur bei Teilaspekten sinnvoll. Dies geschieht beispielsweise bei einem Test, und solange man im Auge behält, daß nicht *die* Intelligenz getestet wird, ist dagegen auch nichts einzuwenden.

Zu Intelligenz und Intelligenztests siehe Praktische Kinderpsychologie, Kapitel 17.

STERNBERG distanziert sich nicht von anderen Intelligenztheorien – wie beispielsweise dem psychometrischen Testansatz, bei dem es um das Denkresultat geht; dem informationsverarbeitenden Ansatz, der den Denkprozeß untersucht; oder dem kognitivpsychologischen Ansatz, der auf den Inhalt von Erkenntnissen und auf Generalisierungen gerichtet ist; oder dem funktionalistischen Ansatz, der besonderen Wert auf die Funktion intelligenten Verhaltens in Abhängigkeit von den Anforderungen der Umgebung legt –, denn alle diese Theorien beschäftigen sich mit einem Teil des Gesamtphänomens «Intelligenz».

STERNBERG versucht mit seiner Theorie, eine Integration zu schaffen. Seinen Kritikern zufolge geht er mit dieser Bemühung zu weit, da zu viele nicht-kognitive Aspekte wie Persönlichkeitsmerkmale und Motivationsaspekte in die Theorie eingehen. STERNBERG hält dies jedoch für notwendig, zumindest soweit es für das intelligente Verhalten relevant ist. Anders wird «Intelligenz» ein zu künstlicher Begriff, der zu weit vom täglichen menschlichen Verhalten entfernt steht.

Hochbegabt

In den letzten Jahren ist in der Psychologie Aufmerksamkeit entstanden für das Phänomen *hochbegabt* – im Gegensatz zu *schwachbegabt*. Aber während über Letzteres viele Untersuchungen angestellt wurden und sogar eine besondere Schulform dafür entworfen wurde (das Sonderschulwesen), erhielt die Hochbegabtheit nie besondere Aufmerksamkeit. Man faßte dies nicht als Problem auf und ging wahrscheinlich davon aus, daß ein begabtes Kind auch klug genug ist, sich in der Schule zurechtzufinden.

Im großen und ganzen hat sich dies auch bewahrheitet. Jedoch hat sich gezeigt, daß einige hochbegabte Kinder Verhaltensstörungen aufweisen, da sie mit ihren intellektuellen Fähigkeiten in einer Klasse mit durchschnittlich begabten Klassenkameraden nicht zurechtkommen. Ein zweites – und vielleicht noch wichtigeres – Motiv für das wissenschaftliche Interesse ist, daß in der hochentwickelten Gesellschaft von heute hochbegabte Menschen unentbehrlich sind und daß kein Talent verlorengehen darf.

Im weiterführenden Unterricht kommen laut Barbara KERR zwei Bereiche zur spezifischen Hochbegabtheit hinzu: Biologie/Mathematik und soziale Fächer.

Die *erste* Frage ist: *Woran erkennt man ein hochbegabtes Kind?* Für viele Lehrer an der Grundschule ist dies ein wichtiger Punkt. Bis jetzt sind nur einige wenige Aspekte deutlich, z. B., daß sich eine wirklich außergewöhnliche Begabtheit immer in einem spezifischen Bereich äußert. Daher sagt ein hoher Intelligenzquotient (IQ) nur wenig aus. *Sternbergs* Bedenken gegen IQs im allgemeinen gelten mindenstens so stark für Hochbegabte: Es wird zuviel auf einen Haufen geworfen. Man muß ein Kind viel detaillierter betrachten.

Lehrer mit ihrer täglichen Unterrichtserfahrung mit durchschnittlich begabten Kindern können Hochbegabte im Sprach- oder Mathematikunterricht meistens *herausfischen*. Daß sich das Talent hauptsächlich auf einem bestimmten Gebiet äußert, bedeutet nicht, daß der Schüler in anderen Fächern schlecht ist. Die allgemeine Intelligenz ist beinahe immer hoch, so daß sich der hochbegabte Schüler auf allen Gebieten intelligent verhält, während er oder sie bei spezifischen Themen eine außergewöhnlich hohe Begabtheit zeigt.

STERNBERG läßt noch eine andere Möglichkeit offen: So wie es an einem Intelligenz-Äußersten Schwachbegabte gibt, die auf allen Gebieten intellektuel zurückbleiben, könnte es auch Allgemein- Hochbegabte geben. Die Spezifisch-Hochbegabten wären dann zu vergleichen mit Kindern mit spezifischen Lernproblemen wie Dyslexie. Wissenschaftliche Untermauerung für diese Parallelen gibt es jedoch (noch) nicht.

Eine *zweite* Frage ist: *Worin besteht das Superintelligente?* Welcher Faktor im Denkprozeß ermöglicht es diesen Schülern, so schnell zu begreifen? Wahrscheinlich muß man die Antwort in der Generalisierungsfähigkeit suchen: Spontan und schnell Übereinstimmungen in Problemstellungen erkennen, auch bei Aufgaben, die sich auf den ersten Blick nicht ähneln. Eine schnelle und umfassende Generalisierung also. Weiterhin werden aufgeführt: Eine ausgesprochen problemgerichtete Einstellung und ein starkes Metagedächtnis. Das erste bedeutet eine hoch entwickelte Lernbegierde und alert reagieren auf alles, was nicht sofort deutlich ist (das erinnert an die Ideen von BERLYNE über das Lernen im allgemeinen). Das zweite weist auf den Besitz von überdurchschnittlich vielen Strategien, Dinge zu lernen und zu behalten.

Dazu gehört auch ein flexibles Begriffsnetzwerk, wodurch die Gedanken schnell zwischen den in Verbindung stehenden Begriffen hin und her wechseln können. Denn schließlich beruhen alle erwähnten Eigenschaften auf dem Aufbau und dem Funktionieren der Gehirnzellen. Aber wie dies geschieht ist noch unbekannt.

Eine *dritte* Forschungsfrage ist: *Inwieweit ist Hochbegabtheit stabil?* Sind superintelligente Schüler in der Grundschule als Erwachsene noch immer hochbegabt? Im allgemeinen geht man davon aus, daß Mathematikbegabtheit, die sich früh äußert, ein besserer Indikator für spätere *Glanzleistungen* ist als eine frühe Sprachbegabung. Untersuchungen von Nancy JACKSON ergaben z. B., daß die meisten Kinder, die außergewöhnlich schnell lesen lernten, diesen Vorsprung in der fünften Klasse wieder verloren hatten. Sie gehörten dann nur noch zu den gewöhnlichen *guten Lesern*. Grund hierfür könnte sein, daß das Lesenlernen andere Fähigkeiten erfordert als das begreifende Lesen. Ein Schüler, der außergewöhnlich gut ist im Entziffern und Behalten von «Codes» (Buchstaben), muß später nicht unbedingt auch gute Leistungen hinsichtlich Wortschatz und inhaltlichem Verständnis erbringen. Für die anfängliche wie auch für die fortgeschrittene Mathematik scheinen dieselben Fähigkeiten nötig zu sein, so daß man über außergewöhnlich gute *Rechenkünstler* bessere Voraussagen machen kann.

Aber eigentlich kann man die dritte Frage erst beantworten, nachdem man die *vierte* Frage beantwortet hat: *Was ist notwendig, um eine eventuelle Hochbegabtheit zur Entwicklung zu bringen?* Im großen und ganzen sind sich die Forscher darüber einig, daß die Merkmale des Schülers selbst, seiner Eltern, der Schule und seiner Freunde und Freundinnen sowohl Stimulans als auch Hindernis sein können.

Als Beispiel kann eine Untersuchung von Carol TOMLISON dienen. Sie führte eine Langzeitstudie fort, die TERMAN 1925 begonnen hatte. Mit Hilfe der Lehrer stellte er damals in Kalifornien eine Gruppe von 1528 hochbegabten Schülern im Alter von elf bis zwölf Jahren zusammen. Ihr Lebenslauf wurde so weit wie möglich weiterverfolgt. Carol TOMLISON untersuchte sie im mittleren Lebensalter. Zwei Faktoren schienen wesentlich dazu beizutragen, daß die hochbegabten Kinder von damals auch als Erwachsene auf intellektuelem Gebiet außergewöhnliche Leistungen erbrachten: An erster Stelle die Ausbildung der Eltern und in welchem Maße diese die intellektuele Entwicklung ihres Kindes als wichtig empfanden. Der zweite Faktor betrifft den eigenen intellektuellen Einsatz des Kindes, sein Leistungsbedürfnis und seine Ambitionen und Interessen.

Der erste Faktor bedeutet eine häusliche Atmosphäre, die auf Wissen gerichtet ist. Das Familienleben ist dann davon auf eine selbstverständliche Art und Weise durchzogen und das Lernen in der Schule wird von den Eltern stimuliert. Hochbegabte Kinder von nicht-intellektuellen Eltern haben dementsprechend auch Schwierigkeiten, ihre Talente zu entwickeln. Der zweite Faktor bedeutet, daß das Kind selbst auch etwas mit seiner Intelligenz tun muß. Selbst wenn ihm das Lernen sehr einfach fällt, die intellektuellen Hochleistungen werden ihm nicht in den Schoß geworfen. Er oder sie muß lernbegierig sein und Spaß an der Wissenserweiterung haben.

Carol TOMLISON stellte einen dritten Faktor fest, der im Gegensatz zu den beiden anderen einen negativen Zusammenhang zutage brachte. Kinder, die nicht nur hochbegabt, sondern auch sozial eingestellt waren – beliebt, fröhlich, sportlich – hatten ihre Hochbegabtheit signifikant weniger häufig beibehalten als ihre weniger sozialen Altersgenossen. Dieser Zusammenhang zwischen Hochbegabtheit und *sozialer Zurückgezogenheit* wurde von verschiedenen Wissenschaftlern festgestellt. Ein Erklärungstyp geht von der Idee aus, daß hochbegabte Kinder mit einer starken sozialen Einstellung mehr Freude haben an sozialen Aktivitäten und mehr Zeit in sie investieren, während sie den Schularbeiten nur die absolut erforderliche Aufmerksamkeit widemen, so daß die Leistungen zwar gut, jedoch nicht glänzend sind. Dies könnte auch erklären, warum Mädchen ihre Hochbegabtheit eher vernachlässigen: ein positives Selbstbild ist bei Mädchen mehr als bei Jungen auf soziale Anerkennung gerichtet.

Im Kapitel «Klassenkameraden» gehen wir näher auf die Freundschaft zwischen hochbegabten Kindern ein.

Der zweite Erklärungstyp versucht glaubhaft zu machen, daß soziale Zurückgezogenheit für die Hochbegabtheit förderlich ist. Zum

Beispiel weil *für sich alleine denken und arbeiten können* ein wichtiger Antrieb für intellektuelle Hochleistungen ist. Es könnte sein, daß Hochbegabte sich mehr auf Erwachsene als auf Altersgenossen richten, da die Chance, daß sie eine ebenbürtige Freundschaft schließen können, als gering zu erachten ist. Im allgemeinen entstehen Freundschaften in der Grundschule in diesem Alter nämlich am leichtesten zwischen Kindern, die ungefähr das gleiche geistige Niveau besitzen. Von den Kontakten mit Erwachsenen gehen danach starke Stimulansen aus.

In diesem Zusammenhang ist es sinnvoll, *das Überspringen einer Klasse* positiver zu beurteilen als dies in der Unterrichtspraxis meistens geschieht, da man befürchtet, daß ein Kind sozial und emotional zwischen den älteren Klassenkameraden immer das Letzte aus sich herausholen muß. Es gibt Anzeichen dafür, daß die meisten hochbegabten Kinder nicht genügend soziale Fertigkeiten besitzen, um diese Belastung meistern zu können und daß die sozial ungeschickten hochbegabten Kinder es wahrscheinlich auch schon in der Klasse mit Altersgenossen schwierig hatten.

Es gibt auffallend wenig Untersuchungen über die typischen Unterrichtsfaktoren, die für hochbegabte Kinder günstig oder ungünstig sind. Es wird jedoch über gesonderte Schulen für diese Kinder nachgedacht. In Amerika gibt es sie schon. Ein Direktor einer solchen Schule, RONVIK, gibt jedoch zu bedenken, daß die Unterrichtsprogramme mehr gefühlsmäßig zusammengestellt werden und weniger auf Fakten basieren. Man weiß eigentlich noch viel zu wenig über das Spezifische der Hochbegabtheit, um bestimmen zu können, wie der Lehrstoff aufgebaut sein muß und ob dieser dann auch auf einer normalen Grundschule realisiert werden könnte.

Aufmerksamkeit und Konzentration

Um Lehrstoff aufzunehmen und zu verarbeiten, brauchen wir Aufmerksamkeit. Aber eigentlich ist dies zu einseitig formuliert. Aufmerksamkeit umfaßt nämlich zwei Aspekte: Zunächst wird die Aufmerksamkeit von etwas «angezogen» und danach «richtet» die betreffende Person die Aufmerksamkeit darauf. Die Anziehungskraft kann einerseits durch die Motivation bedingt sein (die schönen Haare eines Mädchens, das vor einem sitzt), andererseits aber auch nur durch die Intensität der Wahrnehmung hervorgerufen werden (die Klasse im Nebenzimmer singt lauthals).

In einer Schulklasse geschehen fortwährend Dinge, die die Aufmerksamkeit des Schüler anziehen. Der Lehrstoff ist nur ein Teil davon. Darum muß der Schüler seine Aufmerksamkeit selektiv auf diesen richten und sich gegen Ablenkung wehren, d. h.: Er muß sich konzentrieren. Als Widerstand gegen Ablenkung erfordert diese Art der Konzentration viel Energie.

Menschen, und natürlich auch Schüler in einer Klasse, unterscheiden sich hinsichtlich der Fähigkeit, ablenkende Eindrücke abzuwehren

Zu bestimmten Stunden des Tages ist es schwierig, konzentriert zu arbeiten. Zum Beispiel direkt nach der Mittagspause, wenn der Körper Energie zur Verdauung benötigt. Kinder, die nicht richtig frühstücken, haben schon im Laufe des Vormittags Schwierigkeiten wegen des Energiemangels.

und auch hinsichtlich der Mühe, die das kostet. Dies hängt wahrscheinlich mit der Höhe bestimmter Reizschwellen im Gehirn zusammen. Konzentration kann also folgendermaßen umschrieben werden: Man ist offen für und reagiert auf kleine Veränderungen, die in der Umgebung auftreten und verschließt sich Reizen, die nichts damit zu tun haben.

Es ist kein Zufall, daß das Wort «Kosten» in diesem Zusammenhang verwendet wird. Aufmerksamkeit und Konzentration erfordern den Einsatz von Energie. Dies beeinflußt die Leistung, die man in einem Fach erbringen kann, und zwar vor allem dann, wenn man an verschiedene Dinge gleichzeitig denken muß. Der Widerstand gegen die Ablenkung kann auch als Problem gesehen werden. Die Energie muß richtig verteilt werden. Die Menschen unterscheiden sich hinsichtlich der Fähigkeit, dies so ökonomisch wie möglich zu tun. Dadurch wird ihr intelligentes Verhalten entweder gefördert oder erschwert. Dies ist eigentlich ein Faktor, der in STERNBERGS Theorie über die Intelligenz aufgenommen werden könnte.

Auf der einen Seite stehen die sogenannten *hyperaktiven* Kinder, die auf jeden Reiz reagieren, der von außen in sie eindringt und für Unruhe sorgt. Auf der anderen Seite stehen die Kinder, die sich von allem abwenden, was außerhalb des Konzentrationspunktes liegt. Beide Gruppen sind schwierig zu unterrichten. Fortwährender Wechsel des Interesses macht Konzentration für eine – angemessene – längere Zeit beinahe unmöglich. Es fällt hingegen sehr schwer, von einem Fach auf das andere, von einem Thema zum anderen zu wechseln. Unter ihnen befinden sich auch Tagträumer, die ihre Aufmerksamkeit nur nach innen richten. Zwischen diesen beiden Gruppen befinden sich die Schüler, die sich leichter oder schwerer konzentrieren können.

Die Ablenkung kann von innen verursacht sein, beispielsweise durch Grübeleien oder Vorfreude, aber ebenso von außen kommen. Bei diesem Zusammenspiel haben Lehrer nach Barbara KEOGH die Neigung, die Lernleistung von Schülern mit konstanter Konzentration positiver einzuschätzen als diejenigen mit flukturierender Konzentration. Dies ist zum Teil gerechtfertigt, denn Lernen erfordert Konzentration. Einige Anmerkungen sind jedoch angebracht. Erstens kann ein günstiger Eindruck dazu führen, daß ein Lehrer einem konzentrierten Schüler im Unterricht aufmerksamer begegnet, was sich wiederum leistungsfördernd auswirkt. Ferner kann eine flukturierende Aufmerksamkeit durch einen klaren Verstand kompensiert werden: In der kurzen Zeit, in der die Konzentration vorhanden ist, wird genügend geleistet. Es sind darum auch die Schüler mit geringeren intellektuellen Möglichkeiten, die durch flukturierende Aufmerksamkeit vor die größten Probleme gestellt werden, denn eigentlich müßten sie sich besonders gut konzentrieren. Das bedeutet jedoch eine doppelte Belastung: Viel intellektueller Einsatz und viel Energie, um sich der Ablenkung zu widersetzen. Aus diesem Grund sind für solche Schüler Aufgaben zu empfehlen, deren Lösung nicht zu viel Zeit erfordert.

Zur Interaktion zwischen Lehrer und Schüler siehe auch das Kapitel «Klassenkameraden».

Stillsitzen und zuhören ist ein wichtiges Motto im Unterricht. Amerikanische Untersuchungen haben gezeigt, daß Schüler in der Grundschule ungefähr die Hälfte der Zeit tatsächlich stillsitzen und zuhören. Untersuchungen – von u.a. Teresa McDevitt – lassen jedoch auch sehen, daß dies nicht bedeuten muß, daß ein Schüler *aktiv* zuhört. Für die jüngsten Schüler kann es sogar irreführend sein, wenn die Lehrkraft den Nachdruck auf stillsitzen und zuhören legt, denn dadurch entsteht bei ihnen der Eindruck, daß sich alles nur darum dreht. Dabei ist es nur ein Mittel zum Begreifen dessen, was der Lehrer sagt – jedoch kein ausreichendes Mittel.

Die meisten Kinder entdecken das zwischen neun und elf Jahren – sie entdecken aber auch, daß stillsitzen nicht immer nötig ist, um gut aufpassen zu können. Sie benutzen dann aktivere Strategien, z.B. stellen sie schon während des Hörens Zusammenhänge her zwischen dem, was sie an Neuem erklärt bekommen und dem, was sie schon wissen. Oder sie ziehen in Gedanken bereits bestimmte Schlußfolgerungen. Kinder in der ersten Klasse können das noch nicht. Aber es ist sinnvoll, auch den Jüngsten schon die ersten Anfänge des aktiven Zuhörens während des Stillsitzens beizubringen. Nur zuhören, was gesagt wird, reicht nicht aus – es muß dabei auch nachgedacht werden. Kinder müssen z.B. wissen, wie man direkt deutlich macht, daß man etwas verstanden hat. Viele dieser *Zuhörstrategien* können erlernt werden und gehören zum modernen Unterricht.

Eine dieser Strategien ist, die richtigen Fragen zu stellen. Van der Mey, der diese Strategie untersucht hat, gab dem Kapitel mit den Resultaten den vielsagenden Titel: *Wissen, daß man nichts weiß, ist nicht genug*. Nicht genug, um die richtige Frage zu stellen, die es ermöglicht, genau die Antwort zu erhalten, die man benötigt. Untersuchungen unter Erwachsenen haben ergeben, daß Menschen, die das meiste über ein Thema wissen, zielgerichtete Fragen stellen können und auch die meisten Fragen stellen.

Fragen können *offen* sein: Der Anwortgebende muß eine Beschreibung, eine Erklärung, eine Erläuterung usw. geben. Eine Frage ist *geschlossen*, wenn der Fragende selbst etwas formuliert und fragt, ob das richtig ist, so daß die Antwort nur «Ja» oder «Nein» lauten muß. Es ist deutlich, daß der Schüler zum Stellen geschlossener Fragen schon genügend Wissen und Einsicht über das betreffende Thema haben muß. Je mehr Schüler wissen, desto präziser und weniger global werden ihre Fragen. Schüler aus der Untersuchung von Van der Mey schienen lernen zu können, gute Fragen zu stellen und profitierten davon. Es zeigte sich, daß das Fragenstellen stimuliert werden konnte: Auf eine Frage durfte eine vorläufige Antwort gegeben werden und eine falsche Antwort wurde nicht angerechnet. Dies erleichtert anscheinend den Dialog mit dem Lehrer.

Es entspricht der Auffaßung von Condry, daß Kinder Gelegenheit erhalten müssen, erst selbst ein bißchen auf *Entdeckungsreise* zu gehen und daß die *richtige Lösung* nicht immer im Vordergrund stehen muß. Was für das Fragenstellen gilt, gilt auch für Hilfesuche im allgemeinen. Man unterscheidet zwischen *instrumentellen* Hilfefragen von selbständigen Schülern, die genau wissen, wann sie den Lehrer was fragen müssen – bei ihnen ist es ein sinnvoller Teil des Lernprozesses, nach dem sie alleine wieder fortfahren – und *nicht-instrumenteller* Hilfe, bei der der Schüler sich hilflos verhält und eigentlich will, daß der Lehrer die betreffende Aufgabe löst – was ihm jedoch wenig weiterhilft. NEWMAN weist darauf hin, daß dieser Unterschied zwar auch mit individuellen Unterschieden zwischen Kindern zusammenhängt, aber auch mit dem Unterrichtsstil der Lehrkraft, dem Klima in der Klasse usw.

Es ist nicht ungewöhnlich, daß in einer Klasse die Meinung vorherrscht, Fragenstellen sei ein Zeichen von Dummheit. Vor allem Kindern, die von sich selbst wissen, daß ihre Leistungen nicht besonders sind, fällt es daher schwer zuzugeben, daß sie etwas nicht verstanden haben. Um Hilfe fragen wird dann zu einem Luxus, den sich nur gute Schüler leisten können – die Kinder also, die sie am wenigsten nötig haben.

Metagedächtnis: Lernstrategien oder Gedächtnisstrategien

Beim Lernen wird immer das Gedächtnis in Anspruch genommen. Etwas wird nur dann gelernt, wenn es auch auf irgendeine Weise behalten wird. Was im Gedächtnis gespeichert werden muß, ist einerseits Faktenwissen und anderseits Regeln des Schlußfolgerns, die im vorigen Kapitel besprochen worden sind. Hinzu kommen aber noch die Lernmethoden. Diese nennt man Lernstrategien oder Gedächtnisstrategien – das Metagedächtnis, das schon zuvor besprochen wurde.

Die Kernfrage ist, ob wir über ein Metagedächtnis verfügen, welches uns hilft, Dinge zu behalten. Nach FLAVELL ist es für junge Kinder charakteristisch, daß sie noch keine speziellen Strategien verwenden, um Dinge besser oder schneller zu behalten. Man hat den Eindruck, daß sie neuen Gedächtnisanforderungen nicht bewußt begegnen können. Zwischen dem zweiten und vierten Lebensjahr lernen Kinder, Dinge besser zu behalten. Nach PERLMUTTER und MYERS, die hierüber viele Untersuchungen durchgeführt haben, liegt das aber nicht an der Verwendung von Lernstrategien, sondern an der Tatsache, daß Kinder immer mehr Wissen besitzen, das dem neuen Wissen Anhaltspunkte liefert.

Lange Zeit herrschte die Auffassung vor, daß zwischen dem fünften und siebten Lebensjahr ein ziemlich plötzlicher Übergang zur Verwendung von Lernstrategien eintritt. Jüngste Untersuchungen weisen jedoch mehr auf eine allmähliche Zunahme hin, wobei schon bei Kleinkindern primitive Strategieformen erkennbar sind. Vorschulkinder im Alter von vier bis fünf Jahren beginnen mit einfachen Formen der Basisstrategie, die für beinahe jede Form des Lernens notwendig ist, dem *Wiederholen*.

Auffallend daran ist, daß sie diese Wiederholungsstrategien zwar verwenden, jedoch ohne dabei nachzudenken. So gesehen besitzen sie also noch kein Metagedächtnis, denn sie begreifen noch nicht, daß sie über die Strategie verfügen können. Erst im Laufe der Zeit lernen sie beispielsweise, daß man öfters für sich selbst wiederholen muß, was man behalten will. Wenn ältere Schüler, die die Wiederholungsstrategie spontan verwenden, daran gehindert werden, sinkt ihre Leistung bei Aufgaben, bei denen man sich etwas merken muß, auf das Niveau der jüngeren Schüler, während jüngere Schüler, die zum Wiederholen angespornt werden, das Niveau der älteren Schüler erreichen können.

Die Wiederholungsstrategie erfährt im Laufe der Jahre jedoch eine Veränderung. Achtjährige wiederholen stets dasselbe vom Anfang bis zum Ende, wie beispielsweise bei den Multiplikationsreihen oder bei Liedern. Ältere Kinder lernen den ersten Teil, und nehmen dann immer ein weiteres Stück dazu. Schüler in den höheren Klassen können spontan erkennen, daß auf diese Weise der Beginn besser aufgenommen wird, das Ende jedoch darunter leidet, und sie verlagern ihre Aufmerksamkeit. In einem noch späteren Stadium – im weiterführenden Unterricht – werden die Elemente, die einzeln geübt werden, auf Grund eines sinnvollen Zusammenhangs gewählt.

Der *auswendig gelernte* Text ist jedoch nur ein Teil dessen, was im Gedächtnis behalten werden muß. Oft handelt es sich um das Behalten der Bedeutung eines Inhalts, frei vom wörtlichen Text. Es geht dann nicht mehr nur um bloße Assoziationsreihen. Obwohl Wiederholung auch dann noch sinnvoll sein kann – beispielsweise einen Abschnitt aus einem Geschichts- oder Geographiebuch, oder den Unterschied zwischen starken und schwachen Verben einige Male durchzulesen – *erhalten andere Behaltensstrategien Bedeutung*.

Um die wesentlichen Punkte eines Textes zu behalten, ist es beispielsweise günstig, diese zu unterstreichen, mit kurzen Worten wiederzugeben oder den ganzen Text in einem Auszug zusammenzufassen. Um zu kontrollieren, ob man einen Inhalt behalten und verstanden hat, kann man den Text mit eigenen Worten wiedergeben und sich selbst Fragen dazu stellen und diese beantworten. Will ein Kind diese Strategien jedoch anwenden, muß es schon während des Lesens begreifen, wo die Kernpunkte des Themas liegen.

Untersuchungen von Ann Brown haben ergeben, daß Achtjährige dazu noch nicht in der Lage sind. Sie verwendete bei ihren Untersuchungen Texte, die jeweils vier wichtige Punkte, mit einem steigenden Maß an Bedeutung, umfassen. Im allgemeinen fanden die Zehnjährigen den Kernpunkt heraus. Die meisten Zwölfjährigen konnten den wichtigsten und den belanglosesten Punkt unterscheiden. Erst mit ungefähr sechzehn Jahren konnten die Schüler, insgesamt betrachtet, die vier wichtigen Punkte hierarchisch unterscheiden. Diese Einsicht scheint sich – vorausgesetzt, die nötige Intelligenz ist vorhanden – spontan zu entwickeln.

In verschiedenen späteren Untersuchungen hat Ann Brown drei Gesetzmäßigkeiten entdeckt. An *erster* Stelle steht, daß zunehmendes Verständnis im allgemeinen zu effizienteren Strategien führt. Wird z. B. vor dem Abhören eines Textes noch kurz Zeit gegeben, sich in den Stoff zu vertiefen, werden die meisten Zwölfjährigen wahrscheinlich – mehr oder weniger verzweifelt – den ganzen Text noch einmal lesen, während sich Sechzehnjährige auf die wichtigen Passagen beschränken. *Zweitens* scheint es auch schon unter den Zwölfjährigen einzelne Schüler zu geben, die spontan unterstreichen und Anmerkungen anbringen. Ein qualitativer Unterschied besteht nicht, aber mit zunehmenden Alter gibt es eben immer mehr Kinder, die das können. *Drittens* ist das spontane Unterstreichen und das Anbringen von Bemerkungen, unabhängig vom Alter mit einer Steigerung der Leistung beim Abhören verbunden. Zwölfjährige, die diese Fähigkeit beherrschen, leisten ebensoviel wie Sechzehnjährige mit dieser Fähigkeit. Sechzehnjährige ohne diese Fähigkeit sind auf dem selben Niveau wie Zwölfjährige ohne diese Fähigkeit.

Es besteht also hinsichtlich des Metagedächtnisses ein Zusammenhang zwischen der *Einsicht in den Kern* des Lehrstoffes, der *spontanen Anwendung* der besten Gedächtnisstrategie und der *Leistung bei Prüfungen*. Schüler, die lernen zu unterstreichen und sich Notizen zu machen, wenden diese Strategie weniger effektiv an als Schüler, die dies spontan tun. Allerdings steigen die Leistungen auch mit Hilfe der erlernten Strategien – dies ist ein wichtiger Bestandteil des Unterrichts. Aber man hat den Eindruck, daß die Schüler diese Strategien anfangs mehr auf gut Glück verwenden, auch wenn dies wenig effizient ist, etwa nach dem Muster eines erlernten Tricks, der ohne Verständnis, worum es eigentlich geht, angewendet wird. Hier kann man erkennen, daß die Prinzipien noch nicht generalisiert werden, was jedoch bei der spontanen Verwendung sehr wohl der Fall ist. Zu diesem Schluß kam auch CORNOLDI. Er untersuchte italienische Kinder im Alter zwischen sechs und neun Jahren und konnte vier *Schlußfolgerungen* ziehen. *Erstens*, daß die spontane Verwendung von Strategien mit dem Alter zunimmt. *Zweitens*, daß Kinder, je besser sie über Strategien reden konnten (und damit über ein weiter entwickeltes Metagedächtnis verfügten), diese auch besser anwenden konnten, um neue Informationen zu behalten. *Drittens*, daß der Unterschied zwischen Kindern mit einem geringen oder einem starken Metagedächtnis wegfiel, wenn es sich um einen völlig neuen Lehrstoff handelte, für den eine noch unbekannte Strategie verwendet werden mußte – auch Kinder mit einem ausgeprägten Metagedächtnis konnten diese nicht ohne weiteres finden. *Viertens*, daß wenn bei einem solchen neuen Lehrstoff die Lernstrategie erklärt wird, alle Kinder davon profitieren – am meisten jedoch die Kinder mit einem guten Metagedächtnis. Nur sie wenden diese neu erlernte Strategie spontan auch auf einen etwas anderen Lehrstoff an.

Es scheint hinsichtlich des Behaltens eine Qualitätsskala zu geben, angeführt von Kindern, die sich ihrer Lernstrategien spontan bewußt sind und diese auch anwenden. Danach folgen die Kinder, die Strategien spontan anwenden, ohne sich dessen bewußt zu sein. Es folgen die Kinder, die Strategien lernen und am Schluß befinden sich die Kinder, die weder spontan noch erlernt über Strategien verfügen.

Eine wichtige Strategie besteht im Erstellen von *Auszügen*. Zur Analyse der Auszüge, die die Schüler produzierten, verwendete Ann BROWN vier Kriterien: Das Eliminieren unwichtiger Details im ursprünglichen Text; das Weglassen überflüssiger Wiederholungen im ursprünglichen Text; die Verwendung von Begriffen höherer Rangordnung, um verschiedene Facetten im ursprünglichen Text auf einen Nenner zu bringen; Übernahme des Kerninhalts aus dem ursprünglichen Text oder die Wiedergabe mit eigenen Worten.

Bei den Zehnjährigen konnten 90% den ersten beiden Kriterien gerecht werden. Die Fähigkeit, das dritte und vierte Kriterium zu meistern, nimmt nur ganz allmählich zu (30% bei den Fünfzehnjährigen). Eigentlich besteht der größte Fortschritt in der spontanen Entwicklung von Kindern in dieser Periode darin, daß sie stets besser in der Lage sind, überflüssige Details und Wiederholungen wegzulassen. Der Rest wird abgeschrieben und dementsprechend nicht kognitiv verarbeitet. Ann BROWN nennt dies die *copy-delete* Strategie (die Strategie des Kopierens und Weglassens). Da aus dieser Strategie ein brauchbares Produkt entsteht – der Text wird kürzer und der Inhalt bleibt richtig – ist dies eine häufig verwendete Strategie.

DUDINK fand bei seinen Untersuchungen der spontanen Textwiedergaben von Dritt-, Viert-, Fünft- und Sechstkläßlern etwas schlechtere Ergebnisse. Entweder wurde der Text mehr oder weniger wörtlich abgeschrieben, oder es handelte sich um unzusammenhängende Stichworte. Aber auch er stellte fest, daß die Wahl dessen, was weggelassen werden kann, leichter fällt als die Wiedergabe mit eigenen Worten. DUDINK entwarf daraufhin einen Kursus zum Erlernen des Zusammenfassens für die vierte Klasse. Seine Resultate ergaben – wie die von Ann BROWN –, daß diese Fähigkeit erlernbar ist, aber daß in diesem Fall nur wenig spontane Generalisierung auftritt.

Bei den motorischen Fähigkeiten, die für Fächern wie Schreiben, Handarbeit und Gymnastik erforderlich sind, unterscheidet PIJNING vier Strategien, die kennzeichnend für den Lernstil der Schüler sind. Zum ersten unterscheidet er zwischen *strukturierenden* und *globalen* Strategien. Ein Schüler, der den ersten Stil anwendet, teilt eine komplexe Aufgabe beim Üben in Teilhandlungen auf. Ein Schüler, der zu einer globalen Strategie neigt, nimmt eine Aufgabe als ganze wahr und übt sie dementsprechend auch in ihrer Gesamtheit. Ein weiterer Unterschied besteht zwischen *fehleranalysierenden* und *momentanen* Strategien.

Bei den ersten achtet der Schüler schon während der Ausführung darauf, ob die Handlung gut verläuft und wo eventuell etwas schiefgehen könnte. Er profitiert also von seinem Feedback. Schüler, die die Momentstrategie verwenden, sind zu sehr auf das Endresultat gerichtet, so daß ihre Aufmerksamkeit sich nicht auf die Teilhandlungen richten kann und sie darum die Fehlerquellen auch nicht aufspüren. Die strukturierenden und die fehleranalysierenden Strategien treten ebenso wie die globalen und die momentanen Strategien oft gemeinsam auf. Schüler, die den zuerst genannten Stil verwenden, sind weniger auf das Eingreifen des Lehrers angewiesen. Schüler, die mit dem zweiten Stil operieren, benötigen jedoch hinsichtlich der Fehleranalyse die Hilfe des Lehrers.

Der Begriff Feedback wird im Kapitel «Schreibenlernen» näher erläutert.

Metakognition

Die bewußte Kenntnis der eigenen Lernstrategien ist ein Teil der Metakognition, über die ein Mensch verfügt. Sie ist eine typisch menschliche Eigenschaft, dank der man über das eigene Wissen nachdenken kann und durch die man auch weiß, wie man nachdenken muß. Metakognition ist das Wissen über das eigene Wissen. Weiterhin beinhaltet sie das Wissen darüber, wie man etwas lernt.

Einige Formen der Metakognition sind schon beim begreifenden Lesen, beim sinnvollen Schreiben und der Verwendung von Lernstrategien zur Sprache gekommen. Wer beispielsweise beim Lesen eine Schlußfolgerung zieht, die nicht wörtlich im Text vorhanden ist, hat reflektierend bedacht: «Was weiß ich eigentlich, und was bedeutet das?» Wer beim Schreiben denkt: «Nein, diese zwei Sätze muß ich umdrehen, denn erst passierte das eine und dann erst das andere», denkt über sein eigenes Wissen nach. Ein Schüler, der die Zeit kurz vor der Prüfung auf die eine Passage verwendet, die er noch nicht genügend kennt, hat ebenfalls über sein eigenes Wissen nachgedacht: «Diese Passage habe ich gestern noch nicht richtig verstanden».

Metakognition umfaßt einerseits Kenntnis über das eigene Wissen und über das Wissen, von dem man denkt, daß andere es besitzen: *declarative knowledge*, d. h., daß man darüber *reden* kann. Wie steht es beispielsweise mit meinem Wissen auf einem bestimmten Gebiet? Welches sind meine starken und welches meine schwachen Seiten? Wie funktioniert mein Gedächtnis? Wie versuche ich, einen Stoff zu behalten? Wie gehen andere Menschen mit diesen Fragen um?

Andererseits gehört zur Metakognition die Regulierung bei einer kognitiven Aufgabe und die Kontrolle der Ausführung (*executive control*). Diese umfaßt drei Aspekte. (1) Die Planung vor der Ausführung; (2) die Steuerung (auch *cognitive monitoring* genannt) während der Ausführung: «Geht es gut, oder muß ich es anders machen?», und (3) die Evaluation des Resultats: «Ist es richtig?». Die Kontrolle der Ausführung entspricht also dem Maß, in dem man Lernstrategien anwenden, d. h. das Metagedächtnis verwenden kann.

Die Untersuchungen zur Metakognition stehen noch in einem frühen Stadium. Eine gut geordnete Übersicht darüber, wie sich die Metakognition bei Kindern entwickelt, kann nicht gegeben werden. Allgemein läßt sich aber sagen, daß Kinder bei ihrer Einschulung nur in sehr geringem Maße über Metakognition verfügen, daß aber im Laufe der Jahre eine deutliche Zunahme zu verzeichnen ist. Kinder können spontan durch Lernen und in Abhängigkeit von ihrem Verständnis für die diversen Faktoren aus dem Interaktionsviereck von JENKINS ihre Lernbemühungen wirkungsvoller einsetzen und dosieren. Ein durchschnittlicher Grundschüler wird beispielsweise nicht von sich aus Aufmerksamkeit und Anstrengung auf den Schwierigkeitsgrad des Stoffes abstimmen, sondern muß immer wieder darauf hingewiesen werden.

Wann sich die verschiedenen Aspekte der Metakognition entwikkeln, kann (noch) nicht gesagt werden. Jedoch sind einige Dinge zu nennen, die jüngere Kinder nicht, ältere Kinder jedoch besser können: Einschätzen, wieviel Zeit für eine Aufgabe verwendet werden muß (Planung der Hausaufgaben); die meiste Zeit für Aufgaben verwenden, die man noch nicht richtig versteht, anstatt mit den leichten Aufgaben zu beginnen; begreifen, was hinsichtlich des Stoffes die beste Methode ist, ihn zu bearbeiten (entweder auswendig lernen oder besser einen Auszug machen); auf der Suche nach der Lösung auf halbem Wege die Strategie zu wechseln, wenn es sich erwiesen hat, daß die erste Strategie unbrauchbar ist (eine Form der kognitiven Steuerung); erkennen, daß sich bei einer Reihe von Aufgaben die Struktur verändert und darum auch eine Veränderung der Lösungsstrategie erforderlich wird; aus einem Text die Kernpunkte herausholen, bzw. Punkte, die nicht stimmen.

Im allgemeinen geht man davon aus, daß nach der Grundschule diese Fähigkeiten schon weit entwickelt sind, die Entwicklung jedoch noch lange nicht abgerundet ist und sie erst im weiterführenden Unterricht optimal zum Einsatz kommen. Dies ist dann für die Hausaufgaben wichtig, die nach der Grundschule eine immer größere Rolle spielen. Untersuchungen von Nitha NEUWAHL nach den Gewohnheiten beim Lösen der Hausaufgaben, u. a. bei Schülern der dritten Klasse der Realschule, ergaben, daß das Wissen über das eigene Lernen nicht notwendigerweise mit seiner Anwendung gekoppelt ist. Bei zwei dieser Gewohnheiten – der Zeiteinteilung je Fach und dem Zusammenfassen vor dem Lernen – wußten beispielsweise zwei Drittel der Schüler, daß sie wichtig sind, aber nur ein Drittel handelte danach.

Nach WATERS entsteht in diesem Alter ein direkter Zusammenhang zwischen Metakognition und Lernleistung, während wir oben gesehen haben, daß in den Grundschuljahren die Qualität der Strategie wichtiger für die Lernleistung ist, auch wenn sie oft gedankenlos angewendet wird und die Metakognition noch unvollständig ist.

Auch ROZIN betrachtet die Bewußtwerdung als Krönung der kognitiven Entwicklung und unterscheidet drei Niveaus bei der Entwicklung der «Kontrolle der Ausführung». (1) Zuerst wird eine Strategie nur im gelernten Kontext verwendet. (2) Dann generalisiert ein Kind die Strategie von sich aus auf neue Kontexte. (3) Erst in der dritten Phase bricht die echte metakognitive Bewußtwerdung über die verwendete Strategie durch und kann der Schüler darüber reden. Daraus ziehen einige Forscher die Schlußfolgerung, daß nur die *Kontrolle der Ausführung* echte *Metakognition* ist.

Die Rolle des Lehrers

Die Frage, wie die Metakognition in der Grundschule gefördert werden kann, beantworten GARDNER und ROGOFF mit dem Hinweis auf die kognitive Interaktion zwischen Schüler und Lehrer. Die Art und Weise, wie der Erwachsene den Lehrstoff strukturiert und kommentiert, fördert die Metakognition des Schülers. Wenn die Lehrkraft beispielsweise sagt: «Das Dividieren, wobei das Resultat immer «Null» ist, könnt ihr jetzt ja ganz gut, aber bei Aufgaben, bei denen ein Rest bleibt, macht ihr noch sehr viele Fehler», entsteht bei den Schülern eine implizite Kenntnis über das eigene Wissen. Wenn Schüler immer wieder erleben, wie eine Lehrkraft den Inhalt der vorausgegangenen Stunde kurz wiederholt, bevor sie mit dem Lehrstoff fortfährt, entsteht ein Verständnis für Zusammenfassungen – wie fragil dies Verständnis auch sein mag – und hilft auf diese Weise, das Lernen zu lernen.

Zur Theorie des Modell-Lernens von BANDURA *siehe auch Kapitel «Fernsehgewalt» und Praktische Kinderpsychologie, Kapitel 10, Abschnitt «Gewissensbildung als Lernprozeß».*

Ein Lehrer ist kraft seines Berufes ein ständiges Beispiel der Metakognition. Er vermittelt Wissen, erklärt, was er weiß und wie er eine Aufgabe lösen würde. Man kann jemandem nur etwas erklären, wenn Metakognition vorhanden ist. Hierbei kann man sich vorstellen, daß sich ein allmählicher Prozeß des Modell-Lernens abspielt. Die Schüler übernehmen im Laufe der Zeit dieselbe Methode beim Sprechen und Denken über ihr Wissen. Das betrifft namentlich das *declarative knowledge*.

Bei der *Kontrolle der Ausführung* wird die Rolle der Lehrers noch deutlicher. Er hat dabei eine doppelte Aufgabe. Er muß den Schülern Wissen (das *Was*), aber auch Strategien, um das Wissen zu erwerben, (das *Wie*) beibringen. Etwas verallgemeinert könnte man sagen, daß in der Vergangenheit der Nachdruck auf das «Was» gelegt wurde, auf die Wissensvermittlung. In der modernen pädagogischen Psychologie erhält jedoch das «Wie» immer mehr Aufmerksamkeit. Manchmal regt sich die Befürchtung, daß man sich zu weit in diese Richtung begeben hat und daß den Schülern zu wenig reines Faktenwissen beigebracht wird. Bei einer guten Lehrkraft halten sich *Was* und *Wie* die Waage, d. h. die Schüler lernen beides.

Wie kann man dazu beitragen, daß jemand sich Wissen zu eigen macht? So zu eigen macht, daß er über das Wissen nachdenken kann und weiß, wie er sein Wissen am besten erweitern, d. h. wie er lernen kann. Wer diese Frage stellt, betrachtet Lernen als einen sozialen Prozeß und kann daher nicht mit den Auffassungen PIAGETS übereinstimmen, für den Lernen ein autonomer Prozeß ist. PIAGET hat sich niemals mit Untersuchungen zum schulischen Unterricht beschäftigt. Seine Theorie basiert auf Denkexperimenten mit Kindern, die speziell für seine Ziele entwickelt worden sind. Nach PIAGETS Überzeugung folgt die kognitive Entwicklung bei Kindern einer eigenen natürlichen Gesetzmäßigkeit. Die Schule kann lediglich das Lehrmaterial liefern; der Schüler lernt das, was seiner momentanen Denkentwicklung entspricht.

Wenn man die Theorie PIAGETS vom schulpädagogischen Standpunkt aus betrachtet, muß man zwei Dinge deutlich auseinanderhalten: Die Reihenfolge, in der die verschiedenen Arten des Denkens auftreten, und die Rolle, die die Umwelt dabei spielt. Was den ersten Punkt betrifft, kann man PIAGET zustimmen und ihm gleichzeitig bezüglich des zweiten Punktes widersprechen. Viele Experten auf dem Gebiet der Schulpädagogik sind der Meinung, PIAGET hätte stärker die tatsächliche Situation in der Schule studieren sollen; er hätte gesehen, daß man Kindern, unter Berücksichtigung ihrer aufeinanderfolgenden Denkstadien, Einsichten in die logischen Strukturen vermitteln kann. Das Ergebnis fällt dabei keineswegs schlechter aus. Demnach spielt der Lehrer eine viel größere Rolle, als die Theorie PIAGETS vermuten läßt.

Grundformen des Lernens

Der Schweizer Pädagogische Psychologe AEBLI gehört zu denen, die – ausgehend von PIAGETS Theorie – den Einfluß des Unterrichts betonen. Die Aufgabe der Didaktik besteht darin, für verschiedene Unterrichtsfächer den Lehrstoff so aufzubauen und geeignete Arten des Unterrichts so zu entwickeln, daß Kinder in jeder Phase ihrer kognitiven Entwicklung in ihren Einsichten und Kenntnissen weiterkommen.

AEBLI hat für das Lehren *zwölf Grundformen* formuliert, gemäß denen Einsichten und Kenntnisse von steigender Komplexität vermittelt werden. Einige dieser Grundformen wollen wir hier nennen. Während PIAGET Entwicklung und Lernen streng getrennt sehen wollte, werden sie von AEBLI miteinander kombiniert. Dieser Unterschied kommt beispielsweise bei seiner Auffassung des Kriteriums der Reversibilität zum Ausdruck. Für PIAGET ist die spontane Ausführung der entgegengesetzten Handlung Beweis dafür, daß ein Kind eine bestimmte Handlung wirklich begriffen hat. Es zeigt damit, daß es nicht automatisch einem bestimmten Denkschema folgt, sondern jeden einzelnen Schritt versteht und daher die Handlung auch in umgekehrter Reihenfolge ausführen kann. Wirkliches Verständnis für die Handlung «Zusammenzählen» hat ein Kind erst dann, wenn es während des Zusammenzählens auch die Handlung «Abziehen» entdeckt. Für AEBLI gibt es Einsicht auch ohne Reversibilität. Es ist zwar richtig, daß ein Kind, das die entgegengesetzte Handlung ausführen kann, die Einsicht mit Sicherheit besitzt. Wenn das nicht der Fall ist, heißt das aber nicht, daß dic Einsicht noch gänzlich fehlt. Dies trifft vor allem auf komplexe mathematische Operationen zu. Hier kann man einem Schüler durch gute Didaktik deutlich machen, wie die Operation aufgebaut ist, auch wenn ihm die Umkehroperation noch nicht ohne weiteres zugänglich ist. Man denke z. B. an die schriftliche Multiplikation.

Die Reversibilität ist eine Folge der früher erwähnten Gegensatzpaare von Denkoperationen.

Einige der von AEBLI genannten didaktischen Grundformen sind die folgenden: *Erzählen, Vor- und Nachmachen, Projektausarbeitung, Beobachten, Aufbau neuer Operationen, Durcharbeiten, Üben* und *Anwenden*.

Beim *Erzählen* muß man in der Phase der konkreten Operationen so anschaulich wie möglich sein, so daß sich die Kinder den Inhalt der Geschichte konkret vorstellen können. Der Nachdruck muß auf Handlungen liegen, und die Logik des Handlungsablaufs muß deutlich werden. Dies ist nicht dasselbe wie das, was gewöhnlich unter «Sich der Erlebniswelt der Kinder anpassen» verstanden wird. So kann man beispielsweise anschaulich über das Leben eines venezianischen Kaufmanns aus dem vierzehnten Jahrhundert erzählen.

Beim *Vor- und Nachmachen* wird durch innerliches Nachahmen ein Bindeglied zwischen dem Lehrer und dem Kind geschaffen. Auch in diesem Punkt unterscheidet sich die Ansicht AEBLIS von der PIAGETS, der glaubt, daß inneres Handeln erst dann möglich wird, wenn konkretes Handeln vorausgegangen ist, d. h. die wirkliche Handlung als Denkschema verinnerlicht wird. Bei AEBLI dagegen wird innerliches Handeln auch anhand eines Verhaltensvorbilds möglich. Es kann dem konkreten Handeln vorausgehen. Dazu ist jedoch erforderlich, daß das Kind genau sehen kann, welches die Teilhandlungen sind, und worauf es ankommt. In erster Linie richtet sich die Aufmerksamkeit des Kindes nämlich auf das Ergebnis dessen, was der Lehrer vormacht, z. B. den schönen Buchstaben M an der Tafel. Durch welche Teilhandlungen dieser Buchstabe jedoch zustande gekommen ist, wird nicht direkt deutlich. Hierauf muß der Lehrer explizit die Aufmerksamkeit des Kindes lenken. Die Kehrseite der Medaille ist jedoch, daß der Lehrer bei der Ausführung ebenso explizit machen muß, welche Teilhandlungen der Schüler eventuell falsch macht. Lediglich zu konstatieren, daß das Ergebnis falsch ist, reicht nicht aus, sondern eine Fehleranalyse ist erforderlich.

Vergleiche hiermit die Fehleranalyse, die bei den Grundformen «Vor- und Nachmachen» nach Aebli im Kapitel «Argumentation und Rechnen» besprochen wird.

Bei der *Projektausarbeitung* liegt die Initiative stärker bei den Schülern. Man steckt sich ein Ziel, beispielsweise das Erstellen einer Schülerzeitung. Kinder müssen sich hierbei vorstellen können, welche Teilhandlungen dafür erforderlich sind und wie diese dann sinnvoll aufgebaut werden können. Erst danach erfolgt die Ausführung. Gerade in diesem «Aufschub» liegt die pädagogische Bedeutung des Projektes. Im Unterricht lernt das Kind, die Handlungen gedanklich zu planen, bevor es zur tatsächlichen Ausführung übergeht. Die Prozesse im Gehirn arbeiten, aber die Hände ruhen noch. Oder, wie AEBLI es ausdrückt, «der Motor läuft schon, aber das Auto steht noch still».

Die *Beobachtung von Prozessen und das Betrachten von Gegenständen* ist eine Frage der *Assimilation*, d. h. das Wahrgenommene wird der Struktur der Denkoperationen, die schon zur Verfügung stehen, zugeordnet. Auf Grund der schon bestehenden Einsicht denkt der Schüler dann «Ach ja, so geht das». Die Wahrnehmung selbst wird durch Denken verarbeitet. Während viele Erstkläßler beim Betrachten eines Aquariums noch glauben, bei den Fischen eine Nase zu sehen, wird ein Schüler, der schon über die Atemorgane der Fische unterrichtet worden ist und den entscheidenden Unterschied zwischen der Atmung von Fischen und der Atmung von Säugetieren begriffen hat, auf die Kiemen achten. Die mentale Operation «macht» das Wahrgenommene zu einem sinnvollen Ganzen. Für einen Erstkläßler ist dieses sinnvolle Ganze etwas anderes als für einen Sechstkläßler.

Während für die Assimilation oft das Betrachten allein noch ausreicht, beginnt die *Akkommodation*, der Aufbau neuer Operationen, mit der Handlung. Während der Ausführung gelangt man zu der Einsicht daß – und wie – die Operationen, über die man verfügt, umgruppiert und erweitert werden müssen. Aus der äußerlichen Beschäftigung wird eine neue Handlung destilliert und als neue Operation verinnerlicht. Im Laufe der Zeit entsteht so eine automatische Denkweise. Man kann auch sagen: Das Verhalten, das durch diese Operation hervorgerufen wurde, wird automatisch; dies drückt die Einsicht, die dahinter steckt und die bestehen bleibt, besser aus. Ein Kind, das schreibend eine Summe zerlegt in 12 = 3 + 3 + 3 + 3; 12 = 4 + 4 + 4 wird zunächst das zugrundeliegende System erkennen: Vier Dreien, ebenso wie drei Vieren ergeben 12. Die bestehende Operation für das Zusammenzählen bewegt sich in Richtung der differenziertesten Vervielfachung als der schnelleren Form des Zusammenzählens.

Neu erworbene Operationen müssen in allerlei wechselnden Situationen und Aufgaben angewandt werden, damit sie flexibel bleiben. Andererseits gewinnt das Kind auf diese Weise Einsicht in ihre Anwendbarkeit (oder Nichtanwendbarkeit). Erst Begriffe ermöglichen schlußfolgerndes Denken. Je differenzierter die Begriffe sind, desto besser wird die Fähigkeit zum schlußfolgernden Denken. Das Kind lernt die Unterschiede kennen zwischen: Konkret (mein Stuhl), weniger konkret (Stuhl) und abstrakter (Möbelstück). Mit der Zeit lernt es auch abstrakte Begriffe, die nicht direkt wahrgenommen werden können (wie Freiheit, Ehrlichkeit usw.).

Das Begriffsnetzwerk wird allmählich ausgebaut. Am Anfang sind noch große Löcher vorhanden, die jedoch im Laufe der Zeit immer engmaschiger werden. Viele Dinge werden dem Kind erklärt, andere wiederum entdeckt es selbst. Nunancierte und aufeinander abgestimmte Begriffe ermöglichen es, daß man schon während der Argumentation weiß, welche Schlußfolgerung man logischerweise ziehen kann und welche nicht. ‹Dreieck› ist ein Begriff. Zusammen mit Begriffen wie ‹Viereck, Kreis› usw. ist er ein Teil des höheren Begriffes ‹geometrische Figur›. Man kann ihn aber auch in niedrigere Begriffe wie rechtwinkliges Dreieck, gleichseitiges Dreieck usw. einteilen. Ein Schüler, der die Struktur der Begriffspyramide – wovon dieses Beispiel ein kleiner Teil ist – verstanden hat, findet auch heraus, warum ein Viereck zwei rechteckige Dreiecke umfaßt, jedoch nicht zwei gleichseitige Dreiecke. Ebenso wie eine neue Operation muß auch ein neuer Begriff in verschiedenen Situationen angewendet werden. Wenn der Begriff «rechtwinkliges Dreieck» gelernt wird, muß dieses Dreieck in verschiedenen geometrischen Figuren wiedergefunden werden können. Nur so erkennt das Kind den Kern der Bedeutung.

Die Wiederholung wird schon im Kapitel «Argumentation und Rechnen» bei der Besprechung der Grundformen nach Aebli als notwendige Bedingung für die Konsolidierung und Automatisierung genannt.

Nach Aebli ist Üben und Wiederholen bei nahezu allen Lernprozessen für die Konsolidierung, die Automatisierung und Generalisierung erforderlich.

Pädagogische Psychologie in Rußland

Dem russischen Psychologen Wygotski zufolge sind alle psychischen Prozesse soziale Prozesse. Sie spielen sich zwischen dem Kind und dem Erwachsenen oder zwischen Kindern ab. Bei Piaget hingegen könnte man sagen, diese Prozesse spielen sich zwischen dem Kind und der materiellen Umwelt ab. Nach der Theorie WYGOTSKIS ist die Entwicklung eine Internalisierung dessen, was anfangs sozial war. Bei PIAGET hingegen wird das egozentrische Handeln des Kleinkindes erst allmählich sozialisiert. Es ist darum begreiflich, daß nach WYGOTSKI die Sprache – sobald ein Kind sie beherrscht – die kognitive Weiterentwicklung enorm fördert: Der Erwachsene und das Kind können miteinander über Probleme sprechen. Dies ist bei PIAGET nicht der Fall, denn die materielle Umwelt, mit der das Kind vor allem interagiert, kann nicht sprechen.

Nach WYGOTSKI geht ein guter Lehrer einem Schüler auf der, wie er es nennt, «Stufe der nächsten Entwicklung» immer einen Schritt voraus. WOOD und MIDDLETON nennen dies »die Region, in der ein sich entwickelndes Kind für Instruktionen offen ist». In der Region «darunter» benötigt das Kind keine Instruktionen mehr. Die Region «danach» ist noch zu weit entfernt. Aber gerade bei diesem einen Schritt voraus muß der Lehrer einspringen und den Stoff präsentieren, den die Schüler noch nicht ganz verstanden haben. Es entstehen Konfliktsituationen, da das, was der Schüler schon weiß, nicht zum neuen Stoff paßt. Wenn es gut geht, kommt er selbst zur Akkommodation, zu einer neuen Strukturierung der Denkoperationen. Ist er dazu jedoch nicht in der Lage, müssen nach WYGOTSKI und BRUNER nun explizite Prozesse des Modell-Lernens in Gang gesetzt werden. Der Lehrer verdeutlicht, wie die Aufgabe in Hinsicht auf das schon Erlernte einzuordnen ist, wie man die Aufgabe angehen muß und wie man prüft, ob die gewählte Strategie und die gefundene Lösung richtig sind. Kurzum, der Lehrer demonstriert die Ausführung.

PIAGET warnte davor, Kinder mit Denkproblemem zu konfrontieren, denen sie noch nicht gewachsen sind. Da sie doch nach einer Lösung für das gegebene Problem suchen, kommen sie vielleicht zu falschen Einsichten, die den weiteren Verlauf der natürlichen Entwicklung stören.

Danach sind die Schüler an der Reihe. Der Lehrer sagt den Schülern nicht, was sie tun müssen, sondern korrigiert – wenn nötig – mit neuen Beispielen. So wird die exekutive Kontrolle durch Lehrer und Schüler zusammen ausgeführt, bis endlich durch die Internalisierung dessen, was vorerst nur nachgemacht wurde, die Kontrolle immer mehr auf den Schüler übertragen werden kann. Die Lehrkraft kann dann ermutigend im Hintergrund stehen. So umfaßt die Lernsituation eine stimulierende Mischung des abwechselnden Verstehens und (noch) Nichtverstehens.

Denkt man nun beispielsweise an die Auffassungen von CONDRY zurück, dann besteht der Unterschied darin, daß seiner Meinung nach den Schülern erst die Gelegenheit gegeben werden sollte, sich «eigene» Lösungen auszudenken, während man nach WYGOTSKI sofort mit «richtigen» Beispielen beginnen sollte. BELMONT zufolge liegt in der WYGOTSKIanischen Methode der Schlüssel, um vor allem Lernstrategien zu vermitteln.

Der Russe GALPERIN baute die Theorie von WYGOTSKI für den Unterricht weiter aus. Auch er ging davon aus, daß Denkprozesse (*mentale Handlungen*) aus dem konkreten Handeln (*materielle Handlungen*) entstehen. GALPERIN ging den Weg aber auch zurück: Das ultimative Ziel mentaler Handlungen ist immer, etwas in der Realität zu verändern, wodurch sie schließlich wieder materielle Handlungen werden. Diese können wieder als mentale Handlungen internalisiert werden usw. GALPERIN betrachtete den Denkprozeß als ein *orientierendes Verhalten*, das zur Erkenntnis führen muß, welches praktische Handeln erforderlich ist. Seine Didaktik richtet sich vor allem darauf, Schülern die Aspekte dieser Orientation als wichtigste Lernstrategie beizubringen.

Theorien wie die von AEBLI, WYGOTSKI und GALPERIN sind kennzeichnend für die moderne pädagogische Psychologie, die davon ausgeht, daß sowohl die Charakteristika der Schüler wie auch die der Lehrer und des Lehrstoffs den Verlauf des Lernprozesses bestimmen. Dieses Kapitel hat deutlich gemacht, daß das interaktionistische Denken auch in die pädagogische Psychologie durchgedrungen ist.

5. Kapitel

Kinderbücher

Sobald Kinder selbst lesen können und nicht mehr vom Vorlesen abhängig sind, eröffnet sich ihnen eine neue Welt: Die Welt der Bücher. Die Pädagogin Lea DASBERG nennt Kinderbücher nach der Familie, der Schule und der Nachbarschaft das vierte Erziehungsmilieu, da diese Bücher durch charakterformende Erfahrungen auf das lesende Kind einwirken.

Lesen und Kultur sind auf zwei verschiedene Arten miteinander verbunden. Lesen ist an und für sich schon ein Teil der Kultur, den Kinder aus ihrer Umwelt übernehmen. Diese Übernahme ist jedoch kein natürlicher Drang, den Kinder aus sich selbst heraus entwickeln würden. Wissenschaftler wie GROEBEN, NIEDERLE und AREND sprechen darum auch von einem Zusammenhang zwischen Milieu und Leseverhalten. Je selbstverständlicher der Umgang mit dem Lesen in einer Familie ist, desto schneller wird ein Kind selbst mit dem Lesen beginnen.

Untersuchungen von Helma van LIEROP haben jedoch gezeigt, daß man nicht einfach davon ausgehen darf, daß Kindern aus einem besseren Milieu der Spaß am Lesen beigebracht wird. In den Mittelklassefamilien und gebildeteren Familien bestehen Unterschiede im literarischen Klima, die darauf zurückzuführen sind, was sie vom eigenen Elternhaus gewöhnt waren.

Ein voller Bücherschrank, Mitgliedschaft in einer Bibliothek, lesen und vorlesen sind Gewohnheiten, die von einer Generation auf die andere übertragen werden. Die Lesekultur, die ein Kind auf diese Weise von zu Hause vermittelt bekommt, ist tiefer verankert als die Lese-Stimulans, die die Schule zu bieten hat. Wenn das Lesen zu Hause zu den alltäglichsten Dingen gehört, wird es für das Kind zu einer normalen Selbstverständlichkeit, eingebettet in all die anderen angenehmen Dinge, mit denen sich ein Mensch beschäftigen kann. Die Schule, in der Lesen ein Fach ist, kann niemals in vergleichbarer Weise das Interesse am Lesen wecken. Jedoch kann das Fach Lesen das verstärken, was von zu Hause aus in die Schule mitgebracht wird.

Untersuchungen von KOOLSTRA haben gezeigt, daß das zu Hause Lesen von Büchern und Comicstrips in der Schule sowohl das technische als auch das begreifende Lesen positiv beeinflußt. Vor allem der günstige Einfluß von Comics kommt für viele überraschend, da man auf den ersten Blick davon ausgeht, daß sie viel zum Anschauen und wenig zum Lesen beinhalten. Eine mögliche Erklärung wäre, daß Comics dafür sorgen, daß Kinder den Spaß am Lesen nicht verlieren.

Aus diesem Grunde wird empfohlen, Kinder, die in den höheren Klassen noch Schwierigkeiten beim Lesen haben, viel Comics lesen zu lassen.

Ein Kind dringt durch das Lesen in die Kultur, von der es umgeben ist, ein. Nach einer Intomart-Untersuchung (1985) besuchen in Holland 70% der sechs- bis zwölfjährigen Kinder ab und zu eine Bibliothek. In der Altersgruppe der zehn- bis zwölfjährigen ist der Anteil sogar noch höher: 73% der Jungen und 86% der Mädchen. «Ab und zu» bedeutet ungefähr einmal in einer, zwei oder drei Wochen. «Bücherlesen» ist sowohl für Mädchen wie für Jungen eine bevorzugte Beschäftigung, bei acht- bis neunjährigen Kindern sogar der Renner: 91% der Jungen und 97% der Mädchen lesen in diesem Alter Bücher. Zum ersten Mal selbst fließend lesen zu können, wirkt anscheinend stimulierend. Untersuchungen in den USA und England haben ergeben, daß die Verfilmung von Büchern Kinder zum Lesen anspornt.

Kinder aus den niedrigeren sozialen Klassen kommen oft erst mit Büchern in Berührung, nachdem sie die Film- oder Fernsehbearbeitungen dieser Bücher gesehen haben. Obwohl dies als günstiger Effekt betrachtet werden kann, gilt im allgemeinen, daß durch den Einfluß des Fernsehens die Zeit, die Kinder dem Lesen widmen (können), weniger geworden ist. Dies liegt VAN DER VOORT zufolge an der Tatsache, daß Kinder viel eher fernsehen können als lesen. Das Fernsehen nimmt früher einen Platz in ihrem Leben ein als Bücher, und diesen Vorsprung läßt sich der Bildschirm in den meisten Fällen nicht mehr wegnehmen.

Zum Einfluß des Fernsehens im allgemeinen siehe Kapitel «Fernsehwelt».

Leider gibt es keine systematischen Untersuchungen zu der Frage, was der charakterformende Einfluß beim Lesen von Büchern nun genau beinhaltet. Die vorhandenen Daten bestehen größtenteils aus den Erinnerungen Erwachsener, wobei Verzerrungen nicht auszuschließen sind. Außerdem wird viel darüber geschrieben, welchen Einfluß Kinderbücher haben *sollten*, was sich jedoch sehr von dem tatsächlichen Einfluß unterscheiden kann.

Es geht hier nämlich um pädagogische Ideale, die das Kindsein so wiederspiegeln, wie man es in den verschiedenen Zeitepochen sieht. In der Epoche der Aufklärung beispielsweise betrachtete man Kinder – unter dem Einfluß der Auffassungen ROUSSEAUS – als gut, unverdorben und lediglich noch unwissend. Die Kinderbücher waren im allgemeinen auf Wissensbereicherung und auf humanistische Lebenslektionen ausgerichtet. Wer dagegen Kinderbücher liest, die gegen Ende des vorigen Jahrhunderts geschrieben wurden, stellt überrascht fest, wie oft man in diesen Büchern von der angeborenen Sündhaftigkeit ausgeht und wie die Hauptperson im Prozeß der Besserung lernt, dagegen anzukämpfen.

Die oben erwähnten Beispiele aus den verschiedenen Epochen zeigen deutlich, wie Erwachsene Kinderbücher benützen, um eine Botschaft zu übermitteln. Aufgrund der pädagogischen Auffassung, daß man sich «vom Kinde aus» mit Kindern beschäftigen sollte, breitete sich im 20. «Jahrhundert des Kindes» Widerstand gegen diese Art der Beeinflussung aus. Man ging davon aus, daß man Kinder nicht zu früh mit den Werten und Normen der Erwachsenen konfrontieren sollte, sondern mehr auf ihre kindliche Erlebniswelt einzugehen habe. Nicht «führen» sondern «wachsen lassen», «begleiten» anstatt «formen» war die Devise. In den Kinderbüchern wurden stets mehr Szenen aus dem Kinderleben aufgenommen. Dies waren mehr oder weniger realistische Miniabenteuer mit einem guten Ende. Man versuchte, den jungen Lesern eine möglichst unbesorgte Jugend zu sichern und sie so wenig wie möglich mit Moral zu belasten. Kritik an dieser Auffassung wurde in den 70er Jahren laut. Einerseits kritisierte man, das in den augenscheinlich moralfreien Kinderbüchern implizit doch Wertvorstellungen übermittelt werden, wie beispielsweise die Norm, daß das Leben froh und frei zu sein habe. Andererseits wurde argumentiert, daß Bücher, die realistisch sind und keine falsche Sorglosigkeit vorspiegeln, Kinder in ihrer Entwicklung unterstützen können, wenn in die Geschichten Probleme eingeflochten werden, mit denen Kinder in ihrem täglichen Leben konfrontiert werden. Dies führt uns zu einem weiteren Thema dieses Kapitels: Haben Kinder mehr von Büchern, deren realistischer Inhalt für sie erkennbar ist, oder von jenen Büchern, die Welten entwerfen, die den Kindern unbekannt sind und die Lea Dasberg «grenzverschiebende» Bücher nennt. Ein weiterer Punkt betrifft den Schwierigkeitsgrad sowohl der Geschichte als auch der verwendeten sprachlichen Ausdrucksform. Gibt es für jede Entwicklungsphase den passenden Lesestoff? Abschließend stellt sich noch die Frage, ob man auch etwas über die ästhetische Formgebung der Kinderliteratur sagen kann.

Die Moral blieb zwar explizit in den christlichen Kinderbüchern vorhanden, wurde jedoch auf ein für Kinder begreifliches Maß zurückgeschraubt.

Die Entstehung des guten Geschmacks

Dieser Punkt wird selten zur Sprache gebracht, was vielleicht daran liegt, daß man über ihn nur spekulieren kann. Wie soll man untersuchen, ob ein Kind ein Gefühl für die Kunst besitzt und inwieweit die Bücher, die es gelesen hat, zu dessen Enstehung beigetragen haben? In ihrem Buch über Jugendliteratur zitiert Rita Ghesquiere den Philosophen Heidegger: Schönheit ist nicht nachweisbar, sie ist etwas, das man erlebt; sie ist eine «undefinierbare Anwesenheit» die in einer bestimmten Erfahrung jemanden «erleuchtet».

Dieses Phänomen läßt sich also nicht systematisch untersuchen, aber die Vermutung liegt nahe, daß die Kinderliteratur die Möglichkeit bietet, Kindern den Unterschied zwischen schön und häßlich zu vermitteln. In Deutschland war im vorigen Jahrhundert die *Kunsterziehungsbewegung* aktiv. Man propagierte Kunst als autonom: Schönheit besitzt ihren eigenen Wert und ist nicht nur ein Mittel, um höhere Werte an den Mann zu bringen. Während man sich in Deutschland jedoch auch für ästhetische Kinderbücher einsetzte, war dies in den Niederlanden nicht der Fall. Dies liegt nach Lea Dasberg daran, daß die Niederlande ein «Land der Priester» waren und darum den Kindern beigebracht werden mußte, das Gute viel höher zu bewerten als das Schöne. Für Deutschland hingegen galt dies nicht. Hier nahm Langbehn mit seinem Buch «Rembrandt als Erzieher» Einfluß auf die Beurteilung der Kinderliteratur. Die Philosophie der *Kunsterziehungsbewegung* besagte, daß Künstler besonders geeignet seien, um Kinderbücher zu schreiben und zu illustrieren, da zwischen ihnen und den

Kindern ein gegenseitiges Verständnis vorhanden sei, und daß in der Gedankenwelt und dem Gefühlsleben der Künstler das Kindliche noch nicht ausgelöscht worden sei. Kind und Künstler sind beide sozusagen noch «halb» und sind dadurch dem Paradies näher. Weniger schmeichlerisch ist die psychoanalytische Auffassung, daß das Verfassen von Kinderbüchern eine Sublimation von noch nicht verarbeiteten Kinderträumen darstellt. Sie läuft aber auf das Gleiche hinaus.

Im Laufe der Zeit propagierten auch Pädagogen und Erzieher das Ideal des schönen Kinderbuches. Die Belehrung – die Lektionen des Lebens und die Wissenserweiterung – gerieten in den Hintergrund. Der Begriff «schön» kennt keine psychologische Entwicklung von «weniger schön» bei Kindern zu «am allerschönsten» bei Erwachsenen. Schön ist einfach schön. Wenn für Kinder dieselben Schönheitsgesetze gelten wie für Erwachsene, warum sollte man Kindern dann nicht die großen Kunstwerke der Weltliteratur zu lesen geben? Diese Frage entfachte heftige Diskussionen. Eine Seite argumentierte, man müsse die Klassiker für die Kinder bearbeiten, da ihnen sonst zuviel von der Sprache und der Thematik entginge und sie die Lust am Lesen verlieren würden. Davon wollte die andere Seite nichts wissen und sah darin lediglich eine Verstümmelung der Kunstwerke. Jedoch könnten auch die Klassiker für Kinder nach literarischen Maßstäben bearbeitet werden. Daß dies nicht geschieht, liegt wahrscheinlich an der unausgesprochenen Annahme, daß Kinder die Sprache nicht so wichtig nehmen. Die meisten Schriftsteller ändern ihren Stil, wenn sie von der Erwachsenen- zur Kinderliteratur wechseln.

Ein Fazit, das man aus der *Kunsterziehungsbewegung* ziehen kann, ist nach Lea Dasberg, daß man an die Kinderliteratur dieselben literarischen Maßstäbe anlegen sollte wie an die Erwachsenenliteratur. In beiden Fällen kann es sich um ein Kunstwerk handeln, solange die Sprache und die Struktur der Geschichte nicht dem Inhalt, den man erzählen will, untergeordnet werden. Ein Merkmal der literarischen Kunst ist, daß Sprache, Struktur und Inhalt eine Einheit bilden: Die Geschichte konnte nur so und nicht anders erzählt werden. Dies veranlaßte Busken Huet zu der Bemerkung, daß Kinder, die ein Buch lesen, auf jeden Fall die künstlerische Schönheit spüren, auch wenn sie dessen Inhalt noch nicht ganz verstehen.

C. D. Buskens Huet (1826–1886) war ein walonischer Prediger und Literaturkritiker.

Ein weiteres Beispiel, das sich im Zusammenhang mit dieser Diskussion finden läßt, liefert die Bibel. Die biblischen Geschichten sind für Kinder aller Altersstufen bearbeitet worden. Dies hatte jedoch den Nachteil, daß viel von der Schönheit der Sprache verloren ging. Übrigens sind die Grenzen zwischen Kinderbüchern und Erwachsenenliteratur nicht immer scharf gezogen. «Winnie Pooh» und «Alice in Wonderland» wurden für Kinder geschrieben, gehören jedoch heute zu den Klassikern der Erwachsenen. Bei «Gullivers Reisen» und «Robinson Crusoe» ist es umgekehrt.

Situationserkennung oder Horizonterweiterung

Kinderbücher werden z. T. auch in den Schulen als Lesestoff verwendet. Dem widersetzt sich Lea DASBERG entschieden. Das Lesen von Kinderbüchern sollte freiwillig sein und darf nicht zur Pflicht werden. Hinzu kommt, daß Kinder, die für sich selbst lesen, sich eine individuelle, intime Erlebniswelt schaffen. Eigene Phantasien, Vorstellungen und Tagträume werden dadurch aktiviert. Werden diese spontan erzählt, so ist das in Ordnung. Aufträge wie: «Zeichne doch ein Bild dazu» oder «Führt doch ein Theaterstück darüber auf» zerstören jedoch die Intimität. Dadurch wird verhindert, daß ein Kind die fantastische Erfahrung machen kann, daß man sich durch das Lesen eine Privatsphäre schaffen kann – mit aller Freiheit, die dazu gehört. Die Gedanken sind frei – auch jene, die beim Lesen aufkommen.

Durch das Lesen wird auch die Erlebniswelt erweitert. Mit Hilfe der Bücher kann man mehr erleben, als in der Wirklichkeit möglich ist. Kinder, die lesen, finden in den Büchern mehr Identifikationsmöglichkeiten als das echte Leben ihnen bieten kann. Im Deutschen wird dieser Aspekt von Büchern auch mit dem Begriff «Lebenshilfe» bezeichnet. Bücher bieten aber auch Abenteuer. Dann kann man höchstens indirekt von Lebenshilfe sprechen. Spannende Abenteuer zu erleben, während man sicher und behütet im eigenen Bett liegt, ist aber eine «grenzverschiebende» Erfahrung.

Eine aktuelle Diskussion betrifft die folgende Frage: Soll sich ein Kind im Buch erkennen können, oder muß es gerade mit den Dingen konfrontiert werden, die es noch nicht aus seinem eigenen Leben kennt? Welche der beiden Anschauungen bietet mehr Identifikation und bessere Lebenshilfe? Auf der Grundlage der ersten Anschauung sind viele Lesebücher geschrieben worden. In diesen Büchern geht es um Kinder, deren Eltern sich scheiden lassen, um Kinder, die behindert sind, die schikaniert werden, die in einem Abbruchviertel wohnen, ihr Lieblingstier verlieren u.s.w. Für manche Kinder sind diese Bücher eine Stütze («Ich bin nicht der einzige») und bieten die Möglichkeit zur Identifikation («Vielleicht kann ich das auch probieren»).

Der zweiten Auffassung zufolge kommen dadurch die bereichernden Möglichkeiten der Bücher zu kurz. Während des Lesens kann ein Kind sich in frühere Zeiten, fremde Länder, unbekannte Milieus und andere Lebensformen versetzen und sich mit den Gestalten identifizieren, um der manchmal beengenden Wirklichkeit zu entfliehen. Kinder identifizieren sich nämlich nicht so sehr mit Menschen, die wie sie selbst sind, sondern vielmehr mit Personen, die so sind, wie sie selber gern sein möchten, Lea DASBERG zitiert GOETHE: «Wo du nicht bist, dort ist das Glück».

Hier stehen sich Erkennen der eigenen Situation und Horizonterweiterung gegenüber. Eine Brücke zwischen beiden bilden die Gefühle, die ein Buch hervorruft. Wahrscheinlich haben Kinder mehr von Büchern, die nicht ihre eigene Umwelt beschreiben, sondern eine andere Wirklichkeit, in der sie aber die Gefühle der Personen, die darin vorkommen, erkennen. Dadurch wird die Identifikation mit dem Unbekannten möglich.

Gute und schlechte Kinderbücher

Sodann wird der Unterschied zwischen guten und schlechten Kinderbüchern diskutiert. «Gut» und «schlecht» beziehen sich hierbei sowohl auf die Form wie auf den Inhalt. In einer interessanten Untersuchung (1950 bis 1975) versuchte der Amerikaner NILSEN herauszufinden, warum preisgekrönte Kinderbücher so selten bei Kindern ankommen. Es scheint, daß Kinder andere Maßstäbe ansetzen als Erwachsene. NILSON unterscheidet drei dieser Maßstäbe für Form und Inhalt, nach denen man ein Buch beurteilen kann: (1) die *Spannung* im Verlauf der Geschichte; (2) die *Glaubwürdigkeit* dessen, was erzählt wird und (3) die bleibende Bedeutung, die *Botschaft*, die in der Geschichte vorhanden ist. Rita GHESQUIERE faßt dies kurz und bündig so zusammen: Spannung, Identifikation und Erkenntnis.

Der Maßstab, der für Kinder am meisten zählt, ist die Spannung, während dies bei Erwachsenen die Erkenntnis ist. Erwachsene können nur schwer nachvollziehen, was vom kindlichen Standpunkt aus als spannend empfunden wird, während Kinder nicht verstehen, daß man ein langweilig geschriebenes Buch doch liest, nur weil der Inhalt so gut ist. In diesem Zusammenhang darf Spannung aber nicht als Sensation aufgefaßt werden. Es geht lediglich darum, die Geschichte so zu erzählen, daß die Neugier des Kindes von Seite zu Seite erhalten bleibt. Wahrscheinlich macht Spannung in diesem Sinne die Gefühlsidentifikation mit den Charakteren auch leichter.

Hier stellt sich dann auch die Frage, welcher Einfluß von den implizit vorhandenen Vorurteilen (Diskriminierung, Geschlechtsstereotypen, nationalistisches Heldentum und falsche Traumwelten) in den – gut oder schlecht – geschriebenen Büchern ausgeht. Solche inhaltlichen Fragen sind jedoch nicht – oder kaum – durch Untersuchungen zu beantworten (das «Henne-oder-Ei-Problem»). Mit anderen Worten: Wenn ein Kind einerseits viel romantische Bücher liest und sich anderseits selber oft in romantischen Träumereien verliert, liegt dies dann an den Büchern, oder eher daran, daß die Lektüre so gut zu seinem eigenen Gefühl paßt?

Um in dieser Frage kein Risiko einzugehen, wurden in den USA sogenannte *unlearning* Programme entwickelt. Das sind «Abgewöhnungs»Programme für Kinder. Sie nehmen auf den in Kinderbüchern versteckten Rassismus Bezug. Vor allem der *Council on Interracial Books for Children* arbeitet besonders aktiv an diesen Programmen. Das verwendete Lesematerial ist einerseits darauf gerichtet, Kinder aus Minderheitsgruppen erzählen zu lassen, was sie in Büchern als verletzend empfinden, und andererseits darauf, durch faktische Informationen die Stereotypen zu entlarven. Für Lehrkräfte erstellten WOODARD und MACCANN beispeilsweise Lesematerial über das berühmte

Kinderbuch «Huckleberry Finn» von Mark TWAIN. Denn anstatt solche Bücher zu verbieten (einmal abgesehen von der Frage, ob dies überhaupt möglich ist), ist es sinnvoller, Kindern beizubringen, Äußerungen der Diskriminierung in der Geschichte zu erkennen, ohne auf die Spannung verzichten zu müssen. Auch hier wird wieder zwischen Form und Inhalt unterschieden. Ist die Form spannend, so ist dies allein schon eine angenehme (Lese-)Erfahrung für das Kind, auch wenn es über den Inhalt Zweifel hegt.

Eine andere Auffassung besagt, daß Kinder beim Lesen von Büchern wahrscheinlich nur die Ideen und Gefühle registrieren, die sie aufgrund eigener Erfahrungen kennen und verstehen. Über den Rest lesen sie einfach hinweg.

In PIAGETS Theorie ist dies eine Erscheinung der Assimilation. Siehe hierzu Praktische Kinderpsychologie, Kapitel 17, Abschnitt «Feste Reihenfolge von Denkstrategien».

Die entwicklungspsychologische Basis dieser Auffassung ist die «Theorie der Assimilation» von PIAGET, auch wenn dieser sie nicht auf Kinderbücher anwendete. Nach PIAGETS Theorie ist es nicht *die* objektive Wirklichkeit, die sich im Geiste des Kindes abbildet. Ein Kind sieht diese mit seinen eigenen Augen und schafft sich – abhängig von seiner geistigen Reife – seine Wirklichkeit. Dieser Argumentation zufolge können Kinder den Inhalt eines Buches unterschiedlich interpretieren, abhängig von ihrem geistigen Gepäck, welches teils durch Reifung und teils durch die häusliche Erziehung geformt wird. Ein Kind, daß frei von Diskriminierung erzogen wird, ist nicht in der Lage, die Merkmale der Diskriminierung in einem Buch zu erkennen.

Auf dieser Basis sind dann auch Zweifel an dem vermeintlich schlechten Einfluß der Trivialliteratur und anderen oberflächlichen Büchern, in denen es nur um die Geschichte selbst geht und die keine bleibende Erkenntnis über die zwischenmenschlichen Beziehungen vermitteln, berechtigt. Auch diese Bücher lesen Kinder aus der Perspektive ihres eigenen Hintergrunds und ihrer eigenen Entwicklung, wodurch sie manchmal mehr aus den Geschichten holen können, als augenscheinlich vorhanden ist.

In modernen Theorien über den Einfluß der Literatur geht man darum auch im allgemeinen von dem *Interaktionsmodell* aus: Der Text ist keine gegebene Größe, sondern wird vom Kind in einer bestimmten Weise aufgefaßt. Umgekehrt werden die Ideen des Kindes auch wieder durch das Gelesene beeinflußt.

APPLEYARD spricht im Zusammenhang mit der Trivialliteratur über «das Beruhigende und die Sicherheit von Stereotypen», die man nicht unterschätzen sollte. Gerade in dem Alter, in dem die Wirklichkeit so *überrumpelnd* sein kann, bietet diese Art von Büchern – vor allem wenn sie in Fortsetzungen erscheinen – durch die Voraussagbarkeit der Charaktere einen Rückhalt für das Kind. Die Geschichten in den Büchern ähneln sich sehr und die Hauptpersonen sind immer dieselben. APPLEYARD findet es bemerkenswert, daß Untersuchungen ergeben haben, daß Kinder sich oft nicht mehr an den *Plot* der Geschichte erinnern können. Das könnte darauf hinweisen, daß es nicht so sehr um die Geschichte als solche geht, sondern um lesend umgeben zu sein von einer Atmosphäre der Übersichtlichkeit: Man weiß genau, was man zu erwarten hat, nämlich einen angenehmen Gegenpol zum täglichen Leben, das einen im Schulalter noch kontinuierlich vor Überraschungen stellt. Daß die beliebtesten Bücher Detektivromane sind, in denen Kinder das eine oder andere Geheimnis aufdecken, erklärt sich auf dieselbe Weise: Im täglichen Leben steht ein Schulkind noch oft vor Rätseln; dann erfährt man es als angenehm, wenn Altersgenossen gute *Spürhunde* sind, manchmal noch bessere als Erwachsene.

Die Theorie PIAGETS könnte man als Rechtfertigung sehen, um Kinder Erwachsenenliteratur lesen zu lassen: Kinder werden zu der Interpretation gelangen, die ihrer Reife entspricht.

Die Vorliebe für bestimmte Bücher

Jedoch kommt man nicht um die Tatsache herum, daß Kinder in einem bestimmten Alter sehr wohl gewisse Bücher bevorzugen und nicht aus jedem spannenden Buch ihre eigene Geschichte «destillieren». Anhand einer Befragung von 8000 Kindern entwickelte Charlotte BÜHLER 1918 als erste eine Theorie der Bevorzugung. Sie fand beispielsweise heraus, daß Kinder im Alter zwischen zwei und vier Jahren kurze Geschichten aus dem täglichen Leben bevorzugen, im Alter von vier bis neun Jahren dann Geschichten, die unmögliche Ereignisse beschreiben und in denen sie ihre Phantasie spielen lassen können. Zwischen neun und zwölf Jahren erkennt Charlotte BÜHLER die ersten systematischen Unterschiede zwischen Jungen und Mädchen in der Wahl der Lektüre. Jungen bevorzugen die heldenhaften Geschichten, in denen Schläue und Stärke die Hauptrolle spielen, während Mädchen den gefühlvollen und romantischen Abenteuern ihrer Altersgenossinnen den Vorzug geben.

Die «Theorie der Lesephasen» von Charlotte BÜHLER u. a. wurde heftig kritisert. Die Zeit, in der ein Kind lebt, sein Milieu und seine eigene Veranlagung machen eine präzise Einteilung unmöglich. Was übrig bleibt, ist nur noch die allgemeine Regel, daß jüngere Kinder Kurzgeschichten aus dem täglichen Leben und Schulkinder phantastische Geschichten, in denen alles möglich ist, bevorzugen. Ältere Kinder kehren wieder zur Realität zurück, die nun jedoch keine Widerspiegelung des täglichen Lebens mehr ist, sondern diese Realität beinhaltet das Unbekannte, Abenteuerliche, von dem sie hoffen, es auch einmal erleben zu können.

Eine weitere mögliche Einteilung betrifft nicht die Phasen, die ein Kind durchlebt, sondern die Person, bzw. den Charakter des Lesers. Dies gilt für alle Altersstufen. Die differenzierteste Typologie dieser Art stammt nach Rita GHESQUIERE von GIEHRL: *Funktional-pragmatische* Leser verschmähen Geschichten, die «sowieso nur erfunden sind», lesen aber andächtig Bücher über ihr Hobby, über Spezialgebiete oder Aktualitäten. *Emotional-phantastische* Leser ziehen sich lesend in eine eigene Vorstellungswelt zurück. Für sie bedeutet Lesen eine Ergänzung der Wirklichkeit, sei es durch passives Flüchten (Entspannung) oder durch aktive Erweiterung der eigenen emotionalen

Erlebniswelt (Lebenshilfe). *Rational-intellektuelle* Leser wiederum lesen, um sich geistig zu bereichern und um zu Einsichten zu gelangen. *Literarischen* Lesern geht es um den Genuß, sich in die Sprache zu vertiefen.

Wenn ein Erwachsener funktional-pragmatisch liest, hat er dies wahrscheinlich als Kind auch schon getan. Das rational-intellektuelle Lesen kann durch schulische Anregung gefördert werden. Literarisches Lesen kommt bei Kindern so gut wie gar nicht vor. Die meisten Kinder und Erwachsenen gehören der Kategorie der emotional-phantastischen Leser an. Verschiedene Untersuchungen haben ergeben, daß Kinder für sich selber die Entspannung als das wichtigste Motiv beim Lesen betrachten. Das schließt jedoch nicht aus, daß bei näherer Betrachtung mehr von einem Buch hängen bleibt und die Lektüre, die anfangs nur zur Entspannung gedacht war, einen Langzeiteffekt auf den kindlichen Leser hat. Eines gilt jedoch als sicher: Der Langzeiteinfluß von Büchern ist noch nie in systematischen Untersuchungen nachgewiesen worden und wird auch in Zukunft nicht nachzuweisen sein, da der Einfluß von Kinderbüchern von all den anderen Faktoren, die die kindliche Entwicklung bestimmen, nicht zu trennen ist.

Der Schwierigkeitsgrad der Sprache und der Struktur

Anhand dessen, was über die geistige Entwicklung des Kindes bekannt ist, läßt sich global einschätzen, welche Bücher ihm bezüglich Sprache und Struktur der Geschichte zugänglich sind. Scharfe Altersabgrenzungen sind jedoch nicht möglich. Auch hier spielt die Frage, inwieweit ein Autor sich dem Niveau der Kinder anpassen soll, eine entscheidende Rolle. Zu grobe Vereinfachungen haben den Nachteil, daß sie Kinder in dem Gefühl bestärken, daß ihre eigenen Möglichkeiten begrenzt sind, anstatt sie zu ermutigen, ein höheres Nieveau anzustreben.

Dies erinnert an den Begriff «Stufe der nächsten Entwicklung» von WYGOTSKI*. Siehe hierzu Praktische Kinderpsychologie, Kapitel 17, Abschnitt «Kritik an Piaget».*

Für Kinder aller Altersstufen gilt, daß ihr passiver Wortschatz größer ist als ihr aktives Vokabular. Sie verstehen weit mehr, als sie sagen können. Während der Entwicklung vom beginnenden Lesen der jüngeren Kinder hin zum fließenden Lesen der älteren Kinder kommen zu den konkreten Begriffen abstrakte Begriffe hinzu. Einfache, kurze Sätze entwickeln sich zu Haupt- und Nebensätzen, und die direkte Rede wird um die indirekte Rede erweitert. Letzteres ermöglicht eine fließendere Sprache. Anstatt eintöniger Sätze wie: «Hans sagte: Ich gehe rodeln. Fritz rief sofort: Ich komme mit. Hans antwortete: Nein, denn du rodelst immer zu wild» werden Konstruktionen wie die folgende möglich: «Als Hans sagte, er wolle rodeln gehen, wollte Fritz sofort mitkommen, aber Hans war dagegen, da Fritz immer so wild rodelte.»

Für jüngere Kinder wird das Lesen erleichtert, wenn in einem Buch eine Person vorkommt, die «den-Kindern-in-dem-Buch» eine Geschichte erzählt. Sie hören dann die Geschichte lesend mit, ähnlich wie früher, als ihnen noch vorgelesen wurde.

Bezüglich der Struktur eines Buches wird das Lesen für ein Kind auch dann leichter, wenn der Autor sich nicht zu weit vom Leitmotiv der Geschichte entfernt. Für jung und alt gilt, daß anstatt reiner Aktionsbeschreibung mehr Stimmungsbeschreibung, mehr Charakterausbau und Gefühlsbeschreibung erwartet wird. Es ist einfacher, die Personen auf einmal vorzustellen, als sie im Laufe der Geschichte langsam kennenzulernen. Ein weiterer Vorteil ist es, wenn die Charaktere sich durch die Geschichte hin nicht verändern, also keine persönliche Entwicklung durchmachen. Dasselbe gilt für den Höhepunkt der Geschichte. Wird er als Ganzes am Anfang der Geschichte plaziert oder wird er Schritt für Schritt enthüllt?

Eine *schwarz-weiß* Charakterisierung der Menschen und Ereignisse ist einfacher, als wenn Relativierungen und zweifelerregende Scherze angebracht werden. Das Lesen wird weiterhin erschwert, wenn Ereignisse, die für das Verstehen der Geschichte unwichtig sind, explizit beschrieben werden. Vernünftiger ist es, lesende Kinder ihre eigenen Folgerungen ziehen zu lassen. Im allgemeinen wird ein guter Ausgang einer Geschichte bevorzugt. Aber wird dieser auch unzweideutig beschrieben, oder lediglich suggeriert, so daß ein Kind darüber weiter phantasieren kann?

Die genannten Beispiele – von einfach bis schwierig variierend – sind allesamt Stilmittel, mit denen ein und dieselbe Geschichte erzählt werden kann, und mit denen man dem Entwicklungsniveau der Kinder Rechnung trägt. Jedoch kann der Umstand, daß man beim Lesen über sein eigenes Sprachniveau hinausgehen muß, die Spannung erhöhen. VETH hat dies sehr treffend ausgedrückt: «Man darf nicht vergessen, daß ein Kind ein Wesen ist, das ein Denkvermögen besitzt. Darum sollte man ihm nicht nur Lesestoff anbieten, den es einfach hinunterschlucken kann. Nein, das Kind soll ihn kauen, ohne sich jedoch die Zähne auszubeißen».

C. VETH (1880–1962), Karikaturist und Kunstkritiker.

Märchen

Märchen sind Phantasiegeschichten, in denen Naturgesetze durchbrochen werden und Menschen, Tiere und Pflanzen miteinander kommunizieren. Die für Kinder geschriebenen Märchen sind jedoch keineswegs unsinnige Geschichten, in denen einfach alles möglich ist. Märchen folgen einer inneren Logik, die an die symbolische Bedeutung von Gestalten und Ereignissen gebunden ist. Der Symbolik liegt immer der Gegensatz zwischen Gut und Böse zugrunde, so wie er in unzähligen Spielarten im menschlichen Leben vorkommt. Trotzdem moralisieren echte Märchen nicht. Sie machen lediglich deutlich, wie jemand durch Angst und Auseinandersetzungen geläutert werden kann. Sie enden gut, indem der Gute belohnt und der Böse bestraft wird.

Der Unterschied zur Fabel besteht darin, daß darin Moral verarbeitet ist; zur science fiction, daß es hier um Dinge geht, die vielleicht einmal möglich sein werden; zu den Mythen, daß hier auch überirdische, göttliche Wesen eine Rolle spielen.

Als echte Märchen bezeichnet man die Volkserzählungen aus uralten Zeiten, die – reich an tiefenpsychologischen Symbolen – von einer Generation zur anderen überliefert worden sind. Selbstverständlich stehen hierbei Themen wie Sexualität, Aggressivität und Tod im Mittelpunkt. In Frankreich hat PERRAULT im Jahre 1697 Volksmärchen aufgezeichnet. Als die «Märchen von der Mutter Gans» ist diese Sammlung bekannt geworden. Allerdings handelt es sich dabei um Fassungen, in denen die ursprünglichen Vorlagen entschärft worden sind. Dagegen haben die Brüder Grimm, deren umfangreichere Sammlung in Deutschland erstmals 1812 erschienen ist, die in den Märchen enthaltenen erotischen und drastischen Elemente beibehalten.

Kunstmärchen sind märchenhafte Geschichten, die Dichter erfunden haben. Ihnen fehlt oft die symbolische Logik; es sind nicht selten moralisierende, nette Geschichten mit einem traurigen Ausgang. Sie wirken manchmal gekünstelt, wenn man mal von den Märchen von ANDERSEN absieht.

Meinungsunterschiede betreffen die Frage, welche Märchen für Kinder am besten geeignet sind: Die ursprünglichen Volksmärchen, die für Kinder bearbeiteten Volksmärchen oder die speziell für sie geschriebenen Kunstmärchen. Am bekanntesten ist die sehr fundierte Auffassung des Psychoanalytikers BETTELHEIM. Wer befürchtet, Volksmärchen seien in ihrer ursprünglichen Form für Kinder zu angsterregend, unterschätzt seiner Meinung nach, wie stark Ängste und innere Konflikte bei Kindern, selbst bei Kleinkindern, ausgeprägt sind. Derselbe Streit zwischen Gut und Böse, der in Märchen symbolisch wiedergegeben wird, spielt sich auch im Kind ab. Deshalb können Märchen hilfreich sein. Dabei geht es nicht um die Erfassung der eigentlichen Thematik eines Märchens über den Verstand, da die inneren Kämpfe sich auch größtenteils im Unterbewußtsein von Kindern abspielen. Kinder werden von der Wirkung eines Märchens ebenfalls unbewußt beeinflußt. Was möglicherweise nach außen hin zum Vorschein kommt, ist das Ergebnis von unbewußten Verarbeitungsprozessen.

Zur psychoanalytischen Theorie des Unbewußten und der verschiedenen Entwicklungsstadien siehe Praktische Kinderpsychologie, Kapitel 6, Abschnitt «FREUDs psychoanalytische Persönlichkeitstheorie».

Nach BETTELHEIM gibt es keine brauchbaren Kriterien dafür, welche Märchen für Kinder in einem bestimmten Lebensalter geeignet sind. Alle Märchen sind für alle Kinder geeignet, da jedes Kind nur das aufnehmen wird, was seiner Entwicklungsphase entspricht. Als Psychoanalytiker stellt er hauptsächlich die oralen, ödipalen und puberalen Phasen in den Vordergrund. Märchen spiegeln verschiedene Lebensbereiche wider, mit denen ein Kind in den aufeinanderfolgenden Entwicklungsphasen konfrontiert wird: Die Abtrennung von der Mutterbindung, die Suche nach Befriedigung der ödipalen Wünsche bzw. Abbau ödipaler Ängste, das Beherrschen der Rivalität mit Brüdern und Schwestern, die Kontrolle über die erwachende Sexualität gegenüber Menschen außerhalb der Familie. Dabei spiegeln Märchen einerseits die Regression in eine frühere Phase wider, die manchmal dann stattfindet, wenn eine Aufgabe für ein Kind zu schwer wird (wie beim Däumling, der mit seinen Brüdern und Schwestern selbständig in die weite Welt ziehen muß und voll Klugheit nach Hause zurückkehrt). Märchen spiegeln andererseits auch die Wiedergeburt wider: So wie ein sich entwickelndes Kind in jeder Phase irgendwie neu geboren wird, ein bißchen stärker und weiser zurückkehrt (wie Rotkäppchen, das sich arglos vom Wolf verleiten läßt, aber durch einen vertrauenswürdigeren Mann – den Jäger – gerettet wird und fortan klüger ist).

Märchen sollen mit ihrem guten Ausgang *Optimismus* ausstrahlen, und dazu gehört nach BETTELHEIM die Bestrafung des Bösen. Die guten und schlechten Figuren repräsentieren nämlich die beiden zwiespältigen Impulse im Kind selbst. Das Märchen gibt ihm das Vertrauen, daß auch in ihm das Gute siegen wird. Die böse Stiefmutter und die gute Fee bei Aschenputtel stellen die beiden Rollen dar, die eine Mutter ihrem Kind gegenüber einnimmt, die fordernde und strafende Mutter, die es nicht mag, und die liebevolle, sorgsame, die das Kind liebt. PERRAULTS Version vom Märchen Aschenputtel endet mit einem fröhlichen Treiben. Aschenputtel heiratet, die Schwestern sind Brautjungfern und wohnen zusammen mit der Stiefmutter bei ihr. In der ursprünglichen Fassung von GRIMM bleiben die Stiefmutter und die Schwestern traurig zurück, die eine mit einer abgeschlagenen Ferse, die andere mit abgeschlagenen Zehen. Diese Fassung befindet sich, wie BETTELHEIM meint, in Übereinstimmung mit dem unbewußten innerlichen Kampf des Kindes. Es entspricht auch mehr seinen Erwartungen, daß schließlich die Feenrolle der Mutter stärker ist als die der Hexe.

DE BOECK liefert eine interessante Analyse von Märchen im Sinne der Theorie von PIAGET über die geistige Entwicklung des Kindes. Bei BETTELHEIM liegt der Nachdruck auf dem Inhalt, bei DE BOECK auf der Form. Diese Analyse schließt an die sogenannten *präoperationale* Phase bei Kleinkindern an. Märchen kann man mit symbolischen Spielen vergleichen. Der Unterschied besteht darin, daß ein Kind ein Spiel selbst erfinden muß, während die Märchen schon in sich abgeschlossen sind. Sie können etwas komplizierter als selbsterfundene Spiele sein, haben jedoch gerade dadurch einen fördernden Einfluß auf die Entwicklung. Ebenso wie das symbolische Spiel gibt es im Märchen die Möglichkeit zur *Kompensation* (etwas, das in der Wirklichkeit nicht möglich ist); zur *Vergeltung* (das Abrechnen mit Menschen, auf die das Kind böse ist) und *Antizipation* (das Üben von Verhaltensweisen und Gefühlen, zu denen es in der Wirklichkeit noch nicht in der Lage ist). Weiterhin kennzeichnen *Realismus* und *Ausschließlichkeit* das präoperationale Stadium. Realismus bedeutet, daß jedes Wort eine sichtbare Realität repräsentiert. Kinder haben in ihrem Kopf eine konkrete Vorstellung von Menschen, Dingen und Geschehnissen. Auch abstrakte Begriffe werden in ein anschauliches Bild umgesetzt, in einen anschaubaren *Zustand*. Mit dem Begriff «glücklich» kann ein Kind in dieser Phase dann umgehen, wenn dieser als das Bild eines fröhlichen Gesichtes dargestellt ist. Genau das wird durch Märchen in Gang gesetzt. Verschiedene abstrakte Begriffe werden durch konkrete symbolische Figuren oder Aufgaben repräsentiert. «Wollen» wird durch einen König symbolisiert, der einen Auftrag erteilt; «Angst» durch ein kleines Mädchen im tiefen Wald. Die Märchensprache ist anschaulich und entspricht dadurch dem kindlichen Denken der prä-

Über die präoperationale Phase von PIAGET und das Handlungsdenken in der Phase der konkreten Operationen siehe das Kapitel «Argumentieren und Rechnen».

operationalen Phase. Ausschließlichkeit im Denken präoperationaler Kinder besagt, daß für jede Erscheinung lediglich *ein* Wort Gültigkeit hat. Begriffe werden noch nicht hierarchisch klassifiziert: Ein Schmetterling wird in der präoperationalen Phase als Schmetterling gedeutet, aber nicht gleichzeitig als Tier. Ähnliches gilt für Märchen, in denen jede Gestalt einer absolut abgegrenzten Kategorie angehört. Jede Gestalt hat eine deutliche Rolle und steht für etwas. Überschneidungen kommen nicht vor.

De Boeck schreibt nichts über die Schulzeit. Aber man kann sich vorstellen, daß für die Phase der konkreten Operationen dasselbe gilt. Das Märchen von Rapunzel ist für ein zehnjähriges Mädchen, das unter Versagensangst leidet, vielleicht gerade deshalb eine ermutigende Veranschaulichung des Begriffs Mut, weil die mutmachende Handlung darin besteht, daß Rapunzel ihren Prinzen an ihren eigenen langen Haaren hochklettern läßt. Auch besteht bei Kindern in diesem Alter noch oft das Bedürfnis nach einer schwarz-weiß Charakterisierung, die ihre eigenen undeutlichen Gefühle entwirren hilft.

6. Kapitel

Die Fernsehwelt

Fast alle westeuropäischen Kinder, die in die Grundschule gehen, haben zu Hause mindestens einen Fernsehapparat. Etwa 70–80% der Kinder in diesem Alter sehen jeden Tag fern. Die Übrigen sitzen auf jeden Fall an 4 bis 6 Tagen in der Woche einige Zeit vor dem Bildschirm. Der Anteil der Jungen ist in allen Fällen etwas höher als der Anteil der Mädchen. Die Sechs- bis Neunjährigen sehen meistens zwischen 1–1½ Stunden fern, die zehn- bis zwölfjährigen 1–2 Stunden.

Beinahe ¾ der Jungen und Mädchen sehen ab und zu auch Programme von ausländischen Sendern.

Untersuchungen von LEVELT ergaben, daß zwei Drittel der sechs- bis siebenjährigen Kinder die Zustimmung der Eltern erfragen müssen, bevor sie den Fernseher anschalten; bei den Acht- bis Neunjährigen ist es nur noch die Hälfte und bei den Zehnjährigen lediglich noch ein Viertel. Ein wichtiger Aspekt – der durch in- und ausländische Untersuchungen, wie beispielsweise von FEILITZER in Skandinavien, deutlich wurde – ist der, daß ab dem achten oder neunten Lebensjahr Kinderprogramme sehr oft als *kindlich* angesehen und immer mehr Programme für Erwachsene bevorzugt werden.

Programme, in denen Altersgenossen mitspielen, sind weniger beliebt als Programme mit Erwachsenen. Dies paßt zum Interesse für das *echte* Leben, das im Verlauf der Grundschule durchbricht. Hierzu schreibt BANKS in einem amerikanischen Marketingbericht: «Auf der Grundlage der Gesamtanzahl der Zuschauer kann man sagen, daß die Programme, die in der bevorzugten Sendezeit ausgestrahlt werden, sowohl von Kindern als auch von Erwachsenen favorisiert werden. Selbst die nach der bevorzugten Sendezeit am Wochenende ausgestrahlten speziellen Kinderprogramme werden mehr von Erwachsenen als von Kindern gesehen.»

Das Fernsehen ist also ein integraler Bestandteil im Leben der Schulkinder. MILLER und REEVES stellten beispielsweise fest, daß auf die Frage «Wer würdest du denn gerne sein?» von 200 acht- bis elfjährigen 70% eine Persönlichkeit des Fernsehens nennen.

In einem Alter, in dem Kinder sehr daran interessiert sind, die Wirklichkeit kennenzulernen, stehen ihnen hierzu die eigene tägliche Umwelt und die Welt des Fernsehen zur Verfügung, die MANDER «das Leben aus zweiter Hand» nennt. Welchen spezifischen Einfluß hat die Fernsehwelt auf das Wirklichkeitsbild der Kinder und von welcher dieser beiden Welten geht der stärkere Einfluß aus?

Diese zwei Fragen lassen sich nicht auf Grund wissenschaftlicher Untersuchungen beantworten. Dazu müßte man über längere Zeit Kinder, die mit und Kinder, die ohne Fernsehen, aber im übrigen unter denselben Bedingungen aufwachsen, vergleichen. Untersuchungsgruppen mit Kindern, die nie fernsehen, können in unserer Gesellschaft aber nicht mehr zusammengestellt werden. Bei psychologischen Untersuchungen nach dem Einfluß des Fernsehens geht es deshalb immer nur um bestimmte Arten von Programmen, die von einigen Kindern gesehen werden, von anderen wiederum nicht. Diese Untersuchungen betreffen das Fernsehen nicht als solches.

Man mag als Erzieher seine eigene Anschauung vom Medium Fernsehen haben – die manchmal sogar ganz treffend ist –, beweisen kann man jedoch nichts. Eigentlich kann man auch nicht von *der* Fernsehwelt sprechen, denn diese ist nicht homogen. Sieht man sich beispielsweise ein Unterhaltungsprogramm an, stellt sich die Frage, ob die Welt, die ein Kind als Zuschauer miterlebt, sein eigenes Leben nicht als außergewöhnlich langweilig erscheinen läßt. Kann ein solches Programm Unzufriedenheit und den Wunsch nach mehr Spannung und Glamour hervorrufen? Bei Nachrichtenprogrammen hingegen sind die Bilder viel dramatischer als die, die das Kind aus eigener Erfahrung kennt. Stimmt das Kinder zufriedener oder führt es zu einer pessimistischeren Einstellung, die, objektiv gesehen, eigentlich nicht nötig ist, wie die *schlechte Welt-Hypothese* von GERBNER unterstellt? Durch die Konfrontation mit viel Gewalt im Fernsehen erhalten Kinder seiner Meinung nach den Eindruck, daß Gewalt auch im wirklichen Leben auf der Tagesordnung steht.

MANDER meint u. a., daß das Fernsehen mehr das *Haben* als das *Sein* betont. Attribute, Besitz und Gegenstände spielen bei der Ausarbeitung von Szenen, vor allem bei der Reklame, eine wichtige Rolle. Heutzutage finden es Kinder selbstverständlich, daß man durch das Fernsehen Zeuge dessen sein kann, was in diesem Moment irgendwo in der Welt geschieht. Bei einem solchen Leben aus zweiter Hand stellt sich die Frage, welchen Einfluß es auf die Entwicklung von Kompetenzgefühlen und Selbstsicherheit hat, wenn man so viele wichtige Ereignisse nur als Außenstehender miterlebt.

Kompetenz ist u. a. ein Begriff von ERIKSON über das Schulalter. Siehe hierzu Kapitel «Lernen lernen» und Kapitel «Selbständig werden».

POSTMAN stellt einen weiteren Aspekt zur Wirkung der Fernsehwelt heraus: Das Fernsehen verwischt die Trennungslinie zwischen Erwachsenen und Kindern. Im wirklichen Leben besitzen Kinder wie Erwachsene noch ihre eigene Welt, während die Fernsehwelt für beide offen ist. Damit kehrt man eigentlich ins Mittelalter zurück, wo Erwachsene und Kinder dieselbe Lebenssituation teilten und wenig vor den Kindern verborgen blieb. Erst die Erfindung der *Buchdruckkunst* veränderte diesen Zustand. Nach und nach konnten Erwachsene so miteinander kommunizieren, daß Kinder, solange sie noch nicht lesen konnten, von der Kommunikation ausgeschlossen waren. Fernsehinformationen hingegen sind wieder für jederman zugänglich. Nichts bleibt vor den Kindern verborgen. Krankheit, Tod, Verderben,

Aggression, Sexualität, Verzweiflung – dies alles wird ohne Zurückhaltung ins Bild gebracht. Tabus und Scham – in der richtigen Dosierung notwendige Eigenschaften auf dem Weg von der Barbarei zur Zivilisation – werden ausgeschaltet, obwohl die Wurzeln der Scham in der Urgeschichte der menschlichen Kultur liegen und nicht von zufälligen Regeln einer bestimmten Kultur abhängig sind. Hieraus zieht POSTMAN in seinem Buch *Das Verschwinden der Kindheit* allerlei pessimistische Schlußfolgerungen. Man muß aber nicht mit ihm übereinstimmen, um an der Frage interessiert zu sein, inwieweit Kinder heutzutage anders sind als Kinder aus einem «fernsehlosen Zeitalter».

Ähnlich hat sich auch ELKIND geäußert: Während Kinder früher nur Fragmente der Probleme auffingen, mit denen die Erwachsenen zu kämpfen hatten, werden diese heute detailliert dargestellt. Dies betrifft aber nicht nur schockierende Elemente. Kinder erleben in einem «Fernsehjahr» mehr als ihre Großeltern in ihrem ganzen Leben. Darum gab ELKIND seinem Buch auch den Namen *Das gehetzte Kind*. Die Frage, inwieweit das Erleben auf dem Bildschirm vergleichbar mit dem Erleben im wirklichen Leben ist, bleibt jedoch unbeantwortet.

Die Technik

Kinder werden nicht nur durch den *Inhalt* der Fernsehprogramme, sondern auch durch das Fernsehen als Informations*medium* beeinflußt. Was im Fernsehen geschieht, besteht großenteils aus *Handlungen* von Menschen. Kinder, die regelmäßig fernsehen, erhalten dadurch Informationen über den visuellen Effekt der verschiedenen Handlungen – darüber, was zu was führt. Sie können – schneller als frühere Generationen – die visuellen Effekte der Handlungen erkennen und auch schneller verschiedene visuelle Informationen, die gleichzeitig gegeben werden, aufnehmen.

Patricia GREENFIELD geht sogar noch einen Schritt weiter. Ihrer Ansicht nach lernen Kinder auch, die Formsprache der Aufnahme- und Montagetechniken zu durchschauen. Sie spricht in diesem Zusammenhang von *Fernsehalphabetismus. Zoom in* (ein Detail näher heranholen) bedeutet beispielsweise, sich dem Wesentlichen zuwenden. *Zoom out* von einem *close up* zu einer Totalaufnahme läßt Zusammenhänge erkennen. Ein langsamer Bildwechsel weist auf eine Veränderung der Zeit oder des Ortes hin; eine Montage schneller Bildfolgen weist auf Veränderungen der Perspektive innerhalb derselben Situation hin. Selbst erfahrene Zuschauer sind sich dieser Wirkungen keinesweg bewußt und könnten die verwendeten Techniken auch nicht mit Worten beschreiben, aber sie können sie verstehen.

Der Begriff zoom *stammt aus der Filmsprache. Es bedeutet, daß der scheinbare Abstand zwischen Objekt und Betrachter sehr schnell verringert oder vergrößert wird.*

Bis etwa zum siebten Lebensjahr sehen Kinder jede Szene als gesondertes Ganzes. Sie können dem Zusammenhang zwischen den Bildwechseln nur schwierig folgen, es sei denn, es handle sich um simple Ereignisse, die sie schon aus eigener Erfahrung kennen. Ist dies nicht der Fall, dann profitieren sie am meisten von Szenen, die aus einer totalen Kameraposition wiedergegeben werden. Daß sie sonst

Zum Unterschied zwischen zustandsgerichtetem und handlungsgerichtetem Denken siehe Kapitel «Argumentation und Rechnen».

eine Geschichte nur bruchstückhaft und fragmentarisch aufnehmen, könnte mit dem zustandsgerichteten Denken, das frei von verbindenden Handlungen ist, zusammenhängen.

Die *Zoom*-Technik scheint die einfachste Technik zu sein, die auch am frühesten interpretiert werden kann. Dies liegt wahrscheinlich daran, daß der Zusammenhang zwischen dem nähergeholten Detail und der Szene deutlich bleibt, da sich der Standort der Kamera nicht verändert, sondern nur die Brennweite variiert. Dies kennt das Kind auch aus der eigenen Erfahrung. Man kann etwas aus der Nähe betrachten oder aber einige Schritte zurücktreten, um mehr Übersicht zu erhalten. Darum sind Aufnahmetechniken im allgemeinen auch leichter in ihrer Bedeutung durchschaubar als Montagetechniken. Die direkte Aufnahme mit der Kamera ähnelt der natürlichen Wahrnehmung mehr als die Schneide- und Klebearbeit am Montagetisch.

Etwa bis zum sechsten Lebensjahr können Kinder einer Geschichte besser folgen, wenn durch spezielle Bewegungen oder Begleitgeräusche der Nachdruck auf die Höhepunkte gelegt wird. Danach ist dies nicht mehr erforderlich.

Im Alter von ca. 10 Jahren ist Kindern diese Formsprache im allgemeinen vollständig bekannt. Es ist schwierig zu unterscheiden, ob das viele Fernsehen diese Entwicklung gefördert hat oder ob Kinder mit einer Veranlagung für diese Fähigkeit mehr Freude am Fernsehen haben und sich darum mehr damit beschäftigen. Untersuchungen von SALOMON in Israel lassen den ersteren Punkt als Ursache vermuten. Als in diesem Land das Kinderprogramm *Sesamstraße* vorgestellt wurde, war das Fernsehen noch ein ziemlich unbekanntes Medium, so daß eine Kontrollgruppe von «Nicht-Zuschauern» gefunden werden konnte. Kinder, die *Sesamstraße* intensiv verfolgten, schnitten – unabhängig von ihrem sozialen Milieu – in einem visuellen Test besser ab. Sie durchschauten beispielsweise besser die Bedeutung von *close-ups* und profitierten dadurch mehr von dem Inhalt. Dies galt umgekehrt jedoch nicht: Kinder ohne Fernseherfahrung, die den Inhalt der Geschichte schon kannten, durchschauten *das Warum* der verschiedenen Techniken nicht. Man kann also sagen, je besser die visuellen Fähigkeiten entwickelt sind, umso schneller wird man durch Fernsehen zum «Fernsehalphabeten». Fernsehalphabetismus resultiert aus der normalen Entwicklung der Wahrnehmung wie auch aus der Erfahrung mit dem Medium.

Ein weiterer Formaspekt ist die Darbietungsgeschwindigkeit. Es wird viel darüber diskutiert, ob die Aufmerksamkeit der Kinder durch schnelle Bildwechsel erhöht wird – und dadurch auch mehr hängen bleibt –, oder ob dies besser durch eine ruhige Bildfolge erreicht werden kann. Diese Frage ist vor allem für erzieherische Programme wie etwa das Schulfernsehen von Bedeutung. Müssen hierfür die flitzenden Bilder der Videoclips Modell stehen? Die Untersuchungsergebnisse sind widersprüchlich.

Sehen sich Kinder *ein* Programm an, dann profitieren die älteren Kinder im allgemeinen davon mehr als die jüngeren. Untersuchungen von DEL GERCIO und FOUTS haben jedoch ergeben, daß bei neun- bis zehnjährigen Schülern die Lernleistung bei schnell dargebotenen Programmen nachließ. Bei Fünf- bis Zehnjährigen war dies jedoch nicht der Fall. Dies versuchten die beiden Wissenschaftler mit der Lerntheorie von BANDURA zu erklären. Diese Theorie postuliert zwei Systeme, mit denen Erfahrungen im Gedächtnis gespeichert werden können: In Bildern und in Worten. Da mit Worten viel mehr Zusammenhänge als mit Bildern ausgedrückt werden können, kann ein Kind etwas, das es sieht und danach für sich selbst in Worten ausdrückt, besser behalten. Auf diese Weise findet das Kind eher Anhaltspunkte in seinem Gedächtnis, um neues Wissen mit bestehendem Wissen zu verbinden. Erst im Alter von etwa sieben Jahren setzt sich dieses *verbale Benennen* richtig durch. Davor speichern Kinder die meisten Informationen in Bildern, was weniger wirkungsvoll ist. Es ist jedoch wahrscheinlich, daß eine sehr schnelle Bildfolge zwar nicht die Speicherung von Bildern, aber die Speicherung von Wörtern behindert. Die Umsetzung von Bildern in Wörter erfordert nämlich immer etwas Zeit, die bei einer hohen Geschwindigkeit der Bildfolge nicht ausreicht. Da wahrscheinlich für alle Kinder gilt, daß ein schneller Bildwechsel die Aufmerksamkeit erhöht (und wahrscheinlich auch die mentale Anstrengung größer ist), plädieren DEL GERCIO und FOUTS für eine Erhaltung der schnellen Bildfolge bei erzieherischen Programmen für Kinder. Bei einem doppelt so schnellen Bildwechsel verringerte sich die Lernleistung der älteren Schüler lediglich um 10%. Ihrer Meinung nach ist dieser Ausfall angesichts der Einsparung von Zeit und Geld gerechtfertigt.

In diesem Zusammenhang wäre an die Bedeutung der Begiffspyramiden und der Begriffsnetzwerke zu denken, die in Praktische Kinderpsychologie, Kapitel 16, Abschnitt «Semantische Entwicklung» und Kapitel «Argumentation und Rechnen» zur Sprache kommen.

Fernsehen und Lesen

Es gibt Techniken, die es dem Zuschauer erleichtern, die Zusammenhänge zu erkennen (wie z. B. die Zoomtechnik). Andererseits bestehen auch Techniken, bei denen der Zuschauer selbst aktiv herausfinden muß, wie die Ereignisse zusammenhängen (z. B., indem sie bei einzelnen Nahaufnahmen den Zusammenhang erkennen). Kinder mit einer weniger entwickelten Beobachtungsgabe profitierten bei den Untersuchungen von SALOMON von diesen vereinfachenden Techniken. Visuell geschultere Kinder hingegen profitierten unter dieser Voraussetzung weniger vom Inhalt. Dies war jedoch keineswegs der Fall, wenn die Technik die visuelle Selbsttätigkeit der Kinder anregte.

Auf Grund dieser Erkenntnis führte SALOMON den Begriff der *eingesetzten mentalen Anstrengung* ein. Dies ist das Maß an Anstrengung, das man einsetzt, um Informationen aufzunehmen. Es handelt sich hier jedoch nicht um eine bestimmte individuelle Eigenschaft. Das Maß hängt einerseits von dem Schwierigkeitsgrad, den man dem Medium zuschreibt, ab und andererseits von der Einschätzung der eigenen Fähigkeiten. Verglichen mit einem Buch wird das Fernsehen im allgemeinen als das einfachere Medium betrachtet, denn zum Fernsehen benötigt man keine speziellen Fähigkeiten. Darum ist man vor dem Bildschirm auch weniger geneigt, sich anzustrengen, als

Im Kapitel «Kinderbücher» wird von einem vierten Erziehungsmilieu gesprochen.

wenn man ein Buch liest. Das Fernsehen macht den Menschen also gewissermaßen «bequem», da es so gut wie keine Barrieren kennt. Ein Buch hingegen ist einem Menschen erst dann zugänglich, wenn er die Kunst des Lesens beherrscht. Es stellt sich die Frage, ob es die Kinderbücher als *viertes Erziehungsmilieu nicht schon verdrängt hat*. Die stärkere Anstrengung könnte die Ursache dafür sein, daß man durch das Lesen eines Buches mehr lernt, als wenn der Stoff in einem Fernsehprogramm verarbeitet ist. Das heißt aber nicht, daß das Fernsehen als solches ein Informationträger von geringerer Qualität ist. Diese Argumentation legt nahe, daß bestimmte Aufnahme- und Montagetechniken den Zuschauer zu einer größeren mentalen Anstrengung bewegen können, und das erhöht wohl den Informationsgewinn.

Die Klage, daß das Konzentrationsvermögen der Kinder durch das Fernsehen schlechter geworden sei, ist daher nicht ganz berechtigt, da diese nachteilige Auswirkung nicht am Fernsehen als solchem liegen muß, sondern vielmehr an den produzierten Programmen.

Mit dem Begriff der mentalen Anstrengung könnten auch die Untersuchungsergebnisse von BEENTJES erklärt werden. Er ließ Zehn- bis Zwölfjährige eine Geschichte sehen bzw. vorlesen. Die Fernsehgruppe hatte die Geschichte nach drei Wochen besser behalten als die Lesegruppe (sie konnten sie vollständiger und mit weniger Fehlern *nacherzählen*). Die Lesegruppe aber – und das ist interessant – drückte sich besser aus. Es wurde schon öfter festgestellt, daß eine Geschichte, die erst im Fernsehen durch Bilder vermittelt wurde und die das Kind danach in einem Buch liest, im allgemeinen bildhafter nacherzählt werden kann. Die Theorie des *verbalen Benennens* von BANDURA und die Theorie der *mentalen Anstrengung* von SALOMON macht das begreiflich. Wenn man eine Geschichte liest, werden einem die Details nie so genau beschrieben, wie sie auf einen Blick auf dem Bildschirm dargeboten werden. Beim Lesen wird das eigene Vorstellungsvermögen (also die mentale Anstrengung) mehr in Anspruch genommen. Da man während des Lesens in Wörtern denkt und diese behält, wird außerdem auch die eigene Interpretation der Geschichte im Gedächtnis gespeichert. Nachdem Kinder im Fernsehen einen Film gesehen haben, spuken wahrscheinlich sehr lebhafte Bilder über den Handlungsverlauf in ihren Köpfen herum. Aber diese Bilder lassen sich schwieriger ausdrücken als die in Worte gefaßten Bilder einer Lektüre. So ein *wortloses* Bild, das nach einem Film zurückbleibt, ist in höherem Maße «privat», oder, negativ ausgedrückt, egozentrischer. Die Sprache ist grundsätzlich auf die Kommunikation gerichtet. Die in Wörtern gespeicherten Bilder sind darum leichter auszudrücken.

Dazu kommt VAN DER VOORT zufolge, daß Filme ein sehr unvollständiges *Sprachmodell* zu Gehör bringen. Die Texte beschränken sich meistens darauf, was Menschen zueinander sagen; der Rest wird bildlich dargestellt. In einem Buch ist das Sprachmodell vollständig: Es besteht nicht nur aus Dialogen, sondern auch aus Beschreibungen der Umgebung, des Tagesablaufs, des Wetters, dessen, was Menschen tun und denken usw. Der Sprachschatz der Kinder wird durch das

Lesen also viel mehr bereichert als durch das Fernsehen und macht daher das Nacherzählen viel bildhafter.

Ein weiterer Unterschied zwischen Lesen und Fernsehen besteht darin, daß man beim Lesen sein eigenes Tempo bestimmen, zwischendurch kurz nachdenken und eventuell noch einmal lesen kann. Beim Fernsehen geht das nicht. VAN DER VOORT faßt das so zusammen: «Fernsehen ist vor allem, Eindrücke aufzunehmen, während Lesen die Möglichkeit bietet, Eindrücke zu ordnen».

Untersuchungen haben deutlich gemacht, daß das Fernsehen dem Lesen im Weg ist. Es steht nur eine beschränkte Freizeit zur Verfügung, von der das Fernsehen einen Teil zu Kosten des Buches *wegschnappt*. Dies gilt vor allem für jüngere Kinder, die von frühester Jugend an mit dem Fernsehen aufgewachsen sind und weniger für ältere Kinder, die erst mit Büchern vertraut waren und für die das Fernsehen erst hinzu kam, als sie etwa zehn Jahre alt waren. Auch das zwischen 1980 und 1985 aufgekommene Mittagsfernsehen und die Möglichkeit zum Empfang ausländischer Sender über Satelliten hat zu einer starken Verringerung der Lesezeit beigetragen. Auch das Radiohören hat stark abgenommen. Die Verschiebungen der Zeiteinteilung spielen sich also innerhalb der Medien ab. Fernsehen führt jedoch nicht dazu, daß Kinder ihre Freunde oder den Sport vernachlässigen. Auch eine Verschlechterung der *Lesefertigkeiten* konnte nicht konstatiert werden. Dies wäre auch sehr ungewöhnlich, da Kinder heutzutage im Vergleich zu früheren Generationen viel länger zur Schule gehen.

Dramatische Formen

Nicht nur hinsichtlich der technischen Formen, sondern auch in bezug auf die dramatischen Formen wurden Untersuchungen durchgeführt. Der amerikanische *Children's Television Workshop* untersucht regelmäßig, welche Programme Kinder bevorzugen. Eine Untersuchung bei 4000 acht- bis zwölfjährigen Kindern hinsichtlich ihrer Präferenzen bei erzieherischen Programmen ergab folgendes Bild. Die Kinder bevorzugen eine dramatische Form der Darbietung, in der verschiedene Spieler sich zu einem *Komplott* zusammenschließen, gegenüber einer Darbietung in logischer Reihenfolge, ungeachtet ihrer visuellen Anziehungskraft. Ersteres entspricht mehr dem kindlichen Verlangen nach Aktion und Spannung und ihrer neugierigen Einstellung («Ich will dahinter kommen, wie das alles zusammenhängt»). Die Kinder ziehen weiterhin jüngere (erwachsene) Schauspieler den älteren vor, da sie sich mit diesen eher identifizieren können. Wichtig ist auch, daß eine Person vorhanden ist, die *Kompetenz* verkörpert. Diese ist meistens das populärste Identifikationsmodell, gleichgültig ob Erwachsener oder Kind. Humor ist ein weiteres Kriterium. Man muß ab und zu lachen können, jedoch sind die Kinder sehr kritisch gegenüber schlechten Witzen. Auch bei schlechten schauspielerischen Leistungen «stirbt» das Programm für die meisten Kinder. Informationen, die

Im Kapitel 4, «Lesenlernen», kam bei der Theorie von AEBLI zum Ausdruck, daß auch bei den Erzählungen des Lehrers bzw. der Lehrerin Handlungen und nicht Zustände betont werden sollten.

durch Bildfolgen vermittelt werden, nahmen die Kinder besser auf als einen Text mit stehendem Bild. Man muß Kinder also sehen lassen, was *geschieht*. Dies stimmt überein mit den Merkmalen des konkreten Denkens.

Wahrscheinlich trifft es größtenteils auch auf nicht-erzieherische Programme zu: *Aktion, Spannung, Humor* und *Identifikationsmodelle* sind auch dann wichtige Aspekte, wenn Kinder aus anderen Gründen fernsehen. Der erzieherische Aspekt ist ihnen nicht so wichtig.

Außerdem stimmen wahrscheinlich die meisten Kinder und Psychologen mit dem Fernsehproduzenten und Kinderbuchautor Burny Bos überein, der sagt: «(Man weiß, daß) man ihnen keine Probleme und ein offenes Ende aufhalsen darf. Annie Schmidt achtet darauf. Auch in ihren Geschichten treten Probleme auf – sie gehen aber immer gut aus».

Warum lieben Kinder das Fernsehen?

Kinder im Schulalter werden schnell zu Außenstehenden, wenn ihnen Dinge von den Eltern nicht erlaubt werden, die anderen um sie herum zugestanden werden. Im Kapitel «Kindersorgen» wird diesem Problem mehr Aufmerksamkeit geschenkt.

Van Der Voort nennt vier Gründe, warum Kinder fernsehen: *Entspannung, Information, Sozialisation* und *Alltagsflucht*. Die Entspannung steht an erster Stelle. Die soziale Funktion beinhaltet die gesellschaftlichen Erfahrungen, die Kinder machen, wenn sie sich gemeinsam ein Programm ansehen. So entsteht Gesprächsstoff, Ideen werden ausgetauscht, sie verstehen die Imitation eines Fernsehhelden beim anderen und trotz verschiedener sozialer Herkunft gibt es etwas, das sie verbindet. So gesehen, geht ein ausgleichender Effekt – im demokratischen Sinne des Wortes – vom Medium Fernsehen aus.

Die Möglichkeit, der Wirklichkeit mit Hilfe des Fernsehens zu entfliehen, bereitet Vielen Sorgen. Nach Van Der Voort sehen alle Kinder ab und zu aus diesem Grund fern, es sind aber nur wenige, für die dies das wichtigste Motiv ist. Man kann sich aber auch fragen, ob es nicht günstig ist, daß Kinder die Möglichkeit haben, der oft so bitteren Wirklichkeit zu entfliehen. Van Der Voort zitiert den Kinderpsychiater De Levita, nach dem affektiv vernachlässigte Kinder durch das Fernsehen «geistig am Leben bleiben» können.

Diese Funktionen lassen sich aber nicht scharf trennen. Wenn Kinder sich zur Entspannung ein Quiz ansehen, kann das – als Begleiterscheinung – auch lehrreich sein, während sich ein Kind aber auch aus reiner Langeweile die informativen Kindernachrichten ansehen kann. Man kann der Wirklichkeit auch bei einem erzieherischen Programm entfliehen. Wenn man den Einfluß des Fernsehens untersuchen will, muß man verschiedene Funktionen berücksichtigen. Ein Kind sitzt nicht als «Opfer» vor dem Bildschirm, sondern es verfolgt eine Absicht. Auch das Maß an mentaler Anstrengung, das erbracht wird, ist – wie wir im vorigen Abschnitt gesehen haben – vom Kind selbst abhängig. Untersuchungen von Salomon bei Zwölfjährigen zeigten beispielsweise die mentale Anstrengung, die beim Fernsehen zur Entspannung (zum Spaß) und beim Fernsehen zur Information (zum Lernen) investiert wird. Weiterhin wird der Einfluß des Fernsehens durch Faktoren wie Alter, Persönlichkeit und die familiäre Situation mitbestimmt. Auch auf diesem Gebiet geht man heute eher von einem Interaktionsmodell aus. Nicht nur das Fernsehen beschäftigt sich mit dem Kind, sondern das Kind beschäftigt sich auch mit dem Fernsehen.

Ähnliches kam auch im Kapitel «Kinderbücher» zur Sprache.

Einfluß des Fernsehens – Wodurch?

Bei dieser Interaktion ist es auch wichtig, bis zu welchem Grad das Kind ein Programm als *realistisch* erfährt. Das bezieht sich vor allem auf Programme, die der Entspannung dienen. Die Programme, in denen eine bestimmte Vorstellung der sozialen Wirklichkeit wiedergegeben wird, bereiten den Erwachsenen die größten Sorgen, da hier ein schlechter Einfluß auf die Kinder ausgeübt werden könnte. Wie wir schon einige Male erwähnt haben, ist das Interesse der Kinder im Grundschulalter sehr stark auf die Wirklichkeit gerichtet. Darum sind sie leicht geneigt, die im Fernsehen dargebotenen Situationen als «wirklich» zu betrachten. Nur wenn sie aus eigener Erfahrung kennen, was sich auf dem Bildschirm abspielt, können sie die Situationen kritisch beurteilen und beispielsweise zu dem Schluß kommen: «So etwas macht man doch nie», «Ein Vater würde sowas doch niemals sagen» oder «Man darf doch einem Kätzchen keine fette Milch geben». Manchmal leidet die Glaubwürdigkeit eines Programms durch solche Kleinigkeiten. Sein Einfluß wird dementsprechend geringer.

Da Kinder jedoch den Großteil dessen, was sie sehen, nicht aufgrund eigener Erfahrungen nachvollziehen, wird das Gesehene von ihnen als «wahr» erfahren. Paradoxerweise schenken Kinder in diesem Alter den Programmen, die eine unbekannte Welt zeigen, mehr Glauben als jenen, die ihr eigenes Leben widerspiegeln. Welche Rolle die Intelligenz bei dieser Frage spielt, ist nur wenig untersucht worden, aber ein Zusammenhang zwischen höherer Intelligenz – d. h. der Fähigkeit, Motive und Konsequenzen einer Fernsehgeschichte besser zu durchschauen – und kritischer Betrachtung ist sehr wahrscheinlich.

Bei der Beurteilung der Glaubwürdigkeit eines Programms hinsichtlich seiner Wirklichkeitsnähe geht es nicht um unmögliche, science-fiction-artige Phantasievorstellungen, denn die werden von den Kindern als solche durchschaut. Es geht hier vielmehr um realistische Programme, bei denen sich ein Kind vorstellen kann, daß es die Dinge, die auf dem Bildschirm geschehen, auch erleben *könnte*, oft auch erleben *will*. So stellte Aimee Dorr beispielsweise bei Kindern von sieben, elf und fünfzehn Jahren fest, daß sie Programme, die nicht ihre eigene Umwelt, sondern ihre eigene ideale Welt widerspiegeln, als *echter* erfahren. Auch ein Fernsehdrama, in dem eine vollständige Familie mitspielt, ist für die Kinder *echter* als eine Geschichte über alleinstehende Elternteile.

Kinder aus einer unteren Sozialschicht sind hinsichtlich des Realitätsgehalts eines Programms am wenigsten kritisch. Dies liegt wahrscheinlich daran, daß ihrer eigenen Umwelt im Fernsehen nur wenig Aufmerksamkeit geschenkt wird und daß diese Kinder den Inhalt der

Programme nur selten aufgrund eigener Erfahrungen nachvollziehen können. «Wo die Verarbeitung am geringsten ist, ist die Identifikation am stärksten». Mit diesen Worten könnte man die oben genannte Theorie von NOBLE zusammenfassen.

Eine weitere Frage, die in diesem Zusammenhang beantwortet werden muß, ist, wie es überhaupt möglich ist, daß ein Kind durch etwas beeinflußt werden kann, das es lediglich sieht. Um welche Art von Lernprozeß handelt es sich hier? Bei der Beantwortung dieser Frage kann wiederum die Lerntheorie von BANDURA behilflich sein. Er spricht von «Lernen durch Beobachtung» und von «Imitationsverhalten». Zusammen nennt man dies auch Modell-Lernen (modeling). Was das Kind während des Fernsehens lernt (Beobachtungslernen oder *observational learning*), führt nicht automatisch zur Imitation (*imitative behavior*). Das Beobachtungslernen kann schon eintreten, wenn das Kind versteht, was es sieht. Dies wird unterstützt, wenn man das Gesehene mit eigenen Worten ausdrückt, was dem weiter oben erwähnten Prozeß des *verbalen Benennens* entspricht. Es geht hier aber nicht um einzelne Wörter, sondern um ein Netzwerk von Begriffen. Ein Kind von acht Jahren hat diesbezüglich mehr Möglichkeiten als ein Kind im Kindergartenalter. Dadurch ist es in der Lage, das Gesehene zu verstehen und dies in sein Wissen und sein Gedächtnis aufzunehmen. Darum ist das Beobachtungslernen im Schulalter wirkungsvoller als im Vorschulalter.

Dies könnte man als eine Form des instrumentellen Lernens betrachten, das in Praktische Kinderpsychologie, Kapitel 4, behandelt wird.

Wann wird nun das *Erlernte* als eigenes Verhalten *in die Praxis umgesetzt*? Dies ist abhängig davon, ob die Fernsehgestalt, von der ein Kind sein Wissen entlehnt, einen hohen Status in dem Geschehen hat. Weiterhin muß das Verhalten dieser Person auf irgendeine Weise positive Folgen und Gefühle hervorrufen. Je mehr der Darsteller in einer Szene dem Kind in seiner eigenen Lebenssituation ähnelt, um so größer ist nach BANDURA die Möglichkeit, daß ein Kind sich mit dieser Person identifiziert. Dies scheint der Auffassung von NOBLE und den Untersuchungsresultaten von DORR zu widersprechen. Wahrscheinlich kommt hier der Faktor «Alter» hinzu: Die Auffassung von BANDURA trifft wohl mehr auf Kinder im Vorschulalter zu. Jüngere Kinder, deren sprachliches Kodierungsvermögen (verbales Benennen) noch nicht so stark entwickelt ist, benötigen mehr erkennbare *Bilder*. Ältere Kinder imitieren mehr, sobald durch die Fernsehfiguren unbekannte Idealbilder zum Leben erweckt werden, die die Kinder dann für sich selbst in allerlei Variationen mit *Worten* umschreiben können. Sie bringen sic in Zusammenhang mit schon gesehenen und erlebten Dingen und können sie mit Hilfe der Sprache und des Vorstellungsvermögens weiter ausbauen. Hierbei geht es nicht darum, wie man ist, sondern wie man gerne sein möchte. Da Kinder am liebsten Programme für Erwachsene sehen, werden sie auch mit erwachsenen Idealbildern konfrontiert. Lernen durch Beobachtung ist *nicht* von den Folgen abhängig, die der Darsteller aufgrund seiner Handlungen tragen muß. Der Zuschauer registriert und behält lediglich: «Wenn X böse wird, dann kämpft er». Wenn dies zu einem Imitationsverhalten führen soll («Wenn ich böse werde, dann werde ich auch kämpfen»), dann muß X immer von seiner Aggressivität profitieren und ein leuchtendes Vorbild sein. Wird ein Kind durch sein Imitationsverhalten belohnt – beispielsweise durch den Respekt, den es bei seinen Klassenkameraden dafür genießt – ist zu erwarten, daß die Imitation ausgeweitet wird.

Zwischen Wissen und Verhalten muß jedoch ein Zwischenglied eingefügt werden. Bevor sich das Verhalten ändert, muß erst die Einstellung beeinflußt werden. Durch Programme wie *Dallas* und *Der Denver-Clan* kann ein Kind das *Wissen* erwerben, daß steinreiche amerikanische Familien sich dauernd mit List und Betrug bekämpfen. Läßt man einmal die persönlichen Charaktereigenschaften des Kindes und die familiären Umstände außer Acht, kann auf die Dauer bei diesem Kind der *Eindruck* entstehen, daß man mit Ehrlichkeit im Leben nicht weiterkommt. Erst dann ist es möglich, daß das Kind es mit der Wahrheit nicht mehr so genau nimmt. Die Beeinflussung des Verhaltens geschieht also durch die Beeinflussung der Einstellung. Es kann jedoch ein «Schlummereffekt» entstehen: Bietet sich eine geeignete Gelegenheit an, so liegt das Verhalten bereit, da die Einstellung schon vorhanden ist. Man könnte sagen, daß ein latentes Modell-Lernen stattgefunden hat, das zu einem günstigen Zeitpunkt zur Anwendung kommt. Dies wäre beispielsweise eine Erklärung für den zunehmenden Alkoholkonsum junger Menschen. Als Kind haben sie gesehen, daß reiche, erfolgreiche Menschen fortwährend ein Glas in der Hand halten. Daraufhin hat sich die Auffassung festgesetzt, daß Alkohol eben dazugehört und ein wertvolles Attribut darstellt. Sie haben zwar selbst noch nicht mit dem Trinken von Alkohol begonnen, aber wenn sich nach einigen Jahren die Gelegenheit ergibt, «erwacht» dieses Verhalten.

Im Zusammenhang mit einem solchen Schlummereffekt hinsichtlich der Aggression unterscheidet Bandura *zwischen der latent aufgenommenen Aggression und der generalisierenden Aggression. Letztere tritt lediglich in einem «günstigen Moment» auf. Siehe hierzu Praktische Kinderpsychologie, Kapitel 11, Absatz «Imitation».*

Gewalt

Gewalt im Fernsehen tritt in *dreierlei* Form auf. Da ist erstens die Gewalt, die tatsächlich besteht. Eine zweite Form ist die fiktive Gewalt, die jedoch realistisch ins Bild gebracht wird. Drittens gibt es eine fiktive Gewalt in einer unwahrscheinlich phantastischen Form. Es bestehen keine Untersuchungen hinsichtlich der zuerst erwähnten Form der Gewalt. Die Darstellung der realen Gewalt wird manchmal mit dem Argument gerechtfertigt, daß Kinder ein realistisches Bild von der Wirklichkeit erhalten sollten. Die meisten Schulkinder werden bei der Darstellung von Gewalt gegen Menschen oder Tiere emotional berührt und lehnen sie ab.

Der Aggression im Allgemeinen ist das Kapitel 11 in der Praktischen Kinderpsychologie gewidmet. Die Aggression kommt auch im Kapitel «Normen und Werte» zur Sprache.

Van der Voort geht davon aus, daß dies in minderem Maß auf die *gewöhnlichere* Gewalt beim Sport, bei Demonstrationen und beim Vandalismus zutrifft. Bei einigen Kindern führt diese zum Beobachtungslernen oder *observational learning*, wodurch erhöhte Gefahr auf spätere Imitation (*imitative behavior*) besteht. Fernsehen kann auf diese Weise die *kleine* Gewalt fördern, nicht jedoch kriminelle Gewalt. Über den Einfluß der fiktiven, körperlichen Gewalt in realisti-

Phantastische Dramatisierungen wie Zeichentrickfilme, in denen außergewöhnlich viel physische Gewalt zu sehen ist, wurden hinsichtlich ihres Einflußes auf jüngere Kinder untersucht. Es scheint, daß diese Filme im Schulalter nicht mehr ernst genug genommen werden, um noch Einfluß auf die Kinder zu haben. Dies ist aber bisher nicht untersucht worden.

schen Fernsehroduktionen weiß man mittlerweile sehr viel. Es gibt hunderte von Untersuchungen, die auf eine differenzierte Form der Beeinflussung hinweisen. Dabei muß man deutlich unterscheiden zwischen der Auswirkung *direkt nach dem Fernsehen* und den eventuellen Folgen *auf lange Sicht*. Der kurzfristige Effekt wird meistens in Laboruntersuchungen studiert. Man zeigt Kindern einen aggressiven Film und vergleicht ihr Verhalten danach mit dem Verhalten von Kindern, die einen gewaltlosen Film gesehen haben. Eine Kritik an dieser Art von Untersuchungen ist, daß die Situationen nicht realistisch sind und daß Kinder sich vielleicht nur deshalb aggressiv verhalten, weil sie glauben, daß dies in der für sie ungewöhnlichen Situation erforderlich ist. Aussagekräftiger sind darum auch die Untersuchungen, die das Verhalten von viel und wenig fernsehenden Kindern vergleichen.

Allgemein läßt sich sagen, daß derartige Programme eine momentane Steigerung des eigenen aggressiven Verhaltens zur Folge haben. Auch Untersuchungen von u. a. Aletha STEIN und Lynette FRIEDRICH weisen in diese Richtung. Die oben erwähnte lerntheoretische Erklärung von BANDURA kann hinsichtlich der Aggression durch die *Enthemmungs-* und die *Erregungserklärung* erweitert werden. Bei beiden Erklärungen geht man davon aus, daß Aggression in jedem Menschen vorhanden ist, aber daß man lernt, diese zu beherrschen. Durch die Darstellung der Aggression von anderen wird diese Beherrschung kurzfristig unterbrochen («so schlimm ist es ja anscheinend nicht»), oder man wird körperlich erregt, wodurch die immer anwesende Aggression *aufgehetzt* wird, wie VAN DER VOORT es treffend nennt.

Ein weiterer kurzfristiger Effekt der Gewalt im Fernsehen ist die Abnahme des braven Verhaltens (warten können, bis man an der Reihe ist). VAN DER VOORT zitiert eine Untersuchung, die ergab, daß Kinder nach der Vorführung eines aggressiven Films weniger Geld für ein Geschenk, das für eine bedürftige Mitschülerin bestimmt war, spendeten. Bei einer weiteren Untersuchung waren die Kinder, die (angeblich) mittels einer Videokamera auf kleinere Kinder aufpassen sollten, nach der Vorführung des aggressiven Films weniger geneigt, sich einzumischen, wenn zwischen ihren Schützlingen ein Handgemenge entstand.

Wenn aber schon das gelegentliche Sehen von Gewalt kurzfristige Wirkung hat, dann stellt sich die Frage, welchen Einfluß der ständige Konsum solcher Programme auf Kinder hat. Untersuchungen haben gezeigt, daß die sogenannte *Katharsishypothese* nicht stimmt. Sie besagt, daß das sich Hineinleben in die Gewalt im Fernsehen eine Art *Dampf ablassen* ist. Es handelt sich hier also nicht um eine unschuldige Art und Weise, die eigenen aggressiven Gefühle loszuwerden. Anderseits kann man auch nicht einfach von einer bleibenden Wirkung der Fernsehgewalt sprechen. Dies ist u. a. von anderen Faktoren abhängig. Die häufigste Argumentation besagt, daß fiktive, realistische Aggression im Fernsehen eine stimulierende Auswirkung auf andere aggressionsfördernde Elemente hat, die vielleicht schon in dem Leben des Kindes vorhanden sind. Hier spricht man von einer Kumulation, zu der das Fernsehen seinen Teil beiträgt. Oder wie VAN DER VOORT schreibt: «Die Fernsehgewalt hat keine Injektionsnadelwirkung. Es wird nicht einfach aggressionsteigender Stoff in ein Kind gespritzt».

Die meisten Untersuchungen hinsichtlich dieser Frage sind Korrelationsuntersuchungen, und wie in diesem Buch schon vorher erwähnt wurde, ist es hier schwierig, Ursache und Wirkung zu bestimmen. Beispielsweise sehen Kinder im Schulalter mehr Filme, in denen Gewalt vorkommt. Aber ist der Grund hierfür eine bestimmte Vorliebe für die Gewalt, oder ist es die unvermeidliche Folge der Tatsache, daß sie häufiger fernsehen und daher auch mehr mit Gewalt konfrontiert werden? Nach VAN DER VOORT läßt sich auf jeden Fall sagen, daß Kinder, je häufiger sie fernsehen, desto stärker für Gewalt desensibilisiert werden. Dadurch beeindruckt sie die Gewalt auch weniger. Hierbei muß man berücksichtigen, daß es sich um größere Unempfindlichkeit gegenüber *fiktiver* Gewalt im Fernsehen handelt. Es wurde jedoch weder herausgefunden noch untersucht, ob diese Unempfindlichkeit auch bei Gewalt im wirklichen Leben vorhanden ist. Personen, die dauernd vor dem Fernseher sitzen, bemerken weniger Gewalt in einem Film. Sie finden es oft übertrieben, eine bestimmte Szene als aggressiv anzusehen. Da diese Zuschauer oft einem niedrigeren sozialen Milieu angehören, könnte der Eindruck entstehen, daß das Milieu die Ursache für diese Unempfindlichkeit ist («Sie kennen es ja von zu Hause nicht anders»). Es ist jedoch wahrscheinlicher, daß dies durch das viele Fernsehen bedingt ist. Wie wir schon vorher in diesem Kapitel gesehen haben, glauben Kinder aus einem niedrigeren Milieu eher an den Wirklichkeitsgehalt der Programme. Dies könnte eine Neigung zur Nachahmung verstärken. Das liegt nicht daran, daß das Milieu aggressiver ist, sondern daß man die bewußte Stelle in dem Film als glaubwürdiger erfährt. In beiden Fällen ist das Milieu eine zugrundeliegende Variable, aber nicht die Ursache. So kann das Milieu, in dem ein Kind aufwächst, andererseits für genügend Nüchternheit sorgen, wodurch auch der Drang zur Nachahmung abnimmt. In diesem Zusammenhang wäre auch ein mißbilligender Kommentar der zuschauenden Eltern zu dem Film wichtig, ebenso wie das Vorbild, daß sie selber den Kindern «vorleben».

(Systematische) Desensibilisierung könnte man mit Gefühlsgewöhnung umschreiben. Siehe hierzu Praktische Kinderpsychologie, Kapitel 2, Abschnitt «Stimulierendes Milieu».

Werden Kinder, die häufig aggressive Filme sehen, von ihren Klassenkameraden als aggressiv eingestuft, dann stellt sich die Frage, ob dies durch die Filme selbst verursacht wurde, oder aber, ob die Kinder aggressiv sind und sie darum gern solche Filme sehen. Die Ergebnisse einer internationalen Längsschnittuntersuchung unter der Leitung von ERON legen nahe, daß es sich hier nicht um eine Frage von *entweder-oder* handelt, sondern daß es um eine *Wechselbeziehung geht*, in der die Faktoren sich gegenseitig aufschaukeln. Hierbei kann eine anfängliche Bereitschaft zur Aggression der Anlaß gewesen sein, die durch die permanente Konfrontation mit Fernsehgewalt verstärkt wird und so zu einem eigenen aggressiven Verhalten führt. Die Bereitschaft wird also gesteigert, und es ist verlockend, aggressive Filme zu sehen. WIEGMAN weist jedoch auf den schwachen Punkt dieser Argumentation hin, nämlich daß nicht gezeigt werden kann, womit alles

Zum Zusammenhang zwischen kognitiver und moralischer Entwicklung siehe Kapitel «Normen und Werte».

beginnt. Dies läßt sich in einer Untersuchung wahrscheinlich nicht isolieren. Die Intelligenz könnte eine verbindende Rolle spielen, da Kinder, die die unwirklichen Aspekte der Gewalt in Filmen nicht so leicht durchschauen, leichter beeinflußt werden. Da auch die moralische Entwicklung teilweise mit der kognitiven Entwicklung zusammenhängt, könnte das intellektuelle Unvermögen bei einigen Kindern zu einer unscharfen Unterscheidung zwischen Gut und Böse führen.

Ein bestimmtes Verhalten wird nach BANDURA eher imitiert, wenn das Verhaltensmodell belohnt wird. Dies ist in vielen Filmen mit Gewalt der Fall. Es sind nämlich nicht nur die *Banditen*, die aggressiv sind und am Ende bestraft werden. Die *Guten* wenden auch Gewalt an, und sie werden dafür belohnt. Es sind die Helden, die gegen das Schlechte in der Welt kämpfen. Ihre Aggression wird als gerechtfertigt angesehen. Als eine weitere Erscheinung erwähnt VAN DER VOORT, daß die Folgen von Gewalt oft beschönigt werden. Auf diesen Aspekt richtet sich ein Unterrichtsprogramm von VOOIJS, das aus neun Lektionen von 45 Minuten besteht und für die drei höchsten Klassen der Grundschule bestimmt ist. Die Kinder lernen, Fiktion und Realität auseinander zu halten, indem man ihnen erklärt, wie derartige Situationen sich in der Wirklichkeit abspielen. Man verwendet Videobänder, auf denen sowohl Polizisten als auch Opfer von Gewalttaten über die Gewalt, so wie sie sich in der Wirklichkeit zuträgt, berichten. Da Kinder im Schulalter gerade diese Wirklichkeit kennen lernen wollen, scheint dieses Lernprogramm einen großen Einfluß auf Kinder auszuüben. Die Freude an einem Thriller muß dadurch nicht geringer werden, jedoch wird dessen Glaubwürdigkeit kritischer betrachtet. Dadurch verringert sich der Einfluß auf Einstellung und Verhalten.

Die Untersuchung von VAN DER VOORT ergab einige Unterschiede hinsichtlich des Geschlechts. Auffallend ist nicht die Menge an Gewalt, die Kindern in den Programmen auffiel, sondern daß die Jungen mehr Freude an der Gewalt und weniger moralische Einwände hatten. Die Mädchen fanden Filme, in denen Gewalt vorkam, weniger realistisch als die Jungen. Das bedeutet jedoch nicht, daß die Mädchen sich die Filme distanzierter ansahen. Im Gegenteil, sie hatten eher Angst als die Jungen. Im allgemeinen gilt nämlich, daß Mädchen stärker von den Programmen beeindruckt werden als Jungen.

Vergleiche hiermit die Theorie von Nancy CHODOROV über die vageren Egogrenzen bei Mädchen, die im Kapitel «Selbständig werden» besprochen werden.

Geschlechtsstereotypen

Das Fernsehen vermittelt ein stereotypes Bild der Wirklichkeit. Hinsichtlich der Geschlechtsunterschiede werden diese Stereotypen in großem Maße angewendet. Das führt manchmal selbst zu Verzerrungen der Wirklichkeit. LEVELT plädiert beispielsweise dafür, daß im Fernsehen ebenso viel Frauen wie Männer auftreten müßten, unabhängig von der Rolle, die sie spielen. Denn auch in der Wirklichkeit ist das Verhältnis «halb und halb». Im Fernsehen hingegen sind die Frauen in der Minderheit. Eine Blitzuntersuchung von LEVELT ergab ein Verhältnis von 3:1. Das bedeutet, daß das Fernsehen den Mädchen weniger Identifikationsmöglichkeiten bietet als den Jungen. Dies ist in gewisser Hinsicht ein «Glück im Unglück», da die – soweit vorhandenden – Vorbilder so stereotyp ausfallen. Dadurch bekommen die Mädchen nach LEVELT eine weniger sexistische *Fernsehdiät* als die Jungen: Mädchen sehen notgedrungen viel mehr männliche Rollen. Fragt man sie nach ihrer Lieblingsfigur im Fernsehen, entscheiden sie sich öfter für einen Mann als umgekehrt ein Junge für eine Frau. Es stellt sich nun die Frage, ob die Mädchen damit zufrieden sind. Die vorher erwähnte Untersuchung des *Children's Television Workshop* ergab hinsichtlich des Inhalts der Programme – wenn diese selbst ausgesucht werden konnten – einen deutlichen Unterschied zwischen den Geschlechtern. Mädchen bevorzugten eine Familiensituation mit einer weiblichen Hauptrolle, Jungen hingegen eine Aktion mit einer männlichen Hauptrolle.

Zu den Geschlechtsunterschieden siehe Kapitel «Zuhause».

Das Fernsehen vermittelt den Kindern die traditionellen Geschlechterrollen. Das kann für Mädchen günstig sein, die Jungen jedoch werden in ihrer Klischeevorstellung bestärkt, was sich dann doch wieder auf die Mädchen auswirkt. Dies geht beispielsweise aus den im allgemeinen negativen Reaktionen der Jungen auf Programme hervor, die bewußt versuchen, die starre Rollenverteilung zu durchbrechen. Bei Jungen entsteht sogar eine gewisse Art von Bumerang-Effekt: Hat man eine feste Ansicht, die durch ein Fernsehprogramm untergraben wird, reagiert man mit einer Verstärkung der eigenen Ansicht, statt sie zu überdenken. Dies konnte im Zusammenhang mit Vorurteilen schon öfter nachgewiesen werden und zeigte sich auch bei einem englischen Programm, in dem versucht wurde, die traditionellen Geschlechterrollen in der Reklame zu durchbrechen: Bei dreizehnjährigen Jungen wurden die traditionellen Auffassungen nur noch verstärkt.

Im Schulalter neigen Kinder im allgemeinen zu einer ziemlich absoluten Art des Denkens. Dies ist wahrscheinlich die einzige Möglichkeit, um die komplizierte Wirklichkeit in den Griff zu bekommen. Nuancierungen und Relativierungen sind in dieser Entwicklungsphase verwirrend. Klischees passen zu dieser Art des Schwarz-Weiß-Denkens. Des öfteren haben Untersuchungen ergeben, daß Kinder in diesem Alter überzeugt waren, eine stereotype Rollenverteilung in einem Fernsehprogramm gesehen zu haben, obwohl dieses absichtlich aus klischeedurchbrechenden Szenen bestanden hatte.

Programme, die in diesem Zusammenhang genannt werden sollten, sind das englische *Rainbow*- und das amerikanische *Freestyle*-Programm. Letzteres ist eine dreizehnteilige Serie, die versucht, die Geschlechtsstereotypien bei Kindern zwischen neun und zwölf Jahren zu durchbrechen: Ein Mädchen führt Reparaturen aus und treibt außerdem Kraftsport. Ein Junge paßt auf ein Baby auf und organisiert Aktivitäten für Senioren im Altersheim. Der Vater versorgt den Haushalt, die Mutter wird inmitten ihres Berufs gezeigt usw. Die bei 7000 Kindern gemessenen Wirkungen waren äußerst dürftig. Allerdings zeigte sich, daß bei den Jungen die Ergebnisse bedeutend besser waren, wenn das Programm *in der Klasse* gezeigt und diskutiert wurde, während bei den Mädchen *das Sehen alleine* schon einen

Einfluß ausübte. Hier muß man jedoch zwischen dem Einfluß auf das Wissen, die Einstellung und das Verhalten unterscheiden. Ein weiterer Faktor tritt hinzu: Mehr wissen zu wollen, bevor man sich anders verhält. Im günstigsten Fall hatte das Programm vielleicht Einfluß auf das Wissen und die Einstellung, jedoch wurde das Verhalten kaum verändert. Die Mädchen vertieften sich nicht intensiver in technische Probleme, die Jungen nicht mehr in Fürsorgeaktivitäten.

In der *Sesamstraße* werden ebenfalls Rollen gespielt, die die Geschlechtstereotypen durchbrechen. Was für die Darstellung bzw. Nicht-Darstellung von Geschlechtsstereotypen gilt, kann auch von Programmen gesagt werden, die ein stereotypes Bild von Menschen aus Minderheitsgruppierungen vermitteln. In der Sesamstraße werden beispielsweise Personen aus verschiedenen ethnischen Gruppen auf eine ganz natürliche Art und Weise vorgestellt.

Als Fazit ergibt sich wahrscheinlich aber doch, daß Fernsehprogramme ihr Ziel nicht erreichen, wenn die direkte Umwelt der Kinder dies nicht unterstützt. Was bei Filmen mit Gewalt als ein positives Element gesehen werden kann (solange das Milieu genug Widerstand bietet, können sie nicht viel Schaden anrichten) wirkt sich bei emanzipatorischen Programmen nachteilig aus (die traditionelle und stereotype Rollenverteilung im täglichen Leben ist stärker als das Beispiel, das im Fernsehen präsentiert wird).

Zum Einfluß des Zuhauses siehe auch Kapitel «Zuhause».

Pro-soziale Programme

«Pro-sozial» ist zwar kein schönes Wort, aber man nennt jene Programme so, in denen man ein Gegengewicht zu den aggressiven Programmen zu bilden sucht. In diesen Programmen werden Zusammenarbeit und gegenseitige Hilfe positiv präsentiert. Wenn sie amüsant sind und genügend Spannung bieten, ist auch hier ein kurzfristiger Effekt zu verzeichnen. Die Kinder werden braver. LEVELT führt das auf die *gute Stimmung* der Kinder nach dem Programm zurück. Es sind jedoch hinsichtlich des langfristigen Einflusses der pro-sozialen Programme noch nicht so viele Untersuchungen durchgeführt worden. Aufgrund der vorhandenen Daten läßt sich vermuten, daß hier dieselben Prozesse des Modell-Lernens ablaufen wie beispielsweise bei Filmen mit Gewalt. Jedoch muß hier wieder zwischen Beobachtungs-Lernen und Nachahmung unterschieden werden.

FRIEDRICH und STEIN führten bei Kindern im Kindergartenalter eine vergleichende Untersuchung durch. Hierbei wurde der Unterschied hinsichtlich des Programmeinflusses zwischen Kindern untersucht, die vier Wochen lang nur aggressive Filme, bzw. nur prosoziale Serien oder nur neutrale Filme zu sehen bekommen hatten. Die Kinder wurden in der Klasse und auf dem Spielplatz beobachtet. Kinder, die die aggressiven Filme präsentiert bekommen hatten, beherrschten sich im Gegensatz zu früher schlechter und brachten weniger Geduld auf. Außerdem gehorchten sie auch schlechter. Aggressiver wurden aber nur die Kinder, die schon vorher aggressiv waren.

Die Kinder, die die pro-sozialen Filme gesehen hatten, gehorchten im Vergleich zu früher besser, waren weniger ungeduldig und konnten beim Spielen besser warten, bis sie an der Reihe waren. Interessant war der Unterschied hinsichtlich der sozialen Klassen. Bei Kindern aus einem sozial niedrigeren Milieu war der Einfluß in Richtung kooperativen Verhaltens stärker als bei Kindern aus der Mittelschicht. Das wurde folgendermaßen erklärt: Kinder aus der Mittelschicht hatten derartige Programme schon öfter gesehen, da ihre Eltern sie dazu ermutigt hatten, während diese Filme für Kinder aus einem niedrigeren sozialen Milieu neu waren. Ihre Eltern fanden die betreffende männliche Hauptrolle *zu weiblich*. Weiterhin ist zu bemerken, daß sowohl der negative Einfluß der aggressiven Filme wie auch der positive Einfluß der pro-sozialen Programme nach ungefähr zwei Wochen verschwunden war. Dies ist ein weiterer Beweis dafür, daß es beim Einfluß des Fernsehens nicht um einzelne Erfahrungen geht, sondern um längerdauernde Wirkungen, die sich sowohl aus den Eigenschaften des Kindes selbst als auch aus den Eigenschaften seiner Umwelt ergeben. Das Fernsehen kann zwar etwas in Gang setzen, aber wie es sich auswirkt, ist abhängig von den Verstärkungen im täglichen Leben.

7. Kapitel
Computerkinder

In diesem Buch geht es um den Lebensabschnitt, in dem Kinder beginnen, immer stärker Kultur und Gesellschaft selbst zu prägen. Dabei treten kulturelle Phänomene auf, denen Erwachsene noch mißtrauisch gegenüberstehen.

So ist beispielsweise der «Computer» für heute aufwachsende Kinder ein vertrauter Bestandteil ihrer Umwelt, selbst dann, wenn zu Hause noch kein eigener Computer steht. Genauso wie ein Computer sind auch die Kasse im Supermarkt, die Fernbedienung des Fernsehers und die automatische Waschmaschine elekronisch programmiert. Und wie oft hat ein Kind auf seine Fragen nicht zur Antwort bekommen: «Das macht der Computer», etwa wenn an einer Kreuzung das Umspringen der Ampel vom jeweiligen Verkehrsaufkommen abhängig ist.

Nach Colleen CORDES gibt es bisher kaum Untersuchungen über den Einfluß, den Computer auf die Entwicklung von Kindern haben. Es ist nämlich schwer, Kontrollgruppen von Kindern zu finden, die unter vergleichbaren Umständen ganz ohne Computer aufwachsen. Wie wir im Verlauf des Kapitels sehen werden, sind Untersuchungen über den Einfluß des Computers auf bestimmte Aspekte der Entwicklung von Kindern durchaus möglich. Aber auch hierbei treten Probleme auf. Alles ist noch so sehr in der Entwicklung, daß Kinder aus einer gegebenen Untersuchungsgruppe oft allerlei neue Computererfahrungen machen, die sich störend auf die Resultate der Untersuchung auswirken.

Unter den Experten herrscht auch keine Übereinstimmung darüber, wie tiefgreifend der Computer die Gesellschaft und damit die psychische Entwicklung von Kindern und Jugendlichen verändert. Ebenso gehen die Meinungen darüber auseinander, ob die Auswirkungen der Computertechnologie für die Menschheit ein Segen oder ein Fluch sind. Empirische Untersuchungen hierzu sind nicht möglich, da es sich um eine *Glaubensfrage* handelt. In der deutschen psychologischen Literatur gibt es viele pessimistische Stimmen, die vor einer unmenschlichen Technokratie warnen. In den USA dagegen ist man überwiegend optimistisch, vor allem hinsichtlich der neuen Unterrichtsformen, die durch die Computertechnologie ermöglicht werden. Computertraum versus Computeralptraum.

Patricia GREENFIELD, die eine Übersicht über die Erfahrungen von Kindern mit Computern erstellt hat, hält den Computer jedoch für neutral, da Menschen selbst bestimmen könnten, ob sie durch den Computer positiv oder negativ beeinflußt würden.

Video- und Computerspiele

Kinder kommen meistens durch Videospiele erstmals mit Computern in Berührung. Sie können mit diesen Spielen im allgemeinen geschickter umgehen als Erwachsene. Patricia GREENFIELD erklärt dies mit dem Hinweis darauf, daß die Kinder dieser Generation *von der Wiege an* mit dem Fernsehen vertraut sind. Dadurch sind sie auf den Umgang mit Computern schon vorbereitet. Durch das Fernsehen haben diese Kinder nämlich bestimmte Erwartungen über visuelle Erfahrungen aufgebaut und sind schnelle Bildfolgen gewöhnt. Ihr *Wahrnehmungsvermögen* und ihre *Informationsverarbeitung* haben sich auf die Welt des Bildschirms eingestellt. Der Bildschirm dient nicht nur zum Fernsehen, sondern man kann ihn auch für Videospiele verwenden.

MALONE untersuchte die Beliebtheit von Videospielen bei Kindern im Alter zwischen fünf und dreizehn Jahren. Wenn es zur Entscheidung kam, zogen die Kinder ein gutes Videospiel dem Fernsehen vor. Ihre Entscheidung begründeten die Kinder damit, daß sie beim Videospiel *selbst aktiv* sein könnten. Auch die Anziehungskraft bestimmter Videospiele hing größtenteils vom möglichen persönlichen Einsatz ab.

Genau wie beim Fernsehen geht es Kindern auch bei Videospielen im allgemeinen nicht um aggressives Verhalten. Wichtig ist die Dynamik des Verhaltens, die nicht zwangsläufig mit Gewalt gekoppelt ist. Als in der Untersuchung von MALONE eine aggressive und eine gewaltlose Version von *demselben* Videospiel angeboten wurde, kamen Geschlechtsunterschiede zum Vorschein. Die Jungen bevorzugten die aggressive Version, die Mädchen dagegen die gewaltlose Version. Wenn ein Kind sich allein mit einem aggressives Videospiel beschäftigt, steigt hinterher seine Aggressivität. Spielen aber zwei Kinder gegeneinander ein aggressives Videospiel, dann sinkt offenbar die Aggressivität der Kinder nach dem Spiel. Gewaltlose Videospiele können sehr beliebt sein, wenn in ihnen viel *Action* vorkommt.

Merkmale

Vergleicht man die Bedeutung von Video- und Computerspielen mit dem Lesen und Schreiben einerseits und dem Fernsehen andererseits, so kann man sagen, daß Kinder beim Lesen und Schreiben zwar aktiv sind, aber keine visuelle Dynamik gegeben ist. Beim Fernsehen ist es umgekehrt. Die visuelle Dynamik ist gegeben, aber das Kind bleibt passiv. Bei Video- und Computerspielen werden die beiden positiven Aspekte miteinander kombiniert: Einerseits passiert visuell sehr schnell sehr viel, andererseits ist das Kind gleichzeitig auch selbst aktiv.

Heute wird ein Buch (vgl. Kapitel 6) oft erst bekannt, nachdem es verfilmt worden ist. Während des Lesens stellen sich dann die visuellen Eindrücke wieder ein.

Zur Steigerung der Beliebtheit von Videospielen können noch *vier weitere Komponenten* beitragen: (1) Man muß ein Ziel erreichen; (2) die erreichten Punkte werden automatisch gezählt (dadurch sieht ein Kind deutlich, wie gut oder wie schlecht seine Leistung ist); (3) das Spiel kann in verschiedenen Schwierigkeitsgraden gespielt werden; (4) es gibt eine Geräuschkulisse.

Aus demselben Grund ziehen viele Kinder die Zeugnisnoten einer mündlichen Beurteilung vor.

Bei einer Untersuchungen von CREASY and MYERS mit einer Gruppe von Kindern im Alter von neun bis sechzehn Jahren stellte sich heraus, daß Kinder andere Freizeitbeschäftigungen aufgaben, sobald sie ihr erstes eigenes Videospiel im Hause hatten. Schule und Freundschaften litten jedoch nicht darunter. Nach etwa drei Monaten kehrten die meisten Kinder aber zu ihren früheren Freizeitbeschäftigungen zurück, und das Videospiel wurde ein ganz gewöhnlicher Bestandteil ihrer Spielaktivitäten. Nach Ansicht von CREASY und MYERS ist bei der Einführung des Fernsehens dieselbe Entwicklung beobachtet worden.

Das Fernsehen hat Kinder auf unterschiedliche Art und Weise auf Videospiele vorbereitet. Kinder, die viel fernsehen, erhalten dadurch viele Informationen über den visuellen Effekt der verschiedenen Handlungen und deren Auswirkungen. Beim Videospiel können die Kinder dann selbst handeln, und sie finden es selbstverständlich, daß die Effekte auf dem Bildschirm zu sehen sind.

Dank des Fernsehens nehmen Kinder schnell Veränderungen auf einem visuellen Bild wahr. Dies ist für die Spannung des Spiels sehr wichtig. Hinzu kommt, daß sich die Spielelemente sehr sprunghaft bewegen.

Ein weiterer wichtiger Aspekt des Fernsehens ist, daß sich oft verschiedene Dinge gleichzeitig an unterschiedlichen Punkten des Bildschirms abspielen. Auch Video- und Computerspiele erfordern die gleichzeitige Aufnahme verschiedener Informationen aus allerlei Richtungen. Man muß diese Informationen dann kombinieren, um die richtige Handlung ausführen zu können.

Patricia GREENFIELD ebenso wie Sherry TURKLE sind davon überzeugt, daß der anregende Einfluß, den Videospiele auf Kinder ausüben, unterschätzt wird. Sie treten der weitverbreiteten Ansicht entgegen, daß diese Spiele zur Verdummung beitragen. Dazu sind sie zu komplex. Außerdem fordern sie die Aktivität des Teilnehmers heraus.

Zur Entwicklung und Bedeutung der Augen-Hand-Koordination siehe Praktische Kinderpsychologie, Kapitel 2, Abschnitt «Stimulierende Umgebung» und Kapitel 14, Abschnitt «Bewegungsspiel».

Außer den drei eben genannten Eigenschaften, die auch für das Fernsehen gelten, haben Videospiele auch *spezifische* Eigenschaften. Sie erfordern eine enorme *Augen/Hand-Koordination* – nach PIAGET die Basis der kognitiven Entwicklung. Die *zeitliche Synchronisation* der Handlungen ist sehr wichtig und muß in Sekundenschnelle ablaufen. Dies ist beispielsweise bei einem Schachcomputer anders. Zwar müssen auch hier aufgrund unterschiedlicher Informationen (die Positionen der verschiedenen Figuren auf dem Schachbrett) Handlungen durchgeführt werden, aber das kann u.U. erst nach reiflichem Überlegen erfolgen. Wenn man jedoch im (Bildschirm-)Labyrinth von Monstern verfolgt wird, gibt es keine Zeit zum Nachdenken. Kinder scheinen sich viel besser als Erwachsene auf die schnellen Positionsveränderungen der hie und da auftauchenden Monster einzustellen.

Spielregeln werden nicht im voraus gegeben, sondern sie müssen im Spiel entdeckt werden. Selbst ein so einfach anmutendes Spiel wie beispielsweise ein Auto auf einer kurvenreichen Straße zum Anhalten zu bringen, wird zu einer kniffligen Angelegenheit, wenn z. B. Kühe die Straße überqueren und das Auto ihnen ausweichen muß. In einem solchen Spiel kann beispielsweise die Regel entdeckt werden, daß der Kurvenradius auf der Straße von der Geschwindigkeit abhängt, mit der man sich den Kurven nähert.

Die Kombination, die der Spieler aus den erhaltenen Informationen bilden muß, ist keine Frage des Zusammenzählens, sondern der *Integration*: Treten zwei Ereignisse auf dem Bildschirm gleichzeitig auf, beeinflussen sie einander so, daß sie sich verändern. Will man ein Raumschiff sicher landen lassen, muß man die Höhe, die vertikale wie auch die horizontale Geschwindigkeit, die Richtung, die Menge des Treibstoffs und die Beschaffenheit der Landefläche berücksichtigen. Diese sechs Aspekte beeinflussen einander fortwährend. Eine höhere Geschwindigkeit bedeutet einen höheren Treibstoffverbrauch. Es ist also nicht möglich, sich nur auf eine der Variablen zu konzentrieren oder eine nach der anderen zu berücksichtigen.

Vergleiche hiermit Kapitel «Argumentation und Rechnen» über die Anzahl Eigenschaften, die ein Kind bei Invarianz gleichzeitig berücksichtigen kann.

Schließlich wird auch oft das *räumliche Vorstellungsvermögen* gefordert. Die Information auf der platten Fläche des Bildschirms betrifft Ereignisse in einem dreidimensionalen Raum. Die Handlungen spielen sich beispielsweise in zwei Etagen eines Hauses ab, die im Grundriß auf dem Schirm nebeneinander liegen. Der Spieler muß sich also den räumlichen Zusammenhang vorstellen. Neueste Entwicklungen vermitteln das Gefühl, als befände und bewege man sich auf dem Bildschirm, wobei man fortwährend Dinge so wahrnimmt, als wären sie echt. Der Spieler bewegt sich mit Hilfe eines Steuerknüppels und die sinnliche Wahrnehmung wird durch Elektroden ermöglicht, die an verschiedenen Stellen des Körpers angebracht werden. Wer in der Zukunft mit den Möglichkeiten einer derartigen Phantasiewelt aufwächst, entwickelt eine andere räumliche Wahrnehmung und Fertigkeit im Umgang mit Elektronik.

Die genannten Eigenschaften gelten sowohl für Computerspiele, die in großen Spielhallen gespielt werden, als auch für viele Spiele, die zu Hause gespielt werden. All diese Spiele sind vorprogrammierte Spiele, da jede Aktion, die ein Spieler ausführen kann, vorausbedacht ist und eine bestimmte Reaktion auf eine Aktion erfolgt. Das Programm kann sehr komplex sein, so daß der Spieler die Regeln nur mit Mühe entdecken kann. Trotzdem gibt es immer ein zugrundeliegendes Schema. Eine richtige Handlung hat immer einen günstigen Effekt auf den Spielverlauf, ein Fehler dagegen nie. Es hängt vom Kind selbst ab, ob es diese *Voraussagbarkeit* auf die Dauer als etwas Positives erfährt. Wenn die Wirklichkeit zu verwirrend ist, kann das eine Kind beispielsweise eine übersichtliche Computerwelt als Erleichterung erfahren, während ein anderes Kind dadurch gerade entmutigt wird, da die tägliche Wirklichkeit sich so kraß davon unterscheidet.

Vergleiche hiermit PIAGETS Drei-Berge-Experiment in Praktische Kinderpsychologie, Kapitel 17, Abschnitt «Kleinkind- und Vorschulalter nach Piaget».

Neben den total vorprogrammierten Videospielen bestehen auch noch sogenannte Phantasiespiele, die nur ein kleines Programmierungsvolumen haben. Es sind nur wenige Gesetzmäßigkeiten vorhanden, so daß ein Kind freier experimentieren kann. Kinder haben hierbei auch mehr Spielfiguren zur Verfügung, denen sie selbst Eigenschaften aus einem bestimmten Sortiment zuordnen können. Diese Spiele stellen gewissermaßen eine elektronische Variation des Puppentheaters oder von anderem Minaturspielzeug dar, durch das die Kinder ihre Phantasie ausleben können. Es bestehen jedoch zwei wichtige Unterschiede, die auf den ersten Blick gegensätzlich zu sein scheinen. Erstens ist auf dem Bildschirm viel mehr und viel mehr gleichzeitig möglich als bei konventionellem Spielzeug. Andererseits ist auf dem Bildschirm auch nicht alles möglich. Das zugrundeliegende Programm verlangt, daß das Kind sich an bestimmte Regeln hält. Wenn ein Kind zwei Elementen die Rolle der guten bzw. der bösen Fee zuordnet, verhalten diese sich charakterkonform. Ein Kind kann die *gute* Fee nicht auf einmal *böse* Handlungen ausführen lassen. Beim freien Phantasiespiel mit Figuren kann dies natürlich ohne weiteres geschehen.

Dieselbe Bemerkung wird im Kapitel «Kinderbücher» über die Märchen gemacht. Ein gutes Märchen ist nicht einfach eine Zaubergeschichte, sondern es besitzt eine symbolische Logik.

Hierin sieht Sherry TURKLE eine einzigartige Kombination von Phantasie und Realität und zieht einen Vergleich mit *science fiction*-Geschichten. Wie phantastisch die Fakten auch sein mögen, sie müssen stimmen, sonst ist die Geschichte einfach schlecht. Auf dieselbe Art stellen Kinder Anforderungen an die Mikrowelt, die sie sich auf dem Bildschirm schaffen. Dies ist kein *wildes* Phantasieren. Wie wir später noch sehen werden, können Lehrer diese Spielform der gebundenen Phantasie in der Schule als *Simulationsspiel* verwenden, und auf diese Weise Einsicht in einen bestimmten Lehrstoff vermitteln.

Selbst Programmieren

Vorprogrammiert, halb-programmiert, nicht programmiert: Auch letzteres ist möglich. Hierbei muß ein Kind erst selbst ein Spielprogramm erstellen und in den Computer eingeben, bevor es damit spielen kann oder bevor der Computer eine Aufgabe lösen kann. Das bedeutet, daß das Kind in systematischer Reihenfolge die Denkschritte bedenken muß, die dafür erforderlich sind. Danach muß es diese Schritte für den Computer in eine Reihe von Aufträgen übersetzen, die dann zusammen das Programm formen. Sind Kinder hierzu in der Lage? Auf Grund der Theorie von PIAGET könnte man geneigt sein, dies zu verneinen. Programmieren erfordert schließlich immer ein bestimmtes Niveau an Abstraktion und die Fähigkeit, das eigene Denken reflektieren zu können, während Schulkinder sich noch in der Phase der konkreten Denkoperationen befinden.

Erstaunlicherweise ist es gerade ein Anhänger PIAGETS, der Amerikaner PAPERT, der als erster eine Theorie entwickelt hat, wonach das Programmieren zu den kindlichen Denkmöglichkeiten gehört. PAPERT weicht in diesem Punkt von PIAGET ab. Nach PIAGET benötigt ein Kind zwar eine Umwelt, die ihm Material liefert, über das es nachdenken kann, aber *wie* es darüber denkt, hängt von der gesetzmäßigen Reihenfolge seiner Denkentwicklung ab, und darauf hat die Umwelt keinen Einfluß. Die *Art* des Materials ist darum auch irrelevant, da ein Kind doch zu einer eigenen Interpretation auf der Basis seiner gegenwärtigen Denkschemata gelangt. Demgegenüber meint PAPERT, daß die Art des Materials die Art des Denkens beeinflussen und die

PAPERT findet auch, daß PIAGET das Affektive zu stark vernachlässigt. Vergleiche hierzu PAPERTS eigene Vorliebe für Zahnräder im Kapitel «Lernen lernen».

Denkentwicklung beschleunigen kann. Dies gilt aber nicht für zufällige, nebensächliche Erfahrungen (wie beispielsweise die eigenen Erfahrungen mit Zahnrädern), sondern nur dann, wenn das Material ein integraler Bestandteil der Kultur ist, in der das Kind lebt.

Eine Ursache für die späte Entwicklung der formalen Denkoperationen bei Kindern sieht PAPERT darin, daß unsere Kultur bis vor kurzem zu wenig Material bot, in dem das Formale und das Abstrakte sich in konkreten Operationen offenbaren konnte. Denn in diesem Punkt stimmt er mit PIAGET überein: Denken beginnt mit dem Handeln. Auch die Fähigkeit, symbolisch über fiktive Gegebenheiten nachdenken zu können, entsteht aus einer konkreten Handlung, die zu einer Denkoperation internalisiert wurde. Der folgende Schritt ist das formale Denken. Die Art des Materials, mit dem die Kinder bis zu diesem Zeitpunkt in Berührung kommen, ist der Grund dafür, daß diese letzte Phase nicht früher erreicht wird. Dies kann jedoch durch neues Material auf dem Bildschirm von Computern verändert werden. Dieser Fall tritt dann ein, wenn das Programmieren von Computern zu einem Bestandteil des täglichen kindlichen Lebens wird. Voraussetzung hierfür ist, daß Kinder ihren eigenen Denkprozeß reflektieren (Metakognitives Denken) und mit abstrakten Symbolen umgehen, denn dies ist die einzige Sprache, die der Computer versteht. Ein Kind kann dem Computer nicht eingeben: «Zeichne einen Kreis», sondern es muß diesen Auftrag in Symbole für *eine konstante Krümmung einer Linie* übersetzen.

Ebenso wie Zahnräder regt ein Roboter (konkret) zum Denken (abstrakt) an.

Für seine ersten Experimente verwendet PAPERT eine sogenannte *Turtle* (auf deutsch: Schildkröte), die gemäß den Befehlen der Kinder beliebige Bewegungen auf dem Bildschirm ausführt. Die Befehle werden auf der Tastatur des Computers eingegeben: Vorwärts, rückwärts, links, rechts, die Anzahl der Schritte und die Größe des Winkels bei Richtungsveränderungen. Begriffe wie beispielsweise *umdrehen*, die die Kinder schon kennen, lernen sie übersetzen in *rechts 180* oder *links 180*. So kommen sie dazu, durch Bewegungen (eine Schildkröte in einem Viereck laufen lassen), Formen und deren Veränderungen auszudrücken. All dies lernen Kinder in einem Alter, in dem sie die Schule noch nicht besuchen.

Vor den Versuchen am Computer führen die Kinder die Bewegungen («vorwärts, recht um. . .») selber aus. Darum spricht PAPERT auch von *Körpergeometrie*. Die sensomotorische Bewegungserfahrung wird sodann sprachlich formuliert und in einem weiteren Schritt in die *Schildkrötensprache* übersetzt, so daß «turtle» sie auf dem Bildschirm ausführen kann. Die Symbole dieser mathematischen Sprache werden von den Kindern daher als sinnvoll erlebt. Sie entwickeln bei diesen Versuchen ein intuitives Gefühl für Formen und Größen: Für ein größeres Viereck muß *turtle* mehr Schritte verwenden, und dies drückt sich in einer größeren Zahl aus; zweimal so groß, dreimal. . .usw., aber auch «halb so groß». So schafft PAPERT die Basis für abstrakte mathematische Beziehungen durch die konkreteste aller Erfahrungen: Konkrete, selbst erzeugte Bewegungen.

Einflüsse auf die Denkentwicklung

Aus «turtle» wird schließlich ein *cursor* auf dem Bildschirm, eine verfeinerte Form der Schildkröte. Die *turtle*-Mathematik kann nun erweitert werden. Alle nur denkbaren geometrischen Figuren können auf dem Bildschirm gezeichnet werden, da die «Schildkröte» bei ihren Bewegungen eine leuchtende Spur hinterläßt. Die Kommandos für die verschiedenen Bewegungen tippt ein Kind, wie gesagt, auf einer Tastatur ein. Dies geschieht mittels einer durch PAPERT entwickelten Computersprache – LOGO –, mit der alle Grundbegriffe aus der Mathematik und alle ganzen Zahlen an den Computer weitergegeben werden können.

Hierbei darf man nicht vergessen, daß die Kinder gar keinen Unterricht erhalten. PAPERT glaubt an die Kraft des *selbstentdeckenden Lernens*. Auch hierin stimmt er also mit PIAGET überein. Die kognitive Entwicklung erfordert, daß Kinder ihren eigenen Weg gehen. Lernen ist keine Wissensvermittlung, sondern Wissensgenese. Während des Handelns entsteht aus schon bestehendem Wissen neues Wissen. Mit Hilfe von LOGO manipulieren Kinder, was auf den Bildschirm kommt. Da sie stets den Zusammenhang wahrnehmen zwischen ihren eigenen Kommandos und dem, was auf dem Bildschirm geschieht, entwickeln sie ihre eigenen mentalen Schemata über die *mathematischen Aspekte des erzeugten Geschehens*.

Wenn ein Kind ein Haus auf dem Bildschirm zeichnen will, das aus einem Viereck und darüber einem Dreieck besteht, muß es im voraus bedenken, welche Bewegungsschritte hierfür erforderlich sind. Danach übersetzt es diese Schritte in eine Serie schrittweiser Aufträge (ein Programm), die in Länge, Richtungen und Winkeln ausgedrückt werden. Für ein Quadrat könnten die Kommandos beispielsweise so aussehen: «vorwärts 20, recht 90; vorwärts 20; rechts 90; vorwärts 20; rechts 90; vorwärts 20». Am Anfang weiß ein Kind aber noch nicht, daß bei einem Quadrat alle Seiten gleich lang und alle Winkel gleich groß sein müssen. Zwar weiß das Kind, wie ein Quadrat aussieht, es kennt aber nicht die dazugehörigen Zahlenverhältnisse. Es sieht, daß kein Quadrat entsteht, wenn die Kommandos «vorwärts 20; rechts 90; vorwärts 30; rechts 90» usw. gegeben werden. Ein Kind muß darum die Ursache hierfür suchen und experimentierend finden. Dasselbe gilt, wenn sich das Dreieck *neben* dem Quadrat befindet. Was ist hier schiefgegangen? Durch Fehler wird darum auch das meiste gelernt. Sie gehören beim Programmieren dazu, denn nur selten gelingt ein Programm schon beim ersten Mal. Dies gilt übrigens auch für erwachsene Programmierer. Wenn auf dem Schirm nicht das erscheint, was man sich vorgestellt hat, muß man untersuchen, bei welchem Befehl, welchem Programmteil etwas schief gegangen ist. Diesen Prozeß nennt man *debugging*. Da jeder Bestandteil des Auftrages einen Denkschritt, den das Kind gemacht hat, widerspiegelt, erfordert *debugging*, über den eigenen Denkprozeß nachzudenken. Dadurch wird nach PAPERT die Metakognition viel früher als das in vorangegangenen Generationen der Fall war und

Vergleiche die Bedeutung des debugging mit dem fehleranalysierenden Lernstil PIJNINGS im Kapitel «Lernen lernen».

auf eine selbstverständliche Art und Weise zu einem Bestandteil des kindlichen Denkens.

Die Verwendung von Symbolen ist ein weiterer durch den Umgang mit dem Computer ausgelöster Schritt auf dem Wege zum formalen Denken. Die Befehle sind in einer Symbolsprache formuliert. Es kommt aber noch ein anderer Aspekt hinzu. Irgendwann entdeckt das Kind, daß es eine feststehende Reihe von Befehlen nicht immer Schritt für Schritt eintippen muß, sondern daß es sie durch einen Gesamtbefehl ersetzen kann: «Zeichne Quadrat 20». Dies geschieht mit Symbolen, die als Abkürzungen für eine bestimmte Abfolge von Einzelhandlungen gelten.

PAPERT leugnet also keinesfalls die Bedeutung der konkreten Operationen, sondern hält an PIAGETS Prinzip fest. Programmieren für und durch Kinder macht das Abstrakte erst konkret. Danach kehrt man zu dem abstrakten Niveau zurück, auf welchem man generalisieren kann. Er argumentiert, daß die Kultur den Kindern bis heute keinerlei konkretes Material angeboten habe, um abstrakte Prinzipien zu entdecken, und daß sich dadurch das formale Denken erst so spät entwickle. Dieses formale Denken ist außerdem oft noch sehr unvollständig, da das Schulfach Mathematik so künstlich gelehrt wird, nämlich in einer Form, die weit von dem sensomotorischen Erleben der Kinder entfernt ist. Darum bezweifelt PAPERT auch, daß es Kinder ohne Befähigung zur Mathematik gibt. Bis heute war mathematisches Denken – im Gegensatz zur Muttersprache – keine Kulturerscheinung, mit der das Kind von Beginn an leben konnte. Durch das programmierende Spielen (wie beispielsweise mit LOGO) soll das nun anders werden. Dann sollte sich erstens zeigen, daß das Potential des durchschnittlichen Kindes für das mathematisches Denken viel größer ist und zweitens, daß Kinder im allgemeinen dank dieser dauernden Erfahrung mit Computern logischer und klarer denken lernen.

Das selbstentdeckende Lernen – wie PIAGET und PAPERT es sich vorstellen – bedeutet, daß in der Schule nicht nach einem Lehrplan mit vorgegebenen Richtlinien gearbeitet werden muß. Es handelt sich hier vielmehr um eine *heuristische* Methode: Die Erfahrung bestimmt, was und wie gelernt wird. Da PAPERT dem Anteil des Lehrmaterials jedoch eine andere Bedeutung beimißt als PIAGET, ist auch seine Betrachtungsweise des heuristischen Prozesses eine andere. Seine Auffassung ist vor allem durch die Denkprozesse beeinflußt, die zum Programmieren nötig sind. Nach PIAGET ist das Entstehen eines neuen Denkschemas – durch die Akkommodation einer Reihe schon bestehender Denkschemata – ein geordneter Prozeß: Zu einem bestimmten Zeitpunkt ist ein Kind in der Lage, eine logische Regel zu begreifen, und diese einmal entstandene Einsicht geht auch nicht mehr verloren. Da die innere Entwicklung den Fortschritt bestimmt, ist die Erfahrung eines Kindes bestimmten Gesetzmäßigkeiten unterworfen. Das Selberfinden verläuft dagegen nach einem (verborgenen) Plan.

In dem Begriff «Heuristik» erkennt man «heureka»: «Ich habe (es) gefunden!».

PAPERT sieht das begreiflicherweise anders: Sobald man den Einfluß des Lehrmaterials berücksichtigt, kann man nicht mehr gut von einem natürlichen Entwicklungsplan reden. Zum Programmieren gehört zwar, daß ein Kind ein Problem systematisch in kleinere Denkschritte unterteilt, aber wenn es sich um ein neues Problem handelt, sind ihm diese Schritte noch keineswegs deutlich. Darum muß herausgefunden werden, was und was nicht für das gestellte Problem von Bedeutung ist. Ist die erste Version des Programms erstellt, erfolgt unweigerlich das *debugging*. Beim Programmieren und dem *debugging* geht es nach PAPERT auch mehr um das suchende Ausprobieren als um das planmäßige Hinarbeiten auf ein bestimmtes Ziel. Ein Kind wird während des Programmierens erkennen, daß es zwei Denkweisen gibt, die man beide benötigt. Die eine folgt festen Regeln, die andere dagegen ist probierend, suchend und kreativ, denn es ist nicht immer von Anfang an deutlich, was man tun will.

Es ist gerade dieses tüftelnde Denken, das den Menschen von dem geradlinig denkenden Computer unterscheidet.

PAPERT ist ein «beflügelter» Mensch, ein «Seher», der sich ein kommendes Zeitalter ausmalt. Während viele PAPERT für ein Genie halten, sind auch kritsche Stimmen nicht ausgeblieben. Man bezweifelt beispielsweise, daß unsere Gesellschaft tatsächlich so *vercomputert* wird, daß Kinder neben einem natürlichen Sprachmilieu auch noch ein natürliches Computermilieu vorfinden.

Weiterhin wird der Nachdruck kritisiert, den PAPERT auf das selbstentdeckende Lernen legt. Die Gefahr ist nämlich groß, daß ein Kind eine ganze Menge Dinge *nicht* entdeckt. Neben dem Entdecken sind auch andere Unterrichtsformen erforderlich, die in einem Lehrplan festgelegt sind, z. B. Vorzeigen, Üben und Wiederholen. Außerdem stellt sich die Frage, inwieweit ein Kind die Entdeckungen, die es während des Programmierens macht, spontan auf andere Gebiete, wie z. B. auf andere Schulfächer oder auf seine eigene Erfahrungswelt überträgt. Wie die Theorie von PIAGET ist auch PAPERTS Theorie am besten auf die exakten Wissenschaften anwendbar.

Vergleiche hiermit Komponentenaspekt und Erfahrungsaspekt der Intelligenz nach STERNBERG im Kapitel «Lernen lernen».

Die genaue Untersuchung eines Einzelfalls

Nach PAPERT tritt das formale Denken erst deshalb so spät ein, weil die dafür erforderlichen täglichen Handlungserfahrungen vor dem Computerzeitalter noch nicht vorhanden gewesen sind. LAWLER – ebenfalls ein Schüler PIAGETS – ist einer der ersten gewesen, der Untersuchungen zu diesen Problemen durchgeführt hat. Tatsächlich fand er Hinweise dafür, daß der Zugang zum formalen Denken beschleunigt werden kann. Untersuchungen auf diesem Gebiet erwiesen sich jedoch als schwierig, da man für die Experimente Kinder benötigt, die auf die von PAPERT beschriebene Art und Weise mit Computern aufwachsen. Darum wählte LAWLER eine andere Methode. Ein halbes Jahr lang beobachtete er sehr genau, wie seine eigene Tochter Miriam den Computer kennenlernte und wie sie sich danach mit ihm beschäftigte. Er nennt seine Untersuchung eine Intimstudie.

Verschiedene berühmte Psychologen – u. a. auch PIAGET – bauten ihre Theorien auf genauen und langwährenden Beobachtungen ihres eigenen Kindes auf.

Wie PAPERT unterscheidet auch LAWLER zwei Denkweisen, die zur Lösung eines Problems erforderlich sind. Allerdings betont PAPERT besonders stark das spielerische Ausprobieren (fiddling) im Vergleich zum zielgerichteten, systematischen Denken.

Der Wissensbestand der Menschen besteht aus *Mikrosichten* (microviews), die mit den *Denkschemata* PIAGETS zu vergleichen sind. Bei der Entstehung dieser Mikrosichten sind die zufälligen Erfahrungen ausschlaggebend, während Denkschemata durch interne Gesetzmäßigkeiten geformt werden. Mikrosichten sind Denkmodelle, die auf bestimmten Erfahrungsgebieten Anwendung finden. Bei neuen Aufgaben werden die bestehenden Mikrosichten mobilisiert. Erweisen sich diese als unzureichend, kommt eine typisch menschliche Einstellung zur Geltung, die LAWLER wie folgt umschreibt: «Tu etwas, egal was, solange es nur etwas anderes ist». Danach wird durch *fiddling* mit den Kombinationen der Fragmente der Mikrosichten, die zur Verfügung stehen, die Lösung geformt. So entstehen immer mehr Gruppierungen (clusters), Überschneidungen und Abspaltungen der Mikrosichten. Das «Ganze» bleibt aber brüchig und die Kenntnis unvollkommen. Daher auch das *micro* in dem Wort: Es sind immer nur Fragmente der Wirklichkeit, die durchschaut werden. Dadurch stellt sich ein Mensch auch immer wieder vor neue Aufgaben. Der menschliche Geist sucht aktiv nach neuen Denkproblemen, denn das Problem verliert seinen Reiz, sobald es als Mikrosicht gefaßt ist. Dies wird immer so bleiben, denn es besteht keine «Wirklichkeit», die ab einem bestimmten Zeitpunkt ganz und gar durchsichtig wird. Es handelt sich also um eine sich immer neu zusammensetzende Kombination von Mikrosichten.

Seine Theorie über das menschliche Denken und seine Entwicklung fand LAWLER auch bei seiner Tochter Miriam bestätigt, die er während ihres Umgangs mit dem Computer beobachtete. Er stellte fest, daß Miriams Mikrosichten formale Aspekte aufwiesen. Ohne ihre Erfahrungen mit dem Computer wäre dies nicht möglich gewesen.

Durch die konkreten Erfahrungen, die Kinder gewöhnlich besitzen, bleiben auch ihre Mikrosichten konkret. Kindliche Auffassungen sind voller zufälliger Merkmale, die sich als Gesetzmäßigkeiten im Denken der Kinder festsetzten. Wenn zu Hause das Licht im Badezimmer mit einem Zugschalter angemacht wird und sich auf der Toilette auch eine Zugleine befindet, steht für ein junges Kind fest, daß man zum Waschen und zum zur Toilette gehen immer eine Leine ziehen muß. Diese Zufälligkeit ist das *erste*, was der Computer durchbricht, denn alle Computerprozesse sind systematisch. Ein Kind kann zwar «zufällig» auf eine falsche Taste drücken. Der darauf eintretende Effekt ist aber keineswegs zufällig. Die Fehler bestehen aus systematisch auftretenden Effekten und können dadurch auch aufgespürt werden und zu neuen Entdeckungen – neues Wissen, neue Mikrosichten – führen. Das stärker systematisch ausgerichtete Denken ermöglicht die Generalisierung, die eine notwendige Voraussetzung für das formale Denken ist.

Zur Generalisierung und Loslösung von Zufälligkeiten siehe Kapitel «Lernen lernen».

Als *zweites* sammelte Miriam Erfahrungen in vorhin erwähntem Sinn, da sie beim ständigen *debugging* explizit nachdenken und über ihre Gedankengänge sprechen mußte. Dies ist eine fortlaufende Bewertung und Wiederbewertung der eigenen Mikrosichten.

Eine *dritte* Erfahrung, die Miriam machte, bezieht sich auf die *Variablen*, also auf Eigenschaften, die miteinander zusammenhängen und dadurch nicht konstant sein können, sondern hinsichtlich ihres Umfangs wechseln. Ein Winkel eines Dreiecks ist so groß, wie man ihn macht. Will man ihn jedoch erweitern, hat dies unwiderruflich Folgen für die verbleibenden Winkel. Dies kann man sehen. *Alle Maße sind variabel, aber ihr Zusammenhang ist gesetzmäßig.*

Dies ist vermutlich der Grund, warum PAPERT davon ausgeht, daß der Computer das Abstrakte und Formale für Kinder konkret macht. Die Fähigkeit zu abstrahieren bedeutet, sich durch die Loslösung vom Konkreten neu Zusammenhänge zu überlegen. In Gedanken muß man die Variablen nicht konkret, sondern symbolisch vorüberziehen lassen. Es ist nicht so, daß man diese Variablen Stück für Stück in der Wirklichkeit ausprobiert oder in Gedanken vor sich sieht, sondern man muß schlußfolgernd von der einen formalen Annahme zu anderen gelangen.

Dies ist für Kinder im Schulalter noch unmöglich. Sie benötigen die konkreten Erfahrungen als Anhaltspunkt, um denken zu können. Es ist unmöglich, Kindern systematisch und doch natürlich Erfahrungen – mit ihren unendlich vielen Variablen – zu vermitteln. Dazu ist nur ein Computer in der Lage. Jedesmal, wenn ein Kind den Winkel des Dreiecks um einen Grad verändert, verändert sich auch die Form des Dreiecks mit, wenn es sein muß, so lange, bis alle Kombinationen durchprobiert worden sind. Die Stärke des Computers ist es, daß er Veränderungen von Bedingungen deutlich machen kann. Dies ermöglicht wiederum, daß ein Kind darin die Gesetzmäßigkeiten entdeckt und Einsicht in die zugrundeliegenden Zusammenhänge erlangt. Die Figuren, die ein Kind zuvor nur mit einem *Spirographen* ausführen konnte (an sich nur ein Schablonentrick), können nun auch auf dem Bildschirm gezeichnet werden, und zwar so, daß die internen Zusammenhänge erkannt werden können. Die Grundlage für die Schildkröten-Mathematik waren auch bei Miriam die konkreten Operationen, aber da sie diese immer wieder explizit umsetzen mußte, entstand die Einsicht in formale Beziehungen. Dies war auch der Fall, wenn es lediglich darum ging, für größere Veränderungen des Abstands und der Richtung größere Zahlen zu verwenden. Die Veränderungen der geometrischen Figuren auf dem Bildschirm sind wiederum durch eigene körperliche Bewegungen des Kindes bedingt. Interessant war beispielsweise die folgende Beobachtung: Als Miriam sah, wie ihr achtjähriger Bruder dem Computer das Kommando «rechts 90» gab, machte sie während des Zählens selbst winzig kleine Drehungen nach rechts.

LAWLER erweist sich als echter Schüler PIAGETS, da auch er die *sensomotorische Erfahrung* als Basis allen Wissens betont. Da ein Mensch sich mit seinem Körper *in die Welt begibt*, entsteht Verständnis für die Teile der ihn umgebenden Wirklichkeit. Durch die Bewegung offenbart sich dem Menschen der mathematische Aspekt der Wirklichkeit. Dies beginnt schon im Babyalter, wenn ein Kind sich umdreht (Ecke), um etwas in die Fingerchen zu bekommen oder weiterkriecht (Linie) und damit eine Veränderung der Perspektive erfährt. Vom Verständnis dieser mathematischen Begriffe ist es noch weit entfernt. Sie werden aber *wortlos* erfahren. Die Möglichkeiten, die mathematische Wirklichkeit zu erfahren, nehmen mit der sensomotorischen Reifung des Körpers zu. Aber wie *piagetisch* dies auch klingen mag, LAWLER glaubt daran, daß das formale Denken beschleunigt und verfeinert werden kann. Die *turtle*-Mathematik von PAPERT ist seiner Ansicht nach hierfür besonders gut geeignet, da sie eine körpernahe Mathematik ist, die auf der kindlichen Motorik aufbaut. PIAGET konnte nicht voraussehen, daß der Computer diese Erfahrungswelt eröffnen würde. Nach einem halben Jahr *dämmerte* bei Miriam die formale Einsicht. Sie konnte zwar noch nicht spontan mit dieser Einsicht operieren, sie war jedoch schon in der Lage, mit ihrem Vater in Begriffen formaler Verfahren zu sprechen. Sie konnte auch über ihre vorangegangenen Denkschritte nach- und in Gedanken drei Schritte vorausdenken. Hinsichtlich dieser Dinge besaß sie eigentlich das Niveau einer Zwölfjährigen. Diese Untersuchung von LAWLER gibt PAPERT also Recht.

Der Einfluß auf die emotionale Entwicklung

Neben der Frage des Einflusses, den die Computer auf die *kognitive* Entwicklung ausüben, stellt sich auch die Frage, welchen Einfluß sie auf die *emotionale* Entwicklung der Kinder haben. In dieser Hinsicht sind vor allem die Arbeiten von Sherry TURKLE interessant, die nicht nur sechs Jahre lang Kinder aller Altersstufen bei ihrem Umgang mit Computern beobachtete, sondern auch intensive Gespräche mit den Kindern führte.

Im Mittelpunkt ihrer Untersuchungen stand folgende Frage: Wenn der Computer so viel (und stets mehr) Dinge kann als ein Mensch, worin besteht dann für Kinder der Unterschied zwischen Mensch und Maschine, oder allgemeiner ausgedrückt, der Unterschied zwischen lebender und toter Materie?

Noch ehe es Computer gab, hat PIAGET untersucht, was Kinder *lebendig* und *nichtlebendig* nennen. Die PIAGETsche Theorie legt nahe, daß Kinder vor allem auf das Vorhandensein von *Bewegung* achten. PIAGET stellte fest, daß Kinder etwa im Alter von sechs Jahren alles, was sich bewegt, als lebendig betrachten, im Alter von etwa acht Jahren alles, was sich von sich aus bewegt. Erst im Alter von etwa elf Jahren werden Wachstum, Atem und Stoffwechsel als Merkmale von *Leben* begriffen. Die Urteile der Kinder hinsichtlich «lebendig oder nicht» basierten also auf einer physischen Eigenschaft: Der Bewegung. Ungeachtet der Tatsache, daß sich auch ein Roboter oder ein *cursor* auf dem Bildschirm bewegen, stellte Sherry TURKLE fest, daß dies Kinder keinesfalls beeindruckt, sondern daß sie vielmehr der psychologische Aspekt des Computers fasziniert. Kinder unter sechs Jahren glauben noch, daß der Computer *Gefühl* besitzt, und darum glauben sie, daß er lebt. Gewinnt der Computer ein Spiel, dann gibt er *fröhliche Geräusche* von sich. Kinder werden böse auf den Computer, da er *falsch spielt*, denn anders würde er nicht immer gewinnen. Nach dem sechsten Lebensjahr wird vor allem der kognitive Aspekt des Computers bedeutend: Er weiß viel, kann Dinge behalten und kann nachdenken. Kurzum, er ist *schlau*, und daher ist er lebendig.

Je intensiver Kinder mit dem Computer umgehen, desto psychologischer reden sie über ihn. Erst geschieht dies mit emotionalen Ausdrücken, dann mit kognitiven Ausdrücken, und schließlich treten noch weitere Differenzierungen auf. Diese Differenzierungen führen dazu, daß Kinder die Frage, ob der Computer lebendig ist, nicht mehr so absolut mit «ja» beantworten, aber auch nicht direkt mit «nein». Anne (neun Jahre alt) traf den Kern der Sache, als sie sagte: «Er ist auf eine bestimmte Art und Weise lebendig». Nuancierungen, die Kinder verwenden, sind beispielsweise: «Er kann denken, aber nicht fühlen»; «er kann zwar lernen, aber nicht bestimmen, was er lernt»; «er kann zwar falsch spielen, aber da steckt keine Absicht dahinter». Jeder Erwachsene, der regelmäßig mit Computern arbeitet, weiß, daß dieser Zweifel nie ganz verschwindet. Der Computer hat etwas Lebendiges an sich.

Dies stimmt mit der Auffassung von NEISSER überein, daß der wesentliche Unterschied zwischen Mensch und Computer die Leidenschaften, Gefühle und Wünsche sind. (Siehe Praktische Kinderpsychologie, Kapitel 17, Abschnitt «Kleinkinder- und Vorschulalter aus der Sicht anderer Entwicklungspsychologen».

Sherry TURKLE vermutet, daß Kinder durch die psychologischen Nuancierungen, die sie auf den Computer beziehen, auch differenzierter über wesentliche Merkmale des Menschen nachdenken. Im Gegensatz zu der oft geäußerten Angst, Computerkinder würden über Menschen rein mechanisch und logisch nachdenken, behauptet Sherry TURKLE, daß das Menschenbild eher romantische Züge annehmen wird. Typisch menschlich ist nicht die Bewegung, nicht die Logik, – denn diese zwei Eigenschaften besitzt der Computer auch – sondern die *irrationale Gefühlswelt*, bloß kann diese nicht auf den Computer übertragen werden.

Sherry TURKLE zieht den Vergleich mit der Bedeutung der Anhänglichkeit als transitional objects in der Theorie von WINNICOTT, Praktische Kinderpsychologie, Kapitel 5.

Während ein Kind mit dem Computer arbeitet, können die Grenzen zwischen *ich* und *nicht ich* undeutlich werden. Beim Programmieren überträgt man Teile des eigenen Verstandes auf den Computer und sieht diese sich auf dem Bildschirm widerspiegeln. Dinge, die man bedacht hat, kann man auch aufschreiben, jedoch geschieht nichts weiter. Eigene Erfindungen, mit denen der Computer *gefüttert* wird, werden weiter verarbeitet und so können ganz unerwartete Dinge zum Vorschein kommen.

Zur Bedeutung von Phantasiegefährten siehe Praktische Kinderpsychologie, Kapitel 13.

Man könnte hier Parallelen zu einem *Phantasiegefährten* ziehen. Auch auf solche Wesen projizieren Kinder Teile von sich selbst. In diesem Fall dreht es sich meistens um Aspekte, vor denen Kinder ratlos sind. Wenn etwas außerhalb von einem selbst liegt, ist es meistens leichter zu handhaben. In phantasierten Gesprächen und Spielen mit einem solchen *Gefährten* können innerliche Gegensätze manchmal verarbeitet werden. Auf eben diese Weise kann auch die Phantasiewelt auf dem Bildschirm behilflich sein, so z. B. für unsichere Kinder, die ihr eigenes tägliches Leben überhaupt nicht in den Griff bekommen. Bei einem selbst erstellten Computerprogramm hat man Einfluß auf dessen Verlauf, vor allem, wenn es einfach beginnt. Dieser Einfluß bedeutet oft, «zu verändern, was einem nicht gefällt».

Für Kinder, die in der Wirklichkeit nicht erfahren, was es bedeutet, Verbesserungen zu erreichen, kann nach Sherry TURKLE das Programmieren manchmal eine emotionale Offenbarung sein. Als Beispiel nennt sie ein dreizehnjähriges Mädchen, eine todunglückliche, naschende und rauchende Einzelgängerin in der Klasse, die sagte: «Wenn man einen Computer programmiert, dann ist da ein Stück des eigenen Geistes, das auf einmal ein Stück des Computers ist. . .und nun kann man es sehen. Ich mein', der Computer kann genau so sein wie du selbst, wenn du ihn nur richtig programmierst. Deine Gedanken, deine Phantasien, deine Gefühle, deine Ideen. Nicht alles geht, aber sehr viel. Und auf einmal kann man die Dinge sehen, an die man die ganze Zeit denkt, und diese dann auf verschiedene Weise verändern».

Ein derartiger Umgang mit dem Computer kann nur dann heilsam sein, wenn es sich um eine zeitlich begrenzte Hilfe handelt und er nicht zu einer ständigen Flucht wird. Andernfalls wird der Computer nämlich ein Ersatz für menschliche Kontakte. Sherry TURKLE vermutet, daß vor allem die Kinder risikobelastet sind, die in frühesten Jahren das *Urvertrauen* entbehren mußten und die ihre Mitmenschen nicht als Wesen, die Gefühle und Geborgenheit hervorrufen, erlebt haben. Das unbefriedigte Verlangen nach warmer Intimität und die gleichzeitig vorhandene Angst vor dem Unbekannten machen den Umgang mit dem Computer verlockend. Mit ihm wird ein intensiver Kontakt ermöglicht, den man selbst in der Hand hat.

Zur Bedeutung dieses Urvertrauens siehe Praktische Kinderpsychologie, Kapitel 6, Abschnitt «Identität, Intimität, Produktivität».

Ein weiterer Aspekt des Computers, der die emotionale Entwicklung beeinflussen kann, besteht darin, daß die Computersprache eine Sprache werden kann, in der Kinder über sich selbst denken und sprechen. Die Bildsprache kann – was sehr oft der Fall ist – Kindern zu einer bestimmten Einsicht verhelfen. So kann die Erfahrung mit dem *debugging* Kindern begreiflich machen, daß ihre vereinzelten negativen Eigenschaften nicht bedeuten, daß sie als Kind überhaupt nichts wert sind. Ein Programm mit ein paar Fehlern kann ohne weiteres ein gutes Programm sein. Auf diese Weise lernen manche Kinder sich selbst positiver einzuschätzen.

Computer in der Schule

Im Unterricht können Computer für viele Zwecke angewendet werden. Das selbstentdeckende Lernen, wie es PIAGET und PAPERT vorschwebt, bedeutet, daß in der Schule nicht mehr nach einem Lehrplan mit im voraus bestimmten Richtlinien unterrichtet werden muß. PAPERT spekuliert, daß die Schule, so wie wir sie bis jetzt kennen, verschwinden wird. Der Unterricht in den meisten Fächern kann durch selbsterkennendes Lernen am Bildschirm ersetzt werden. Der Klassenunterricht war bis heute fast die einzig mögliche Unterrichtsform. Für das natürliche, während der Ausführung entdeckende Lernen der Schüler war wenig Raum. Diesen eröffnet jetzt der Computer.

Zwar erwähnt PAPERT den Montessoriunterricht, findet ihn jedoch zu wenig affektiv.

Die meisten Didaktiker sind jedoch vorsichtiger. Man sollte sich folgende Aussage von MCLUHAN in Erinnerung rufen: Man geht fälschlicherweise davon aus, daß Bildung nichts als rationales Denken ist und ganz vom gedruckten Wort abhängt. Es ist wahrscheinlicher, daß jedes Medium dem kindlichen Geist Nahrung auf seine Art liefert. Die Erfindung der Buchdruckkunst war keine Endstation. Der Computer bietet wieder neue Möglichkeiten an. Er ist auf jedenfall eine *Jahrhunderterfindung*. Die einschneidenden Auswirkungen auf Kultur und Gesellschaft sind schon jetzt bemerkbar und es ist so gut wie sicher, daß der Computer auch drastische Veränderungen im Bildungswesen zur Folge haben wird.

Das dies bis jetzt im Unterricht noch nicht zu sehen ist, ist LEPPER zufolge verständlich. Trotz verschiedener «technologischer» Erneuerungen hat sich an der Art des Unterrichts in den letzten Jahrhunderten grundlegend eigentlich nichts geändert. Die Erfindung der Buchdruckkunst hatte seinerzeit eine Umkehr zuwege gebracht und danach die Erfindung der Schultafel. Die ist auf den ersten Blick ein unbedeutendes Hilfsmittel, aber im Grunde genommen wurde durch sie erst der Klassenunterricht ermöglicht. Selbst das Schulfernsehen und Sprachpraktika haben danach laut LEPPER den Unterricht nicht wesentlich verändert. Sie sind lediglich in die bestehende Unterrichtsform integriert worden. Und diese Form scheint durch ihre Gleichbleibendheit für Menschen von heute eine allgemeine und andauernde Gültigkeit erlangt zu haben. Auch die Computer werden in der Schule bis jetzt nur in die gangbare Didaktik *eingeschoben* und einige Unterrichtstunden dafür reserviert.

Es ist zu erwarten, daß sich die Art des Unterrichts früher oder später vollständig verändern wird – es läßt sich nur noch nicht sagen, wann dies geschieht. Im Unterricht können einige Funktionen der Bücher in Zukunft besser durch Computer erfüllt werden. In vielen Fällen wird ein Zusammenwirken von Lehrkraft, Buch und Computer am fruchtbarsten sein.

Computergestützter Unterricht

Die Gesamtheit der Anwendungsmöglichkeiten von Computern im Unterricht wird auch mit CAL umschrieben, die Abkürzung für *Computer Assisted Learning*. Hierbei sind zwei Arten der Verwendung zu unterscheiden: CMI, *Computer Managed Instruction*, nämlich die Unterstützung der Lehrkräfte bei der Erstellung von Aufgaben, beim Korriegieren und bei der Analyse von Fehlern, dem Registrieren von Leistungsverbesserungen usw., – die sogenannten *interaktiven Tests* – und CAI, *Computer Assisted Instruction*, die für die Schüler entwikkelt wurde. Bei der folgenden Betrachtung beschränken wir uns auf CAI, den computerunterstützten Unterricht.

Es stehen *drei* Arten von Programmen zur Verfügung. An *erster* Stelle steht *drill and practice* (Übungsprogramme). Die Lehrkraft hat einen bestimmten Stoff behandelt und erklärt. Daraufhin muß der Schüler auf dem Computer Aufgaben lösen. So kann man einerseits kontrollieren, ob der Lehrstoff verstanden wurde und andererseits diesen Stoff durch wiederholte Anwendung *konsolidieren* bzw. automatisieren. Bei einem schlechten Programm ist der Bildschirm nicht mehr als ein elektronisches Aufgabenbuch. Man könnte dem Schüler die Aufgaben genauso gut gedruckt präsentieren. Bei einem guten Programm besteht jedoch die Möglichkeit, daß bei einer bestimmten Anzahl von Fehlern auf einfachere Aufgaben umgeschaltet wird, d. h. die Aufgaben entsprechen einem Niveau, dem der Schüler gewachsen ist. So entsteht ein Erfolgserlebnis, was vor allem für Kinder mit Versagensangst ermutigend sein kann. Andererseits wird für den Lehrer automatisch registriert, bei welchen Aufgaben die Schüler versagen. Ein weiterer Vorteil ist, daß ein gutes Übungsprogramm viel schöner, visueller und dadurch stimulierender sein kann als geschriebene Aufgaben in einem Buch. Im allgemeinen gilt jedoch: Je mehr Erfahrung eine Schule mit Computern hat, desto weniger Zeit wird auf Übungsprogramme verwendet. Stattdessen werden die beiden folgenden Programmtypen bevorzugt: *Instruktionsprogramme* und *Simulationsprogramme*.

Der *zweite* Typ – die *Instruktionsprogramme* – erklärt den neuen Lehrstoff und übernimmt damit die Rolle der Lehrkraft. Dies geschieht nach den Prinzipien der *programmierten Instruktion*. Diese Methode ist ein Produkt des Behaviorismus. Der Stoff wurde in sehr kleine Lernschritte unterteilt. Nach jeder Erklärung dieser kleinen Lernschritte folgte eine Aufgabe. Wurde diese Aufgabe zufriedenstellend gelöst, folgte der nächste Erklärungsschritt. War die Antwort jedoch falsch, wurde sie zurückgewiesen. Der Nachteil dieser Methode liegt auf der Hand: Da es viele verschiedene Arten von Noch nicht-Verstehen gibt, machen die Schüler Fehler, weil keine angemessenen Erklärungen vorhanden sind. Darum ist der Computer hier im Vorteil. Das Gedächtnisvolumen des Computers ist so groß, daß er verschiedene Erklärungsvarianten für verschiedene Fehler, bzw. für die ihnen entsprechenden Arten des Unverstandnisses, speichern kann. Natürlich muß ein solches Programm vom Menschen erstellt werden. Es hängt also davon ab, wieviele Fehler und Mißverständnisse der Programmierer voraussehen kann. Darum gibt es auch nur sehr wenig gute Programme. Da außerdem viele Programme einfach auf die erste Erklärung zurückschalten, ist der Vorteil gegenüber einem programmierten Schulbuch zweifelhaft. Als Vorteil der Instruktionsprogramme wird – vor allem von den Schüler selbst – genannt, daß der Computer ein Lehrmeister mit Engelsgeduld ist. Er ärgert sich nicht, wenn ein Schüler etwas nicht versteht. Es erscheinen auch immer aufmunternde Texte auf dem Bildschirm, wie beispielsweise: «Wir probieren es noch einmal, dann begreifst du es bestimmt sehr bald». Auch merken die Klassenkameraden nicht, wenn man mit einen Problem etwas stümperhaft umgeht. Dies gibt ein Gefühl der Sicherheit, wodurch sich vor allem Kinder mit Versagensangst mehr zutrauen.

Man muß jedoch vorsichtig sein, da sich nicht jeder Lehrstoff dafür eignet, in kleine Schritte unterteilt zu werden, ohne gleichzeitig sehr langweilig zu werden. Außerdem können auch nicht alle Lehrstoffe *algorithmisch* d. h. linear und logisch aufgebaut werden. Naturwissenschaftliche Fächer sind hierfür grundsätzlich geeignet, aber bei anderen Fächern ist der Zusammenhang zwischen den Fakten oft viel undeutlicher. Das Textverstehen läßt sich z. B. viel weniger gut in einem Instruktionsprogramm verarbeiten. Ein weiterer Nachteil, auf den nach dem niederländischen Forscher DIRKZWAGER geachtet werden muß, ist, daß weniger intelligente Kinder die Neigung haben, Erklärungen zu überfliegen, um schneller zu den darauffolgenden Aufgaben zu gelangen. *Simulationsprogramme* stellen den *dritten* Programmtyp dar. Es sind Rollenspiele, in denen die Zusammenhänge zwischen Ereignissen und Prozessen für Kinder deutlich gemacht werden. Ein Fragment der Wirklichkeit wird auf dem Bildschirm nachvollzogen, wie z. B. die ökologischen Zusammenhänge in der Natur oder der Prozeß der Getreidesaat bis hin zum Brotbacken. Vorzugsweise verwendet man Prozesse, die durch unerwartete Ereignisse bedingte Variationen ermöglichen: Eine Giftglocke hat sich gebildet; Hagel vernichtet die Ernte.

Ein Simulationsprogramm stellt eine Art Demonstration dar, durch die dem Schüler sehr bildhaft verdeutlicht werden soll, was alles auf einem bestimmten Gebiet geschehen kann. Das Programm kann aber auch auf *Entscheidungen* ausgerichtet sein. Dabei muß der Schüler selber Entscheidungen hinsichtlich des weiteren Verlaufs treffen, und er erfährt ihre Konsequenzen. Er spielt beispielsweise die Rolle eines Fabrikanten, der Fußbälle herstellt und der Entscheidungen über den Einkauf des Materials, die Produktionsmethoden und die Verkaufspreise treffen muß. Der Computer zeigt die jeweiligen Folgen der entsprechenden Maßnahme auf. So werden die Zusammenhänge zwischen Investition und Gewinn aufgezeigt, von Umsatz und Preisen, Automatisierung und Arbeitsmarktlage. Ein derartiges Programm setzt also einen heuristischen Lernprozeß in Gang. D. h.: Während der Ausführung werden Entdeckungen gemacht, ohne daß der Schüler vorab genügend Wissen besitzt, um planmäßig arbeiten zu können. Das Programm läßt den Schüler etwas ausprobieren, während eine theoretische Erklärung zu abstrakt bleiben würde. Durch die Ausführung entsteht Verständnis für abstrakte Begriffe wie z. B. «Gewinn».

Die meisten Schüler werden durch diese «Planspiele» sehr motiviert. Sie sind *wirklichkeitsnah*, da die Ereignisse aus dem wirklichen Leben gegriffen sind. Es ist unmöglich, Kinder in der Realität mit diesen überaus komplexen Gebieten vertraut zu machen. Außerdem besteht ein Vorteil des Programms darin, daß es sich auf die wesentlichen Faktoren beschränken kann, frei von den störenden Zufälligkeiten, die in der Wirklichkeit immer wieder die Sicht verstellen.

Computersprachen

Neben der Arbeit mit bestehenden Unterrichtsprogrammen können die Schüler aber auch lernen, selbst zu programmieren. Mit einem selbst entworfenen Programm können sie den Lehrstoff bearbeiten, und gleichzeitig kontrollieren, ob sie ihn auch begriffen haben. Es gibt

Kinder, die auf diese Art und Weise ihre Hausaufgaben machen. Doch diese Entwicklung steckt noch in den Kinderschuhen. Der wichtigste Aspekt ist das allgemeine Denktraining, das diese Methode mit sich bringt. Psychologen, die sich an PIAGET orientieren, werden argumentieren, daß eine selbstprogrammierte Handlung der Realität näher steht als eine gelesene oder gehörte Erklärung und daß sie daher besser behalten wird.

Um zu programmieren, muß man eine Sprache verwenden, die der Computer versteht. LOGO ist speziell für Kinder entwickelt worden. Es ist aber möglich, Kindern in den höheren Klassen der Grundschule auch die klassischen Computersprachen beizubringen. Die populärste dieser Sprachen ist BASIC (Beginners Allpurpose Symbolic Instruction Code). Es ist auch die älteste dieser Sprachen und leicht erlernbar, da sie nur wenig *Wörter* umfaßt. Ein Nachteil wird – vor allem durch PAPERT – darin gesehen, daß selbst einfache Aufträge mit unnötig vielen Kommandos gegeben werden müssen. Dies erschwert die Interaktion zwischen Mensch und Computer, die gerade im Unterricht so wichtig ist. Darum wurde speziell für den Unterricht PILOT (Programmed Inquiry Learning Or Teaching) entwickelt. PILOT verwendet eine Sprache, die ebenfalls leicht erlernbar ist, einen gesprächsähnlichen Aufbau hat und sich für pädagogische Kommunikationsformen verwenden läßt. Fünfjährige Montessori-Kinder waren schon in der Lage, diese Sprache zu erlernen.

Kinder, die früh mit LOGO beginnen, können relativ leicht auf LISP überwechseln. Dies ist eine Sprache, die Forscher auf dem Gebiet der künstlichen Intelligenz verwenden und von der LOGO abgeleitet ist. Oder sie wechseln zu PASCAL (benannt nach dem im 17. Jahrhundert lebenden Wissenschaftler Blaise PASCAL) über. Nach PINXTEREN, einem der Leiter des LOGO-Centrum Nederland, ist BASIC mehr für Anwendungen im Hobbybereich geeignet. Sehr gut geeignet für den mathematischen Unterricht ist FORTRAN (Formula Translator), eine Sprache, die ursprünglich für technische Fächer entwickelt wurde.

Die künstliche Intelligenz ist ein Forschungsgebiet der kognitiven Psychologie, das untersucht, inwieweit die menschliche Intelligenz durch Computer ersetzt werden kann. Auch hier wird nicht geleugnet, daß das tüftelnde Element des menschlichen Geistes nicht übertragbar ist. Einer der wichtigsten Forscher auf diesem Gebiet ist MINSKY, mit dem PAPERT zusammenarbeitet.

Erwartungen und praktische Erfahrungsberichte.

Was Optimisten auf jeden Fall vom Computer erwarten ist, daß er die *intrinsische Motivation* steigern kann, denn der Schüler ist schließlich selbst aktiv, er erhält sofort eine Reaktion (*Feedback*) und das Niveau ist auf seine Möglichkeiten zugeschnitten. Programme können anregender und lebendiger sein als Bücher und mehr die Neugier wecken.

Die intrinsische Motivation kommt ausführlich in Kapitel 4 «Lernen lernen» zur Sprache.

Praktische Erfahrungsberichte haben gezeigt, daß Kinder im allgemeinen mit Begeisterung bei der Sache sind. Selbst wenn die erste Neugier vorbei ist, gibt es immer wieder Streit darüber, wer den Computer nun benützen darf, wenn die Anzahl der verfügbaren Computer begrenzt ist. Ein wichtiger Punkt scheint hierbei zu sein, daß die Schüler glauben, den Verlauf der Ereignisse auf dem Bildschirm selbst in der Hand zu haben. In einem Alter, in dem die Erfahrung der eigenen *Kompetenz* immer wichtiger wird, liegt dieses Ergebnis auf der Hand.

Auch die Tatsache, daß der Computer unmittelbar auf Kommandos reagiert, beurteilen die Schüler als positiv. Dadurch wissen sie ständig, woran sie sind.

Man hofft auch, daß die *Zusammenarbeit* unter den Schülern verstärkt wird und daß sie Erfahrungen über den Lehrstoff austauschen. MOOSLEITNER hat den Eindruck, daß Schüler Computer *nett* – im Sinne von «zuvorkommend» – finden. Dadurch werden sich Schüler vielleicht auch ihren Mitschülern gegenüber freundlicher verhalten. Der Computer ist ein Protobeispiel für Geduld. Viele Experten beobachten – im Gegensatz zur landläufigen Meinung –, daß das Programmieren vielfältige soziale Kontakte unter den Schülern in Gang setzt. Es werden Erfahrungen ausgetauscht, z. B. über Probleme beim *debugging*. Ein Gegenargument also zu der Auffassung, daß Arbeiten am Bildschirm zu Isolation führt. Einige Simulationsprogramme – vor allem die Entscheidungsversion – wurden so konzipiert, daß man zusammen vor einem Computer sitzen und sich dann untereinander abstimmen muß, was Gespräche und andere Formen der Kooperation auslöst.

Dasselbe Vorurteil besteht auch hinsichtlich des Fernsehens. Auch hier scheinen die Programme zu Gesprächen anzuregen und nicht die Kommunikation innerhalb der Familie zum Verstummen zu bringen.

Auch hofft man, daß Computer zu mehr *Chancengleichheit* führen, oder wie LEPPER sagt: «Der Computer ist immer ehrlich und unparteiisch und verringert dadurch den deprimierenden Einfluß von Vorurteilen und Bevorteilen durch die Lehrkraft». Dem Computer ist es egal, wer vor dem Bildschirm sitzt: Ein intelligentes Kind oder ein Schüler, der nur langsam begreift, ein hübsches Kind oder ein weniger hübsches, ein Schüler aus reichem oder einer aus armem Milieu. Dem steht gegenüber, daß immer Unterschiede bestehen können in der Qualität der Computer und Programme, die in den Schulen zur Verfügung stehen. Die eine Schule kann sich mehr leisten als die andere. Und auch hier gilt, daß es immer die Lehrkraft ist, die bestimmt, welches Kind wann mit welchem Programm arbeiten darf. Vorurteile und Bevorzugung ihrerseits können also niemals ausgeschlossen werden.

Praktische Erfahrungsberichte weisen darauf hin, daß die *Abneigung* der Schüler für bestimmte Fächer reduziert werden kann. Vor allem Rechnen kann sehr beliebt werden. Intuitiv reagierende, bewegliche Kinder, die visuell eingestellt sind, können durch Computer wieder Anschluß an den Unterricht bekommen. PAPERT berichtet über ein Mädchen, das mit LOGO an einem Sprachprogramm arbeitete und entdeckte, wozu die Grammatik dient: Ohne sie entstehen sinnlose Wortreihen; die Grammatik macht den Zusammenhang deutlich. Danach fiel es diesem Mädchen viel leichter, die an und für sich langweiligen Grammatikregeln zu lernen. RAGOSTA fand bei Kindern aus unteren sozialen Schichten, daß sie bei einem computergestützten Unterricht in allen Fächern bessere Ergebnisse erzielten. Die Ursache hierfür könnte sein, daß die Programme besser zu der täglichen Welt von Fernsehen und Reklame paßten. In diesem Zusammenhang weist Sherry TURKLE darauf hin, daß ein interessantes Programm auch die *Konzentration* erhöht.

Ein Computer hat *viel Geduld*. Vor allem für Kinder mit Lernschwierigkeiten kann dies eine Erleichterung sein, denn sie werden nicht ausgelacht. Durch Programme mit verschiedenen Schwierigkeitsgraden kommt man der Individualisierung des Unterrichts etwas näher. Im Zusammenhang mit der Versagensangst bei Kindern weist DIRKZWAGER auf folgenden Punkt hin. Der schrittweise, algorithmische Aufbau von Übungs- und Instruktionsprogrammen ist für Kinder angenehm, da er ihnen Halt bietet. Dieses Gefühl beschränkt sich jedoch auf das betreffende Material. Das liegt jedoch nicht an den Kindern: Algorithmisches Material eignet sich einfach nicht zum Generalisieren. Darum sind die selbstentdeckenden, heuristischen Programme für Kinder im allgemeinen besser geeignet, jedoch nicht für Kinder mit Versagensangst.

Eine andere Erwartung, die auch durch praktische Erfahrungsberichte gestützt wird, ist, daß das *kreative Schreiben* verbessert wird.

Beispielsweise für Schüler mit einer unleserlichen Handschrift, die fortwährend beanstandet wird, ist es eine Erleichterung, daß – trotz zahlreicher Korrekturen – immer ein sauberer eigener Text auf dem Bildschirm erscheint. Auch der Inhalt des Texts profitiert davon. Kinder haben oft eine Abneigung gegen Verbessern und Neuschreiben. Mit einem textverarbeitenden Computer wird dieses Problem aus der Welt geschafft.

Abschließend soll noch eine Beobachtung von Sherry TURKLE erwähnt werden, die den Stil, mit dem Kinder mit Computern arbeiten, betrifft. Sie spricht von zwei *Umgangsstilen*, in denen man die beiden Denkstile von PAPERT und LAWLER wiedererkennt. Beim heuristischen Stil stehen Ideen im Vordergrund, wird eine Art Zwiegespräch mit dem Computer geführt. Manchmal werden die Ideen auch durch überraschende Wendungen, die der Computer anbietet, geändert. Manchmal wird sogar ein Fehler im Programm belassen, da er etwas Menschliches vermittelt. Dies ist die Arbeitsweise der *Bastler (fiddler)*.

Die Arbeitsweise von Bastlern und Ingenieuren kann mit dem Erfahrungsaspekt bzw. dem Komponentenaspekt der Intelligenz nach der Theorie von STERNBERG verglichen werden, die im Kapitel «Lernen lernen» behandelt wird.

Der andere Stil der Computerbeherrschung geht mehr von einem im voraus aufgestellten Plan aus. Man kontrolliert laufend, ob sich alles dem Plan entsprechend auf das Ziel hinbewegt. Fehler – selbst die kleinsten Details – werden korrigiert. Dieser Stil entspricht dem Vorgehen eines *Ingenieurs*, der genau weiß, worauf er hinaus will. Der eine Umgangsstil ist nicht besser als der andere, und es hängt von der Persönlichkeit des Kindes ab, welcher Stil ihm mehr liegt. Sherry TURKLE meint allerdings, daß der erste Stil ein mehr fraulicher, der zweite ein mehr männlicher Umgang mit dem Computer ist.

Sherry TURKLE zitiert Nancy CHODOROV, die diesen Geschlechtsunterschied auf die verschiedenen Arten, mit denen sich Jungen und Mädchen von der Mutter lösen, zurückführt. Siehe hierzu Praktische Kinderpsychologie, Kapitel 12, Abschnitt «Väter».

Lernresultate

Systematische Untersuchungen über die Auswirkungen des computergesteuerten Unterrichts sind bis jetzt nur in geringem Maße durchgeführt worden und die Ergebnisse sind keineswegs gleichlautend. Wenig ist auch über die individuellen Unterschiede zwischen den Schülern hinsichtlich des Lernens mit Computern bekannt und über die Anpaßung an individuelle Bedürfnisse, die beispielsweise durch Unterschiede im Lernstil erforderlich werden. Auch über die «guten» Programme für die einzelnen Fächer besteht noch Unklarheit. Was sich für das eine Fach motivierend auswirkt, kann bei einem anderen Fach dazu führen, daß das Verstehen erschwert wird. Eins steht laut LEPPER auf jeden Fall fest: *Den* Computer gibt es nicht. Alles hängt davon ab, welches Programm man verwendet.

Rechnungtragend mit oben Erwähntem liefern die Untersuchungsergebnisse das folgende Bild:

Die *Instruktionsprogramme* mit dem Computer als «Privatlehrer» sind im Vergleich zum schriftlichen Unterrichtsmaterial am verhältnismäßig effektivsten, wenn der Nachdruck mehr auf das Vermitteln von Verstehen als auf das Lernen von Faktenwissen gelegt wird. Letzteres geht genauso gut mit einem Buch. Weiterhin profitieren jüngere Kinder davon mehr als ältere und begabte Schüler mehr als durchschnittlich intelligente Kinder.

Für *Simulationsprogramme* faßt LEPPER die Eigenschaften zusammen, die ein gutes Programm auszeichnen: (1) Zusammenarbeit zwischen Lehrkraft und Schülern; (2) eine gute Vorbereitung auf das, was im Programm verlangt wird; (3) die Aufträge müssen deutlich sein. Drei Aspekte also, die zeigen, daß es tatsächlich darum geht, den Computer in den Unterrichtsprozeß, der sich zwischen Lehrer und Schüler abspielt, zu integrieren.

Der Begriff Transfer bedeutet das Übertragen von in einer Situation gelernten Prinzipien auf eine andere Situation. Es handelt sich also um eine Form von Generalisierung.

LEVIN verglich zwei Schulklassen miteinander, wobei eine gelernt hatte, mit textverarbeitenden Computern zu arbeiten, die andere Klasse hingegen keine Computererfahrung besaß. Beim Schreiben eines Aufsatzes mit Bleistift und Papier erzielte die Computerklasse hinsichtlich des Stils und des Wortschatzes bessere Ergebnisse. KIEFER und SMITH führten Untersuchungen mit dem Programm *Writer's Workbench* durch, das schreibenden Personen bei der Abfassung ihrer eigenen Texte hilft und das Verbesserungen hinsichtlich der Wortwahl, der Leserlichkeit, der Komplexität der Sätze und der Orthographie anbietet. PEA stellte fest, daß eine Gruppe neun- bis elfjähriger Kinder, die ein Jahr mit LOGO gearbeitet hatte, bessere Ergebnisse bei Kreuzworträtseln und Wortspielen erzielte. Sie hatten diesbezüglich jedoch keine Erfahrungen mit dem Computer gemacht, sondern es handelte sich um einen *Transfer* von Erfahrungen mit dem Programmieren. Dies wäre ein Beweis für die Annahme, daß Programmieren das Denken im allgemeinen fördert. Was das Fach Mathematik angeht, kann eine Untersuchung von HOWE erwähnt werden, derzufolge LOGO-Kinder nicht unbedingt bessere Leistungen erbrachten, aber einfach vernünftiger über Mathematik sprachen. Dies ist wahrscheinlich auch der Punkt, den PAPERT in seiner Theorie anspricht.

Echte Beweise für die Auswirkungen des Computers im Unterricht gibt es also nur wenige, d. h., die Auswirkungen sind sicher da, aber man kann sie noch nicht deutlich sehen.

8. Kapitel

Normen und Werte

In den Büchern, die ein Kind liest, in den Fernsehprogrammen, die es sieht und sogar in einigen Computerspielen, die es spielt, werden die Normen und Werte der Kultur wiedergespiegelt. Es erhält einen Eindruck davon, was moralisch gesehen gut oder schlecht ist. In den vorangegangenen Kapiteln haben wir bereits gesehen, daß die Medien nicht in der Lage sind, Kindern Dinge beizubringen, die im totalen Gegensatz zu dem stehen, was ihnen zu Hause vermittelt wird. Stimmen die beiden Anschauungen jedoch überein, verstärken sie den gegenseitigen Einfluß.

Kulturelle Normen sind etwas anderes als soziale Konventionen: Daß man nicht in der Nase bohren darf, ist eine Konvention; daß man nicht über ein anderes Kind lästern darf, ist eine Frage der Moral. Nach Monika KELLER können Kinder diesen Unterschied gefühlsmäßig erfassen.

Um sich moralisch zu verhalten, muß man über einen eigenen moralischen Maßstab verfügen. Das klingt sehr einfach: Ein Kind muß ein eigenes Gewissen entwickeln, das es in seinem Leben als Leitfaden zu Rate ziehen kann. Moralisches Handeln beinhaltet jedoch mehr als den Besitz eines innerlichen Leitfadens, und die moralische Entwicklung geht über die Gewissensentwicklung hinaus. Dies kommt einerseits dadurch, daß *wissen*, wie man sich verhalten muß, nicht automatisch bedeutet, daß man sich auch so verhält. Moralisches *Argumentieren* führt nicht automatisch zum moralischen *Handeln*. Andererseits kommt es dadurch, daß unter den Begriff «moralisch handeln» ganz verschiedene Verhaltensformen fallen.

Der Entwicklung des Gewissens ist in Praktische Kinderpsychologie Kapitel 10 gewidmet.

REST nennt sechs Facetten, die zum moralischen Handeln gehören und die alle sechs Gegenstand von Untersuchungen waren: (1) Soziale Normen verinnerlichen (dies ist die Entwicklung des Gewissens); (2) mit den sozialen Normen übereinstimmen; (3) Anderen zu helfen; (4) ein Gefühl für Verständnis und Schuld entwickeln; (5) über Gerechtigkeit urteilen; (6) die Interessen Anderer über die eigenen stellen können. Jeder dieser Aspekte ist wichtig, jeder für sich ist jedoch unzureichend, wenn es um die Einsicht in den Begriff «Moral» geht. Es erscheint auch schwierig, sie zu einem Ganzen zusammenzufügen.

Wenn man trotzdem versucht, das Gemeinsame dieser sechs Aspekte zu umschreiben, kann man sagen, daß es sich um *Werte* (was ist wertvoll, was ist wertlos?) handelt, d. h. um Werte, die beim Umgang *zwischen den Menschen* eine Rolle spielen. (Moralische Werte unterscheiden sich beispielsweise von Schönheitswerten oder religiösen Werten.) Diese Werte werden *miteinander geteilt*. Sie halten das System des gesellschaftlichen Umgangs auf einem moralischen Stand. (Es sind also nicht zufällige Auffassungen eines bestimmten Individuums.)

Dies sagt jedoch weder etwas darüber aus, wie diese Werte in der individuellen Entwicklung von Menschen entstehen, noch darüber, wie sie das soziale Verhalten steuern. Bei dem Versuch, zumindest entwicklungspsychologisch eine gewisse Systematik herzustellen, unterscheidet REST *vier Voraussetzungen*, die für ein moralisches Verhalten erforderlich sind. Alle vier Bedingungen sind notwendig, einzeln angewendet sind sie jedoch nicht hinreichend. Sie müssen in ihrer Gesamtheit angewendet werden.

Eine «hinreichende Voraussetzung» ruft eine bestimmten Wirkung immer hervor. Nicht jede «notwendige» Voraussetzung ist auch hinreichend, um einen bestimmten Effekt zu verursachen. Dazu können mehrere Voraussetzungen notwendig sein.

- *Moralisches Mitgefühl (Empathie)*: Man muß einschätzen können, daß und wie das Wohl anderer durch das eigene Verhalten beeinflußt wird.
- *Nachdenken über Moral*: Man muß bestimmen können, was, moralisch gesehen, das beste Verhalten für einen selbst ist.
- *Moralisches Abwägen*: Man muß abwägen können, welche Effekte die verschiedenen eigenen Verhaltensweisen haben – das bevorzugte Verhalten und die Alternativen – und dann zu einer Entscheidung kommen.
- *Moralisches Verhalten*: Man muß einen Vorsatz in die Tat umsetzen können.

Natürlich setzt man sich nicht vor jeder moralischen Handlung hin und denkt ausführlich nach, um zu einer wohlüberlegten Entscheidung zu gelangen. Die meisten Handlungen werden «spontan» ausgeführt. Jedoch sind die den spontanen Handlungen zugrunde liegenden Neigungen das Resultat eines Entwicklungsprozesses, den ein Kind hinsichtlich der oben genannten Voraussetzungen in mehr oder weniger starkem Maße durchgemacht hat und für den sowohl Kognition als auch Emotion eine Rolle spielen.

Moralisches Mitgefühl (Empathie)

Bei der ersten Voraussetzung geht es ausschließlich um die Entwicklung der *sozialen Perspektive*. Dies beinhaltet die Fähigkeit, sich in einen anderen Menschen hineinzuversetzen; zu begreifen, was eine andere Person weiß, denkt und fühlt, und einzuschätzen, welche Konsequenzen das eigene Verhalten für einen Mitmenschen hat.

Zur sozialen Kognition siehe Kapitel «Klassenkameraden».

Diese soziale Perspektive ist Teil der *sozialen Kognition* («Menschenkenntnis»). Menschenkenntnis zu haben bedeutet, daß man weiß, was in einem anderen Menschen vorgehen kann (Intentionen, Wünsche, Meinungen, Erinnerungen und Emotionen); man hat eine Vorstellung von dem, was der andere will und kann, und wie er sich wahrscheinlich verhalten wird. Weiter bedeutet Menschenkenntnis auch das Erkennen, was zwischen Menschen vor sich geht und welche Bedeutung die sozialen Institutionen (wie Geld, Arbeit, Staat und Schulwesen) für den Menschen haben. Dies betrifft immer sowohl die Menschen im allgemeinen als auch die einzelnen Menschen, die man selbst kennt. Es geht hier auch um die Beurteilung, wie man denkt, daß jemand sein sollte, im Gegensatz zu dem, wie er wirklich ist.

Da es sich hier um Wissen handelt, ist die Entwicklung der sozialen Kognition bei Kindern bis zu einem gewissen Grad von ihrer allgemeinen kognitiven Entwicklung abhängig. Dieselben Fähigkeiten des Schlußfolgerns, die für die Einsicht in die nicht-soziale Wirklichkeit notwendig sind, müssen wahrscheinlich auch vorhanden sein, um die soziale Wirklichkeit zu verstehen, da auch diese zum großen Teil gesetzmäßig verläuft und dadurch voraussagbar ist. Menschen funktionieren *nicht einfach so*. Ihrem inneren Leben und ihrem äußerlichen Verhalten liegt ein System zugrunde. Viel von dem, was in den vorangegangenen Kapiteln über die Entwicklung des Denkens und des Folgerns zur Sprache gekommen ist, gilt auch für die Entwicklung der sozialen Kognition. Es gilt z. B., daß ein Kind im Vorschulalter, das sich in der präoperationalen Phase befindet und dessen Denken vorwiegend auf Zustände gerichtet ist, sich stark durch das Verhalten anderer beeinflussen läßt. Man braucht nämlich ein gewisses Maß an Ausrichtung auf den *Prozeß*, um sich selber fragen zu können, was dahintersteckt, wenn jemand sich so oder so verhält. Im Schulalter sind Kinder dazu als *operationale* Denker mehr und mehr in der Lage. Es gibt also eine Entwicklung, die sich von der Betrachtung des Verhaltens hin zur Betrachtung der Motive bewegt.

Nach HOFFMAN zeigt sich hier am deutlichsten der Zusammenhang zwischen Empathie und Moral, nämlich der emotionale Aspekt der Moral. Anders ausgedrückt, könnte man es auch die «Mitmenschlich keit» der Moral nennen. Dies beginnt schon beim Kleinkind in der Form des Mitempfindens der Emotionen anderer. (Das Baby wird durch die es umgebenden Emotionen unruhig.) Zu Beginn des Schulalters kann ein Kind die konkreten Emotionen eines anderen mitfühlen und miterleben. In der zweiten Hälfte des Schulalters hat ein Kind ein bestimmtes Niveau erreicht. Dann ist es nicht mehr von konkret wahrnehmbaren Situationen abhängig, sondern verfügt über Einsichten, die über das offen zu Sehende hinausgehen. HOFFMAN nennt als Beispiel ein zehnjähriges Mädchen, das Mitleid mit einem schwach begabten Kind hat, auch wenn dieses Kind gerade dabei ist, fröhlich zu spielen. Hier muß jedoch hinzugefügt werden, daß Empathie zwar eine notwendige, jedoch keine hinreichende Voraussetzung für das Handeln ist. Man kann Mitleid mit einer Person haben, ohne daß darauf eine Handlung in Gang kommt.

REST nennt außerdem Beispiele, bei denen sich ein Mitgefühl auch nachteilig auswirken kann, wie beispielsweise bei einer überängstlichen Mutter, die zuviel für ihr Kind denkt und fühlt und deshalb seine Entwicklung zur Selbständigkeit erschwert.

Nachdenken über Moral

Die zweite Voraussetzung betrifft das Nachdenken über das, was man in verschiedenen Situationen – moralisch betrachtet – tun sollte. Bei der Entwicklung, die ein Kind zu diesem Zeitpunkt durchmacht, handelt es sich um die Fähigkeit, sich mit dem, was gut, ehrlich, richtig usw. ist, auseinanderzusetzen. Hierbei sind die PIAGETschen Auffassungen zur Auseinandersetzung mit der Moral interessant.

Er unterscheidet zwei Phasen, die sehr eng mit der geistigen Entwicklung verbunden sind. In den ersten Jahren des Schulalters gilt der – wie er es nennt – *moralische Realismus*: Was gut oder schlecht ist, hängt von der guten oder schlechten Wirkung ab, die das Verhalten hat. Da die handelnde Person die Wirkung nicht selbst beeinflußen kann, kann man von *objektiven* moralischen Urteilen sprechen. Es wächst die Einsicht, daß man bei moralischen Beurteilungen nicht nur auf die Wirkung achten muß, sondern vor allem auf die jeweiligen Absichten einer Person. Die können gut oder schlecht sein. Gute Absichten führen zwar oft zu einem guten Resultat, manchmal aber zu einem schlechten, während eine schlechte Absicht ungewollt einen positiven Effekt haben kann. PIAGET nennt dies den *moralischen Relativismus*. Da man auf Absichten, im Gegensatz zu Auswirkungen, einen Einfluß hat, führt dies zu einer *subjektiven* moralischen Argumentation. PIAGET stellte Kindern verschiedene Kurzgeschichten in jeweils zwei Versionen vor. In ihnen ging es immer um eine gute bzw. eine schlechte Absicht und eine gute bzw. schlechte Wirkung. Die Kinder sollten beurteilen, wen sie garnicht nett fanden.

Zu dem in diesem Alter so kennzeichnenden Vorwurf «Das hast du absichtlich gemacht» siehe Kapitel «Klassenkameraden».

Man könnte vielleicht sagen, daß ein Kind vom naiven Opportunismus zu einer mehr auf Prinzipien beruhenden Haltung übergeht.

Ein Beispiel aus den Kurzgeschichtenpaaren: Zwei Jungen werden auf der Straße von je einem Mann nach dem Weg gefragt. Der eine Junge glaubt, den Weg zu kennen und tut sein Bestes, um eine gute Auskunft zu geben, aber der Mann verläuft sich trotzdem. Der andere Junge kennt den Weg nicht, aber tut so als ob. *Sein* Mann findet per Zufall die Straße, die er sucht. Jüngere Kinder, deren Überlegungen noch dem moralischen Realismus verhaftet sind, finden im allgemeinen den ersten Jungen unartig, da sich der Mann verläuft. Ältere Kinder argumentieren mit der Absicht und finden darum den zweiten Jungen weniger nett, da dieser «lügt».

Hinsichtlich der ersten Phase erkennt PIAGET den Einfluß der Erwachsenen auf die Kinder an. Diese zwingen die Kinder, sich an bestimmte Regeln zu halten, wobei auch Strafe und Belohnung eine Rolle spielen. Wichtig ist jedoch, daß nach seiner Auffassung die Erwachsenen am Übergang zur zweiten Phase nur wenig Anteil haben. Die moralische Relativität entsteht nämlich nicht im Umgang mit den *Erwachsenen*, sondern im Umgang mit den *Altersgenossen*. Unwiderruflich setzt sich die Einsicht durch, daß für den Umgang mit anderen bestimmte Regeln notwendig sind: Man muß sich an sein Wort halten, es besteht eine feste Arbeitsteilung, Rechten stehen Pflichten gegenüber usw. *Ein guter Vorsatz* bedeutet dann ungefähr so viel wie *sich nach bestem Wissen und Gewissen an die Regeln halten*. So beobachtete PIAGET beispielsweise, wie Kinder während des Murmelspiels spontan zu Regeln darüber gelangen, was erlaubt ist und was nicht. Seiner Meinung nach bestehen also *zwei Arten der Moral*: Einerseits die durch die Erwachsenen auferlegte und andererseits die kooperative Moral unter den Altersgenossen. Die Regeln der zweiten Art von Moral werden nicht erzwungen, sondern durch ein natürliches Gefühl für Ehrlichkeit geformt.

Bei PIAGET darf man «Gerechtigkeit» jedoch nicht als eine Form von Menschenfreundlichkeit betrachten. Es handelt sich eher um eine Form von «Gleichgewicht» innerhalb des Systems, das Menschen miteinander formen. Etwas ist gerecht, wenn Vor- und Nachteile, Rechte und Pflichten gleichmäßig verteilt sind, weil dann das soziale System (Familie, Schule, Sport) in sich gefestigt und so am besten den internen Konflikten gewachsen ist. Es handelt sich hier also nicht um Mitmenschlichkeit, sonder eher um das Gefühl für die soziale Logik, wodurch ein Kind nach einer reglementierten Kooperation strebt.

TER LAAK untersuchte die moralische Argumentation von Kindern im Alter von neun bis elf Jahren, also im Alter des moralischen Relativismus (Beachtung von Intentionen und Wertorientierungen der Altersgenossen). Diese schien weniger absolut zu sein, als man auf Grund der Theorie von PIAGET hätte erwarten können. Jungen mit Versagensangst achten mehr auf die Wirkung als auf die Absicht; Mädchen mit Versagensangst orientieren sich mehr an den Eltern als an den Altersgenossen. Daraus folgerte TER LAAK, daß Angst bei moralischen Beurteilungen ein schlechter Ratgeber ist, da die Übersicht über das Geschehen blockiert wird. So gesehen verursacht Angst einen Rückfall in den moralischen Realismus.

Untersuchungen von u. a. JANSSEN haben gezeigt, daß bei Neun- bis Zwölfjährigen Eltern einen großen Anteil an der Fähigkeit ihrer Kinder, moralisch abwägen zu können, haben – größer, als PIAGET es beim moralischen Relativismus für möglich hält. Das Niveau, mit dem Eltern selbst über moralische Fragen nachdenken, beinflußt also das ihrer Kinder. In moralischer Hinsicht können sich Kinder daran also orientieren. Eltern mit einem hohen Niveau machen kindliche moralische Probleme, die im alltäglichen Leben auftreten, auch öfter explizit. Sie locken Gespräche heraus («Sag mal, was hätte Sabine denn tun sollen?») und beziehen die soziale Perspektive mit ein, indem sie das Kind ermutigen, sich bei der moralischen Argumentation in andere hineinzuversetzen («Was würdest du deiner Meinung nach tun, wenn du wüßtest, daß Marko geklaut hat?»).

PIAGET und KOHLBERG sprechen beide der kognitiven Entwicklung dieselbe Autonomie wie der motorischen Entwicklung zu.

Aufbauend auf der Theorie PIAGETS untersuchte KOHLBERG die Entwicklung des moralischen Urteils im Detail. Er ging davon aus, daß diese Entwicklung ebenso wie die motorische Entwicklung eine Gesetzmäßigkeit aufweist, die nicht von Erfahrungen abhängig, sondern für alle Menschen charakteristisch ist. Erfahrungen bilden lediglich das Material, mit dem das Kind die moralische Argumentation aufbaut. Die Art und Weise, wie das geschieht, ist jedoch einer universalen Entwicklung unterworfen.

KOHLBERG entwarf eine sehr detaillierte Phasentheorie, die auf der Grundlage neuer Untersuchungsmaterialien immer wieder modifiziert

Die höchste Form innerhalb des postkonventionellen Stadiums – die Form, in der eine Person immer aus der eigenen Verantwortlichkeit heraus eine persönliche Priorität dafür hat, welcher Wert in einer bestimmten Situation durchschlaggebend sein soll – wird laut KOHLBERG *nur von zehn Prozent der Erwachsenen erreicht. Die meisten Menschen bleiben moralische Mitläufer.*

wurde. Grob umrissen, unterscheidet er drei Phasen. Für das fortgeschrittene Schulalter ist die zweite Phase kennzeichnend, die er das *konventionelle Stadium* nennt. Der Begriff *Konvention* bedeutet, daß ein Kind Einsicht in die auf Übereinkunft beruhenden Verhaltensregeln erlangt, an die sich die Menschen prinzipiell zu halten haben. Wer sich an diese Regeln hält, verhält sich moralisch richtig. Dies ist ein prinzipieller Unterschied zu der Verhaltensweise eines jungen Schülers im *prä-konventionellen Stadium*, der den Begriff «gut» noch mit dem gleichsetzt, was angenehm für die Person ist. Die allgemeine Perspektive ist noch nicht vorhanden. Im *post-konventionellen Stadium* hingegen wird erwartet, daß man hinsichtlich der allgemeinen Regeln (Normen und Werte) in jeder Situation überprüft, ob man zu der Sache steht und ob man die Verantwortung für die zu erwartende Wirkung tragen will. Man kann sich nicht mehr einfach auf die allgemein geltenden Normen berufen. Dies tun Kinder im Schulalter jedoch noch, wenn sie ein moralisches Urteil über Menschen abgeben müssen. «Das darf man eben nicht» ist ein vielverwendetes Kriterium.

KOHLBERG ließ Kinder Kurzgeschichten beurteilen, in denen sogenannte *moralische Dilemmata* vorkamen: Eine wichtige allgemeine Wertvorstellung steht im Konflikt zu einer mehr persönlichen Wertvorstellung. Berühmt geworden ist die Geschichte von Heinz, dessen Frau sterbenskrank ist. Es gibt aber eine Medizin, die die Frau heilen könnte, die jedoch nur von einem Apotheker verkauft wird. Dieser verlangt einen sehr hohen Preis, den Heinz nicht bezahlen kann. Wenn sich der Apotheker weigert, die Medizin zu einem niedrigeren Preis zu verkaufen, darf Heinz die Medizin dann stehlen?

Kinder im Schulalter neigen im allgemeinen zu einem *law and order* Standpunkt und beurteilen den Diebstahl als moralisch unzulässig. Das heißt jedoch nicht, daß sie kein Mitleid mit Heinz hätten oder ihm nicht doch noch Recht geben würden, wenn er den Diebstahl doch ausführt. Dies ist jedoch kein moralisches Urteil, sondern eher eine Form der Empathie. Kinder im prä-konventionellen Stadium finden zwar auch, daß Heinz die Medizin nicht stehlen sollte, jedoch geschieht dies aus einem naiven Hedonismus heraus: Wer stiehlt, landet im Gefängnis. Menschen im post-konventionellen Stadium gehen davon aus, daß sich Heinz, obwohl er gegen ein Gesetz verstößt, dafür entscheiden sollte, das Leben seiner Frau zu retten, auch wenn er eventuell die Konsequenzen des Diebstahls tragen muß.

Die Theorie von KOHLBERG wurde oft kritisiert. Der wichtigste Kritikpunkt war, daß in verschiedenen anderen Untersuchungen das Aufeinanderfolgen der Stadien nicht festgestellt werden konnte. Kinder und Erwachsene scheinen alle Argumentationen, die zu den verschiedenen Stadien gehören, im Laufe der Zeit hin und wieder mal zu verwenden, je nachdem, welche Situation sie beurteilen sollten. Es ist also nicht so, daß sie sukzessiv immer mehr Formen der Argumentation hinter sich lassen, sondern diese stehen auch weiterhin zur Verfügung. Das Verdienst von KOHLBERG scheint darum eher in der Tatsache zu liegen, daß er die verschiedenen Formen der moralischen

Argumentation ans Licht gebracht, analysiert und in einem hierarchischen Modell geordnet hat.

Im Hinblick auf das Schulalter sind jedoch zwei Basisbegriffe charakteristisch, nämlich *Intention* und *Konvention*. Bei der moralischen Beurteilung des eigenen und des Verhaltens anderer achten Kinder einerseits immer mehr auf die Absichten und andererseits darauf, «was sich gehört». Dies klingt vielleicht widersprüchlich, ist es aber nicht. Eine gute Absicht ist eine Absicht, die mit dem übereinstimmt, was allgemein in der betreffenden Situation als «gut» betrachtet wird (jemandem den Weg weisen – nicht lügen; den Versuch machen, ein Leben zu retten – nicht stehlen).

Im Gegensatz zu PIAGET kam KOHLBERG im Laufe der Zeit zu der Überzeugung, daß bestimmte Erfahrungen einen Einfluß auf das Niveau des moralischen Urteils haben können. Verschiedene Untersuchungen haben ergeben, daß moralische Diskussionen zu Hause und in der Schule (wobei erklärt wird, warum Regeln über «gut und schlecht» bestehen), theoretischer Unterricht (wobei Kinder allgemein zu argumentieren lernen) und soziale Erfahrungen die moralische Entwicklung fördern. Aus diesem Grund fordert man, speziell für die moralische Entwicklung entworfene Unterrichtsstunden an den Schulen einzuführen. In Amerika wird dies bereits in großem Umfang praktiziert und heißt *moral education*. Durch Übernahme dieser Methode hofft man, Normenverfall und Gelegenheitskriminalität zu bekämpfen. Die amerikanischen Ergebnisse sind jedoch nicht sehr ermutigend. Kinder werden zwar geschickter im Lösen von moralischen Fragen mittels Denken, aber es *bleibt Theorie*. Um diese in die Praxis umzusetzen ist mehr erforderlich. Auch KOHLBERG – einer der Initiatoren des Projekts – war entäuscht. Es wurde ihm klar, daß das ganze *Schulklima* von einem gewissen moralischen Bewußtsein durchdrungen sein muß. Er entwarf eine Schulform, in der viel Platz freigemacht wurde für das Nachdenken und Reden über die Art des Umgangs miteinander, über die Motive für das eigene und das Verhalten anderer, sowohl von Lehrkräften als auch von Schülern. Das Ergebnis war tatsächlich ein stärkeres Gemeinschaftsgefühl und ein Verhalten, das mit der in Worten gefaßten Moral übereinstimmte.

Auch in anderen Teilgebieten der Psychologie – vor allem dort, wo man sich mit dem Studium der Informationsverarbeitungsprozesse beschäftigt – wurden Untersuchungen über das moralische Urteil durchgeführt. Bei allen Formen der Argumentation ist beispielsweise wichtig, wie die jeweilige Information aufgefaßt wird, wieviel man davon wirklich in sich aufnimmt, in welchem Maße man die Zusammenhänge versteht, Haupt- und Nebenaspekte unterscheidet usw.

Auch in der Sozialpsychologie besteht Interesse an der moralischen Argumentation. Eine interessante sozialpsychologische Erscheinung ist beispielsweise der Glaube an die *immanente Gerechtigkeit*. Kurz umrissen bedeutet das, daß man einer Person, die durch ein Unglück getroffen wird, dessen Ursache nicht deutlich zu erklären ist, etwas Mitschuld zuschreibt («Sie hat sich wahrscheinlich zu provozierend verhalten». «Wahrscheinlich hat er nicht genug aufgepaßt» usw.) Es ist für Beurteiler ein unerträglicher Gedanke, daß ein Unglück «einfach so» geschehen kann, denn dies würde bedeuten, daß es sie selbst das nächste Mal treffen könnte. Die gemachten «Fehler», die man anderen zuschreibt, kann man dann selbst vermeiden. Das ist ein beruhigender Gedanke. In einer einfachen Form findet man das Gefühl der immanenten Gerechtigkeit auch schon bei Kindern.

SULS und KALLE beobachteten, daß Kinder im Alter von acht Jahren eine Person, die einen Schaden verursacht hat, schlechter beurteilten, wenn diese dabei selbst einen Schaden erlitten hatte. Die besondere Strafe weist nämlich auf eine besondere Schlechtigkeit hin.

TER LAAK stellte bei Jungen – allerdings nicht bei Mädchen – einen Zusammenhang zwischen der Leistungsmotivation und einer – in moralischer Hinsicht – streng urteilenden Einstellung fest.

Es soll noch ein weiteres Mal darauf hingewiesen werden, daß es sich beim moralischen Urteil ausschließlich um die Fähigkeit handelt, in Gedanken moralische Überlegungen anzustellen und moralische Maßstäbe als Bausteine für einen Denkprozeß zu verwenden. Dies ist jedoch nur ein Aspekt der Moral eines Menschen. Er sagt nichts über das schließliche moralische *Verhalten* aus. Die oben erwähnten Theorien wollen lediglich etwas über die Möglichkeiten der Kinder zu solchen Überlegungen und die Einsicht in die Argumentation, die sie dazu verwenden, aussagen.

Moralisches Abwägen

Bei der dritten Voraussetzung handelt es sich um das gegenseitige Abwägen der verschiedenen Verhaltensmöglichkeiten – einschließlich der moralisch besonders wünschenswerten. Bei der Wahl eines bestimmten Verhaltens sind Werte und Motive ausschlaggebend. Wahrscheinlich meldet sich hier auch das Gewissen zu Wort. In diesem Wort kommt «Wissen« vor. D. h.: Eine Person kann sich ein Wissen über das moralisch Wünschenswerte aneignen. Obwohl ein solches Wissen auch schon bei Kindern funktioniert, wird es nach DAMON erst in der Adoleszenz als Teil des Selbstgefühls erfahren. Erst dann kann man Dinge wie «Ich bin jemand, der sein Wort hält» über sich selbst sagen.

In Untersuchungen mit Hilfe von kleinen Geschichten werden die Kinder auch nicht gefragt: «Was *sollte* Hans deiner Meinung nach tun?» (die zweite Voraussetzung), sondern «Was *wird* Hans deiner Meinung nach tun?». Bei einer solchen Abwägung handelt es sich um einen Entscheidungsprozeß. Die Frage, wie derartige Entscheidungen im allgemeinen bei Menschen zustande kommen (unabhängig von der Tatsache, daß es sich um eine moralische Entscheidung handelt) ist ein Thema, das über das Konzept dieses Buches hinausgeht. Außerdem ist die Entscheidungsbildung bei Kindern noch so wenig untersucht worden, daß sich keine Aussagen zu moralischen Abwägungen machen lassen.

Nach REST spielt hierbei jedoch die Frage eine Rolle, warum

Kinder bei einer derartigen Abwägung im allgemeinen dazu neigen, das moralisch besonders Wünschenswerte zu wählen, auch wenn das bedeutet, daß diese Entscheidung das eine oder andere Opfer von ihnen verlangt. Man könnte auch sagen, daß sie sonst Probleme mit einem Schuldgefühl bekommen könnten. Dies ist jedoch eine Verschiebung des Problems, denn warum sollte man Schwierigkeiten damit haben? Dies könnte nur dann der Fall sein, wenn ein Gewissen vorhanden ist, das einen plagt, sobald man sich nicht an die geltenden Normen und Werte hält.

Antworten auf diese Fragen sind unter verschiedenen Gesichtspunkten fomuliert worden. Die *humanistische* Auffassung besagt, daß Kinder von Natur aus ein Wissen über das Gute besitzen. Der *psychoanalytischen* Theorie zufolge verinnerlichen Kinder die Gebote der Eltern. *Lerntheoretisch* ist es eine Frage der Konditionierung durch Belohnung und Strafe oder eines unwillkürlichen Modell-Lernens. Piaget ist ein Vertreter der kognitiven Auffassung, wonach moralische Entwicklung als Einsicht in das auf Regeln basierende Funktionieren der sozialen Welt zu verstehen ist. Hoffman sieht die Grundlage für die Moral in der angeborenen Neigung zur Empathie, die bei Kindern und Erwachsenen zu altruistischem Verhalten führt.

Zu den verschiedenen Erklärungen siehe Praktische Kinderpsychologie, Kapitel 10.

Moralisches Verhalten

Erst jetzt kommmt es – unter Umständen – zur Ausführung dessen, was man zuvor urteilend und abwägend vorbereitet hat. Das ist jedoch nicht immer der Fall, denn zwischen einer *Absicht* und ihrer *Ausführung* können noch eine Anzahl von Hindernissen liegen. Die Ausführung einer Absicht hängt beispielsweise davon ab, ob man als Einzelner mit einem Problem konfrontiert wird oder ob man mit der Hilfe anderer rechnen kann. Als wichtigen Punkt nennt Strommen, daß es für Kinder im Schulalter unerträglich ist, abgewiesen oder ausgelacht zu werden. Um dies zu vermeiden, nehmen sie an Aktivitäten teil, gegen die sich ihr Gewissen eigentlich sträubt.

Nach Kohlberg hängt das wirkliche Verhalten darum auch mehr vom eigenen Willen als von der Moral ab. Ebenso spielt die Ich-Stärke eine Rolle, d. h. man kann sich der Versuchung, eine gute Absicht nicht auszuführen bzw. eine schlechte Absicht doch auszuführen, widersetzen. Dies ist für impulsive Kinder schwieriger als für bedächtige Kinder, denn ein gewisses Maß an Selbstbeherrschung ist schon erforderlich, um sich den Impulsen, die zu einem moralisch unerwünschten Verhalten führen können, zu widersetzen. Man denke hierbei z. B. an das zügellose Ausleben aggressiver oder habsüchtiger Neigungen. Hier wird deutlich, daß es sich bei der menschlichen Moral um ein sehr kompliziertes Phänomen handelt. Man kann nämlich nicht einfach sagen, daß sich impulsive Kinder im allgemeinen unmoralischer verhalten als bedächtige Kinder! Dies hängt von den anderen, oben erwähnten Faktoren, ab.

Aber auch zufällige Faktoren sind hierbei von Bedeutung. So hat sich beispielsweise herausgestellt, daß eine gute Stimmung dem moralischen Verhalten ebenso förderlich ist wie ein kurz zuvor errungener Erfolg (ISEN). Kinder und auch Erwachsene sind dann hilfreicher und freigiebiger. Derselbe Effekt wurde bei der Abwägung von Alternativen deutlich. Auch hier ist man geneigt, sich in einer guten Stimmung oder nach einem Erfolg eher für ein wünschenswertes moralisches Verhalten zu entscheiden. Bei diesen Untersuchungen geht es aber immer – wie schon erwähnt – lediglich um theoretische Situationen, wobei Fragen zu Geschichten gestellt werden, wie beispielsweise: «Was denkst du, wird Hans tun?» Gutgelaunte und erfolgreiche Kinder neigen dazu, Hans das besonders wünschenswerte moralische Verhalten zuzugestehen.

Die Frage nach dem Einfluß auf die Stimmung kam auch im Kapitel «Fernsehwelt» zur Sprache.

Eine moralische Argumentation höheren Niveaus ist keine Garantie für ein höheres moralisches Verhalten. Ein Kind, das sich weigert, ein Vogelnest zu plündern, begründet dies vielleicht mit dem ziemlich einfachen, präkonventionellen Argument: «Da wäre die Vogelmutter aber traurig». Ein Erwachsener würde eine stärker ausgewogene Argumentation verwenden, wie z. B.: «Das Gleichgewicht des Vogelbestands muß erhalten bleiben».

Das moralische Verhalten ist kein unveränderlicher Charakterzug. Situationsfaktoren spielen oft eine wichtigere Rolle als die moralischen Auffassungen. Einer dieser wichtigen Faktoren ist das «Erwischt werden» (HARTSHORNE und MAY). Es drängt sich auch der Eindruck auf, daß das Maß an Relativierung bei der Anwendung der moralischen Regeln in der Praxis zunimmt. Kein Mensch tut immer und überall das moralisch am meisten Wünschenswerte. Jeder Mensch lügt oder betrügt irgendwann einmal – natürlich auch Kinder.

Die Gefahr, erwischt zu werden, ist ein wichtiges Kriterium dafür, ob Erwachsene sich in bestimmten Situationen an Normen und Werte halten oder nicht. Das haben Untersuchungen über das Schwarzfahren und Geschwindigkeitsübertretungen gezeigt.

Aggression

Bei der Aggression kommt der Unterschied zwischen Absicht und Reflexion einerseits und dem Verhalten andererseits deutlich zum Ausdruck. Wenn man aggressive Neigungen in sich aufkommen fühlt, inwieweit ist man dann in der Lage, sie zu beherrschen?

Die *Aggressionsbeherrschung* ist ein wichtiger Bestandteil der Moral, die sich ein Kind aneignen muß. Auch hier wird wieder deutlich, daß diese keine rein individuelle Angelegenheit ist, sondern immer eine soziale Funktion erfüllt: Gewisse Regeln sichern das gesellschaftliche Leben. In unserem Fall handelt es sich also um die Regeln, die die Aggression kontrollieren.

Den Basisinformationen über Aggression ist in Praktische Kinderpsychologie, Kapitel 11 gewidmet.

Wir wollen uns hier nicht in die Theorien über die Ursachen der Aggression bei Mensch und Tier und die Ursachen des aggressiven Verhaltens, das ab und zu bei Kindern auftaucht, vertiefen. Wir beschränken uns in diesem Kapitel auf Kinder im Schulalter, deren aggressives Verhalten zu einer Lebenshaltung geworden ist, so daß die Möglichkeit besteht, daß es sich als Charaktereigenschaft manifestiert. Es sieht so aus, als hätte die Moral auf diese Kinder keinerlei Einfluß gehabt. Es gibt mittlerweile viele Untersuchungen über die möglichen

Ursachen und die Zukunftsprognosen bei diesen Kindern und auch einige Untersuchungen über die der Auswirkungen von Interventionsprogrammen.

Ein aggressives Verhalten ist Ausdruck von Ärger und Zorn. Man muß übermäßige Aggression also von zwei Seiten untersuchen: Die Ursachen dafür, daß in einem Kind besonders viel Ärger geweckt wird, und die Ursachen für den Fall, daß selbst ein kleiner Ärger sich besonders schnell äußert, da die Selbstbeherrschung nur schwach ist. Beide Ursachen können auch zusammenwirken: Viel Ärger und geringe Beherrschung.

Viel Ärger und Zorn

Bei der problematischen Aggression, die wir nun behandeln, wird der sie begleitende Zorn nicht immer durch konkrete Ursachen hervorgerufen. Die aggressive Verhaltensweise «macht sich selbständig». Man kann sich das am Besten so vorstellen, daß ein Kind so viel Zorn in sich ansammelt, daß ein konkreter Anlaß gar nicht mehr erforderlich ist.

Im Laufe der Schulzeit nimmt nach FESHBACH im allgemeinen der Zorn ab, der in Kindern aufkommt, wenn ihnen ein geringer materieller Schaden zugefügt wird (z. B. wenn ihnen etwas weggenommen wird). Umgekehrt nimmt der Zorn zu, der dann entsteht, wenn das Selbstwertgefühl angegriffen wird. Wenn dies für Kinder im allgemeinen zutrifft, dann könnte hier eine der möglichen Ursachen für die übermäßige Aggression bei einigen Kindern liegen. Wird das Selbstwertgefühl dieser Kinder außergewöhnlich oft verletzt? Aus Untersuchungen (u. a. von ERON und HUESMANN) ist auf jeden Fall deutlich geworden, daß Kinder, die fortwährend von ihren Eltern kritisiert und herabgesetzt und in der Öffentlichkeit bestraft werden, mehr zu aggressivem Verhalten neigen als Durchschnittskinder. Die Eltern haben eine negative Einstellung diesen Kindern gegenüber. Der norwegische Psychologe OLWEUS – einer der bedeutendsten Agressionsforscher – spricht in diesem Zusammenhang von einer *stillen Gewalt* gegenüber Kindern. Sie werden vielleicht nie geschlagen, aber das kindliche Selbstwertgefühl wird auf subtile Art und Weise durch die psychische Überlegenheit der Eltern untergraben.

Das Selbstwertgefühl hängt eng mit dem Selbstvertrauen zusammen, wie aus dem Kapitel «Selbständig werden» zu ersehen ist.

In den Begriffen der Attributionstheorie könnte man sagen, daß ein Kind, dessen ohnehin schon geringes Selbstwertgefühl ständig untergraben wird, in einem Ereignis öfter und schneller eine erneute Erniedrigung sieht. Es entwickelt sich eine Überempfindlichkeit für Situationen, auf die ein selbstsicheres Kind gelassen reagiert.

Die Attributionstheorie kommt auch kurz im Kapitel 10 «Selbständig werden» zur Sprache.

Der Zusammenhang mit dem Selbstwertgefühl kam auch in einer französischen Untersuchung von COSLIN über *Vandalismus* zum Ausdruck. Bei Schülern zwischen elf und neunzehn Jahren wurde im allgemeinen kein Zusammenhang zwischen Vandalismus und schlechten Schulleistungen gefunden. Bei einer weiteren Aufschlüsselung der Daten zeigte sich jedoch ein spezifischer Zusammenhang: Jungen, die im ersten Schuljahr des weiterführenden Unterrichts aufgrund schlechterer Schulleistungen in eine entsprechende Niveaugruppe eingeteilt wurden, zeigten ein konstantes vandalistischeres Verhalten. Eine genauere Analyse führte zu der Erklärung, daß nicht die schlechten Schulleistungen als solche die Aggression verursachen. Der dazwischenliegende Faktor ist vielmehr, daß sie jetzt nicht mehr zu den anderen in der Klasse zu gehören scheinen (auch wenn die besten pädagogischen Absichten bestehen).

Auch OLWEUS fand heraus, daß kein kausaler Zusammenhang zwischen schlechten Schulleistungen und Aggression besteht. Offensichtlich bedeuten schlechte Schulleistungen nicht ohne weiteres einen Angriff auf das Selbstwertgefühl. Kinder aus einer norwegischen sechsten Klasse, die schlechte Schulleistungen erzielten, waren in der neunten Klasse nicht aggressiver als der Durchschnitt. Umgekehrt war dies jedoch der Fall: Aggressive Sechstkläßler erzielten in der neunten Klasse schlechtere Noten als der Durchschnitt.

Die Theorie des Modell-Lernens von BANDURA kommt auch in Kapitel 6 «Die Fernsehwelt» und in Praktische Kinderpsychologie, Kapitel 10, im Abschnitt «Gewissensbildung als Lernprozeß» zur Sprache.

Oben wurden einige Umweltfaktoren genannt, von denen man annehmen kann, daß sie das Selbstwertgefühl untergraben und dadurch zu einer Zunahme der Aggression führen. Im Falle des elterlichen Milieus könnte man, wie beispielsweise BANDURA, selbst einen direkteren Zusammenhang erstellen, nämlich daß ein aggressives Verhalten der Eltern den Kindern als aggressives Beispiel dient, das sie imitieren. Eine andere Überlegung könnte so aussehen: Aggressive und kalte Eltern sind für ein Kind keine attraktiven Identifikationsfiguren, und deswegen übernimmt es die Normen und Werte der Eltern nicht.

In der Kinderpsychatrie unterscheidet man zwischen Problemen, die Kinder durch Verhalten nach außen bewältigen und Problemen, die nach innen gewendet werden und zu neurotischen Symptomen führen.

Auch der englische Kinderpsychiater RUTTER untersuchte extreme Aggression bei Kindern. U.a. führte er eine groß angelegte Untersuchung unter Zehnjährigen durch, auf deren Grundlage er sowohl einen *Familienindex* wie auch einen *Schulindex* erstellte. Die Indices enthalten die Faktoren, die Verhaltensstörungen begünstigen können. Die Aggression ist einer dieser Faktoren, andere Faktoren sind beispielsweise Stehlen und Lügen. Es konnte aufgezeigt werden, daß keiner dieser Faktoren allein mit kindlichen Verhaltensproblemen in Verbindung steht. Nur wenn zwei oder mehrere Faktoren zusammen im Leben eines Kindes vorkommen, nimmt die Gefahr, daß ein Verhaltensproblem entsteht, zu. Der Familienindex beinhaltet folgende Gesichtspunkte: Ungelernte Arbeit des Vaters; zu große Familie in einer zu kleinen Wohnung; Probleme in der Ehe oder Scheidung; eine depressive Mutter; das Kind wird immer von anderen betreut; ein Vater mit einer kriminellen Vergangenheit. Der Schulindex beinhaltete u. a. folgende Gesichtspunkte: Viele Kinder von Immigranten pro Klasse; häufiger Wechsel der Lehrkräfte und der Schüler; häufiges Schulschwänzen.

Bei einer Untersuchung wie dieser stellt sich sofort die Frage, wie zu erklären ist, daß bei einigen Kindern Verhaltensstörungen – wie beispielsweise die Aggressivität – auftreten, bei anderen Kindern jedoch nicht. RUTTER nannte schon die Kumulation von Faktoren. Darüber hinaus weist er auf den kompensierenden Einfluß hin, den ein günstiges Schulklima haben kann, wenn das Klima in der Familie gestört ist. Ein ungünstiges Klima in der Familie kann aber auch durch ein warmes, affektives Verhältnis zu einem Lehrer kompensiert werden. In der Untersuchung von Rutter wiesen Kinder, die in einer disharmonischen Familie zu beiden Elternteilen ein schlechtes Verhältnis hatten, dreimal so viele Verhaltensprobleme auf wie Kinder, die zu ihren Eltern ein gutes Verhältnis hatten.

Das Problem ist jedoch größer, denn auch die Veranlagung des Kindes kann ein beschützender Faktor sein. Ein Kind mit einem einfachen, ausgeglichenen Temperament provoziert weniger feindliche Gefühle bei den Eltern als ein schwieriges Kind. Eltern, die durch ihre eigenen Probleme überfordert sind, werden bei einem lästigen eher aggressiv als bei einem umgänglichen Kind.

Zu den Temperamentsunterschieden siehe Praktische Kinderpsychologie, Kapitel 6.

Kohnstamm faßt die Untersuchungsergebnisse wie folgt zusammen: «In allen Bevölkerungsschichten kommen aggressive und unfolgsame Kinder vor, die schwierig zu sozialisieren sind. Je höher jedoch der Bildungsstand der Eltern ist, je weniger Konflikte sie untereinander haben, je höher die Einkommen sind, je weniger sie krank, depressiv und unglücklich sind, desto mehr gelingt es ihnen, ihre schwierig erziehbaren Kinder zu disziplinieren und zu sozialisieren. Aus vielerlei Untersuchungen wurde deutlich, daß Kinder, die sich zu aggressiven Gewalttätern entwickeln, aus Familien stammen, die durch ein kaltes, grobes und konfliktreiches Familienklima gekennzeichnet waren. Im Grunde genommen unterscheiden sich hierin die Gewälttäter von gewaltlosen Kriminellen. Weitere unterscheidende Merkmale zwischen diesen zwei Gruppen sind die Intelligenz (je weniger, desto brutaler die Gewalt), die Anzahl der als Kind erfahrenen Scheidungen der Eltern (je öfter, desto gewalttätiger), ob die Eltern selbst kriminelle sind oder nicht, und ein Mangel an Kontrolle über das Kind».

Olweus beschreibt eine kennzeichnende *Familieninteraktionssituation*, auf deren Grundlage man ein aggressives Verhalten bei einem etwa zehnjährigen Kind voraussagen kann. Es handelt sich hierbei um eine Mutter, die ihrer Mutterrolle gegenüber negativ eingestellt ist, und um einen Jungen mit einem schwierigen Temperament. Die Konfrontationen erschöpfen die Mutter, und sie läßt das aggressive Verhalten des Jungen immer öfter durchgehen. Aber auf einmal – und für das Kind nicht voraussagbar – wird sie selbst heftig und reagiert, entweder alleine oder mit dem Vater zusammen, mit Schlägen.

Bezieht man den Faktor Temperament in die Aggressionsproblematik ein, tritt neben den oben erwähnten Umweltfaktoren auch der Faktor der Veranlagung ins Bild. Ein schwieriges Temperament kann nicht allein dazu führen, daß die Umweltfaktoren besonders wirksam werden, sondern das Temperament selbst kann auch die Ursache für eine erhöhte «Zornempfänglichkeit» sein. Hinsichtlich der Temperamentsfaktoren, die in diesem Zusammenhang eine Rolle spielen, ist die erhöhte Reizbarkeit zu erwähnen, durch die ein Kind sich leichter, als normalerweise zu erwarten ist, angegriffen fühlt. Zu einem schwierigen Temperament gehört weiterhin, daß man in wechselnden Situationen *schneller irritiert ist* und Mühe hat, *sich auf die neuen Umstände einzustellen*. Dies verursacht eine Unruhe, durch die man wiederum schneller zornig wird.

Vergleiche hiermit die Äußerung von HARTUP *im Kapitel «Klassenkameraden»: Kinder machen in der Schule zum ersten Mal Bekanntschaft mit Gruppennormen.*

Ein weiterer Einfluß des Temperaments auf die Entstehung einer überhöhten Aggression kann sein, daß ein im Grunde nicht aggressiv gemeintes Verhalten eines Kindes doch negative Reaktionen bei anderen hervorruft, was eine Kettenreaktion zur Folge haben kann. SPIVACK liefert die folgende Beschreibung des impulsiven Kindes: Sein Verhalten ist anfangs nicht feindselig, sondern lediglich unbequem. Was jedoch zu Hause vielleicht noch akzeptiert wird, ruft in der Schule Widerstand hervor. Ein solches Kind mischt sich zuviel in Dinge ein, wartet nicht, bis es an der Reihe ist, unterbricht andere, redet immer dazwischen usw. Hierdurch entstehen Konflikte, die zu einer Aggressionsspirale führen.

Geringe Selbstbeherrschung

Impulsivität könnte die Ursache dafür sein, daß ein Kind größere Schwierigkeiten als andere Kinder hat, seinen Zorn zu bezwingen. Aggressives Verhalten kann sich in Form von körperlicher oder verbaler Schikane oder durch Schlagen und Zerstören äußern.

Testosteron wird auch als Ursache für die Tatsache betrachtet, daß Männer im allgemeinen physisch aggressiver sind als Frauen.

Oben wurde schon erwähnt, daß ein Unterschied zwischen Kindern besteht, die auffallend schnell zornig werden und Kindern, die schon soviel Zorn in sich angesammelt haben, daß ein äußerlicher Anlaß nicht mehr notwendig ist. Hinsichtlich der Selbstbeherrschung ist dies insoweit wichtig, als nach OLWEUS der erhöhte Spiegel des männlichen Hormons Testosteron in einem Zusammenhang mit der Reaktion – also dem Verlust der Selbstbeherrschung – auf provozierte Aggression steht. Dieser Zusammenhang ist jedoch nicht bei einem aggressiven Verhalten zu finden, das aus dem Kind selbst hervorgeht. Über andere Körperstoffe, die die Reizbarkeit und auch die Impulsivität erhöhen (wie bespielsweise Konservierungsmittel und künstliche Geruchs- und Geschmacksstoffe) sind zu wenige systematische Untersuchungen durchgeführt worden, um klare Aussagen möglich zu machen. Praxiserfahrungen u.a. von FEINGOLD weisen jedoch auf die Möglichkeit aggressivitätserhöhender Eßgewohnheiten hin.

Zu diesen Begriffen siehe auch Kapitel «Lernen lernen».

Ein aggressives Verhalten kann man auch als eine primitive Art des emotionalen Problemlösens betrachten. Darum sucht man einen Zusammenhang zwischen dem Mangel an Selbstreflektion und mehr durchdachten, angemessenen Formen des Problemlösens. Man könnte hierbei an verbal weniger intelligente Kinder denken, die schnell zuschlagen, oder an einen weniger analysierenden Wahrnehmungsstil, einen Mangel an kognitiver Kontrolle, so daß eine einmal gewählte Lösungsstrategie nicht aufgegeben oder verändert wird und kein Nachdenken über die Wirkungen und Alternativen stattfindet.

Ein unbeherrschtes Äußern von aggressiven Gefühlen kann auch mit einem Mangel an sozialer Kognition, also mit sozialer Unbeholfenheit zusammenhängen. Manche Kinder schätzten beispielsweise schlecht ein, was ihr Verhalten für andere bedeutet. Sie wissen nicht, daß sie die Reaktion der Anderen selbst auslösen. Nach ERON ist ein aggressives Verhalten als Charaktereigenschaft mit einer prosozialen Einstellung unvereinbar. Altruismus und Empathie sind bei aggressiven Kindern selten. FESHBACH und Norma FESHBACH haben gezeigt, daß solche Kinder auch selten beliebt sind.

Ein weiterer Aspekt ist ein geringeres Angstniveau, das ein Kind weniger vor den Konsequenzen des eigenen Handelns zurückschrekken läßt. Der Däne MEDNICK und der Engländer FARRINGTON haben bei Zehnjährigen, die so reagieren, gefunden, daß ihr neurologisches System sich schneller an neue Reize gewöhnt. Sie registrierten auch eine geringere Aktivität des autonomen Nervensystems, das bei der Beherrschung von Impulsen eine wichtige Rolle spielt.

Im allgemeinen sind sich die Psychologen darin einig, daß ein aggressives Verhalten bei einem Kind niemals nur *einer* Ursache zuzuschreiben ist. Es besteht eine Wechselbeziehung zwischen den Risikofaktoren, die einander verstärken.

Geschlechtsunterschiede

In der französischen Untersuchung über den Vandalismus in der Schule kamen deutlich Geschlechtsunterschiede zum Vorschein: Mädchen waren an solchen Aktionen kaum beteiligt. Derartige Unterschiede wurden bei Aggressionsuntersuchungen wiederholt gefunden. Als Erklärung bieten sich zwei Möglichkeiten an. Entweder sind die aggressiven Gefühle bei Mädchen weniger intensiv, oder Mädchen äußern ihre Aggression weniger offensichtlich.

Im ersten Fall könnte man an biologische Unterschiede denken (wie beispielsweise ein niedrigerer Testosteronspiegel) oder aber an Erziehungsunterschiede, die Mädchen umgänglicher machen, wodurch eine Kränkung des Selbstwertgefühls bei ihnen eine untergeordnete Rolle spielt. Sucht man die Erklärung in der zweiten Möglichkeit, dann weist man auf die vielen indirekten Arten hin, mit denen Mädchen ihre Aggression äußern können. «Indirekt» ist in diesem Falle eigentlich ein Euphemismus für «heimlich». FESHBACH und Norma FESHBACH haben hierüber interessante Untersuchungen durchgeführt. Jungen äußern ihre Aggressionen im allgemeinen offener und mit physischen Mitteln; Mädchen dagegen versteckter und mit Worten, indem sie beispielsweise eine andere meiden oder hinter ihrem Rücken klatschen. Auch hierfür können die Ursachen sowohl bei angeborenen als auch bei erworbenen Unterschieden liegen. Im ersten Fall denkt man beispielsweise daran, daß Frauen sich in der Evolution am besten dadurch behaupten und fortpflanzen konnten, daß sie Männer nicht durch ein aggressives Verhalten abschreckten, da diese sonst vielleicht von einer Paarung abgesehen hätten. Im zweiten Fall denkt man wieder an die größere Umgänglichkeit, die von den Mädchen erwartet wird. Man betont dann nicht so sehr den Effekt eines weniger ausgeprägten Selbstwertgefühls, sondern vielmehr den Verhaltensaspekt:

Zu den Unterschieden in der Erziehung von Jungen und Mädchen siehe Kapitel 12 «Zuhause».

Dies ist u. a. auf den Unterschied zurückzuführen, daß im allgemeinen eine Paarung nur durch Männer und nicht durch Frauen erzwungen werden kann.

Mädchen lernen, daß sie sich so lieb und brav wie möglich verhalten sollten.

BRODZINSKY und MESSER sprechen von drei Niveaus der Aggressionsbeherrschung, die Kinder verwenden, wenn sie über ihre eigenen aggressiven Gefühle erzählen. (1) Die Aggression wird nicht in Verhalten umgesetzt, und man behält seinen Zorn für sich. (2) Die Aggression äußert sich im Verhalten, aber etwas oder jemand kommt von außen dazwischen, oder man hört nach einigem Nachdenken selbst damit auf. (3) Die Aggression wird voll und ganz ausgelebt, aber hinterher bereut man sein Handeln, oder man wird bestraft. Mädchen erzählten signifikant häufiger von Ereignissen, bei denen sie ihre Aggression «hinunterschluckten» oder ihr aggressives Verhalten schnell beendeten.

Intervention

Die Prognose für aggressive Kinder ist ziemlich pessimistisch. Es scheint sich um einen hartnäckigen Verhaltensstil zu handeln, durch den man schnell in einen Teufelskreis geraten kann. Bei aggressiven Kindern ist beispielsweise die Gefahr einer späteren kriminellen «Laufbahn» viel größer. Auf der Grundlage verschiedener Untersuchungen in unterschiedlichen Ländern kann man diese Vermutung besser anders formulieren: Untersucht man, unter welchen Bedingungen Kriminelle herangewachsen sind, findet man oft ein Familienklima, das ein aggressives Verhalten fördert. Außerdem sind diese Personen als Kinder besonders aggressiv gewesen (MEDNICK, BUIKHUISEN, FARRINGTON, OLWEUS, Lea PULKKINEN).

Es ist also sehr sinnvoll, die Anzeichen der Aggressivität so schnell wie möglich zu erkennen, um eingreifen zu können. SPIVACK betrachtet hierfür den Schulbeginn als einen wichtigen Zeitpunkt. Darum ist man auch bemüht, *Interventionsprogramme* zu entwickeln. Der Langzeiteffekt solcher Programme ist jedoch noch nicht bekannt. Wie man das Problem zu lösen versucht, hängt häufig davon ab, wo man dessen wichtigste Ursache sieht. Die meisten Psychologen sind hinsichtlich dieser Frage Anhänger bestimmter Theorien, erkennen aber gleichzeitig, daß die Wechselwirkung zwischen den verschiedenen Faktoren so komplex sein kann, daß man bei jedem Kind individuell untersuchen muß, wo ein Interventionsprogramm den meisten Nutzen hat. In der Regel wird man an verschiedenen Punkten gleichzeitig ansetzen.

Hat man den Eindruck, daß die Ursache der Aggression ein gründlich gestörtes Selbstwertgefühl ist, dann muß man alle Aufmerksamkeit auf die Genesung des gestörten Selbstwertgefühls richten. Man sollte also keine strengen Strafen für aggressives Verhalten verhängen – denn das wäre eine erneute Abweisung – sondern eher milde; es ist aber nötig, konsequent aufzutreten. Wichtiger ist das Stimulieren und Bekräftigen der positiven Eigenschaften des Kindes, möglichst in Zusammenarbeit mit den Eltern. Besteht diese Möglichkeit bei ungünstigen Familienverhältnissen nicht, dann sollte man nach einer Person im Leben des Kindes suchen, die als affektive Bezugsperson fungieren kann.

PATTERSON ist der Psychologe mit der detailliertesten Theorie über das Entstehen von asozialem Verhalten durch *Erziehungsohnmacht* von Eltern, die nicht richtig und konsequent auf störendes und aggressives Verhalten ihrer Kinder reagieren. Die von ihm entwickelten Intervenierungsprogramme richten sich daher primär auf die Eltern.

Kinder, die sich nur mit Mühe beherrschen können, brauchen eine ruhige, feste Umgebung, die die Regulierung übernimmt. Lea PULKKINEN hat in Finnland ein Programm entworfen, das helfen soll, Kindern *Selbstbeherrschung* beizubringen. SPIVACK entwickelte ein Programm für interpersonales kognitives Problemlösen (*interpersonal cognitive problemsolving*), speziell für solche Kinder, deren Problemlösungen global und unnuanciert sind. Darin lernen Kinder beispielsweise, daß verschiedene Verhaltensmöglichkeiten bestehen, zwischen denen ein Mensch wählen kann, und sie lernen, über die Konsequenzen der gewählten Möglichkeit nachzudenken. In den Niederlanden haben HERTROYS und KERSTEN eine ähnliche kognitive Methode entwickelt, mit der Kinder Verhaltensalternativen erlernen können.

Man kann auch mit einem sozialen Trainingsprogramm arbeiten – wie z. B. REINHARD und Annemarie TAUSCH – vor allem dann, wenn die soziale Kognition zu kurz gekommen ist. Norma FESHBACH hat in diesem Zusammenhang ein *Empathieprogramm* entwickelt. Um Kindern Einsicht in ihr eigenes Verhalten und die Reaktion anderer darauf zu ermöglichen, verwendete sie Videoaufnahmen (Donna EYDE). Betrachtet man den Film dann zusammen mit dem Kind, wird manchmal deutlich, wie wenig es sich seines Anteils an einem aggressiven Interaktionsprozeß bewußt ist.

Keiner der Forscher erwartet Wunder von derartigen Programmen, aber alle weisen hin auf die Bedeutung des frühzeitigen Erkennens und Eingreifens in die Probleme.

9. Kapitel
Klassenkameraden

Kinder gehen in die Schule, um Wissen zu erwerben. Der Lehrstoff ist in Fächer aufgeteilt, die systematisch und zielgerichtet unterrichtet werden. Daneben spielt sich aber auch ein unbeabsichtigter Lernprozeß ab. Durch den sozialen Umgang mit den Mitschülern und den Lehrkräften erwirbt ein Kind Menschenkenntnis – in der psychologischen Literatur wird sie meistens *soziale Kognition* genannt wird – und lernt, mit Menschen umzugehen.

Schüler und Lehrkräfte verbringen notgedrungen einen großen Teil des Tages als *Klassenkameraden* miteinander. Diese Interaktion aus sozialer Sicht hat einen starken Einfluß auf die kindliche Entwicklung – sowohl in positiver wie auch in negativer Hinsicht.

Soziale Kognition

Ebenso wie bei der Argumentation über leblose Materie ist auch beim Nachdenken über die Menschen eine Entwicklung festzustellen, die von den konkreten Begriffen hin zu den abstrakten Begriffen verläuft. Ein Kind im Vorschulalter kann zwar das Wort *Freund* sinnvoll verwenden, jedoch noch nicht das Wort *Freundschaft*. Dies ist ein Beispiel, das verdeutlicht, daß immer ein bestimmtes Niveau der Denkentwicklung für die soziale Kognition erforderlich ist.

In Praktische Kinderpsychologie, Kapitel 17, Abschnitt «Kritik an Piaget», wird FLAVELL zitiert: «daß derselbe Kopf, der über die soziale Welt nachdenkt, auch über die nicht-soziale Welt nachdenkt».

Man darf den Begriff «Niveau der Denkentwicklung» jedoch nicht mit «Intelligenz» verwechseln. Ein Kind wird nämlich nicht fortwährend intelligenter, sondern es stehen ihm stets mehr Denkweisen zur Verfügung, die es auf mehr oder weniger intelligente Weise verwenden kann. Die meisten Untersuchungen hinsichtlich der sozialen Kognition basieren darum auch auf der Theorie von PIAGET.

Es gibt jedoch prinzipielle Unterschiede zwischen dem Wissen über leblose Materie und dem Wissen über lebende Menschen. FLAVELL nennt zwei dieser Unterschiede, die die soziale Kognition zu einer besonderen Art des Wissens machen.

In Kapitel 8 «Normen und Werte wurde als Beispiel für den Zusammenhang zwischen kognitiver und sozialer Entwicklung erwähnt, daß ein Kind anfangs nur etwas über das Verhalten einer anderen Person aussagen kann und erst später etwas über die zugrundeliegenden Motive.

Zum *ersten* haben Menschen im Gegensatz zur leblosen Materie bis zu einem gewissen Grad mehr Spielraum, der es ihnen ermöglicht, mehr oder weniger zu tun und zu lassen, was sie wollen. Sie können sich auch Gefühlen, die in ihnen aufkommen, widersetzen. D. h.: Menschen haben einen Willen, tote Materie hingegen nicht. Deshalb ist das Verhalten beim Menschen nicht so genau voraussagbar wie bei der Materie. Darum geht es bei der sozialen Kognition auch mehr um Wahrscheinlichkeiten als um Fakten.

Zweitens ist bei der sozialen Kognition das Objekt des Wissens immer ein Artgenosse des *Wissenden*. Dies hat zur Folge, daß Selbstkenntnis und Menschenkenntnis zusammenhängen. So gesehen, denkt ein Mensch immer irgendwie egozentrisch. Was man aus eigener Erfahrung kennt, kann man auf einen anderen Menschen übertragen. Hierauf beruht ein Großteil des gegenseitigen Verständnisses. Die soziale Kognition ist darum auch nicht statisch («was man einmal weiß, das behält man») sondern dynamisch, da sie stark von den Veränderungen in der Lebenserfahrung abhängt.

Es geht aber noch um mehr. Da alle Menschen Artgenossen sind, durchzieht den kognitven *Prozeß des Kennens* manchmal ein *gefühlsmäßiges Erfassen*, das mit logischen Argumenten wenig zu tun hat. Es ist ein Mitschwingen, Mitleben, Mitfühlen, das man auch *Empathie* nennt. Weiterhin ist Menschenkenntnis bedingt durch die Wechselbeziehung zwischen den sich kennenden Personen. Oder wie SHANTZ es ausdrückt: Ein Kind ist kein *Kenner der* sozialen Welt, sondern ein *Mitspieler in* der Welt. Auch hier wird wieder der interaktionale Standpunkt deutlich. Menschenkenntnis ist die Kenntnis, die während einer Interaktion erworben wird und weiterhin in Interaktionen funktioniert. Die Meinung, die ein Kind über die Menschen entwickelt, ist teilweise abhängig von den Reaktionen, die das Kind selbst bei anderen hervorruft. Ein aufbrausendes Kind bekommt einen anderen Eindruck von seinen Mitmenschen als ein zurückhaltendes Kind. Vielleicht könnte man sogar sagen, daß, je einseitiger ein Kind ist, desto stereotyper sein eigenes Verhaltensrepertoire ist, wodurch wiederum seine Menschenkenntnis weniger nuanciert ist, da es bei anderen stereoype Reaktionen hervorruft. So kann ein Teufelskreis entstehen, denn durch seine geringe Menschenkenntnis erwirbt ein Kind weniger soziale Fähigkeiten. Da die interaktionale Betrachtungsweise der kognitiven Entwicklung jedoch noch ziemlich neu ist, sind nur wenige Untersuchungen vorhanden, um sie zu erhärten.

Wenn man stark von seiner eigenen Erfahrung ausgeht, kann es jedoch passieren, daß man gerade deswegen einen anderen nicht begreift.

Was läßt sich nun – unter Berücksichtigung des oben genannten Einwandes – über das spezifisch Kognitive in der Entwicklung der sozialen Kognition im Schulalter sagen? Eine Zusammenfassung, die SHANTZ über Untersuchungen auf diesem Gebiet erstellt hat, zeigte, daß man sich vor allem mit fünf Aspekten beschäftigt: Wie entwickelt sich bei einem Kind die Fähigkeit zu begreifen, was ein anderer Mensch *wahrnimmt, weiß, fühlt* und *beabsichtigt*, und zu beurteilen, um *was für einen Menschen* es sich handelt?

Wahrnehmen und Wissen

Je mehr sich ein Schulkind von seinem rein egozentrischen Denken loslöst, umso besser kann es sich vorstellen, daß ein anderer dieselben Erscheinungen auf eine andere Art und Weise *wahrnimmt* als es selbst. Es lernt verstehen, *was* ein anderer wahrnimmt. Dies läßt sich zwischen dem neunten und zehnten Lebensjahr deutlich konstatieren. Bei den entsprechenden Untersuchungen verwendet man meistens Zeich-

Diese Art von Experimenten basiert auf PIAGETS *«Drei-Berge-Experiment». Dies wird u. a. in Praktische Kinderpsychologie, Kapitel 18, Abschnitt «Einfühlungsvermögen» besprochen.*

nungen oder Photos, die aus verschiedenen Perspektiven aufgenommen sind. SALOMON verwendete u. a. eine Serie von fünf Zeichnungen. Auf der ersten Zeichnung sieht man ein Mädchen, das vor einem Maler posiert. Beide sind in voller Größe gezeichnet. Dem Mädchen sieht man ins Gesicht, vom Maler sieht man nur den Rücken. Auf den vier anderen Zeichnungen sieht man den Maler in vier verschiedenen Positionen. Die Kinder mußten die Zeichnung zeigen, auf der man den Maler so sieht, wie ihn auch das posierende Mädchen sieht. SALOMON stellte fest, daß Kinder mit Fernseherfahrung bei dieser Aufgabe besser abschneiden als Kinder, die selten fernsehen. Dies liegt wahrscheinlich daran, daß erstere Kinder an Bilder gewöhnt sind, die abwechselnd aus verschiedenen Kamerapositionen gezeigt werden. Die Fähigkeit, sich in objektiver Hinsicht in den Wahrnehmungsstandpunkt eines anderen zu versetzen, scheint eine Grundvoraussetzung für die soziale Kognition zu sein. Dadurch ähnelt sie dem Wissen über die Gesetzmäßigkeiten der leblosen Materie. Sie erfordert ihrerseits eine logische Argumentation.

Dies gilt auch für das Einschätzen dessen, was ein anderer Mensch *weiß*. Ein Experiment von FLAVELL macht dies deutlich. Er verwendete eine Serie von sieben Bildern, auf denen ein Junge zu sehen ist, der auf der Straße läuft und von einem Hund verfolgt wird. Der Junge flüchtet und klettert auf einen Baum, pflückt einen Apfel und ißt ihn. Läßt man die Bilder weg, auf denen der Hund zu sehen ist, bleibt eine andere logische Geschichte übrig: Ein Junge läuft auf der Straße, klettert dann auf einen Baum und ißt einen Apfel. Zuerst wurde den Kindern die erste Reihe präsentiert. Dazu mußten sie eine Geschichte erzählen. Danach wurden die drei Bilder mit dem Hund weggelassen. Es kam eine neue Person hinzu und die Kinder wurden gefragt, was für eine Geschichte diese neue Person ihrer Meinung nach über die vier übriggebliebenen Bilder erzählen würde. Bis zum Alter von 8/9 Jahren erzählten die Kinder die Geschichte in der langen Version, ohne sich darüber klar zu werden, daß die neu hinzugekommene Person nichts von der Existenz des Hundes wußte. Die älteren Kinder erzählten zwar die kurze Version, aber es passierte öfter, daß einige Kinder auf die Frage des Neulings: «Warum ist der Junge denn auf den Baum geklettert?» antworteten: «Weil er von einem Hund verfolgt wurde« anstatt «weil er einen Apfel haben wollte».

Ein spezieller Aspekt der Kenntnis darüber, was ein anderer weiß, ist das sogenannte *rekursive* Denken. «Ich weiß, daß er gestern zwei Stunden Hausaufgaben für die heutige Prüfung gemacht hat». Man kann aber auch weiterdenken: «Weiß er, daß ich weiß, daß er zwei Stunden über den Hausaufgaben gesessen hat?». Oder noch besser: «*Kann* er wissen, daß ich weiß, daß er gestern zwei Stunden seine Hausaufgaben gemacht hat?». Vom Standpunkt eines Anderen aus blickt man auf die eigenen Gedanken zurück, oder man denkt weiter, was eine dritte Person denkt: «Ich denke, daß sie denkt, daß er nicht mehr neben ihr sitzen will».

Es ist deutlich, daß diese Art des weiterführenden Wissens Einfluß auf die Beziehungen und die Kommunikation der Menschen hat.

Wenn Kind X weiß, daß Kind Y zwei Stunden an den Hausaufgaben gearbeitet hat, findet Kind X es scheinheilig, wenn Kind Y nach Erhalt einer guten Note trotzdem noch darauf besteht, daß es «nichts dafür getan hat». Kind X findet Kind Y also dumm, da es denkt: «Y muß doch wissen, daß ich weiß, daß er zwei Stunden an den Hausaufgaben gearbeitet hat». Es stellt sich nun die Frage, ob Kinder im Schulalter in der Lage sind, rekursive Zusammenhänge zu durchschauen. Die ersten Anzeichen des rekursiven Denkens mit lediglich einer Schleife (Ich denke, daß du denkst, daß ...) werden im Alter von etwa sieben Jahren sichtbar, Doppelschleifen (Ich denke, daß du denkst, daß er denkt ...) im Alter von zehn Jahren. Die bekannteste Untersuchung hierüber stammt von P. H. MILLER.

Fühlen und Beabsichtigen

Neben dem Wissen darüber, was eine andere Person weiß, gibt es noch das Wissen darüber, wie sich jemand fühlt oder was seine Absichten sind.

Hinsichtlich der *Emotionen* eines Mitmenschen muß die Entwicklungstheorie von HARRIS und OLTHOF genannt werden, die zum Teil auf ausführlichen Interviews mit sechs-, elf-, und fünfzehnjährigen Kindern aufbaut. Die tiefgreifendste Veränderung scheint zwischen dem sechsten und dem elften Lebensjahr stattzufinden. Hierbei gehen jüngere Kinder von einem direkten Zusammenhang zwischen einer bestimmten Erfahrung und einer bestimmten Emotion aus. HARRIS und OLTHOF nennen diese Kinder «kleine Behavioristen»: Diese oder jene Erfahrung ruft diese oder jene äußerlich sichtbare Emotion hervor. Wenn jemandem das Fahrrad gestohlen wird, wird er böse. Wer einen Preis gewinnt, freut sich. Ältere Kinder sind nach HARRIS und OLTHOF mehr «Mentalisten»: Sie begreifen, daß sich zwischen einem Ereignis und einer Emotion noch etwas anderes im menschlichen Geist abspielt und daß es sich nicht um einen direkten Zusammenhang zwischen Ursache und Wirkung handelt. Dieses *etwas* ist die Bedeutung, die man einem Ereignis zumißt und die von Mensch zu Mensch und von Moment zu Moment verschieden sein kann. Ältere Kinder können also besser relativieren und ihre Einschätzung, wie jemand sich fühlen muß, besser abwägen. Sie begreifen beispielsweise, daß ein Mensch widersprüchliche Gefühle haben kann: Man kann sich über eine gute Note freuen und gleichzeitig todunglücklich sein, da die beste Freundin eine sehr schlechte Note bekommen hat. Sie verstehen weiterhin, daß Gefühle über ein Ereignis auch von anderen Ereignissen abhängig sind: Wenn einem das Fahrrad an dem Tag gestohlen wird, an dem man hört, daß die Eltern sich scheiden lassen wollen, wird das erste Ereignis ziemlich unwichtig. Und was für den einen eine Katastrophe ist, sieht ein anderer vielleicht nur als Bagatelle an. Die emotionale Bedeutung eines Ereignisses wird auch durch frühere Erfahrungen mitbestimmt. Man kann sich aber einem Gefühl, das in einem aufkommt, auch ganz bewußt widersetzen oder aber seine Emotionen überhaupt verbergen. All diese Erfahrungen wachsen während der Schulzeit und führen dazu, daß Kinder immer mehr Überlegungen in ihre Beurteilung, wie jemand sich fühlt, einbeziehen und nicht mehr nur denken: «Was ist passiert?» und «Wie sieht er aus?».

Ein wichtiges Entwicklungskriterium ist für ROTHENBERG, ob Kinder Emotionen bei anderen auch dann erkennen können, wenn es um Dinge geht, mit denen sie noch keine eigenen Erfahrungen gemacht haben. Es scheint, daß sich hier ab dem zehnten Lebensjahr eine fundamentale Wende vollzieht. Kinder sind dann eher in der Lage, Emotionen von Erwachsenen, bei denen es um typisch erwachsene Erfahrungen geht, einzuschätzen. Sie müssen diese Emotionen nicht mehr auf kindliche Proportionen reduzieren, um sie begreifen zu können. Auch beim Wissen von den Absichten einer anderen Person ist bei den Kindern eine Entwicklung zu verzeichnen, die sich, kurz skizziert, wie folgt beschreiben läßt. Gegen Ende der Grundschulzeit können Kinder mehr Elemente in ihre Überlegung einbeziehen. Sie können besser als früher «zwischen den Zeilen lesen», wie sich eine Person verhält. Sie können auch Zusammenhänge schaffen, die nicht direkt wahrnehmbar sind.

Eine Beschreibung eines Sechsjährigen darüber, was eine andere Person getan hat, umfaßt noch relativ viele «und dann», ein Elfjähriger dagegen wird öfter das Wort «weil» verwenden. Werden Kinder, nachdem sie ein Filmfragment über eine zwischenmenschliche Situation gesehen haben, gefragt, was denn da geschehen sei, lassen sich in ihren Antworten *drei Niveaus* unterscheiden: (1) Sie nennen ein Geschehen; (2) sie schaffen einen Zusammenhang zwischen dem Verhalten der beteiligten Menschen; (3) sie ziehen eine Schlußfolgerung über die Gedanken, Gefühle und Absichten der Beteiligten. Zwischen dem sechsten und dem zwölften Lebensjahr verlagert sich die Betonung in den Berichten vom ersten auf das dritte Niveau, wobei die stärkste Veränderung etwa mit zehn Jahren zu verzeichnen ist, denn dann erscheinen die ersten Schlußfolgerungen darüber, was in einem Menschen vor sich geht.

Die meisten Untersuchungen hinsichtlich der «Absichten» wurden im Zusammenhang mit der moralischen Entwicklung durchgeführt. Denn es gilt: Handlungen können gut oder schlecht sein, wichtiger ist jedoch, ob sie gut oder schlecht gemeint waren. Dies ist jedoch eine einseitige Betrachtungsweise. Es bestehen nämlich auch «Absichten», die nichts mit gut oder böse zu tun haben. SMITH hat untersucht, inwieweit Kinder moralisch neutrale Absichten bei anderen einschätzen können. Ein wichtiger Punkt hierbei ist, ob sie zu einer Unterscheidung zwischen gewollten und ungewollten Handlungen in der Lage sind. Wird in einem Film gezeigt, wie jemand das eine Mal eine leere Zigarettenschachtel bewußt in einen Papierkorb wirft, ein anderes Mal aber die Schachtel unbemerkt vom Tisch stößt, jedoch so, daß sie ebenfalls im Papierkorb landet, werden Kinder bis zum sechsten Lebensjahr auch hinter der letzten Handlung eine Absicht sehen. Dies hängt damit zusammen, daß sie in ihrer Beurteilung noch sehr stark vom Resultat abhängig sind (eine leere Zigarettenschachtel gehört in den Papierkorb) und erst später zu der Einsicht in den vorausgegangenen Prozeß gelangen.

Es handelt sich also um eine andere Bedeutung des Wortes *Absicht* als bei moralischen Fragen. Dort hat sie die Bedeutung von *warum*, bezieht sich also auf das *Motiv* für das Verhalten. Dafür haben junge Kinder jedoch noch keinen Blick. Bei moralisch neutralen Handlungen hat *Absicht* die Bedeutung von *Vorsatz*, und das ist etwas, worüber junge Kinder sprechen können: Sie berücksichtigen offensichtlich noch nicht den Zufall. Jedoch können Kinder schon vom Beginn der Grundschule an bei der Beurteilung, ob etwas absichtlich geschehen ist, in zunehmendem Maße eine Reihe subtiler Nuancen wahrnehmen. Beispielsweise, ob jemand sieht, was er tut; ob er zwar hinschaut, aber mit seinen Gedanken nicht bei der Sache ist; ob er versäumt, etwas zu tun oder nicht; ob das Resultat günstig für ihn ist oder nicht. So entsteht Einsicht in die Struktur der unwillkürlichen Handlungen. Dies merkt man an den Antworten der Kinder auf Fragen wie z. B.: «Hat sie probiert, vom Fahrrad zu fallen?» oder «Hat sie absichtlich geniest?» Je nuancierter Kinder *Absichten* beurteilen können, desto mehr wird der Ausruf «Das hast du absichtlich gemacht» zu einer bewußten Beschuldigung, während «Das hab' ich aus Versehen getan» als echt empfundene Entschuldigung anerkannt wird.

Ein anderer Bereich von Untersuchungen hinsichtlich der Absichten beschäftigt sich mit der Frage, inwieweit Kinder abwägen können, ob jemand etwas aus sich selbst heraus tut oder dazu gezwungen oder verführt wird. Diese Frage stellt sich, wenn in einer bestimmten Situation beides möglich ist. Bringt Peter etwas Leckeres für das Meerschweinchen in der Schule mit, weil er so verrückt auf das Tier ist, oder weil der Lehrer gesagt hat, daß der Schüler oder die Schülerin, der oder die am besten für das Tier sorgen, es in den Sommerferien mit nach Hause nehmen darf? Bei Erwachsenen ist es so, daß, sobald ein externer Faktor auftritt und es auf einen weiteren internen Faktor keine zusätzlichen Hinweise gibt, ihrer Meinung nach die innerliche Motivation beeinträchtig wird. Wenn sie Peter vergleichen müssen mit Stefan, der auch etwas Leckeres für das Meerschweinchen mitbringt, ohne daß der Lehrer eine mögliche Belohnung in Aussicht gestellt hat, ist es für Erwachsene beinahe eine Selbstverständlichkeit, daß *also* Stefan am meisten aus sich selbst heraus handelt. Interessant ist, daß Untersuchungen gezeigt haben, daß Kinder zwischen sieben und neun Jahren dieselben Gedankengänge entwickeln. In der Zeit davor zählen sie, wenn danach gefragt wird, beide Erklärungen einfach zusammen: Peter liebt das Meerschweinchen und will es gerne mit nach Hause nehmen. Im Laufe ihrer Grundschulzeit werden Kinder also gewandter im Abwägen von Motiven, jedoch auch ein bißchen zynischer.

Eigentlich handelt es sich hierbei um den Unterschied zwischen intrinsischer und extrinsischer Motivation, der in Kapitel 4 «Lernen lernen» zur Sprache kam.

Soziale Perspektive

Das Vorangegangene sind einige Aspekte der Fähigkeit, sich in andere Menschen hineinzuversetzen, einen anderen Gesichtspunkt zu wählen oder etwas aus einer anderen Perspektive als der eigenen zu sehen. SELMAN unterscheidet hierbei *fünf Niveaus*, die teilweise aufeinander aufbauen. Niveau 0 (zwischen drei und sechs Jahren) besteht aus zwei Stadien: Zuerst geht ein Kind davon aus, daß sein Gesichtspunkt für alle Menschen Gültigkeit hat. Danach entsteht das Bewußtsein, daß ein anderer Mensch ein anderes Innenleben hat, das man jedoch nicht kennen kann. Auch Niveau 1 besteht aus zwei Stadien, die bei Kindern im Alter von ca. sechs Jahren beobachtet wurden: Erstens besteht die Vorstellung, daß wer dasselbe tut, auch dasselbe empfindet. Danach entsteht die Einsicht, daß eine Erfahrung auch unter den selben Umständen für verschiedene Menschen verschieden sein kann, daß man das aber von anderen nicht weiß. Die ersten Anzeichen von Niveau 2 treten mit acht Jahren auf.

Ein Kind lernt, daß verschiedene Menschen verschiedene Dinge denken und fühlen. Es kann sich dann vorstellen, was in seinem Mitmenschen vorgeht, und begreift, daß diese umgekehrt auch begreifen können, was in ihm vorgeht. Niveau 3 tritt mit ungefähr zehn Jahren auf und bedeutet, daß ein Kind sich vorstellen kann, wie eine dritte Person über es und eine andere Person denkt. Ein Kind kann sich dann überlegen: «Peter geht lieber mit mir schwimmen als mit Hans, weil . . .». Nach dem zwölften Lebensjahr tritt Niveau 4 auf, das auch für die soziale Kognition der Erwachsenen kennzeichnend ist. Es entwickelt sich stets mehr Einsicht in die vorhandenen Zusammenhänge im Leben eines anderen, in seine Absichten, Auffassungen, Wertvorstellungen usw. Ein Kind versteht dann, daß diese wiederum abhängig davon sind, unter welchen Umständen man lebt und welcher gesellschaftlichen Gruppierung, welcher Kultur und Generation man angehört usw. Ein Kind gelangt auch zu der Einsicht, daß es manchmal Dinge gibt, die man nicht begreifen kann.

Ein Schulkind lernt jedoch nicht nur die mehr oder weniger besondere Einschätzung der Wahrnehmung, des Wissens oder der Absichten seiner Mitmenschen kennen, es erwirbt auch in zunehmendem Maße Einsicht in die Gesamtpersönlichkeit eines anderen. Eine der wichtigsten Untersuchungen in diesem Zusammenhang stammt von LIVESLEY und BROMLEY. Zu Beginn der Grundschule beinhalten die Beschreibungen, die Kinder von einem anderen Menschen geben, nicht seine psychischen Eigenschaften, sondern die konkreten Umstände: Wie sieht die Person aus, wo wohnt sie, was für Spielzeug besitzt sie, hat sie Geschwister usw. Fragt man ein Kind nach ganz expliziten Eigenschaften («Findest du ihn nett?»), antworten siebenjährige noch ziemlich konkret und egozentrisch: «Nein, denn er hat mich nicht auf sein Fest eingeladen» oder «Ja, der hat mir sein Fahrrad geliehen». Gegen Ende der Grundschule verwenden Kinder psychologische Begriffe, um eine andere Person zu beschreiben: «Sie ist so verlegen» oder «Er spielt immer den starken Mann». Zwischen acht und neun Jahren nimmt die Anzahl der Charakterzüge, die ein Kind ausdrücken kann, am meisten zu. Dies bedeutet vor allem eine Differenzierung dessen, was früher mit globalen Begriffen wie «nett», «garstig», «lieb» oder «frech» angedeutet wurde. «Nett» kann dann näher erklärt werden: «Sie ist sehr geduldig, wenn sie etwas erklärt, sie drängt sich niemals auf und übertreibt auch nicht». FLAVELL weist jedoch darauf hin, daß diese Personenbeschreibungen oft nur wenig konsistent sind und daß positive und negative, äußerliche und innerliche Eigenschaften willkürlich aneinandergereiht werden.

Vergleiche hiermit die zunehmende Verfeinerung des Begriffsnetzwerks, das im Kapitel «Argumentation und Rechnen » besprochen wird.

Erst mit zwölf oder dreizehn Jahren sind Kinder in der Lage, andere Menschen nicht nur mit Eigenschaftsbegriffen zu beschreiben, sondern auch spontane Erklärungen hinsichtlich der situativen Faktoren zu suchen: «Sie ist immer so ängstlich. Das kommt aber vielleicht daher, daß ihre Mutter immer sagt, sie müsse bei allem, was sie tut, gut aufpassen».

Altersgenossen

Ausgerüstet mit einer unvollständigen, jedoch stets zunehmenden Menschenkenntnis, gehen die Kinder einer Schulklasse miteinander um. Welch hohe Anforderungen der soziale Umgang unter Altersgenossen stellt, zeigt ein einfaches Beispiel von YEATS und SELMAN: Ein Kind will sich auf dem Spielplatz am Fußballspielen beteiligen. Es muß als erstes bestimmte wichtige und unwichtige Signale scharf *wahrnehmen* (z.B. wieviele Jungen am Spiel beteiligt sind, wie ihr Gesichtsausdruck ist und ob ein Lehrer in der Nähe ist). Danach muß er das, was er hört und sieht, richtig *einschätzen* (z.B. wie die Stimmung untereinander ist, ob die Schimpferei des einen Jungen persönlich auf den anderen Jungen gemünzt, oder nur eine allgemeine Entladung von Spannung war, ob die beiden Mannschaften ebenbürtig sind und ob eine der beiden Verstärkung brauchen könnte). Danach muß das Kind sein eigenes Verhalten *abstimmen* auf seine Wahrnehmungen und einschätzen (sollte er beispielsweise einfach mitmachen oder erst lieber fragen, und wenn ja, wen sollte er fragen? Oder sollte er abwarten, bis der Ball zufällig bei ihm ins Aus rollt und ihn dann mit einem tollen Schuß wieder ins Feld befördern?). Abschließend ist es wichtig, daß er die Auswirkung seines Verhaltens *erfühlen* und wenn nötig *anpassen* kann.

Nach STROMMEN besteht ein Zusammenhang zwischen dem vorhandenen Maß an sozialer Kognition und der Beliebtheit bei den Klassenkameraden. Im negativen Sinne bedeutet das: Kinder mit einem für ihr Alter noch unzureichenden, sozialen Verständnis sind vergleichsweise öfter unbeliebt. Im positiven Sinne bedeutet es: Beliebte Kinder lassen öfter soziale Sensitivität erkennen.

Altersgenossen – *peers*, wie sie in der englischsprachigen Literatur genannt werden – sind für jedes Kind wichtige Übungspartner bei der sozialen Entwicklung. Das Kind nimmt in zunehmendem Maße selbständig am Umgang, den Gewohnheiten und Werten teil, die in der

Gemeinschaft, zu der es gehört, gebräuchlich sind. Es lernt, sich ohne zu große Schwierigkeiten zwischen seinen Mitmenschen zu bewegen. Ein Aspekt ist hierbei die soziale *Kognition*, ein anderer das soziale *Verhalten*.

Das Phänomen Beobachtungs-Lernen wird im Kapitel «Fernsehwelt» noch näher erläutert.

Altersgenossen bieten einander nach MISCHEL vor allem die Möglichkeit des Beobachtungs-Lernens und des Experimentierens. Sie übernehmen Verhaltensweisen voneinander und verwenden sie untereinander. So entsteht ein Gefühl dafür, was *geht* und was nicht, was von einem erwartet wird und was aus der Reihe fällt. Diese fortwährende Abstimmung aufeinander hat eine vereinheitlichende Wirkung. Es ist bekannt, daß Kinder im Schulalter nicht gerne auffallen und so wie die anderen sein wollen. Der Wunsch, sich von anderen zu unterscheiden und mit der eigenen Persönlichkeit zu experimentieren, entsteht erst später, in der Adoleszenz. In der Schulzeit wird – wenn alles gut geht – das Fundament zum Gefühl der Zugehörigkeit gelegt.

Die Bedeutung der Latenzphase wird in Praktische Kinderpsychologie, Kapitel 12 besprochen.

SULLIVAN ist der erste Psychologe, der die Wichtigkeit der Altersgenossen für die Entwicklung des Kindes in der Schule deutlich gemacht hat. Er widersetzt sich hierbei der Freudianischen Auffassung, die besagt, daß die allerersten Lebensjahre den größten Einfluß auf ein Kind haben und daß ab dem sechsten Lebensjahr eine Latenzphase eintrete, in der sich nur eine stille Konsolidierung dessen vollzieht, was sich in der frühesten Jugend entwickelt hat. SULLIVAN geht von einem Unterschied zwischen der Beziehung Kind – Altersgenossen und der Beziehung Kind – Erwachsenen aus. Die letztere ist eine Beziehung zwischen Ungleichen, denn unter normalen Umständen ist der Erwachsene immer der Wissendere. Ein solches Verhältniss gibt dem Kind jedoch Sicherheit, denn es wird von den Eltern als Kind akzeptiert. Auch die Aufgabe der Lehrkraft gegenüber dem Kind ist deutlich umrissen: Das Kind ist Schüler. Altersgenossen hingegen sind untereinander gleichwertig und stehen in keinen festen Rollenbeziehungen, sondern müssen sich diese erwerben, indem sie sich durchsetzen. Dies ist den Erwachsenen gegenüber nicht erforderlich. Obwohl der Begriff «soziale Kognition» jüngeren Datums ist, meint SULLIVAN deutlich dasselbe, wenn er sagt, daß Kinder in den ersten Schuljahren noch wenig von den Gefühlen anderer begreifen und daß sie im Umgang mit ihren Altersgenossen noch ziemlich taktlos sind. Darum geht es am Anfang in der Schule auch hart zu. Der Ausspruch «Kinder sind grausam» ist ja bekannt.

SULLIVAN geht von einer Zweiteilung der Schuljahre aus. Die erste Periode (*juvenile aera*) ist die der harten Konfrontation zwischen sozial noch unbeholfenen Kindern, die sich behaupten müssen. Zwischen dem neunten und dem zehnten Lebensjahr beginnt dann nach SULLIVAN die *Voradoleszenz*. In diesem Alter ist eine Zunahme der sozialen Einsicht und der Sensibilität, des Einfühlungsvermögens und der Verantwortlichkeit anderen gegenüber zu verzeichnen. In dieser Periode liegen auch die ersten echten Freundschaften.

In diesem Zusammenhang ist die Theorie von YOUNISS interessant, der versucht, die Ansichten von SULLIVAN mit denen von PIAGET zu verbinden. Da zwischen dem Kind und dem Erwachsenen ein ungleiches Verhältnis besteht, ist die Beziehung komplementär, d. h. sie ergänzen einander und der Erwachsene sorgt unter normalen Voraussetzungen immer für ein Gleichgewicht. Das gleichwertige Verhältnis mit den Altersgenossen bedeutet eine symmetrische Wechselseitigkeit. Wenn das Gleichgewicht gestört wird, müssen Kinder dieses durch ihr eigenes Verhalten wieder herstellen. Darum gehen von einem solchen Verhältnis mehr Impulse für ein soziales Wachstum aus: Ein Kind muß sich anpassen. Wenn ein Kind kratzbürstig ist, seinen Willen durchsetzen will oder beispielsweise sein Pausenbrot vergessen und daher nichts zu essen hat, entsteht Ungleichheit, die aus der Welt geschafft werden muß. Ein anderes Kind wird entweder zu einer heftigen Gegenreaktion oder aber zum Teilen seines Pausenbrotes provoziert. Auf diese Weise ist ein Kind in seinem Verhalten stets auf *Ausgleich* aus. Mitleben, Teilen, Zusammenarbeiten, aber auch Rache, Nichtbeachtung und Bestrafung anderer haben hier ihre Ursachen. In einer Erwachsenen-Kind-Beziehung gibt es solche Impulse erst vom zölften Lebensjahr an. Anscheinend fühlt ein Kind in diesem Alter mehr Gleichwertigkeit, und es will diese dann auch durch sein eigenes Verhalten im Gleichgewicht halten. Hier läßt sich ein Zusammenhang mit der oben erwähnten Theorie von ROTHENBERG erkennen, nach der Kinder sich ungefähr in diesem Alter besser in die Lage der Erwachsenen versetzen können, was eine gleichwertige Beziehung erleichtert.

Akkommodation bedeutet in der Theorie Piagets, daß der Geist sich der Wirklichkeit anpasst. Dies bedeutet einen weiteren Schritt in der Entwicklung.

Eine gute Beziehung mit den Altersgenossen kann nach HARTUP problematische Verhältnisse im Elternhaus kompensieren. Aber dazu muß ein Kind über soziale Fertigkeiten verfügen, während gerade die Risikofaktoren im Elternhaus der Entwicklung der sozialen Fertigkeiten im Wege sein können. Er konstatiert aber umgekehrt auch einen Zusammenhang zwischen einem schlechten *Peerverhältnis* und einem allgemein unvollständigen Anpassungsvermögen, in der Kindheit wie auch in der Adoleszenz. HARTUP glaubt, daß ein Kind erst in den ersten Schuljahren richtig mit dem Phänomen der «Gruppennorm» konfrontiert wird. Zu Hause und im Kindergarten war sie von geringer Bedeutung. Darum sind die ersten Klassen eine harte, jedoch effiziente Lehrzeit, in der ein Kind lernt, sich anzupassen. Gelingt dies dem Kind aus dem einen oder anderen Grunde nicht, so kann der Mangel an Anpassungsvermögen zum bleibenden Handicap werden.

In Kapitel 11 «Kindersorgen» werden Kinder beschrieben, die trotz miserabler Umstände im Elternhaus ausgeglichen aufwachsen.

Das Verhalten, das ein Kind erlernen muß, bewegt sich u. a. in der Dimension «asozial/prosozial», zwischen *Egoismus* und *Altruismus*. Die Übersicht von SHANTZ vermittelt den Eindruck, daß ab dem neunten Lebensjahr ein Zusammenhang besteht zwischen dem Maß, in dem sich ein Kind in eine andere Person versetzen kann und dem Maß an prosozialem Verhalten. Je mehr die soziale Kognition in einem Kind entwickelt ist, desto mehr ist es bereit zu helfen, zu teilen und Mitgefühl zu haben.

Zu einem sozialen Verhalten gehört aber auch eine Eigenschaft, die von SNYDER *self-monitoring* genannt wurde: Das Steuern des eigenen Verhaltens, wobei jemand mehr aus der Situation heraus oder mehr aus sich selbst heraus denken kann. Im ersten Fall spricht man von einem hohen *self-monitoring*: Die betreffende Person ist in der Lage, sich selbst entsprechend der Situation in einem hohen Maße anzupassen. Bei einem geringen *self-monitoring* ist der eigene Kurs mehr festgelegt. Man geht von dem Motto aus: «Ich bin wie ich bin. Wie kann ich mir die Situation so gefügig machen, daß ich in sie passe?" Beim hohen *self-monitoring* ist das Motto hingegen: «Was ist das für eine Situation und wie kann ich mich selbst an sie anpassen?» Die meisten Menschen befinden sich jedoch in der Mitte, mit einem leichten Vorzug für eine der beiden Richtungen. Es gibt jedoch – auch bei Kindern – ausgesprochene Typen. Die, die auf der *Junior Self-Monitoring Scale* gute Ergebnisse erzielen, haben im allgemeinen eine flexiblere Einstellung in sozialen Situationen. Sie gehen beispielsweise leichter auf Vorschläge von anderen Kindern ein.

Jedoch nicht nur die soziale kognitive Entwicklung, sondern auch die allgemeine kognitive Entwicklung haben einen Einfluß auf die prosozialen Möglichkeiten eines Kindes. Ein Beispiel wäre der Begriff «gerecht teilen». Wenn ein Kind eine Belohnung für eine Gruppenleistung zwischen sich und anderen teilen muß, kann es von drei Prinzipien ausgehen. Gleichheit (*equality*): Jeder erhält denselben Anteil (eventuell bekomme ich ein klein bißchen mehr); Gerechtigkeit (*equity*): Jedes Kind erhält den Teil, der der erbrachten Leistung entspricht; Bedürfnis (*need*): Jedes Kind bekommt soviel, wie es braucht. Gleichheit ist kognitiv einfacher als die anderen beiden Prinzipien, bei denen ein Kind proportional denken muß, wozu es jedoch erst mit etwa zwölf Jahren in der Lage ist.

Es gibt noch andere Befunde, die darauf hinweisen, daß prosoziales Verhalten keine feste Eigenschaft ist. BARNETT fand beispielsweise bei Kindern zwischen sieben und zwölf Jahren einen deutlichen Zusammenhang zwischen ihrer Stimmung und ihrer Bereitschaft zum Teilen. Kinder, die während eines Interviews dazu gebracht wurden, sich an traurige Dinge in ihrem Leben zu erinnern, gaben beim Teilen signifikant mehr weg als Kinder, die dank fröhlicher Erinnerungen in einer aufgeweckten Stimmung waren.

Die Frage nach dem Einfluß auf die Stimmung kam auch in den Kapiteln 6 «Fernsehwelt» und 8 «Normen und Werte» zur Sprache.

In einer gründlichen Studie unter lebensechten Voraussetzungen in einer vierten Klasse zeigten KRAPPMANN und OSWALD, wie stark der Status eines Kindes innerhalb einer Gruppe von Altersgenossen das prosoziale Verhalten beeinflußt. Bei dieser Untersuchung ging es um das gegenseitige Helfen bei den Schulaufgaben. Ein Kind mit einem niedrigeren Status wurde oft abgewiesen oder nicht beachtet, wenn es eine Hilfestellung anbot, vor allem, wenn es diese an ein Kind mit einem höheren Status richtete. So werden prosoziale Impulse abgebremst. Umgekehrt kann jedoch ein Verhalten, das auf den ersten Blick prosozial erscheint, einem egoistischen Ziel dienen. Ein Kind kann z. B. Hilfe anbieten, um seine Überlegenheit zu demonstrieren. Im Prinzip ist es aber so, daß sich die Kinder, die ohnehin schon eine Gruppe bilden, am meistens helfen. Dasselbe gilt für die mehr organisierte Zusammenarbeit. Die hat nur dann einen Lerneffekt, wenn die Kinder selbst bestimmen dürfen, mit wem sie zusammenarbeiten. Wenn der Lehrer ein Kind dazusetzt, das nicht zur «Gruppe» gehört, werden die anderen der Zusammenarbeit mit diesem Kind aus dem Wege gehen, wodurch es auch nicht von der Arbeit profitieren kann. Erzwungene Zusammenarbeit scheint also keinen Lerneffekt zu haben.

Bei der eher erwähnten Theorie von YOUNISS muß man also hinzufügen, daß es einem Kind ermöglicht werden muß, eine ungleiche Beziehung zu einem Altersgenossen wieder ins Gleichgewicht zu bringen («Ich weiß etwas, was du nicht weißt, kann ich dir helfen?») und daß viele Faktoren auftreten können, die dies erschweren. Aus der Tatsache, daß selbst ein sehr asoziales Kind ab und zu behilflich und mitteilsam ist, läßt sich ableiten, daß es sich beim sozialen bzw. nichtsozialen Verhalten nicht um feste Persönlichkeitsmerkmale handelt. Darum sollte man sich vor Stereotypen hüten.

Die Experimente zur Messung des prosozialen Verhaltens sind häufig sehr künstlich und betreffen die Haltung der Kinder anonymen Altersgenossen gegenüber. Untersucht man hingegen Kinder, die einander kennen, wird deutlich, daß Freunde mehr teilen und helfen als Kinder, die keine Beziehung zueinander haben. In einer Untersuchung von NELSON und ABOUD wurden acht- und neunjährige Kinder in eine Konfliktsituation mit einem Freund und mit einem fremden Kind gebracht. Freunde lieferten sich gegenseitig mehr Argumente für ihren eigenen Standpunkt und kritisierten den Standpunkt des anderen Kindes, wodurch sie zu einer besser ausgewogenen Lösung kamen. NELSON und ABOUD kamen zu dem folgenden Schluß: Von den Konflikten zwischen Freunden geht mehr soziale Formung aus als von Konflikten zwischen beliebigen Kindern.

Die Gruppe

In der Literatur über den Einfluß von Altersgenossen taucht oft der Begriff der *Peergroup* auf. Dies sind Gruppen von Kindern, die viel miteinander umgehen. Im allgemeinen besteht der Eindruck, daß diese Gruppen mit dem Älterwerden stabiler werden. Die Gruppen bestehen fast immer entweder aus Jungen oder aus Mädchen. Die Jungengruppen sind im allgemeinen größer als die der Mädchen. Im Gegensatz zu den Mädchen lassen zwei Jungen, die viel miteinander umgehen, eher einen Dritten hinzu. Darum sind Beziehungen zwischen Mädchen normalerweise *enger*, die Beziehungen zwischen Jungen dagegen *expansiver*. Interessant ist in diesem Zusammenhang die wiederholte Beobachtung von SEYMOUR und Norma FESHBACH, daß zwei Jungen, die an einem Experiment teilnahmen, einem dritten Jungen, der später hinzu kam, viel spontaner begegneten als zwei Mädchen einem dritten Mädchen. Eine «Neue» wird von den Mädchen eher «links liegen gelassen», und ihr Beitrag zur Lösung der experimentellen Aufgaben wird kaum beachtet. Auch eine Beobachtung von FELDBAUM sollte hier noch erwähnt werden. Mädchen, die neu in eine Klasse kommen, suchen mehr Unterstützung beim Lehrer, während neu hinzukommende Jungen sich meistens an anderen Jungen in der Klasse orientieren. Es scheint so, daß Mädchen ihrem eigenen Geschlecht gegenüber mißtrauischer sind als Jungen.

Jedoch formt die Peergruppe nur einen Teil der geregelten Kontakte zwischen Altersgenossen. Der Begriff «Gruppe» läßt vermuten, daß es sich hier immer um eine stabile, deutlich definierbare Gemeinschaft von Kindern mit einem *Wir-Gefühl* handelt. Beim Umgang der Kinder untereinander sind jedoch immer Abstufungen vorhanden; vom vorübergehenden Kontakt auf dem Campingplatz mit einem Kind, das man eigentlich gar nicht mag, mit dem man aber doch spielt, weil sonst niemand da ist, bis hin zum besten Freund, neben dem man jeden Tag in der Klasse sitzt. Gerade in der Schule entwickeln sich Kontakte, die ein Kind keineswegs freiwillig eingeht, die jedoch trotzdem einen Einfluß auf die soziale Entwicklung haben – sei es auch auf eine andere Art und Weise.

Krappmann und Oswald drücken das folgendermaßen aus: Kontakt hat mehr mit «Nähe» als mit Gruppenbildung zu tun. Die Beilegung eines Streits mit einem Freund ist ebenso charakterformend, wie Frieden mit einer Person zu schließen, die man überhaupt nicht mag. Wenn Kinder sich spontan zu Gruppen zusammenschließen, kann dies auf verschiedene Weise geschehen.

Krappmann und Oswald haben in ihren Untersuchungen mit Zehnjährigen versucht, qualitative Unterschiede bei den verschiedenen Gruppenbildungen zu entdecken und formulierten *drei verschiedene Formationen*: Die echte *Gruppe*, das *Netzwerk* und das *Interaktionsfeld*. Die ersten beiden Gruppen unterscheiden sich durch das Maß an Abgrenzung. Bei der Gruppe ist diese Abgrenzung deutlicher, und oft bestehen gemeinschaftliche Interessen. Manchmal hat eine solche Gruppe auch eine(n) «Anführer(in)» (z.B. die beiden hübschesten Mädchen in der Klasse, mit einigen Anhängerinnen um sich herum, die sich zusammen auf die Verbesserung ihrer Schulleistungen konzentrieren). Innerhalb einer Gruppe wie auch eines Netzwerks können zwei oder drei Kinder eine besondere Beziehung miteinander haben, die innerhalb einer Gruppe stabil ist, innerhalb des Netzwerks jedoch austauschbar, so daß es hier hin und wieder zu Reibereien kommen kann, obwohl das Netzwerk als Ganzes stabil ist. Gute Freunde können aber auch zeitweise zu Feinden werden und sich danach wieder vertragen. Außerdem befinden sich während eines Streits immer andere im Netzwerk, deren Verhältnis zu diesem Zeitpunkt in Ordnung ist. Eigenartiger Weise sind Netzwerke dadurch oft stabiler als eine Gruppe, denn wenn Kinder innerhalb der Gruppe Streit bekommen, fällt diese oft auseinander. Darum bevorzugen Kinder in diesem Alter wahrscheinlich das Netzwerk.

Das Interaktionsfeld besteht aus Kindern, die, bedingt durch die Umstände, kurzfristig miteinander umgehen. Sie sind meistens *übriggeblieben*, d.h. sie gehören weder zu einer Gruppe noch zu einem Netzwerk. Sie gehen freundlich, wenn auch oberflächlich miteinander um.

Hinsichtlich der Zugehörigkeit zu einer der drei Formationen unterscheiden Krappmann und Oswald außerdem *vier Arten von Kindern*:

(1) *Randfiguren*, die weder einer Gruppe noch einem Netzwerk angehören und die auch bei Interaktionen kaum beachtet werden. Einige dieser Kinder versuchen, durch störendes Verhalten auf irgendeine Weise in eine Formation einzudringen, wodurch sie jedoch nur noch heftiger abgewiesen werden. (2) *Wechsler*, die immer nur kurz, dann aber intensiv einer Formation angehören. (3) *Freunde*, die innerhalb einer kleinen Gruppe jahrelang eng verbunden sind. (4) *Intensive Personen*, die sowohl mit einigen Kindern jahrelang eine intime Beziehung haben können, als auch mit anderen Kindern intensive kurzfristige Kontake unterhalten.

Verhaltensanalysen von LADD über den Umgang zwischen Kindern in einer dritten und vierten Klasse bestätigen nicht nur die offensichtliche Annahme, daß Kinder, die ausgeschlossen werden, sich nur selten prosozial verhalten, sondern auch, daß diese Kinder signifikant öfter mit «Leidensgenossen» und mit jüngeren Kindern umgehen. Dieser Untersuchung zu Folge neigen beliebte Kinder mehr zur *Cliquenbildung*. Das veranlaßte BERNDT zu der Frage, ob man nicht auf jeden Fall untersuchen müßte, ob das störende Verhalten von ausgeschlossenen Kindern nicht zum Teil durch das ziemlich überhebliche «Schließen der Reihen» innerhalb der verschiedenen Cliquen erklärt werden kann. Wenn man ein Kind jedes Mal aufs Neue vor den Kopf stößt, wird es dadurch sicher nicht freundlicher. Man kann hier von einer Wechselwirkung sprechen und darf die Ursache für ein störendes Verhalten bei einem ausgeschlossenen Kind nicht zu einseitig erklären.

Neben der Beobachtung kann auch ein *Soziogramm* viel über die Beziehungen innerhalb einer Schulklasse aussagen. Man stellt Kindern Fragen wie zum Beispiel: «Wer ist dein(e) beste(r) Freund(in)?»; «Wer ist in der Klasse am beliebtesten?»; «Neben wem würdest du im Schulbus am liebsten sitzen?». Die Antworten sind natürlich geheim. Auf einem Stück Papier zeichnet man für jedes Kind ein Feld und zieht von diesem eine Linie zu dem Feld des *auserwählten* Kindes. So wird sichtbar, welche Kinder einander den Vorzug geben. Es wird jedoch nicht immer deutlich, wie die Beziehungen in Wirklichkeit aussehen. Es entsteht lediglich ein Bild darüber, mit wem die Kinder gern umgehen *würden*. Dies läßt sich – im Gegensatz zur Beliebtheit, die meistens für jeden deutlich ist – durch Beobachtung nicht immer feststellen. Die Beobachtung vermittelt vor allem Einsicht in das Verhalten der Kinder untereinander, während Interviews Auskunft darüber geben, was Kinder von einander denken. Aus einem Soziogramm wird ersichtlich, welche Gefühle Kinder füreinander haben, auch wenn diese nicht immer direkt zum Ausdruck kommen. Alle drei Methoden sind notwendig, um die Interaktionen zwischen Altersgenossen zu verstehen.

Beliebtheit

Daß soziale Sensitivität wichtig für die Beliebtheit ist, haben wir schon oben erwähnt. Hierzu gehören die Zusammenarbeit, die Initiative, um neue Kontakte zu knüpfen, Gespräche in Gang halten können, kreativ sein beim Lösen von Problemen, sich in andere hineinversetzen zu können und die Rücksichtnahme anderen gegenüber. Jedoch kann man sich des Gefühls einer gewissen Ungerechtigkeit nicht erwehren: Durch ihre sozialen Fertigkeiten haben beliebte Kinder mehr soziale Kontakte, die wiederum auch förderlich sind für ihre weitere soziale Entwicklung usw.

Ein beliebtes Kind muß selbst kein Allerweltsfreund sein. Es gibt beliebte Kinder, die ihr soziales Verhalten auf ihr eigenes Netzwerk beschränken und doch bei Außenstehenden beliebt sind.

Auf die Bedeutung des Äußeren gehen wir im Kapitel «Kindersorgen» näher ein.

Beliebtheit scheint mehr damit zu tun zu haben, daß man an der Ausstrahlung eines beliebten Kindes teilhaben möchte, als daß man mit ihm oder ihr viel Kontakt hat. Auch die Intelligenz und die Schulleistungen, wie auch das Aussehen, spielen bei der Beliebtheit eine große Rolle. Zahlreiche Untersuchungen haben erstens ergeben, daß weitgehend Übereinstimmung darüber besteht, was – bei Kindern wie auch bei Erwachsenen – als hübsches Äußeres zu betrachten ist, und zweitens, daß einem gut aussehenden Kind unwillkürlich positivere Eigenschaften zugeschrieben werden als einem Kind, das weniger anziehend aussieht. Es geht hauptsächlich um das Gesicht. Aber auch der Körperbau spielt eine Rolle: Groß und schlank zu sein, fördert die Beliebtheit mehr als dick oder spindeldürr zu sein – von anderen Faktoren abgesehen. Auch die Sportlichkeit (z. B. gut im Turnen zu sein) kann ein Vorteil sein.

Kommen Kinder aus verschiedenen sozialen Klassen, dann sind Kinder aus einem höheren sozialökonomischen Milieu meist beliebt, Kinder aus Minderheitsgruppen sind es hingegen selten. Das Alter spielt keine Rolle, da Kinder in einer Schulklasse meistens gleichaltrig sind. Bei außerschulischen Gruppen läßt sich jedoch feststellen, daß Kinder gern mit älteren Kindern zusammen sind und daß diese in einer Gruppe oft beliebt sind.

Beliebte Kinder haben einen großen sozialen Einfluß. Sie regen bei anderen Kindern das Beobachtungs-Lernen an, und sie werden viel imitiert. Nach STROMMEN darf man jedoch nicht vergessen, daß auch ausgesprochen unbeliebte Kinder einen großen sozialen Einfluß haben können, wenn auch im negativen Sinn: Sie stören den sozialen Umgang, und die anderen wollen nicht so wie diese Kinder sein. Darum sollte man vorsichtig sein und nicht die Begriffe «Beliebtheit» und «Status» durcheinanderbringen: Ein beliebtes Kind hat zwar einen Status, aber ein Kind mit einem hohen Status muß nicht immer beliebt sein. Ein herrschsüchtiger *Organisator* kann, ohne beliebt zu sein, viel Einfluß auf andere haben. Außerdem muß man deutlich zwischen ausgeschlossenen und nicht-beachteten Kindern unterscheiden. Beide Gruppen sind zwar unbeliebt, jedoch aus verschiedenen Gründen. So kann man vier Gruppen von Kindern unterscheiden: (1) «Stars», sie sind beliebt und einflußreich; (2) garstige Kinder, sie sind unbeliebt, aber einflußreich; (3) Kinder in der Mitte, sie sind mäßig beliebt und haben mäßigen Einfluß (hierzu gehören die umstrittenen Kinder, sie werden von einigen bewundert und sind bei anderen verhaßt). (4) die Nicht-Beachteten, sie sind wenig beliebt und haben keinen Einfluß.

Bei Untersuchungen von COIE über einen Zeitraum von fünf Jahren schien das Maß an Beliebtheit ziemlich konstant zu sein. Für beliebte Kinder ist dies natürlich angenehm, für unbeliebte Kinder hingegen ein trauriger Zustand. Sie können aus eigener Kraft anscheinend keine bessere Position erringen. DEKOVIC und JANSSENS haben beschrieben, wie sehr sich die Erziehung, die beliebte Kinder erhalten, von der Erziehung unterscheidet, die unbeliebte Kinder erhalten. Die Eltern der ersten Gruppe scheinen ihre Kinder im allgemeinen mehr zu unterstützen, sie gehen mehr im Tun und Lassen ihrer Kinder auf, sind mehr auf sie gerichtet und denken mehr mit dem kindlichen Gesichtspunkt mit. Eltern von unbeliebten Kindern scheinen autoritärer, hören ihren Kindern kaum zu und haben zu Hause viele Konflikte. Dieser Unterschied im Erziehungsstil hat einen Unterschied in den sozialen Fertigkeiten zur Folge. Dies wurde auch von DUSHION festgestellt. Er warnt: Wenn Kinder in der Schule soziale Probleme haben, ist es nicht mit der Erklärung getan, daß es bei ihnen auch zu Hause Probleme gibt, so als ob es ihnen in der Schule nur um eine Art von Abreagieren ginge. Es geht hier um mehr, denn zwischen zu Hause und der Schule steht das Kind selbst. Durch den Erziehungsstil zu Hause hat es nur unzureichend gelernt, wie es den Umgang mit anderen in Angriff nehmen muß. Es handelt sich also nicht um ein Phänomen, daß verschwinden würde, wenn es zu Hause einfach besser ginge, denn in der Zwischenzeit ist das Kind selbst schon sozial gehandicapt geworden. Andererseits weisen DEKOVIC und JANSSENS darauf hin, daß Programme, die Kinder nachträglich sozial gewandter machen sollen, berücksichtigen müssen, daß die Ursachen ihrer sozialen Ungewandheit oft im Elternhaus liegen und daß daher auch etwas am Erziehungsstil verändert werden muß, d. h. es muß an beiden Seiten gearbeitet werden.

Solche Programme kamen in Kapitel 8 «Normen und Werte» zur Sprache. Kinder, die sich ausgeschlossen fühlen, werden in Kapitel 11 «Kindersorgen» und Erziehungsstile in Kapitel 12 «Zuhause» besprochen.

Freundschaft

DAMON nennt Freundschaft die Urform (Archetyp) einer Beziehung zwischen Altersgenossen. Freundschaft basiert auf Zuneigung und richtet sich auf Nähe und Unterstützung. Wenn vorher von der Gruppe und dem Netzwerk gesprochen wurde, bedeutete das nicht, daß sich Kinder innerhalb einer solchen Formation nicht als Freunde betrachten. Hier können sehr wohl Freundschaften zwischen zwei Kindern bestehen, selbst Dreierfreundschaften kommen vor. Wenn es um Beziehungen geht, bilden Freundschaften eine Kategorie für sich. Ein beliebtes Kind mit vielen Kontakten muß nicht unbedingt einen Freund oder eine Freundin haben, und zwei Kinder, die von allen ausgeschlossen sind, können an ihrer Freundschaft genug haben.

Archetyp ist ein Begriff aus der Persönlichkeitstheorie von C. G. JUNG und kann mit einer «Urform» umschrieben werden, die ein Mensch unbewußt in sich trägt.

DUCK weist darauf hin, daß Beliebtheit zwar eine gute Lehre für soziale Fertigkeiten ist, aber daß letztlich von der Freundschaft doch mehr formende Werte für die Persönlichkeit ausgehen. Sie geht tiefer. Wann betrachten sich Kinder als Freunde? Diese Frage stellte YOUNISS 130 Kindern zwischen sechs und dreizehn Jahren. Im Alter von acht bis neun Jahren betrachten sich Kinder dann als Freunde, wenn sie dieselben Interessen haben und wenn sie Dinge gemeinsam unternehmen und teilen: Nach der Schule zusammen spielen, beim anderen schlafen oder sich etwas von ihm leihen. Auf diese Weise können Kinder unzertrennlich sein. Das Bindeglied ist die Aktivität. Mit zehn Jahren wird in den Antworten betont, daß Freunde einander nötig haben. Sie geben einander Rat bei ihren Problemen und spenden sich Trost bei Kummer und Sorgen. Einem Freund erzählt man auch Dinge, die sonst niemand wissen darf.

Was bei jüngeren Kindern als *Aktivitätenfreundschaft* begonnen hat, kann sich mit dem Älterwerden zu einer *engen Beziehung* entwikkeln. Geschieht das nicht, wird die Freundschaft beendet, denn für ältere Kinder sind gleiche Interessen zwar wichtig, sie sind aber für eine Freundschaft nicht mehr ausreichend.

Das zunehmende Verlangen nach Intimität ist bei den Mädchen am stärksten. BIGELOW schiebt zwischen diese zwei Formen der Freundschaft noch eine Zwischenphase, nämlich die Periode, in der neben den gemeinsamen Beschäftigungen auch die Bewunderung füreinander kennzeichnend ist. In der letzten Phase hingegen geht es bei älteren Kindern darum, daß man Freunde *so akzeptiert, wie sie sind.*

Erinnert man sich an die Stadien von SELMAN, dann kann man sich vorstellen, daß eine Freundschaft in der zuletzt erwähnten Form nur im zweiten Stadium möglich ist, wenn Kinder ganz und gar dazu in der Lage sind, sich in das Leben eines anderen einzufühlen. Junge Kinder, die dazu noch nicht in der Lage sind, betrachten Freundschaft mehr von einem einseitigen Gesichtspunkt: «Er ist mein Freund, denn er mag dieselben Dinge wie ich».

JONES und DEMBO nennen acht Aspekte der Freundschaftsintimität: Gegenseitige Ehrlichkeit und Spontaneität; Nachempfinden und Begreifen; Exklusivität dessen, was man von einander weiß; Verbundenheit miteinander; Freude am Zusammensein; gemeinsame Aktivitäten; Loyalität. Die Bedeutung aller acht Aspekte nimmt zu, wenn Kinder sich zwischen acht und vierzehn Jahren Freunde nennen, aber nur für die ersten drei gilt: «Je mehr davon, desto dicker die Freundschaft».

Dies scheint ein fundamentaler Unterschied zwischen Freundschaft einerseits und dem Geschwisterverhältnis andererseits zu sein, wobei Kinder sich jedoch vorstellen können, daß Streit und Zuneigung miteinander verbunden sind (Untersuchungen von FURMAN und BUHRMESTER).

Für Erwachsene muß Freundschaft nicht ohne Konflikte sein. Eine gute, auf Unterstützung und Loyalität ausgerichtete Freundschaft muß diese ohne weiteres verkraften können. Gilt dies auch für Kinder? Dies war eine zentrale Frage bei den Untersuchungen von BERNDT. Seine Resultate zeigen, daß erst mit zwölf, dreizehn Jahren die Einsicht vorhanden ist, daß Freundschaft und Konflikte sich nicht ausschließen müssen. Davor können sich Kinder im allgemeinen schwer vorstellen, daß man auch mit einer Person, mit der man ab und zu Streit hat, vertraulich umgehen kann.

BERNDT untersuchte den Unterschied in kindlichen Auffassungen zwischen einem Freund und einem «Bekannten». Er stellt für sieben-, neun-, elf- und dreizehnjährige Kinder fest, wer ein Freund ist und wer nur ein Bekannter ist. Danach stellte er Fragen darüber, wie Kinder Dinge wie gemeinsame Aktivitäten, prosoziales Verhalten, Vertraulichkeit, Loyalität, emotionale Unterstützung und Streitereien hinsichtlich dieser beiden Kategorien betrachten. Je älter die Kinder waren, desto stärker war eine scharfe Trennung zwischen «Freund» und «Bekannten» zu erkennen. Auffallend war auch, daß vor allem Zehn- bis Elfjährige negativ über Bekannte urteilten: «Hinterlistig, gemein, egoistisch». Liegt dies vielleicht am Kontrast zu dem (der) in dieser Zeit meistens vorhandenen Herzensfreund(in)? Auffallend war weiterhin, daß in dieser Altersgruppe vor allem persönliche Merkmale des Bekannten als Erklärungen für die negativen Erwartungen hinsichtlich der fünf Faktoren genannt wurden, während die älteren Kinder mehr die Situationen für ihre negativen Erwartungen verantwortlich machten: «Sie hat ja ihre eigenen Freunde» oder «Sie ist in einer anderen Klasse». Bei diesem Unterschied kann man an den Unterschied zwischen Niveau 3 und 4 in der Theorie von SELMAN denken, wo auch nur ältere Kindere situationsspezifische Faktoren bei der Beurteilung anderer miteinbeziehen.

RUBIN weist darauf hin, daß die Formulierungen, die ältere Kinder für den Begriff «Freundschaft» verwenden, sehr den Formulierungen ähneln, mit denen Erwachsene den Begriff «Liebe» definieren: Intimität, Unterstützung und Treue. Obwohl es nicht zu beweisen ist, könnte es ohne weiteres so sein, daß Freunschaften mit Geschlechtsgenossen in der Schulzeit eine gute Vorbereitung auf die Liebesbeziehungen in späteren Jahren sein können. Bestimmt kann das Gefühl bei der Beendigung einer *Busenfreundschaft* genauso intensiv seine wie Liebeskummer. Wie Liebespaare können sich auch zwei Kinder zueinander hingezogen fühlen, da sie sich sehr ähnlich sind oder aber sich ergänzen. Letzterer Fall bereitet Erwachsenen ab und zu noch Sorgen, da ein Partner den anderen beherrschen könnte. In Wirklichkeit ist aber meistens eine feine Abstimmung vorhanden, wodurch ein Gleichgewicht zwischen den Partnern entsteht.

Freunde und Freundinnen erbringen oft in etwa dieselben schulischen Leistungen. Es ist schwierig festzustellen, ob sie sich dadurch zueinander hingezogen fühlen, oder ob dies aus ganz anderen Gründen geschieht und ihre schulischen Leistungen danach immer mehr aufeinander abgestimmt werden: Beispielsweise durch Zusammenarbeit, oder weil man nicht besser sein will als der andere, da dies die Freundschaft in Gefahr bringen könnte.

In diesem Zusammenhang wäre es interessant, etwas über Freundschaften von hochbegabten Kindern zu erfahren, die natürlich nur schwierig jemanden ihresgleichen zum Schließen von Freundschaften finden. Darüber ist beinahe nichts bekannt und die wenigen vorhandenen Untersuchungsergebnisse sind keineswegs gleichlautend. Ein Vergleich zwischen der belgischen Untersuchung von Walda VAN OVERSCHELDE und der amerikanischen Untersuchung von SCHNEIDER läßt die vorsichtige Schlußfolgerung zu, daß hochbegabte Kinder im

Hochbegabtheit und eventuell damit verbundene Probleme wurden in Kapitel 4 «Lernen lernen» besprochen.

Grundschulalter nicht grundsätzlich Probleme mit Altersgenossen haben. Ihr kognitives *Prä* hat keinen automatisch negativen Einfluß auf ihre sozialen Fertigkeiten. Wenn hochbegabte Kinder jedoch Anschlußprobleme und keine Freunde haben, scheint das an der Tatsache zu liegen, daß ihre frühreife kognitive Entwicklung Erwartungen ausstrahlt, die sie von Freundschaft haben. Sie denken über Freundschaft schon mit abstrakten Begriffen der Intimität, während ihre Altersgenossen sich vielleicht noch im Stadium der konkreten Aktivitätenfreundschaft befinden. Warum das eine hochbegabte Kind seinen geistigen Vorsprung von dem sozialen Umgang mit Altersgenossen trennen kann und das andere nicht, ist jedoch noch undeutlich.

Das andere Geschlecht

Wenn in der Klasse zusammengearbeitet werden muß, können Jungen und Mädchen sehr gut miteinander auskommen. Wenn sie jedoch selbst Gruppen und Cliquen bilden – beispielsweise in den Pausen – ist ab dem achten oder neunten Lebensjahr eine deutliche Vorliebe für das eigene Geschlecht zu erkennen. Laut Eleanor MACCOBY sind die zunehmenden, aus einem Geschlecht bestehenden Gruppen eine wichtige Erlebniswelt, in der das Verhalten geprobt wird, das zum eigenen Geschlecht paßt. Um so mehr, weil der Umgang miteinander und die Art der Spiele für jedes Geschlecht so typisch anders sind. Es scheint aber, daß man auch hier eine Ausnahme für mädchenhafte Jungen und jungenhafte Mädchen machen muß, die sich manchmal eingebettet in die Umgangsformen des anderen Geschlechts wohler fühlen. Im allgemeinen gilt jedoch, daß Kinder untereinander für ihre *geschlechtstypische Gemeinschaftserziehung* sorgen.

Obwohl Gruppen, Netzwerke und Freundschaften bei älteren Schulkindern beinahe ausschließlich aus Jungen oder aus Mädchen bestehen, gibt es eine Art von *Grenzverkehr*. Es handelt sich hier um rituelle Arten des Umgangs, die helfen, die vorhandene Kluft zu überbrücken. Sie sind als Übungen für die eigene Geschlechtsrolle zu betrachten. KRAPPMANN und OSWALD haben sechs-, zehn- und zwölfjährige Kinder hinsichtlich dieses Punktes verglichen. Bei sechsjährigen war der Umgang noch gemischt, jedoch mit Ausnahmen nach beiden Seiten: Kinder, die nur mit dem eigenen Geschlecht umgingen, Jungen, die nur Freundinnen hatten und Mädchen, die nur Freunde hatten. Auch der (die) von den Kindern genannte «beste Freund(in)» kann in diesem Alter noch ohne weiteres dem anderen Geschlecht angehören. Der Umgang miteinander bestand aus Spielen und einander Helfen, einander Ärgern kam nur selten vor. Im Alter von zehn Jahren zeigte sich ein völlig anderes Bild. Man spielte nur wenig miteinander und half sich auch nicht mehr so ohne weiteres. Für charakteristisches Helfen nannten die Forscher das folgende Beispiel: Ein Junge bittet ein Mädchen um einen Gegenstand, den er gerade benötigt. Zwar gibt ihm das Mädchen diesen Gegenstand, sie kann es aber nicht lassen, eine provozierende Bemerkung dazu zu machen.

Die meisten Interaktionen bestanden aus solchen Frotzeleien. Die Jungen ärgerten die Mädchen, ob sie nun dazu provoziert wurden oder nicht, durch stoßen, etwas wegnehmen, an den Haaren ziehen, was wiederum die nötigen Schimpfereien zur Folge hatte. Dies ist ein ständiger Kreis von festhalten, sich loßreißen und wieder von vorne beginnen. Nach Ansicht der Forscher können solche Rituale Monate lang anhalten. Mädchen, die sich weinend beim Lehrer beklagen, können sich kurz danach schon wieder provozierend verhalten. Im Alter von zwölf Jahren war das gegenseitige Drangsalieren meistens vorbei und wurde in kleine, flirtende Neckereien umgesetzt («rudimentäre Galanterie»). Hierbei war es interessant, zu beobachten, wie Geschlechtsgenossen für Experimente mit dem anderen Geschlecht Gruppen bildeten, um sich gegenseitig zu unterstützen. Hatte sich ein Junge zu einem solchen «neckenden Annäherungsversuch» entschlossen, dann sorgte er meistens dafür, daß einige andere Jungen in der Nähe waren. Gab ihm das Mädchen einen Korb, dann kamen ihm die anderen zu Hilfe, indem sie das Mädchen beispielsweise auslachten oder einfach behaupteten, es sei alles nur ein Scherz gewesen. Ebenso scharten Mädchen, die sich umworben fühlten, eine Gruppe um sich herum. In diesem Alter kam auch das Spielen miteinander und die gegenseitige Hilfestellung wieder zum Vorschein. Der Unterschied zu den Sechsjährigen besteht jedoch darin, daß es hier nicht mehr um ein Ziel an sich geht, sondern um ein deutliches Mittel zum Zweck, nämlich darum, in Kontakt zum anderen Geschlecht zu kommen.

Im Allgemeinen stellt man fest, daß auch das «Zusammen sein» oder «Miteinander gehen» oft eine Beziehung darstellt, die in eine Gruppe eingebettet ist. Es geht also nicht primär um ein «Wir-beide». Der verliebte Drang des Sich-absonderns kommt erst später.

Der Lehrer und die Lehrerin

Auch der Lehrer ist ein Mitglied der Klasse, denn er ist nicht nur jemand, der das Kind in bestimmten Fächern unterrichtet. Der Umgang des Lehrers mit den Schülern hat einen Einfluß auf ihre soziale Entwicklung, auch wenn dieser Einfluß geringer ist als der des Elternhauses. Hat ein Kind jedoch zu Hause Probleme, kann die tägliche Nähe eines ausgeglichenen Lehrers einen Ruhepunkt bedeuten. Ein Lehrer kann intellektuelle Interessen wecken, die ein Kind zu Hause vermißt. Und *last not least* vermittelt er den Schülern kulturell bedingte Umgangsregeln. Diese Regeln sind in einer Schulklasse dringender erforderlich als in der «Jeder-kennt-Jeden»-Situation der Familie.

DAMON umschreibt die Beziehung zwischen dem Kind und der Lehrkraft als eine weitere Bestätigung der Beziehung zwischen Eltern und Kind. D. h.: Was ein Kind zu Hause über das soziale Umfeld und über seinen Platz und seine Rolle darin gelernt hat, wird in der Schule erweitert und vertieft. Die Beziehung zwischen Lehrer und Kind ist ebenso wie die Beziehung Eltern-Kind unilateral oder asymmetrisch. Diese zwei Begriffe verweisen auf die intrinsische Ungleichheit innerhalb der Beziehung und bezeichnen auch den schon oben erwähnten Punkt, daß letztlich der Erwachsene die Verantwortung dafür trägt, was sich in einer Beziehung abspielt. Dies bedeutet aber nicht, daß das

Der Beitrag des einzelnen Kindes in Beziehung zu anderen ist ein Pfeiler des Interaktionsbegriffs und wurde schon verschiedene Male in diesem Buch wie auch in der Praktischen Kinderpsychologie erwähnt.

Kind selbst keinen Einfluß auf die Beziehung hat. Im Gegenteil, es kann durch sein Verhalten seinen Stempel auf das Verhältnis mit den Erwachsenen drücken. Jedoch bleiben die Erwachsenen diejenigen, die das Geschehen beherrschen. Darum gehört zur Zusammenarbeit mit einem Erwachsenen für ein Kind auch immer Gehorsam und Anerkennung von Überlegenheit.

Ein Lehrer muß für einen Schüler ein gewisses Maß an Autorität besitzen, und der Schüler muß bereit sein zu gehorchen. In einer Längsschnittuntersuchung meint DAMON festgestellt zu haben, daß sich Kinder hinsichtlich dieser beiden Faktoren ab dem Vorschulalter entwickeln. Die Anerkennung der Autorität und die Bereitschaft zum Gehorsam erhalten mit dem Älterwerden stets neue Grundlagen. Beschränken wir uns auf das Schulalter, dann läßt sich sagen, daß die Anerkennung der Autorität in den ersten Klassen auf dem beruht, was der Lehrer alles kann und weiß; der Schüler ist gehorsam, da er sich bei diesem alleswissenden Erwachsenen sicher fühlt. Zwischen dem achten und dem zehnten Lebensjahr gründet sich die Autorität auf das Wissen des Kindes, daß der Lehrer eine bestimmte Funktion erfüllt, einen Beruf hat, den er studiert hat und in dem er erfahren ist. Dem Gehorsam liegt also der Respekt vor dieser Funktion zugrunde. Nach dem zehnten Lebensjahr betrachten Kinder Autorität als etwas, das für eine Gruppe nützlich und notwendig ist, und man akzeptiert, daß der Lehrer durch seine Kompetenz hierfür die geeignetste Person ist. Dies muß ein Lehrer oder eine Lehrerin aber selbst verwirklichen. Gehorsam ist darum auch von einer Bereitschaft zur Zusammenarbeit abhängig. Auch die Lehrkraft muß ihrerseits auf die Kinder eingehen. Letzteres ist ein erster Schritt von der unilateralen Beziehung Kind – Erwachsener hin zu einer gleichwertigeren, symmetrischen Beziehung, wie sie auch unter Altersgenossen besteht.

Scharfe Grenzen lassen sich hier zwar nicht ziehen. Man kann aber allgemein sagen, daß hinsichtlich der Autorität eines Lehrers in den *unteren Klassen* der Nachdruck auf dem *Wissen und dem Können* liegt und in den *höheren Klassen* auf der *Persönlichkeit*.

Obwohl ein durchschnittlicher Lehrer viel mehr weiß und kann als ein durchschnittlicher Schüler, ist die Kluft im Vergleich zu früher auf eine nicht zu unterschätzende Art und Weise kleiner geworden. Die Medien, voran das Fernsehen und die große Mobilität durch das Auto, ermöglichen Kindern von heute, sich mehr in der Welt zu orientieren, als dies vor zwei Generation möglich gewesen wäre. Vielsagend ist darum auch ein Kommentar eines Pädagogen: «Der Lehrer will etwas über Italien erzählen, aber die Kinder wissen schon alles darüber, sind schon dort gewesen. Früher war die Schule ein Ort, an dem Kinder Informationen erhielten, heute kommen sie selbst mit diesen Informationen an». Die Kunst des Unterrichts besteht für eine Lehrkraft heutzutage darin, die schon bei den Kindern vorhandene Kenntnis zu erweitern und zu vertiefen. Spekulativ, d. h. ohne daß man sich auf Untersuchungsergebnisse stützen könnte, würde man sagen, daß dies nur dann möglich ist, wenn Kinder die Grundkenntnisse des Lesens, Schreibens und Rechnens im Griff haben, denn diese sind der eigentliche Aufgabenbereich der Lehrkraft. Die Persönlichkeit eines Lehrers ist in den unteren Klassen keineswegs unwichtig. Man kann höchstens sagen, daß sich die Schüler in den höheren Klassen ihrer Bedeutung bewußter werden. Sie äußert sich in dem, was in der Literatur als «Klassenklima» und «Klassenmanagement» bezeichnet wird.

Klima in der Klasse

Unter Klima einer Klasse versteht man in diesem Zusammenhang die soziale Atmosphäre, die ein Lehrer zu schaffen weiß. Ist diese Atmosphäre warm oder kühl? Was tut der Lehrer, um die Ordnung in der Klasse zu gewährleisten? Wird eine Lernmethode verwendet, die den Schüler oder die die Lehrkraft in den Mittelpunkt stellt?

Welchen Stil verwendet der Klassenleiter, um Ordnung in einer Klasse zu erhalten? Ist er *autoritär*, dann wird alles von oben geregelt, und die Strafen für Übertretungen sind streng. Der Spielraum für eigene Beiträge des Schülers ist gering. Die Art des Unterrichts, bei der sich die Autorität des Lehrers nur auf dessen Position stützt, kann vor allem in den höheren Klassen im Widerspruch zu der oben erwähnten kritischen Haltung der Schüler stehen. Diese suchen im Erzieher einen Erwachsenen, den sie auch als Person und nicht nur als Funktionsträger anerkennen können. Wenn dieses persönliche Element fehlt, kann eine autoritäre Haltung in Verbindung mit strengen Strafen bei den Schülern aggressive Gefühle wecken, die sie gegenüber dem Lehrer aber nicht zum Ausdruck bringen können und die sie daher auf die Klassenkameraden übertragen. Dies hat dann Hänseleien, Streit und Schlägereien zur Folge. Auf jeden Fall ist sicher, daß durch diese Art des Unterrichts nur wenig prosoziales Verhalten entsteht. So werden Kinder nämlich «kontrollbezogen», was bedeutet, daß sie sich nur dann an die Vorschriften halten, wenn sie beaufsichtigt werden. Beim Lernen entsteht so auch keine intrinsische Motivation. Dieses negative Bild ist nicht unwiderruflich mit einer autoritären Unterrichtsform verbunden. Durch die Persönlichkeit des Lehrers, das Maß an emotionalem Engagement und das Gefühl, daß der Lehrer «ein Herz für sie hat», kann ein autoritatives Auftreten für die Kinder ohne negative Begleiterscheinungen akzeptabel werden. Interessant ist in diesem Zusammenhang eine Analyse der Trainingsmethoden eines sehr erfolgreichen Basketballtrainers, die THARP und GALLIMORE durchgeführt haben. Die Resultate der Analyse sollten auf den Unterricht in der Grundschule übertragen werden. Zwar konnten tatsächlich einige effektive Methoden übernommen werden, aber gleichzeitig wurde sichtbar, daß dieser Trainer seinen Erfolg zu einem großen Teil einer Kombination von autoritativem Auftreten und sehr viel emotionaler Wärme zu verdanken hatte.

Der Unterschied zwischen intrinsischer und extrinsischer Motivation wird in Kapitel 4 «Lernen lernen» erklärt.

Der entgegengesetzte Stil ist das sogenannte *laisser faire*. Hierbei gibt es keine nennenswerten Regeln, weder praktische (z. B. keine geregelten Sitzplätze) noch soziale. Dies bedeutet, daß die Schüler die Beziehungen untereinander und im Prinzip auch die Beziehung zur

Lehrkraft selbst regulieren müssen. Alle Beziehungen des Kindes sind also gewissermaßen gleichwertige Beziehungen, in denen es durch sein eigenes Verhalten ein Gleichgewicht herstellen oder aufrechterhalten muß. Dazu sind Kinder aber im allgemeinen nicht in der Lage. Dieser Stil erzeugt auch keine Zuneigung, da die Kombination von Kühle und Strukturlosigkeit ein Vakuum schaffen kann, in dem herrschsüchtige, aggressive Kinder freien Lauf haben, wodurch schüchterne, weniger wehrhafte Kinder in die Rolle des Unterdrückten gedrängt werden.

Zu den Plagegeistern und ihren Opfern siehe Kapitel «Kindersorgen».

Der Mittelweg der *begleitenden Autorität* wird darum auch bevorzugt. Hier trägt der Lehrer die letzte Verantwortung für das, was in der Klasse vor sich geht, er überläßt den Kindern aber die Dinge, die sie aufgrund ihres Entwicklungsniveaus selbst regeln können. An die Regeln, die der Lehrer aufstellt, müssen sich die Kinder jedoch konsequent halten. Eventuelle Strafen sind gerechtfertigt und stehen im Verhältnis zum Verstoß gegen die Regeln. Dies führt zu einer kombinierten Erfahrung: Die Schüler haben einerseits eine eigene Verantwortung zu tragen und können sich andererseits auf die Überlegenheit des Lehrers verlassen. Diese Kombination meint HARTUP wahrscheinlich, wenn er von den *zwei sozialen Welten der Kindheit* spricht, die aufeinander bezogen sind.

Klassenmanagement

Die meisten Lehrer streben wahrscheinlich diese – auch «demokratisch» genannte – Methode an. Jedoch fällt dies nicht allen Lehrern leicht. Das führt uns zum Begriff des *Klassenmanagement*. Dank diesem Prozeß werden Ideen in eine tatsächliche Organisation umgesetzt. Zum Teil ist es eine Frage der Erfahrung und läßt sich nur schwer theoretisch vermitteln. Untersuchungen von KOUNIN haben jedoch ergeben, daß ein gutes Management aus einer Anzahl deutlich zu umschreibender Fähigkeiten besteht, die alle mit dem Einfluß des Lehrers auf die Aktivitäten, die sich in der Klasse abspielen, zu tun haben. KOUNIN bezeichnete dies mit dem Begriff *withitness*, was soviel wie «Dranbleiben» bedeutet. Konkret kann das heißen, daß der Lehrer nicht nur den Stoff für den nächsten Tag plant, sondern daß ihm auch Reservepläne zur Verfügung stehen. Auf diese Weise kann er während des Unterrichts jedes einzelne Kind fortwährend beschäftigen, denn Störungen des Unterrichts treten meist dann auf, wenn sich ein Kind langweilt. Der Lehrer weiß ständig, was in der Klasse vor sich geht. Sobald die Aufmerksamkeit nachläßt oder es unruhig wird, werden neue Informationen und neue Aufgaben verteilt. Um Störungen des Unterrichts zu vermeiden, erscheint diese Art des Managements sogar wichtiger als die Ordnungsregeln in der Klasse. Selbst wenn sich Kinder frei und ungezwungen in der Klasse bewegen können und miteinander sprechen dürfen, kann ein Lehrer die Kontrolle über alle Aktivitäten in der Klasse behalten. Umgekehrt ist es so, daß ein Lehrer in einer mehr geregelten Unterrichtsform ohne gutes

Management keinen Einfluß auf die Aktivitäten jedes einzelnen Schülers hat.

Ein weiteres Merkmal eines guten Managements ist, daß der Großteil dessen, was der Lehrer tut und sagt, *Information für die Kinder beinhaltet*. Dadurch bleibt die Aufmerksamkeit erhalten.

In einer Forschungsübersicht des amerikanischen Erziehungsministeriums wird das Management auch in Zusammenhang mit den Lernresultaten der Kinder gebracht. Neben der oben erwähnten Planung der Aufgaben für die Klasse besteht beispielsweise auch ein Unterschied zwischen gutem und schlechtem Management hinsichtlich der Zeit, die der Informationsvermittlung gewidmet wird. Dieser Zeitaufwand variiert – abhängig von der Lehrkraft – zwischen 50–90% der total zur Verfügung stehenden Zeit. Dies ist vergleichbar mit der Feststellung von THARP und GALLIMORE, daß 75% dessen, was der oben erwähnte Coach wärend des Trainings sagte oder tat, Informationen beinhaltete. Es ist dieser fortwährende *Informationsstrom*, der auch in einer Klasse die Aufmerksamkeit erhält und außerdem am lehrreichsten ist. Einen ähnlich hohen Prozentsatz fand STEVENSON auch in Japan, Taiwan und Korea, Länder, in denen die Schulung von Kindern ein hohes Niveau erreicht hat.

Ein anderer Aspekt des sozialen Klimas ist der Unterschied zwischen dem *lehrerzentrierten* und dem *schülerzentrierten* Unterricht. Im ersten Fall liegt der Nachdruck auf der Informationsvermittlung des Lehrers an die Schüler; im zweiten Fall wird mehr das selbständige Arbeiten der Kinder angesprochen. Dies läßt sich aber nicht so einfach mit dem Klassenunterricht einerseits und den Niveaugruppen und individuellen Unterrichtsformen andererseits vergleichen, denn auch hier muß man relativieren: Im Klassenunterricht kann ein Lehrer fortwährend probieren, die Schüler zum Mitdenken anzuspornen, während bei individuellen Erklärungen *Einbahnstraßeneffekte* auftreten können.

In der Literatur zur pädagogischen Psychologie wird immer mehr die Auffassung laut, daß die Wahl zwischen dem Klassenunterricht, dem auf Niveaugruppen gerichteten Unterricht oder der individuellen Methode nicht einfach global getroffen werden sollte, sondern von der Art der Schüler und des Faches abhängig gemacht werden sollte.

Einer der ersten, der dieses Problem zur Sprache brachte, war der englische Pädagoge BENNETT. Er unterscheidet acht Persönlichkeitsbilder bei Kindern, die aus Kombinationen von drei Faktoren aufgebaut sind: Das Maß an Lernmotivation, die Selbstsicherheit und die Introversion bzw. Extraversion. Ein unmotiviertes, unsicheres und introvertiertes Kind wird wahrscheinlich im Klassenunterricht, der durch einen Lehrer gegeben wird, der die Aufmerksamkeit aufrechterhalten kann, bessere Resultate erzielen, als wenn es selbständig in einer Niveaugruppe arbeiten muß. Übereinstimmende Resultate fand BARCLAY auch bei aktiven, individualistischen und zurückgezogenen Kindern.

Hiermit kommen wir zu dem wichtigen Bereich der Temperamentsunterschiede zwischen Kindern. Im Zusammenhang mit dem Unter-

Das Temperament spielt von Geburt an eine Rolle in der Interaktion zwischen Kind und Erwachsenen. Dies wird in Praktische Kinderpsychologie, Kapitel 6 besprochen.

richt verwendete Barbara KEOGH den Begriff der «Lehrbarkeit» *teachability*). Das eine Kind ist durch sein Temperament leichter zu unterrichten als ein anderes. Die zwei wichtigsten Temperamentsaspekte hierbei scheinen das Durchhaltevermögen (*persistence*) hinsichtlich der Aufmerksamkeit und das Anpassungsvermögen (*adaptability*) hinsichtlich des Umschaltens auf die wechselnden (Lern-)situationen zu sein. Man muß also nach Unterrichtssituationen suchen, die am besten zu den verschiedenen Temperamenten passen. Dies erfordert einen flexiblen Unterrichtsstil, wobei Klassenunterricht, Niveaugruppenunterricht und individueller Unterricht gleichwertig sind und sich abwechseln können.

Diese Feststellung widerspricht der weitverbreiteten Auffassung, daß Kinder heutzutage in der Schule viel freier sind. Die Personenbeschreibungen, die jetzt manchmal in den Zeugnissen vorkommen, treffen die Kinder tiefer als die früheren oberflächlichen Noten für Betragen und Fleiß. Die neue Freiheit könnte also auch nur Schein sein.

Bisher ist noch nicht untersucht worden, welchen Einfluß die moderne kreisförmige oder gruppierte Sitzordnung in der Klasse im Gegensatz zu den früheren Reihen auf die Konzentration der Schüler hat. Ein schöner Rücken kann zwar auch entzücken, lenkt aber wahrscheinlich weniger ab, als in das Gesicht eines Mitschülers zu schauen. Die Abschirmung (privacy) ist geringer geworden (sich hinter dem Rücken des Vordermanns zu verstecken ist nun nicht mehr möglich), die soziale Kontrolle ist (auch für die Lehrkraft) größer geworden. Jedoch gibt es noch keine systematischen Untersuchungen darüber, wie Kinder diesen Unterschied erfahren. Man weiß auch noch nicht, ob Kinder nun den Klassenunterricht oder aber den individualisierten Unterricht bevorzugen. Man nimmt jedoch an, daß beispielsweise türkische oder marokkanische Kinder, die aus einer stark auf die Gruppe gerichteten Kultur kommen, die individuelle Zuwendung ablehnen.

Ausländische Schüler und ihre Eltern

Der Koran ist das heilige Buch der Moslems und enthält die Offenbarungen Allahs an den Propheten Mohammed.

In unserer Kultur ist eine Lehrkraft ein wichtiger Faktor für die soziale Entwicklung von Kindern, nicht jedoch in Kulturen, in denen man sich hinsichtlich der Normen und Werte am Koran orientiert. In diesen Kulturen dient die Schule lediglich zur Wissensvermittlung. Jegliche weitere Formung liegt in den Händen der Eltern. Darum können auf deutschen Schulen z. B. Probleme mit marokkanischen oder türkischen Eltern entstehen, wenn diese Grenzen überschritten werden. Ein Zitat aus einem Buch von Trees PELS macht deutlich, worum es hierbei geht. Es handelt sich um die Aussprache eines Elternteils: «Die Schule muß lehren, z. B. Rechnen und Sprachen, die Eltern lehren die Kinder Gehorsamkeit und die Regeln ihres Glaubens (. . .) Manche Lehrer fragen die Kinder: ‹Was hast du gesehen, was hast du gemacht?›; das ist nicht richtig». Diese Eltern erwarten von einem Lehrer daher auch mehr Strenge als man gegenwärtig an deutschen Schulen gewöhnt ist. Ein Klaps auf die Finger, um Kindern Disziplin beizubringen, wird voll und ganz akzeptiert. Sie finden, daß es auf deutschen Schulen zu dreist zugeht. Das kann zur Folge haben, daß sie ihre Kinder zu Hause behalten. Das kann auch geschehen, wenn die Schule nicht die in der Koran-Kultur wichtigen Konventionen über den Umgang zwischen Jungen und Mächen und hinsichtlich der Kleidung berücksichtigen. Zwar gibt es keine Ergebnisse aus systematischen Untersuchungen, glücklicherweise jedoch genügend Erfahrungsberichte. Diese zeigen, daß Lehrkräfte, die taktvoll Achtung vor den Prinzipien der Eltern zu erkennen geben, zusammen mit ihnen zu Lösungen kommen können, die es ermöglichen, daß die Kinder an soviel wie möglich Aktivitäten in der Klasse teilnehmen können. Echte Integration bedeutet dementsprechend auch, daß man allerlei Konventionen voneinander akzeptiert und nur dann von allen Bevölkerungsgruppen Anpaßung verlangt, wenn wirklich fundamentale Werte im Spiel sind.

Erwartungen

So wie für alle Menschen gilt auch für Lehrer, daß ihnen manche Kinder nicht liegen. Da es ihre Aufgabe ist, die Kinder zu unterrichten, ist es nicht verwunderlich, daß die Lehrbarkeit (teachability) bei ihrer Beurteilung der Schüler eine wichtige Rolle spielt. Aus verschiedenen Untersuchungen u. a. von SPELLBRINK und ZEBERGS sind es drei Faktoren, auf die Lehrer ihr Urteil über Schüler gründen: *Anstrengung und Interesse; Aggression und störendes Verhalten; Unsicherheit und Zurückgezogenheit*. Müssen nun die Lernleistungen der Kinder beurteilt werden, lassen sich Lehrer meistens durch die Anstrengung und das Interesse einerseits und durch die Unsicherheit und die Zurückgezogenheit andererseits leiten (die Aggression spielt dann keine Rolle). Es entsteht sogar ein Vorurteil, wobei die erste Gruppe von Kindern, objektiv betrachtet, überbewertet und die zweite Gruppe unterbewertet wird. Dies kann sich in einer Form von selbsterfüllender Prophezeiung auf die Leistungen des Schülers auswirken. Verschiedene Untersuchungen haben nämlich gezeigt, daß die Erwartungen, die ein Lehrer in einen Schüler setzt, einen subtilen Einfluß auf die Unterrichtsinteraktion und damit auch auf die Leistungen haben. Dies kam zum ersten Mal in den 60er Jahren durch die berühmt gewordene Untersuchung von ROSENTHAL und JACOBSON zum Audruck. Diese Forscher führten mit Schülern mehrerer Grundschulklassen einen Intelligenztest durch und teilten dann den Lehrerinnen mit, daß einige Schüler ihrer Klassen mutmaßliche «Aufblüher» seien, die ihre Schulleistungen stark verbessern würden. Für diese Voraussagen bestand jedoch keine Grundlage; sie wurden ganz willkürlich aufgestellt. Nach 4, 6, 8, 12 und 20 Monaten wurden die Tests wiederholt. Dabei stellten die Forscher Verbesserungen der Leistungen fest: Die (willkürlichen) Prognosen hatten sich selbst erfüllt. Die Untersuchung erregte viel Aufsehen. Die angewandte Methode wurde aber auch kritisiert. Insbesondere stellte man fest, daß bei den Testwiederholungen immer die gleichen Testfragen verwendet worden waren. Andererseits gilt heute als sicher, daß die Erwartungen der Lehrer ihr Verhalten und damit ihr Interesse am Schüler beeinflußen. Aus verwandten Untersuchungen von VAN DER KLEY kann man ableiten, daß hierauf vor allem in der ersten Klasse geachtet werden muß, da Lehrer schnell geneigt sein können, die Kinder in gute und in schlechte Schüler einzuteilen. Obwohl die besten Absichten vorhanden sein mögen, werden hier Einteilungen geschaffen, die einen *bleibenden* Charakter bekommen. Es hat sich erwiesen, daß Lehrer beispielsweise Kindern, von denen sie keine hohe Meinung haben, weniger stimulierende Fragen stellen, weniger nachfragen, schneller selbst die Antwort auf die Frage geben oder aber ein anderes Kind drannehmen. Auch wenn der Lehrer freundlich und hilfsbereit ist, wird ein Schüler doch auf subtile Art und Weise auf einem niedrigerem Niveau angesprochen, als eigentlich nötig ist. Diese Kinder sitzen auch meistens weiter von dem Lehrer entfernt und kommen bei Aufgaben seltener an die Reihe. Der Lehrer versorgt sie weniger mit neuem Lehrmaterial. VAN DER KLEY drückt dies treffend so aus: «Mit den schlechten Schülern wird geübt (bekannter Lehrstoff), die guten Schülern werden unterrichtet (neuer Lehrstoff)».

Risikogruppen sind vor allem Mädchen (nach Untersuchungen von u. a. SADKER), Kinder aus einem niedrigen sozialen Milieu und kulturelle Minderheitengruppen (nach Untersuchungen von BARON) und – wie Untersuchungen von u. a. DUSEK ergeben haben – auch körperlich unattraktive Kinder.

Der Umgang mit den eigenen Erwartungen ist für eine Lehrkraft verbunden mit vielen Fußangeln. Der Unterschied zwischen Anspornen und Herabwürdigen ist subtil. So stellte Sandra GRAHAM fest, daß schon in der ersten Klasse bei einem Übermaß an Loben und Preisen Vorsicht geboten ist. Selbst Sechsjährige schienen schon zu begreifen, daß ein Kompliment der Lehrkraft immer für ihren Einsatz und nicht für ihre Veranlagung bestimmt ist. Ein Kind, das viel Komplimente erhält, ist in seinen eigenen und in den Augen der Mitschüler jemand, der sein Bestes tut, und nicht jemand, der einfach viel kann.

Eine gereizte Bemerkung des Lehrers – Folge einer manchmal allzu begreiflichen Irritation – kann zweierlei Folgen haben, welche, ist jedoch nicht voraussagbar. «Stell' dich doch nicht so dumm an» kann für den einen Schüler ein positiver Ansporn sein, da der Lehrer ja zum Ausdruck bringt, daß er mehr von ihm erwartet hatte. Wenn das betreffende Kind jedoch auch so schon nicht gut in der Klasse ankommt, kann eine solche Bemerkung der Lehrkraft das negative Bild aufrechterhalten und zu einer bleibenden Unbeliebtheit führen.

Lehrkräfte müssen daher auch vorsichtig sein mit *Lieblingsschülern* – ein trotzdem sehr häufig vorkommendes Phänomen. TAL und BABAD stellten fest, daß sie zu 80% in den Klassen der achtzig von ihnen besuchten Schulen zu finden waren. Bei 26% der Klassen ging es um eine(n) ausgesprochene(n) Lieblingsschüler(in), in den übrigen Klassen ging es um mehrere. Im allgemeinen hatten die Schüler mehr Sympathie für eine Lehrkraft ohne Lieblingsschüler und äußerten sich am negativsten über Lehrer mit einem ausgesprochenen Favoriten.

Lieblingsschüler sind meistens Mädchen. Selten sind es Kinder, die gut lernen können (ohne hochbegabt zu sein, denn diese Kinder irritieren eher). Sie sind meistens verträgliche und sozial gewandte

Kinder. Letzteres bedeutet jedoch nicht, daß die sozialen Fertigkeiten sie bei ihren Klassenkameraden beliebt machen.

Das Gegenteil vom Lieblingsschüler – der *lästige Schüler* – ist auch in vielen Klassen zu finden. Selbstverständlich ist der Einfluß eines solchen Kindes größer, wenn die Klasse groß ist und der Lehrer dadurch weniger Übersicht hat. Die Ursache eines derartigen Verhaltens wird ebenso wie die Ursache der sozialen Unbeholfenheit – die oft zusammen auftreten – im Elternhaus gesucht, in dem zu wenig liebevoll, jedoch konsequent Grenzen gesetzt werden. VAN LIER verwendet in diesem Zusammenhang die unschöne, jedoch deutliche Beschreibung, daß ein Kind dadurch «regel-inkompetent» wird.

Ebenso falsch ist es, wenn Forderungen an die Kinder gestellt und Erwartungen in sie gesetzt werden, die sie nicht erfüllen können. Zwar gehen von Lehrern und Eltern, die das Vertrauen zum Ausdruck bringen, daß das Kind gute Leistungen erbringen kann, bestimmte Anreize aus. Das Vertrauen der Erwachsenen kann dazu führen, daß das Kind an sich selbst glaubt und so Vertrauen in sein Können entwickelt. Von diesem Ansporn geht die Hoffnung aus, daß ein Kind das, was von ihm erwartet wird, auch kann. Die ermutigende Erwartung des Erwachsenen fördert das Selbstwertgefühl des Kindes.

10. Kapitel
Selbständig werden

Es bestehen große kulturelle Unterschiede in den Anforderungen, die an heranwachsende Kinder gestellt werden und in den Aufgaben, für die Kinder verantwortlich sind. Vergleicht man beispielsweise marokkanische oder türkische Kinder mit europäischen Kindern, so werden die ersteren Kinder viel stärker mit Aufgaben in der Familie betraut, vor allem, wenn es sich um die Sorge um die jüngeren Geschwister handelt.

Das Ideal einer Jugend ohne Sorgen und Verantwortung ist eng mit Wohlstand verbunden. Am Ende des weltweiten Jahres des Kindes 1979 schätzte man, daß in der ganzen Welt ungefähr zweiundfünzig Millionen Kinder unter fünfzehn Jahren so arm sind, daß sie arbeiten müssen. Dies gilt manchmal sogar schon für Vierjährige und oft für Sechs- und Siebenjährige. Man kann jedoch nicht sagen, daß diese Kinder selbständig sind, denn hierbei handelt es sich fast ausschließlich um Kindersklaverei. Man könnte höchstens sagen, daß sie für ihren eigenen Lebensunterhalt verantwortlich sind. Denn wer nicht arbeitet, bekommt nichts zu essen und stirbt.

Der Wohlstand ermöglicht es, daß Erwachsene die Sorge für die Kinder übernehmen. Dadurch bleibt der Jugend genügend freie Energie für Wachstum, Entwicklung und Bildung. In einer rechtsstaatlichen Gesellschaft gilt das nicht nur für Kinder reicher Eltern, sondern für alle Kinder. In unserer Gesellschaft ist dieses Ideal erreicht, und darum stellt sich die Frage, wie weit man Kinder von Verantwortung freihalten darf. Wie lange soll «Es ist doch noch ein Kind» eine gültige Entschuldigung sein, die von Verpflichtungen und der dazugehörigen Verantwortung entbindet? Oder anders ausgedrückt: Wieviel Selbständigkeit kann ein heranwachsendes Kind in zunehmendem Maße verkraften, obwohl es in einer Gesellschaft lebt, die für es sorgt? Wir wollen einige Voraussetzungen für die Selbständigkeit und ihren Einfluß auf das kindliche Selbstvertrauen näher betrachten.

Zur Grundlage, die in den ersten Lebensjahren für die Selbständigkeit gelegt wird, siehe Praktische Kinderpsychologie, Kapitel 5.

Kompetenz und Selber-können (Mastery)

Vergleiche hiermit den Begriff Kompetenz, der im Kapitel 4 «Lernen lernen» zur Sprache kommt.

Selbständigkeit erfordert bei Kindern einen gewissen Grad an Kompetenz. «Kompetenz» ist ein Begriff aus der Entwicklungstheorie des Neo-Freudianers WHITE. Dieser Begriff beinhaltet, daß ein Kind von der Geburt an in jeder Phase neue Fähigkeiten meistern muß. Darin liegt die Motivation, um andere schöne Dinge leichter aufzugeben. In der oralen Phase ist es beispielsweise die Fähigkeit, selbständig zu essen, die das Kind mit dem Verlust der Mutterbrust oder der Flasche versöhnt. Diese Erfahrung motiviert zu weiterer Entwicklung. Es entstehen immer neue Kompetenzen, die genug Befriedigung bieten, um der früheren (Lust-)befriedigung zu entsagen.

Im Schulalter werden die potentiellen Fähigkeiten besonders stark in Anspruch genommen. Das Kind muß diese Fähigkeiten auch tatsächlich anwenden lernen, wenn es das großartige Erlebnis des Selber-Könnens erfahren soll. Ein Kind, das gefüttert wird, bleibt an der Saugflasche hängen, ebenso wie ein Schulkind, das nicht beweisen darf, was es leisten kann, sich daher abhängiger als nötig verhält.

In der Psychologie gibt es hinsichtlich dieses Themas *zwei Denkströmungen* mit unterschiedlichen Auffassungen. Die eine Auffassung geht davon aus, daß die Entwicklung von einer inneren Gesetzmäßigkeit gesteuert wird. In einem Kind wächst von selbst der Drang hin zum nächsten Entwicklungsschritt. Das Kind verwendet Material aus seiner Umgebung, um der Entwicklung Form zu geben. In derartigen Theorien geht man oft von deutlich zu unterscheidenden Phasen aus. Beispiele sind die Theorien von FREUD und PIAGET. Die andere Strömung geht davon aus, daß die Entwicklungsimpulse mehr von den Anforderungen, die an das Kind gestellt werden, ausgehen. Die Erwachsenen schätzen ungefähr ein, was ein Kind leisten könnte. Die Entwicklung verläuft so mehr fließend und nicht so sehr in einzelnen Phasen. Der russische Psychologe WYGOTSKI, ebenso wie der Amerikaner HAVIGHURST bezeichnen die Forderungen der Umwelt an das Kind als «Entwicklungsaufgaben». Die Kultur, die das heranwachsende Kind umgibt, stellt es immer wieder vor neue Aufgaben. Eine dieser Aufgaben ist zum Beispiel, die Schule zu besuchen.

Dies ist einer der Aspekte des Problems zum Verhältnis von Anlage und Umwelt. Hierbei geht es um die Frage, ob individuelle Unterschiede auf Unterschiede in dem in der Anlage verankerten «Material» zurückzuführen sind, oder ob das Material für alle Menschen gleich ist und die Unterschiede durch Erfahrungsunterschiede entstehen. An dieser Stelle geht es jedoch nicht um die Frage des Materials, sondern um den Entwicklungsprozeß, den das Material durchmacht, und um die Funktion, die die Umgebung ungeachtet der individuellen Unterschiede spielt.

Beide Denkströmungen beschäftigen sich mit der Rolle der Umwelt und der Reifungsprozesse. Man könnte sagen, daß im ersten Fall die Umwelt den Reifungsprozessen *Gelegenheit gibt*, sich als Verhaltensweisen zu manifestieren. Im zweiten Fall *appelliert* die Umgebung an die Reifeprozesse, sich als Verhaltensweisen zu manifestieren. Welcher Richtung auch immer man den Vorzug gibt, man muß zugeben, daß es für ein Kind nur vorteilhaft ist, wenn es das, was es kann, auch in die Praxis umsetzt. Da ein Kind im Schulalter in einer stürmischen Entwicklung immer neue Fähigkeiten erlernt, muß es auch Situationen geben, in denen es das Erlernte in die Praxis umsetzen kann. In den vorangegangenen Kapiteln ist deutlich geworden, daß vor allem die Schule Anwendungen für die neu erworbenen kognitiven, sozialen, motorischen und emotionalen Fähigkeiten ermöglicht. Auf jedem dieser Gebiete kann man ein Kind vor Entwicklungsaufgaben stellen, wobei es immer weniger auf die Hilfe der Erwachsenen zurückgreifen sollte.

Susan HARTER hat die Kompentenzidee von WHITE erweitert. Als Neo-Freudianer dachte WHITE in Phasen, die notwendig aufeinanderfolgen und von einem inneren Plan gesteuert werden. Die eigene Leistung bricht in jeder Phase durch, und die Erfolgserlebnisse vermitteln dem Kind das Gefühl der Kompetenz und motivieren es zum Weitermachen.

Die Theorieerweiterung von Susan HARTER richtet sich u.a. auf vier Punkte. *Erstens* ist ihrer Meinung nach die Kompetenz, die ein Kind erwerben kann, nicht gleichmäßig über die verschiedenen Entwicklungsbereiche verteilt. Ein Kind kann sozial sehr geschickt im Beilegen von Streitereien, jedoch andererseits völlig unfähig sein, sich selbständig im Straßenverkehr zu bewegen. Nach Susan HARTER muß man auf jeden Fall drei verschiedene Bereiche unterscheiden: Den kognitiven, den sozialen und den körperlichen. *Zweitens* geht WHITE ihrer Meinung nach zu einseitig vom Einfluß der Erfolgserlebnisse aus, denn ob und inwieweit das Gefühl des Selber-Könnens entsteht, ist auch von Mißerfolgen abhängig. Zuviele Mißerfolge können das Gefühl von Kompetenz dämpfen, auch wenn ihnen mehrere Erfolgserlebnisse gegenüberstehen.

Drittens handelt es sich bei einem Erfolgserlebnis nicht nur um die direkte Auswirkung dessen, was das Kind tut, sondern indirekt auch um die Reaktion der Erwachsenen darauf. Die Erwachsenen achten mindestens genauso stark darauf, was ein Kind ausprobiert, wie darauf, welchen Effekt die Handlung hat. *Viertens* ist Erfolg ein relativer Begriff, da nicht alles, was einem gelingt, auch Befriedigung schenkt. Eine zu leichte Aufgabe führt nicht zu einem Erfolgserlebnis. Ein Kind muß bis zu einem gewissen Grad eine Herausforderung spüren. Wenn es darum geht, einem Kind ein Gefühl des Selber-Könnens zu vermitteln, sind weder Über- noch Unterbelastung günstig.

Vergleiche hiermit den Begriff «Stufe der nächsten Entwicklung» von WYGOTSKI, der im Kapitel «Lernen lernen» zur Sprache kam.

Diese vier Faktoren stehen in einer Wechselbeziehung und formen zusammen die persönliche Struktur der Kompetenzerfahrungen des Kindes. So entsteht ein Kompetenz- bzw. Inkompetenzmuster, das für ein Kind kennzeichnend werden kann, ebenso wie für die Art, wie es sich selbst einschätzt. Es bestimmt weiterhin, inwieweit ein Kind fühlt, daß es verschiedene Handlungen, Ereignisse und Situationen beherrscht. Dies läßt sich auch wie folgt umschreiben: Wo liegt im Erleben des Kindes der *locus of control* (der Ort, bzw. die Quelle der Steuerung)? Glaubt das Kind, daß es sich selbst steuert, oder fühlt es sich mehr von äußeren Einflüssen abhängig, auf die es selbst nicht einwirken kann?

Locus of Control

Die Attributionstheorie kommt auch kurz im Kapitel 4 «Lernen lernen» zur Sprache.

Der Begriff *locus of control* stammt aus der *Attributionstheorie*, einer psychologischen Theorie über die Art, wie Menschen Ereignissen, aber auch fremdem und eigenem Verhalten Ursachen zuschreiben. Auf diesen Punkt wollen wir jedoch hier nicht näher eingehen. Für das Thema dieses Kapitels ist lediglich wichtig, daß ein Teil dieser Theorie damit zusammenhängt, wie Menschen das, was mit ihnen geschieht, ihrem eigenen Verhalten oder aber Faktoren außerhalb der eigenen Einflußsphäre zuschreiben. Es geht um das Maß an Kontrolle, das jemand seiner Meinung nach über seine Erfahrungswelt hat. Einige Menschen schreiben sich ganz entschieden einen internem Ort der Steuerung zu. Demgegenüber gibt es Menschen, die die locus of control außerhalb des eigenen Einflußbereichs erfahren, d. h. in Ursachen außerhalb ihrer eigenen Kontrolle. Dadurch wird ihre eigene Kontrollerfahrung geringer.

Je kompetenter ein Mensch sich fühlt, desto mehr führt er sowohl Erfolge wie auch Mißerfolge auf interne Faktoren und auf seinen eigenen Einsatz und sein Verhalten zurück. In beiden Fällen übernimmt er selbst die Verantwortung. Ein Mißerfolg ist für einen solchen Menschen weniger bedrohlich. Das nächste Mal kann er nämlich durch sein eigenes Zutun dafür sorgen, daß er Erfolg hat. Menschen, die sich inkompetent und ohnmächtig fühlen, betrachten angenehme Erfahrungen oft als Glücksfälle und glauben, daß unangenehme Erfahrungen durch äußere Umstände bedingt sind. Der Begriff «externe» Ursachen ist aber in diesem Zusammenhang irreführend, da einer der wichtigsten Gründe dafür, daß diese Menschen sich machtlos fühlen, ihre eigene Haltung ist. Sie denken und sagen denn auch oft: «Dazu bin ich nun einmal nicht in der Lage». DAMON glaubt z. B., daß das Maß an Beherrschung der eigenen Impulse zur eigenen Kontrollerfahrung gehört. Menschen können sich unfähig fühlen, ihren eigenen Versuchungen zu widerstehen, auch wenn sie dies wünschten. Der Begriff «extern» bedeutet dementsprechend nicht «außerhalb der eigenen Person», sondern «außerhalb der eigenen Einflußsphäre».

HERMANS spricht in diesem Zusammenhang über das Nehmen oder Nicht-Nehmen von *persönlicher Verantwortlichkeit*. Schüler, die sich persönlich verantwortlich fühlen, besitzen u. a. folgende Merkmale: Sie vergleichen ihre eigenen Leistungen meistens nicht mit denen anderer, sondern mit dem, was sie bis dahin selbst geleistet haben; sie bevorzugen Fächer, die immer etwas schwieriger werden; sie hören zwar zu, wenn Lösungsmethoden angeboten werden, jedoch möchten sie die Lösung gerne selber finden; sie möchten begonnene Aufgaben gerne zum Abschluß bringen.

Wichtig ist auch der Umstand, daß die Zuschreibungen nicht nur als nachträgliche Erklärungen wirken können, sondern auch als Erwartungen hinsichtlich eines zukünftigen Erfolgs oder Mißerfolgs. Kompetente Menschen sind aufs Selber-Können ausgerichtet (mastery oriented). Sie gehen davon aus, daß sie auch neue Aufgaben bewältigen werden, da sie selbst zu einem wichtigen Teil dazu beitragen. Dies bewirkt eine selbstbestätigende Einstellung, wie beispielsweise Untersuchungen von DIENER und Carol DWECK ergeben haben. Kinder, die sich kompetent fühlen, stimmen ihr Verhalten mehr auf die Anforderungen ab, die die Aufgabe mit sich bringt («Was muß getan werden?»). Dadurch erzielen sie bessere Ergebnisse. Sind die Ergebnisse jedoch nicht befriedigend, wird ein anderer Weg zur Lösung des Problems eingeschlagen.

Diese ist eine Form der kognitiven Kontrolle, die im Kapitel «Lernen lernen» besprochen wird.

Ellen SKINNER untersuchte Acht- bis Fünfzehnjährige hinsichtlich ihrer *perceived control*. Im Alter von ungefähr elf Jahren tritt darin eine Verschiebung auf. Kinder legen dann – bei anderen mehr als bei sich selbst – den Nachdruck auf Faktoren, die man selbst in der Hand hat. Sie begeben sich in die Richtung der – wie es die Sozialpsychologie nennt – *immanenten Gerechtigkeit*. Sie bedeutet, daß man einer

Der Begriff immanente Gerechtigkeit wird in Kapitel 8 «Normen und Werte» besprochen.

Person, die durch ein Unglück getroffen wird, dessen Ursache nicht deutlich zu erklären ist, etwas *Mitschuld* zuschreibt. Sie wird manchmal auch mit *Glaube in eine gerechte Welt* umschrieben.

Interessant ist die Feststellung van Ellen SKINNER, daß bei hochbegabten Kinder die Verschiebung genau umgekehrt verläuft. Während des Älterwerdens messen sie sich – im Vergleich zu dem, was sie über die anderen Kinder denken – stets mehr Griff auf die Lernsituationen zu. Ihre weniger begabten Klassenkameraden sind ihrer Meinung nach viel mehr von Umgebungsfaktoren abhängig als sie selbst.

Akkommodation und Assimilation sind Begriffe aus der Theorie von PIAGET. Siehe hierzu Praktische Kinderpsychologie, Kapitel 17.

Es gibt Hinweise, daß Jungen im allgemeinen stärker als Mädchen die eigene Leistung betonen. Jeanne BLOCK sieht den Grund hierfür in Unterschieden der Erziehung, da von den Jungen mehr Akkommodation, von den Mädchen dagegen mehr Assimilation verlangt wird. Die Akkommodation erfordert innovatives Denken, die Loslösung von alten Denkschemata und ebenso eigene Leistung. Bei der Assimilation geht es um die Integration des Neuen in das schon Bestehende. Nach Jeanne BLOCK werden Mädchen in ihrer Jugend öfter mit Situationen konfrontiert, die sie mit Hilfe der Assimilation meistern können. Jungen dagegen sind öfter mit Situationen konfrontiert, die Akkommodation erfordern. Dies zeigt sich schon in den Unterschieden hinsichtlich des Spielzeugs. Ein Spielzeug für Jungen besteht oft aus unbekannten, unerwarteten Details, die zu Untersuchungen und neuen Denkweisen motivieren.

Zu den Geschlechtsunterschieden in diesem Punkt siehe Praktische Kinderpsychologie, Kapitel 17, Abschnitt «Schulalter».

Auch später in der Entwicklung sind die Unterschiede sichtbar. Wenn einem Mädchen etwas nicht gelingt, wird es zwar eher getröstet als ein Junge, dieser Trost ist jedoch wenig informativ. Ein Junge wird eher angespornt, es doch noch einmal auf eine andere Art und Weise zu probieren. Bei Spielen im Schulhof improvisieren Jungen auch mehr, während Mädchen sich meistens mit traditionellen, ritualisierten Spielen begnügen. In der Klasse halten sich Mädchen länger mit Aufgaben auf, bei denen sie bereits bewiesen haben, daß sie sie beherrschen. Jungen wechseln dagegen schneller zu neuen Aufgaben. Grob umrissen, läßt sich folgendes sagen: Mädchen neigen mehr zu Wiederholung, während Jungen Innovation bevorzugen. Carol DWECK sieht hierin die Erklärung dafür, daß Mädchen öfter Probleme mit Mathematikaufgaben haben. In den ersten Klassen der Grundschule sind beim Rechnen nur geringe geschlechtsspezifische Unterschiede zu erkennen. Während jedoch im weiteren Verlauf der Schulzeit alle Sprachfächer mit allmählich steigendem Schwierigkeitsgrad neue Variationen des Bekannten vermitteln (schwierigere Wörter, längere Sätze, abstrakte Begriffe usw.), geht man beim Rechnen ab einem bestimmten Niveau auf immer neue Formen der Mathematik über, deren Zusammenhang viel weniger deutlich ist (Bruchrechnen, Geometrie, Algebra usw.). Dadurch werden immer neue Denkweisen notwendig.

Der Unterschied zwischen Akkomodation und Assimilation könnte auch einer der Bausteine für den Geschlechtsunterschied des sich Äußerns über Probleme sein. Bei Jungen, die über eigene Schwierigkeiten erzählen, geht es meistens um Verhalten, darüber, wie sie in einen Konflikt mit anderen geraten sind. Mädchen erzählen öfter über ihre innerliche Grübelei. Bei einem Jungen, von dem vor allem erwartet wird, daß er sich neuen Erfahrungen stellt und diese durch neue Denk- und Verhaltensweisen zu beherrschen lernt, ist die Gefahr von Konflikten größer. Bei einem Mädchen, von dem vor allem erwartet wird, daß sie neue Erfahrungen innerhalb der bereits vorhandenen Denk- und Verhaltensweisen verarbeitet, ist die Gefahr von Machtlosigkeitsgefühlen und Unsicherheit größer.

Jungen haben öfter Verhaltensstörungen, Mädchen öfter neurotische Probleme. Dies wurde kurz in Kapitel 8 «Normen und Werte» angesprochen.

Gelernte Hilflosigkeit

Eine extreme Form der Inkompetenz ist die sogenannte *gelernte Hilflosigkeit*. Man fühlt, daß man nur wenig Einfluß auf den Lauf der Dinge hat, selbst dann, wenn es die eigenen Leistungen betrifft. Man fühlt sich nicht als Schachspieler, sondern als Figur auf dem Schachbrett, vielleicht sogar nur als «Bauer».

Gelernte Hilflosigkeit ist ein Begriff, der zum ersten Mal von SELIGMAN verwendet wurde, um die Entstehung von Depressionen zu erklären. Siehe hierzu Praktische Kinderpsychologie, Kapitel 7, Abschnitt «Selbsterkennnis».

In einer zusammenfassenden Übersicht der Forschungsliteratur kommt BENNETT zu dem Schluß, daß Kinder in den ersten Jahren der Grundschule mit diesem Phänomen noch keine Probleme haben. Sie haben eher eine entgegengesetzte Einstellung. Der Unterschied zwischen «Können» und «Sein-Bestes-geben» ist ihnen noch unbekannt. Sie gehen noch arglos von der Überzeugung aus, daß, wenn man sein Bestes gibt, dies automatisch dazu führt, daß man etwas auch kann. In dieser Einstellung werden sie bestärkt, da Erwachsene oft dazu neigen, Kinder zu loben und nicht zu sehr auf Leistungen zu achten. Erst im Alter von ungefähr neun Jahren entwickeln Kinder ein Bewußtsein dafür, daß es sich hier um zwei verschiedene Dinge handelt, die sogar komplementär sind: Je besser man etwas kann, desto weniger muß man sein Bestes geben und umgekehrt. Jedoch übertreiben Kinder hier oft, indem sie alles schnell zu tun versuchen, da sie glauben, daß dies ein Zeichen von «Können» sei. Dies trifft auf die Hausaufgaben ebenso zu wie auf Gesellschaftsspiele oder das Tischdecken. Das Resultat tritt in den Hintergrund. Bei der hastigen Erledigung von Aufgaben geht es also nicht darum, sie endlich hinter sich zu haben, sondern das Kind will zeigen, wie gut es ist. Vor allem bei impulsiven Kindern kann dieses Mißverständnis zu einer hartnäckigen Angewohnheit führen. Nach BENNETT ist es darum sehr wichtig, Kinder von Beginn der Schulzeit an stets auf die Qualität ihrer Leistungen hinzuweisen.

Dies ist jedoch etwas anderes als Kritik. Wenn man die Anforderungen an ein Kind auf seine Möglichkeiten abstimmt, kann das Kind erkennen, was man ihm zutraut. Dadurch wird es optimistisch gestimmt. Vor allem Kinder mit verhältnismäßig geringer Begabung sind für die gelernte Hilflosigkeit dann anfällig, wenn man ihnen nicht hilft, ihre Anstrengungen auf eine Aufgabe abzustimmen und diese Anstrengungen vor allem bei der Aufgabendurchführung anzupassen. Geschieht dies nicht, dann ist ihr guter Vorsatz, ihr Bestes zu geben, ohne Wirkung, und es entsteht tatsächlich das Gefühl, daß der eigene

Man bringt Kindern hiermit also explizit eine bessere Form der Kontrolle bei. Vergleiche, was hierzu im Kapitel «Lernen lernen» gesagt wird.

Einsatz sinnlos ist. Es handelt sich hierbei weniger um die Dauererfahrung, daß man etwas nicht kann. Es geht vielmehr um das Unvermögen des Kindes zu unterscheiden, warum einem das eine gelingt und das andere nicht. Kinder mit gelernter Hilflosigkeit haben oft ein diffuses Bild von der Qualität ihrer eigenen Leistung.

Andererseits kann auch Überbelastung eine Ursache für die gelernte Hilflosigkeit sein. Entwicklungsaufgaben müssen darauf abgestimmt sein, was ein Kind kann bzw. noch nicht kann.

Als dritte Ursache könnte man Willkür und Wechselhaftigkeit nennen. Ist keine Systematik in dem, was das Kind tut, dann kann dies dazu führen, daß es nie das Gefühl bekommt, eine Sache im Griff zu haben. Wenn es beispielsweise egal ist, ob ein Kind sich kooperativ oder störrisch verhält – weil die Reaktion der Eltern in beiden Fällen von völlig anderen Faktoren abhängig ist – kann sich gelernte Hilflosigkeit entwickeln. Nach RUTHE sind einige Formen der Faulheit auf diese Art der Mutlosigkeit zurückzuführen. Ein Kind fühlt sich hilflos und fehl am Platze. Es rettet seine Ehre dadurch, daß es sich das Nutzlose als Ziel steckt, da so der «Erfolg» gesichert ist.

Aus Untersuchungen von Daphne BUGENTHAL und SHENNUN kann man ersehen, daß bei einer Erziehung in einem Elternhaus, in dem die Eltern selbst auf Leistung ausgerichtet sind und dies auch von ihrem Kind erwarten, die gelernte Hilflosigkeit kaum vorkommt. Dies gilt auch für Konfliktsituationen. Die Eltern erkennen, daß ihr Kind auch Einfluß auf das Geschehen hat und bringen dies auch zum Ausdruck – auch in solchen Fällen, in denen sie schließlich doch ihren eigenen Willen durchsetzen.

Intrinsische oder extrinsische Leistungsmotivation

Selbständigkeit hängt aber auch mit dem Ursprung der Motivation zusammen. Warum tut ein Kind das eine oder andere, bzw.: Warum tut ein Kind es nicht? Was ist die Ursache für seine Motivation? Wie stark wird es bei dieser Entscheidung davon beeinflußt, was andere von seinem Tun denken? Hier geht es um intrinsische und extrinsische Motivation. Bei der intrinsischen Motivation vermittelt die Leistung als solche ein zufriedenes Gefühl. Bei der extrinsischen Motivation folgt eine Belohnung auf die Leistung. Der – leider schon beinahe vergessene – deutsche Psychologe KÜNKEL nannte sie *sachlich* bzw. *ichhaft*. Als Beispiel nennt er einen Jungen, der sich selbst eine Klingel baut. Baut er die Klingel aus Freude an einem gut funktionierenden Kommunikationssystem oder baut er sie, um wegen seiner Leistung gelobt zu werden? Hier muß jedoch vor Schwarz-Weiß-Denken gewarnt werden. Anerkennung durch andere ist eine wichtige Quelle für die menschliche Motivation. Es geht darum um ein Gleichgewicht zwischen Intrinsik und Extrinsik. Viele Autoren gehen davon aus, daß die intrinsische Motivation eine angeborene Neigung ist. Schon Babys sind zufrieden, wenn ihnen etwas gelingt, und sie sind mißgestimmt, wenn etwas schief geht, ganz egal, ob darauf eine

Belohnung folgt oder nicht. Es ist – wenn wir eben an WHITE zurückdenken – die Erfahrung des Selber-Könnens, die motivierend für die weitere Entwicklung ist. Die Kunst der Eltern – und später die der Lehrer – besteht darin, die intrinsische Entwicklung nicht durch zu viele Belohnungen (ob verbal oder materiell) zu erschweren. Hier unterscheidet man jedoch zwischen Belohnungen, die mit der Aufgabe, und Belohnungen, die mit der Ausführung zusammenhängen. Vor allem aufgabengebundene Belohnungen wirken sich nachteilig auf die intrinsische Motivation aus: Man erhält die Belohnung ohne weiteres – materiell oder verbal – sobald der Auftrag erfüllt ist. Die zweite Art der Belohnung erhält man nur dann, wenn die Leistung besser als erwartet ausfällt. Ist diese Belohnung verbal, dann enthält sie Informationen darüber, warum die Leistung so gut war. Diese Information hilft dem Kind, mit eigener Kraft fortzufahren. Dies ist also ein extrinsischer Ansporn, der jedoch fruchtbar für die intrinsische Motivation ist.

Vergleiche hiermit die Auffassung von CONDRY im Kapitel «Lernen lernen».

Durch materielle und verbale Belohnungen für die Ausführung von ganz selbstverständlichen Aufgaben wird einem Kind eine Haltung anerzogen, die sein selbständiges Handeln beeinträchtigt.

Susan HARTER stellte interessante Verschiebungen im Verlauf der Schulzeit fest. Zwischen acht und vierzehn Jahren nimmt die extrinsische Motivation ab, wenn es darum geht, Aufgaben selbst zu wählen, statt auf die Anweisungen des Lehrers zu warten. Dies gilt auch, wenn es darum geht, die eigenen Resultate einzuschätzen und das eigene Verhalten dementsprechend anzupassen, statt auf die Beurteilung des Lehrers zu warten. In mindestens drei ebenso wichtigen Bereichen ist jedoch eine Entwicklung in Richtung extrinsischer Motivation zu registrieren: (1) gewiße Kinder bevorzugen leichtere Aufgaben; (2) Sie lösen die Aufgaben nicht, um die eigene Neugierde zu befriedigen, sondern weil der Lehrer den Auftrag dazu gegeben hat; (3) Sie warten lieber eine Erklärung des Lehrers ab, als daß sie das Problem selbst lösen. Ellen STROMMEN weist in ihrem Kommentar darauf hin, daß nicht deutlich ist, ob dies an der kindlichen Entwicklung oder aber an der Schulatmosphäre liegt. Letzteres würde bedeuten, daß es bei außerschulischen Aktivitäten anders ist. Untersuchungen darüber liegen nicht vor. Erfahrungen aus der Praxis weisen jedoch darauf hin, daß Kinder sich außerschulisch viel öfter intrinsisch beschäftigen, d. h. ohne Zwang bei der Sache bleiben.

Es ist deutlich, daß ein Zusammenhang zwischen interner oder externer Kontrolle einerseits und intrinsischer oder extrinsischer Motivation andererseits besteht. Sie gehören zu ein und derselben Sphäre. Ein Kind, das erwartet, von außen zu einer Handlung motiviert zu werden, wird wahrscheinlich auch öfter den Eindruck haben, daß nicht seine eigene Kompetenz, sondern Faktoren außerhalb der eigenen Einflußsphäre dafür verantwortlich sind, daß die Dinge so geschehen, wie sie geschehen. Umgekehrt sind Kinder, die die eigene Leistung betonen, eher geneigt, ihr Scheitern einem Mangel an Motivation zuzuschreiben und nicht einem Mangel an Fachkenntnis. In diesem Zusammenhang sind die Untersuchungsergebnisse von GRAHAM und

STERN interessant. Ab dem neunten Lebensjahr interpretieren Kinder die Reaktion einer Lehrkraft auf eine schlechte Leistung prinizipiell wie folgt: Wenn der Lehrer böse ist, bedeutet das, daß er denkt, wenn du dein Bestes gegeben hättest, dann wäre die Leistung besser ausgefallen; ist der Lehrer freundlich und mitfühlend, dann glaubt er, daß du dein Bestes gegeben hast.

Fähigkeit zur Selbsthilfe

In der Schule wird von den Kindern Kompetenz und Motivation erwartet, unabhängig davon, ob sie diese Erwartungen erfüllen können oder nicht. Diese Erwartungen betreffen in erster Linie den kognitiven Bereich. Darüberhinaus müssen sich die Kinder jedoch auch in sozialemotionaler und physischer Hinsicht bewähren. Eine Beschränkung liegt jedoch darin, daß sich dies alles in einer eigenen Welt abspielt, die Lea DASBERG das «Land der Jugend» nennt. In unserer Kultur wird im allgemeinen von einem Kind im Schulalter kein selbständiger Beitrag zu den Vorgängen und Veränderungen in der Welt verlangt, die es mit den Erwachsenen teilt. Es gibt keine Untersuchungen, aus denen ersichtlich wäre, daß Kinder, an die derartige Erwartungen gestellt werden, sich kompetenter und motivierter verhalten. Hierüber kann man nur spekulieren und sich vorstellen, daß es für Kinder angenehmer sein müßte, zeigen zu können, wie weit ihre eigene Leistung reicht. Im Jugendalter, in dem Kinder sich – wie wir schon verschiedene Male konstatiert haben – auf das wirkliche Leben ausrichten und die kindliche Lebenswelt ablehnen, kann ihr Gefühl der Kompetenz dadurch gefördert werden, daß sie auch in dieser Welt ihre *maßgeschneiderten* Entwicklungsaufgaben erhalten. Aber, wie schon erwähnt, sind hierüber noch keine Untersuchungen in Familien durchgeführt worden.

Es gibt jedoch eine Untersuchung von WEISS, die selbständige und unselbständige Kinder hinsichtlich ihrer allgemeinen *Familienverhältnisse* vergleicht. In dieser Untersuchung wurde allerdings nicht berücksichtigt, welche konkreten Aufgaben an das Kind gestellt wurden. Man konzentrierte sich lediglich auf die Charakteristiken der Familie. Zusammengefaßt zeigen die Ergebnisse von WEISS, daß selbständige Kinder öfter aus Familien mit zwei oder drei Kindern kommen, in denen sich die Mutter außergewöhnlich aktiv mit den Kindern beschäftigt. Der Erziehungsstil der Eltern ist dabei auf Selbständigkeit gerichtet, wobei man unterstützend mit dem Kind mitlebt, aber übertriebene Anteilnahme vermeidet. Unselbständige Kinder traf WEISS öfter in unvollständigen Familien und in Familien mit einem einzigen oder mit mehr als vier Kindern an.

Verschiedene Untersuchungen haben ergeben, daß der Vater im allgemeinen eine mehr fordernde Haltung den Kindern gegenüber einnimmt. Er tritt zwischen die Kinder und die Mutter, die ihre Kinder gegebenenfalls in Schutz nimmt. Väter sind meistens der Meinung, daß Kinder etwas selbständig tun sollten und lassen ihre eigenen

Kinder auf diese Weise wissen, daß sie dies auch von ihnen erwarten. Mütter neigen eher dazu zu sagen: «Dafür bist du doch noch zu klein», «Das ist doch viel zu gefährlich, laß mich das lieber tun» usw. Aus diesem Grunde bleiben Kinder, die aus einer Familie ohne Vater kommen, meistens unselbständiger. Der Unterschied bei Ein-Kind-Familien und bei kinderreichen Familien läßt sich so erklären, daß einem Einzelkind viele Dinge aus der Hand genommen werden, während in einer großen Familie die Gefahr besteht, Kinder hinsichtlich ihrer Selbständigkeit zu überfordern.

Wenn man Dinge tun oder Erfahrungen verarbeiten muß, die über das vorhandene Leistungsvermögen hinausgehen, erfordert das von Erwachsenen wie auch von Kindern den Einsatz von Bewältigungsmechanismen. Dies können indirekte Mittel sein, um mit einer schwierigen Situation doch fertig zu werden: Man leugnet, daß die Aufgabe wichtig ist (man braucht sie also auch nicht zu erfüllen), man sucht Ablenkung, lehnt sich aggressiv dagegen auf usw. Interessant ist auch die Beobachtung von MCGHEE, daß Kinder zwischen sechs und zwölf Jahren, die zu Hause hinsichtlich ihrer Selbständigkeit überfordert werden, oft ungefragt Witze als Bewältigungsmechanismen verwenden. Mit Humor und in der Rolle des Klassen- oder Familienclowns relativieren sie ihre Lebenslage. Jedoch haben wahrscheinlich nur sprachbegabte Kinder die Möglichkeit, diese Rolle zu spielen. Untersuchungen von Ann MASTEN haben nämlich ergeben, daß ein enger Zusammenhang besteht besteht zwischen Humor, Kompetenz und Intelligenz.

Bewältigungsmechanismen sind mit Abwehrmechanismen aus der psychoanalytischen Theorie vergleichbar. Letztere dienen jedoch dazu, um sich unakzeptablen Versuchungen der eigenen Triebe zu widersetzen. Außerdem sind sie immer unbewußt. Bewältigungsmechanismen dienen dazu, mit den Forderungen der Umwelt fertigzuwerden. Sie können jedoch sowohl bewußt als auch unbewußt ablaufen.

Kinder werden öfter im emotionalen als im praktischen Bereich *überfordert*. Während ihnen bei konkreten Aufgaben viel abgenommen wird, erwartet man im emotionalen Bereich von ihnen, daß sie sich selbst helfen. Der Begriff «stark sein» wird eher dann verwendet, wenn sich ein Kind ohne die Hilfe der Erwachsenen inmitten seiner Altersgenossen bewähren, als wenn es einen beträchtlichen Anteil der häuslichen Aufgaben verrichten muß. Darum sollte man sich als Erwachsener aus den Kinderstreitereien, die im Schulalter oft vorkommen, auch heraushalten. Meistens sind diese Zankereien von kurzer Dauer, und im allgemeinen folgt die Versöhnung sehr schnell. Ein Eingreifen der Erwachsenen ist also nicht erforderlich. Es gibt jedoch Situationen, in denen man vielleicht doch lieber helfend eingreifen sollte. Dies wäre beispielsweise der Fall, wenn Kinder durch die Umstände besonders verletzlich sind: Wenn ein Kind sich gegen eine Clique wehren muß, oder wenn es «zu weit gegangen ist» und sich darum nicht traut, den Versuch einer Versöhnung zu unternehmen. Dies sind einige Beispiele, bei denen ein Eingreifen der Erwachsenen der Entwicklung der Selbständigkeit des Kindes zu gute kommt. Während seines eigenmächtigen Auftretens fühlt ein Kind, daß es im «Notfall» nicht ganz allein gelassen wird. Das fördert den Mut und das Selbstvertrauen. Darauf weisen auch die oben erwähnten Untersuchungsresultate von WEISS hin, in denen die unterstützende Rolle der Eltern deutlich wird.

Wenn Kinder älter werden, finden sie neben den Eltern auch Unterstützung bei anderen. Dies kommt u. a. in der hervorragenden Untersuchung von Brenda BRYANT zum Ausdruck. Mit 186 Kindern zwischen sieben und zehn Jahren wurden individuelle Spaziergänge in ihrem Wohnviertel gemacht, bei denen sie interviewt wurden. Ziel der Untersuchungen war es, Einsicht in das «ökologische Unterstützungssystem» zu erlangen, auf das Kinder neben der Familie zurückgreifen können. Es handelte sich hier um Kinder aus einem gewöhnlichen Wohnviertel, die keine außergewöhnlichen Streßsituationen kannten. Das Unterstützungssystem wurde aufgeteilt in: *Mitmenschen, Aktivitäten* und *Örtlichkeiten*. Zehnjährige Kinder hatten mehr Zugang zu einem solchen Unterstützungssystem als Siebenjährige und machten auch effektiver Gebrauch davon. Einzelne Unterstützungspunkte (eine freundliche Nachbarfamilie, Clubs, geheime Verstecke zum Spielen usw.) hatten keinen Zusammenhang mit dem sozial-emotionalen Verhalten der Kindern. Vielmehr war die *Gesamtheit* eines solchen Netzwerks der wirksame Faktor. Ein solches Netzwerk hat zweierlei Auswirkungen. Die Kinder erfahren eine Art Autonomie hinsichtlich ihrer Eltern. Sie führen ihr eigenes Leben mit Kontakten und Aktivitäten, die sie sich selbst aussuchen können und die nicht durch die Eltern bestimmt werden. Aber auch innerhalb dieses Lebens haben sie wieder unterstützende Kontakte. Es hängt von der Familie ab, welches von beiden für Ausgleich sorgt. In einer kleinen Familie mit großer Verbundenheit zwischen Eltern und Kindern sorgt das Netzwerk außer dem Hause für Autonomie. In einer großen Familie mit viel elterlicher Zuwendung hingegen sind diese sozial-emotionalen Kontakte eine Bereicherung.

Weiterhin fiel bei den Untersuchungen der Wunsch nach einer persönlichen Sphäre (privacy) auf: 92% der Kinder hatten einen bestimmten Platz, an dem sie allein sein konnten. Sie legten darauf auch großen Wert. Intensive Kontakte mit den Großeltern waren selten. Dieser Kontakt war, falls vorhanden, aber meistens sehr einflußreich. Auch Haustiere nahmen eine wichtige Stellung innerhalb des gesamten ökologischen Unterstützungssystems ein.

Selbstvertrauen und Selbstbild

Das kindliche Selbstvertrauen bewegt sich also zwischen Selber-Können und gelernter Hilflosigkeit. Kinder mit großem Selbstvertrauen beschreibt COOPERSMITH auf Grund seiner Untersuchungen wie folgt: «Sie verlassen sich auf ihre eigene Wahrnehmung, ihr Urteil und glauben, daß sie durch ihre eigene Anstrengung bestimmte Dinge zu einem guten Ende bringen können. Diese günstige Einstellung hinsichtlich der eigenen Person hat zur Folge, daß sie eine eigene Meinung haben und ihren eigenen Reaktionen und Schlußfolgerungen vertrauen. Dies ermöglicht ihnen, bei Meinungsverschiedenheiten ihrem eigenen Urteil zu folgen und nicht vor neuen Ideen zurückzuschrecken. Sie nehmen öfter an Diskussionen teil, sie haben weniger

Mühe, Freundschaften zu schließen und treten auch dann für ihre Meinung ein, wenn sie wissen, daß diese Meinung eine negative Reaktion hervorruft».

Selbstvertrauen hat einen rationalen und einen mehr irrationalen Aspekt. Das bedeutet, daß Selbstvertrauen sowohl auf einer eigenen realen Einschätzung dessen beruht, was man glaubt, leisten zu können, als auch auf einem viel weniger faßbaren Optimismus, manchmal sogar wider besseres Wissen.

Die erste Form gründet sich auf konkrete Erfolgs- und Mißerfolgserfahrungen in kognitiven, physischen und sozial-emotionalen Bereichen, so wie das oben beschrieben wurde. Schulleistungen und Beliebtheit spielen hierbei eine wichtige Rolle. In einer Untersuchung von SPELLBRINK und ZEBERGS schrieben sich Kinder, die von den Lehrkräften als motivierte Schüler, kooperativ im Klassenverband und als beliebt bei ihren Klassenkameraden angesehen wurden, mehr Selbstvertrauen zu und wurden während der Interviews als kognitiv und emotional angepaßt beurteilt.

Eine Untersuchung von JOPT zeigt das genau entgegengesetze Bild. Er stellte 389 Schülern u. a. die Frage, wie schwierig Mathematik *für sie selbst*, und was sie dachten, wie schwierig dieses Fach für *ihre Mitschüler* sei. Je geringer das Selbstvertrauen war, dest schwieriger fanden sie Mathematik für sich selbst, während alle Schüler meinten, daß Mathematik für ihre Mitschüler nur bedingt schwierig sei. Wie eine solche negative Selbsteinschätzung das Vertrauen in die eigenen künftigen Leistungen untergraben kann und damit tatsächlich die Leistungen beeinträchtigt, zeigte eine Untersuchung von HARTLEY. Kinder, die für ihre Impulsivität und Ungenauigkeit bekannt waren, wurden auf zweierlei Weise einer Art Lotto-Test unterzogen. Sie sollten sich zunächst so verhalten, wie sie tatsächlich seien, beim zweiten Mal sollten sie so tun, als ob sie Schauspieler wären, die die Rolle einer netten Person spielten. In der Schauspielerrolle arbeiteten sie mit mehr Bedacht und erzielten bessere Ergebnisse.

Hierbei wird also absichtlich von dem Umstand Gebrauch gemacht, daß Kinder in Phantasiespielen mehr wagen und erreichen als in der Wirklichkeit.

Das Selbstbild oder Selbstkonzept beruht nicht nur auf den Eigenschaften und Möglichkeiten, die das Kind sich selbst beimißt, sondern zum Teil auch auf seinem «Besitz», die *Attribute*, die zu ihm gehören. Sie können sein Selbstbild verstärken («Ich habe genau die richtigen Nikes») oder aber beeinträchtigen («Mit meinen Haaren kann ich niemals Stewardess werden»), Das Selbstkonzept ist die Bedeutung, die das Kind seinen eigenen Attributen und Eigenschaften zumißt. Deren Bedeutung entsteht durch den täglichen Umgang damit innerhalb einer bestimmten Kultur. Ein Kind übernimmt, was wichtig gefunden wird und mißt sich selbst daran.

In Kapitel 10 «Kindersorgen» wird beschrieben, wie wichtig es für Schulkinder ist, die Kleidung zu tragen, «die alle tragen».

Optimismus als Lebenshaltung

Optimismus, der weniger rationale Aspekt des Selbstvertrauens, hängt stark mit dem schon erwähnten Erziehungsstil im Elternhaus zusammen. Dazu sind verschiedene Untersuchungen durchgeführt worden.

Genannt werden soll hier die Untersuchung von COOPERSMITH. Sie zeigt, daß das Maß an Interesse, das die Eltern an ihrem Kind hatten, Einfluß auf das Maß des Selbstvertrauens hat. Weiterhin ist es notwendig, daß die Eltern spüren lassen, daß ihr Kind für sie wichtig ist. Interessant war auch, daß die Eltern von Jungen mit einem großen Maß an Selbstvertrauen im allgemeinen streng waren und hohe, jedoch klare Anforderungen an ihr Kind stellten. Eltern von Jungen mit wenig Selbstvertrauen waren im allgemeinen sehr nachgiebig; wurde jedoch eine, für das Kind unklare Grenze überschritten, wurden sie unvermittelt streng. Jungen mit großem Selbstvertrauen steckten sich auch deutliche Ziele, so als ob sie dies von ihren Eltern übernehmen würden. Jungen mit wenig Selbstvertrauen hatten im allgemeinen kein deutliches Ziel vor Augen. Über Mädchen gibt diese Untersuchung jedoch keinen Aufschluß.

Dieser Aspekt des Selbstvertrauens hat jedoch weniger mit Selbsteinschätzung der eigenen Fähigkeiten als mit einer bestimmten Lebenseinstellung zu tun, mit dem Gefühl, in der Lage zu sein, bestimmte Dinge im Leben selbst in die Hand zu nehmen. Was ich nicht kann, kann ich lernen. Was ich nicht richtig mache, kann ich verbessern. Was ich vermasselt habe, kann ich aufs Neue probieren. Was mich hindert, kann ich aus dem Weg räumen. Dies sind keine Fähigkeiten, die man durch Übung lernt. Es ist eine Lebenseinstellung, die vorgelebt werden muß und durch Identifikation übernommen wird. Deswegen ist wahrscheinlich auch der Einfluß der Eltern so groß. Handelt es sich um Menschen, die an das Leben mit einer derartigen Einstellung herangehen und dies auch von ihren Kindern erwarten, ermöglichen sie auch Identifikation. Wirken die Eltern auf das Kind hilflos, dann übernimmt es wahrscheinlich ihr Beispiel.

Sibylle ESCALONA entwikkelte diese Theorie vor allem im Hinblick auf das kindliche Denken über Krieg und Frieden. Im Kapitel «Kindersorgen» kommen wir darauf zurück.

In diesem Zusammenhang muß man den Begriff der *geliehenen Kraft* von Sibylle ESCALONA erwähnen. Sie meint damit, daß Kinder sich am Selbstvertrauen und an der Kraft der Erwachsenen um sie herum aufrichten können. Sie dürfen hoffen, daß sie später, wenn sie selbst erwachsen sind, ebenso stark sein werden. Dieser Optimismus hinsichtlich der Zukunft beeinflußt das Leben des Kindes in der Gegenwart. Dies steht im krassen Gegensatz zu der Auffassung von Erwachsenen im allgemeinen und Eltern im besonderen, daß man sich Kindern gegenüber nicht weiser und stärker geben sollte, als man sich fühlt, sondern daß man auch Unsicherheiten zeigen sollte. Dies könnte Kindern jedoch die Lust am Erwachsenwerden nehmen.

William JAMES (1842–1910), amerikanischer Philosoph und Psychologe; einer der Begründer der Psychologie als Wissenschaft.

Hierauf ist die weitverbreitete Auffassung begründet, daß depressive Menschen eigentlich eine ziemlich realistische Auffassung vom Leben haben, die sie aber daran hindert, Auswege zu sehen.

Von JAMES stammt der Ausspruch, daß Optimismus für einen Menschen normal ist: «Keine Facette der menschlichen Natur ist so charakteristisch wie die Bereitschaft, das Leben auf Chancen hin auszurichten». Verschiedene Untersuchungen haben tatsächlich ergeben, daß die Mehrzahl der Menschen ihre eigenen Zukunftschancen günstiger einschätzten als die der Menschheit insgesamt. Dieser Optimismus, daß für einen persönlich alles nur halb so schlimm sein wird und daß man die eine oder andere Schwierigkeit schon gut überstehen wird, bewirkt, daß die Menschen aktiv bleiben. Ließe man alles, was mit einiger Sicherheit an Unangenehmem passieren wird, auf sich eindringen, würde dies im wahrsten Sinne des Wortes eine Lebensbedrohung bedeuten. Einige Psychologen, wie u. a. TIGER, betrachten Optimismus denn auch als eine Eigenschaft, die die Menschen im Laufe der Evolution erworben haben und die ihnen zu überleben hilft. Sollte dies tatsächlich der Fall sein, dann kann man davon ausgehen, daß optimistische Zukunftserwartungen bei Kindern im Schulalter die Regel sind und daß Pessimismus bei einem Kind ein Zeichen dafür ist, daß mit ihm etwas nicht stimmt.

Dies war das Thema einer Studie von Mariellen FISCHER und LEITENBERG mit Kindern zwischen neun und dreizehn Jahren. Außerdem wollten sie herausfinden, welcher Zusammenhang zwischen Optimismus einerseits und Selbstvertrauen und Beliebtheit andererseits besteht. Bei ihrer Untersuchung verwendeten sie u. a. 30 Sätze, die mit «Ich denke, daß ich später. . . .» begannen. Dreizehn Mal folgte eine Form des Scheiterns, siebzehn Mal eine Form des Erfolgs. Diese Satzergänzungen schlossen einander jedoch nicht aus. Die optimistische Betrachtung impliziert nicht, daß man die pessimistische Sicht leugnet. Kinder hatten jedoch eine deutliche Präferenz für die eine oder andere Betrachtungsweise. Aufgrund der Tatsache, daß die pessimistische Zukunftaussicht stärker mit einem geringen Maß an Selbstvertrauen korrelierte als die optimistische, kamen die Untersucher zu dem Schluß, daß Optimismus der Normalfall ist. Oder besser ausgedrückt: Es ist normal, daß Kinder nicht pessimistisch sind. Erstreckt sich ein Gefühl der gegenwärtigen Hilflosigkeit auf die Zukunft, dann haben Kinder Hilfe nötig.

Die Korrelation mit der Beliebheit war hier sehr gering, ebenso wie bei STIPEK, der die Korrelation zwischen Schulleistungen und Pessimismus bzw. Optimismus hinsichtlich der Zukunft untersuchte. Es sind also nicht die einzelnen Erfahrungen von Erfolg oder Mißerfolg auf einem bestimmten Gebiet, die das Vertrauen in die Zukunft bestimmen, sondern es ist die gesamte Erfahrungswelt – so wie sie von Susan HARTER charakterisiert worden ist –, die das Selbstvertrauen festigt bzw. nicht festigt. Vom Selbstvertrauen hängt wiederum das Maß an Vertrauen in die Zukunft ab.

11. Kapitel

Kindersorgen

Worüber machen Kinder sich Sorgen? Oder modern ausgedrückt: Was streßt sie? Von Streß ist dann die Rede, wenn Menschen durch ein einzelnes Ereignis oder anhaltende Lebensumstände so in Anspruch genommen werden, daß es ihre psychische Leistungskraft übersteigt. Das Gleichgewicht wird normalerweise nicht sofort wiederhergestellt, aber es werden Bewältigungsmechanismen in Gang gesetzt, die dazu dienen, die Belastung doch noch abzuwehren. Wenn das gelingt, tritt Entspannung ein. Wenn die Bewältigungsmechanismen jedoch nicht ausreichen, entsteht eben «Streß».

Bewältigungs-Mechanismen werden im Kapitel «Selbständig werden» besprochen.

Streßuntersuchungen betreffen einerseits einzelne auslösende Ereignisse. Dies kann beispielsweise der Tod eines Menschen sein, der einem Kind nahe steht, oder der Verlust eines Haustiers, ein Krankenhausaufenthalt, die Scheidung der Eltern, bei Einzelkindern auch die Geburt eines Geschwisterchens, ein schwerer Verkehrsunfall, dessen Zeuge das Kind war, der Umzug der besten Freundin usw. In einem umfangreichen Überblick vertritt HUME die Auffassung, daß elfjährige Kinder durchschnittlich vierzehn solcher Streßerfahrungen hinter sich haben.

Anderseits gibt es dauerhafte negative Umstände, unter denen manche Kinder leben und die eine streßvolle Belastung darstellen: Armut, Verwahrlosung, Eltern in psychiatrischer Behandlung, Ablehnung durch die Altersgenossen usw. Auch über den Einfluß dieser Faktoren werden Untersuchungen durchgeführt. Diese Untersuchungen sind jedoch – wie ROBINS in einem Übersichtsartikel andeutet – sehr schwierig, da der Begriff «Lebensumstände» viele Faktoren umfaßt, die sich gegenseitig beeinflußen. Armut kann zu schlechter Ernährung führen, aber auch zu schlechten Wohnverhältnissen, Streitereien über Schulden, Schulversäumnissen usw. Man kann den Einfluß dieser einzelnen Streßfaktoren kaum isolieren.

Vergleiche hiermit die Begriffe «Schulindex» und Familienindex» von RUTTER, die im Kapitel «Normen und Werte» zur Sprache kommen. Damit schafft auch er Bündel von Faktoren, die zusammen die Lebensumstände ausmachen. Ein einzelner Faktor sagt zu wenig aus.

Modernere Auffassungen über Streß gehen von einem Interaktionsstandpunkt aus: Ein bestimmtes Kind kann aus verschiedenen Gründen mehr vertragen als ein anderes Kind. Das eine Kind erholt sich auch leichter aus eigener Kraft, da seine Bewältigungsmechanismen stärker entwickelt sind. Schließlich erfährt das eine Kind in seiner Umgebung auch mehr Unterstützung als ein anderes Kind, um eine Erfahrung zu verarbeiten. Man kann also nicht von *dem* Streß im Alltag des Kindes sprechen. Oder wie DEFARES es ausdrückt: Es gibt große individuelle Unterschiede bei der Verarbeitung der belastenden Umstände. Darum ist es auch schwierig, für ein individuelles Kind vorauszusagen, welchen Einfluß der Streß auf seine weitere psychische Entwicklung haben wird.

Einer der Gründe ist das Temperament, das im Kapitel «Klassenkameraden» zur Sprache kam und in Praktische Kinderpsychologie, Kapitel 6 ausführlich behandelt wird.

Außer dem Unterschied zwischen «normalen» streßvollen Ereignissen und chronischen streßvollen Ereignissen müssen auch noch einige außergewöhnliche Katastrophen erwähnt werden, mit denen manche Kinder konfrontiert wurden. Der englische Psychologe YULE ist der Meinung, daß Eltern und Lehrkräfte zu oft denken, daß «Kinder schnell vergessen». Das dies bestimmt nicht für alle Kinder gilt, schlußfolgert er aus seiner Behandlung von Kindern, die die Schiffskatastrophe mit der Fähre *Herald of Free Enterprise* überlebt hatten. Bei einigen Kindern waren die Auswirkungen nach zwei Jahren noch spürbar (schlecht schlafen, Konzentrations- und Gedächtnisstörungen sowie Angst vor dem Alleinsein). Da sie dies jedoch so wenig wie möglich zum Ausdruck bringen wollen, merken die Menschen in ihrer Umgebung es oft nicht. Laut YULE können vor allem Lehrkräfte kleine Signale der Folgen der Katastrophe auffangen und probieren, die Kinder zum Sprechen zu bewegen.

Im allgemeinen scheint für Kinder im Schulalter zu gelten, daß sie ziemlich gut mit dem alltäglichen Streß umgehen können. Die Bewältigungsmechanismen für den täglichen Gebrauch werden auf zweierlei Weise unterschieden. Der erste Unterschied ist der zwischen einem *Problemverfahren* und einem *Emotionsverfahren*: Man schaut, ob man die Probleme lösen kann oder man probiert, sich nicht über die Probleme aufzuregen. Der zweite Unterschied besteht zwischen *primären* und *sekundären* Verfahren: Probieren, die zurückbleibende Situation des Problems zu ändern oder probieren, das eigene Verhalten besser an die Situation anzupassen. Immer wieder schlechte Noten zu erhalten kann durch Wechseln in eine andere Art von Schule oder durch stärkeren eigenen Einsatz vermieden werden.

Diese vier Verfahrensarten schließen einander nicht aus. Menschen können den Umständen entsprechend das Verfahren wechseln. Zwischen sechs und zwölf Jahren ist eine Zunahme des sekundären Verfahrens erkennbar. Dies hängt zusammen mit den zunehmenden kognitiven Möglichkeiten und einer wachsenden Selbsteinschätzung. Sie ermöglichen es dem Kind, seine eigene Beteiligung besser einschätzen und anpassen zu können.

Unverletzlich?

Es gibt Kinder, deren Bewältigungsmechanismen derart stark entwickelt sind, daß sie trotz aller Belastungen ausgeglichen aufwachsen. Man könnte annehmen, daß ihre Lebensumstände und die Lebensereignisse, die sie mitmachen, große Risiken in sich bergen. Während das auf ein Kind in einer bestimmten Familie vielleicht zutrifft, wächst sein Bruder oder seine Schwester trotz aller Misere harmonisch auf.

Der erste Forscher, der dieses Phänomen untersuchte – GARMEZY –, nennt hierfür einige Beispiele. Er untersuchte vor allem Kinder von psychiatrischen Patienten. Die Idee hierzu geht auf den Psychiater BLEULER zurück, der so beeindruckt von der Art und Weise war, wie gewisse Kinder den Zustand ihrer Eltern verarbeiten und nicht selten sehr fürsorglich mit ihnen umgehen, gerade so, als ob die Rollen vertauscht worden seien.

Besonders bekannt geworden ist das Beispiel von GARMEZY, in dem er ein achtjähriges Mädchen beschreibt. Der Vater dieses Mädchens war gestorben, und seine Mutter wurde von einer tiefen Depression befallen, so daß sie nicht für genügend Vorräte im Hause sorgte. Brot war da, aber nichts zum Drauflegen. Da erfand das Mädchen das *Brot-Sandwich*: Zwei trockene Scheiben Brot aufeinander, die eine als Belag für die andere. Dadurch hielt es für sich selbst, für seine Mutter und vor allem für seine Klassenkameraden eine gewisse Normalität aufrecht. Diese erfinderische Art, «das Beste daraus zu machen», ist kennzeichnend für solche Kinder. Als weitere Eigenschaften werden genannt: Keine Schwierigkeiten bei der sozialen Kontaktaufnahme, jedoch auch das Bedürfnis, sich in die Privatsphäre des eigenen Zimmers zurückzuziehen, ein Gefühl dafür, welcher Erwachsene in welchem Moment als Unterstützung dienen kann, gleichzeitiges Achten auf das, was man aus eigener Kraft leisten kann.

Dies ist bis zu einem gewissen Grad in Übereinstimmung mit dem symbolischen Spiel, das in Praktische Kinderpsychologie, Kapitel 14, Abschnitt «Phantasiespiel» zur Sprache kam.

Es scheint eine optimale Kombination von sozialer Sensitivität und der Fähigkeit zur Selbsthilfe zu sein, die im Kapitel 8 «Klassenkameraden» bzw. im Kapitel «Selbständig werden» besprochen wurden.

Auch Untersuchungen von Geraldine DOWNEY und Elaine WALKER haben ergeben, daß eine stark entwickelte soziale Kognition der beste Schutz war für Kinder von Eltern, die unter psychiatrischer Behandlung standen und für Kinder, die von ihren Eltern verwahrlost wurden. Global ausgedrückt sind diese Kinder in der Lage, ihre Lebensumstände so zu manipulieren – im positiven Sinn – daß sie sie in den Griff bekommen können.

GARMEZY hat behutsam darauf hingewiesen, daß man in der Psychologie bei aller Beachtung der *Verletzlichkeit* der Kinder ihre *Widerstandsfähigkeit* nicht vergessen darf. Es ist wichtig, die Voraussetzungen zu erforschen, die ein Kind zu dem machen, was es ist. Früher nannte man gewisse Kinder «unverletzlich». Davon ist man jedoch abgekommen, da der Eindruck entstehen könnte, daß derartige Kinder emotional unberührt bleiben wie sorglose kleine Wesen. Sie leiden jedoch auch, können aber die Kraft aufbringen, daran nicht zugrunde zu gehen.

Aus dem Titel des Buches von Emmy WERNER und Ruth SMITH klingt dies deutlich heraus: (übersetzt) «Verletzbar, aber unbesiegbar. Eine Untersuchung über vitale Kinder». Es handelt sich hier um eine Langzeitstudie, die zwanzig Jahre auf der Insel Kauai bei Hawaii durchgeführt wurde, wo Menschen schon Generationen lang in Armut leben. Man verfolgte das Leben von etwa 700 Kindern bis hin zur Adoleszenz. Ungefähr jedes zehnte Kind entwickelte sich zu einem kompetenten und selbständigen jungen Erwachsenen, «who worked well, played well, loved well and expected well». Genau wie bei den Untersuchungen von GARMEZY handelte es sich um aktive und unabhängige, jedoch sozial orientierte Kinder, die vital blieben. Außer diesen Eigenschaften der Kinder selbst bestand auch in ihren Lebensumständen ein wesentlicher Unterschied. Die vitalen Kindern waren inmitten solider sozialer Familienverhältnisse aufgewachsen, denen verschiedene Generationen angehörten. Der Mangel an einem solchen festen Verhältnis hatte die nachteiligsten Auswirkungen auf die Kinder, die schon von Natur aus zur Passivität, Zurückgezogenheit und Unregelmäßigkeit neigten.

Während der Schulzeit ergab sich u. a. der folgende Geschlechtsunterschied. Die Mädchen behielten ihre Vitalität dann, wenn sie sich von einer Frau in der Familie emotional unterstützt fühlten. Solche Mädchen verhielten sich dann auch kompetent und verantwortungsbewußt innerhalb der Familie. Für die Jungen war dagegen wichtig, daß der eigene Vater da war und daß das Familienleben nach festen Regeln verlief. Dies läßt darauf schließen, daß sie stärker von bestimmten Rahmenbedingungen abhängig sind. Hier, wie auch in anderen Untersuchungen, wurde der allgemeine Geschlechterunterschied festgestellt, daß Jungen leichter durch streßvolle Lebensumstände verletzt sind als Mädchen. Emmy WERNER UND RUTH SMITH verwenden den von SELIGMAN geprägten Begriff der «angelernten Hilflosigkeit». Sie glauben, daß die vitalen Kinder, die sie in ihrer Untersuchung hinsichtlich Veranlagung und Umgebung unterscheiden konnten, trotz alledem die Erfahrung des Selber-Könnens erwerben, die sie vor Hilflosigkeit schützen und ihnen sogar ermöglichen, ihre Hoffnungen aufrechtzuerhalten.

Zur gelernten Hilflosigkeit und den Erfahrungen des Selber-Könnens siehe Kapitel «Klassenkameraden».

Im vorangehenden Kapitel haben wir gesehen, daß Kinder im allgemeinen gewisse emotionale Herausforderungen benötigen, um zu Erfahrungen des Selber-Könnens zu gelangen. So gesehen, ist ein milder Streß günstig, da man dadurch «stark» wird. Extremen Streß kann anscheinend nur eine kleine Anzahl von Kindern vertragen und verarbeiten. Dabei muß man im Auge behalten, daß das, was streßvoll für ein Kind ist, sich mit dem Alter verändert. Alleine eine Woche bei fremden Menschen auf Besuch zu müssen ist für ein vierjähriges Kind schwieriger als für ein zwölfjähriges. In diesem Kapitel wollen wir uns nun mit der Art von Streß beschäftigen, die zwischen den beiden genannten Arten liegt. Es handelt sich um Erfahrungen, die alle Kinder machen. Diese beanspruchen ihre Bewältigungsmechanismen jedoch weit mehr als nötig wäre, um sie ein wenig stark zu machen.

Blamagen

Erwachsene können sich zwar vorstellen, was Kinder als Streß und Belastung erfahren, jedoch kann dieses Bild verzerrt sein, da man es von einem erwachsenen Standpunkt aus betrachtet. Dies kann man vermeiden, indem man Erwachsene an ihre eigenen Jugendjahre zurückdenken läßt, so wie Marie PIER das tat. Sie bat amerikanische Studenten, Aufsätze über unangenehme oder peinliche Erfahrungen in der Schulzeit zu schreiben. Sie war überrascht, daß Themen wie Todesfälle in der Familie oder ökonomische Miseren und Kriege kaum vorkamen, obwohl die älteren Studenten als Kinder Familienangehörige gehabt haben mußten, die im Zweiten Weltkrieg gekämpft hatten und die Schulzeit der jüngeren Studenten in die Zeit des Vietnamkriegs fiel. Die Studenten schrieben beinahe ausnahmslos über Ereignisse, die an und für sich nicht dramatisch waren, durch die sie sich aber als Kinder lächerlich gemacht haben. An diese Ereignisse konnten sie sich noch erinnern, und einige Studenten erzählten, daß während des Schreibens die alten Schamgefühle wieder aufkamen. Einige Beispiele: Ein damals zehnjähriges Mädchen hat zum ersten Mal einen Lehrer, und der sieht sie eines Samstagnachmittags auf dem Dreirad ihres kleinen Bruders fahren. Ein Junge von damals acht Jahren muß mit seinen Klassenkameraden einzeln vor der Klasse vorsingen, da die Lehrerin einen Chor zusammenstellen will. Er schwärmt sehr von der Lehrerin, und aus reiner Nervosität wird seine Stimme sehr tief. Die ganze Klasse lacht, einschließlich der Lehrerin. Von dieser Art waren die Ereignisse, an die die Erwachsenen sich mit einem peinlichen Gefühl erinnerten. Es ist unwahrscheinlich, daß lediglich solche Vorkommnisse bleibende Spuren hinterlassen. Es besteht jedoch die Möglichkeit, daß die Summe solcher harmlos scheinenden Erfahrungen wiederum Streß verursachen. Eine unangenehme Erfahrung hinterläßt wahrscheinlich eher einen bleibenden Eindruck auf ein Kind, das sowieso schon unter chronischem Streß leidet.

Ein Fragebogen

In Amerika stellte Lewis auf der Grundlage von Interviews mit Zehn- und Elfjährigen einen Fragebogen zusammen. Die Kinder sollten gefragt werden, welche Umstände und Ereignisse dazu führen könnten, daß sie sich «lausig, nervös und grüblerisch» *fühlen würden*, wenn der genannte Umstand oder das Ereignis *einträte*. Dies sind drei Ausdrücke, mit denen er für Kinder das Wort «Streß» zu umschreiben versuchte. Er wählte die zwanzig Ursachen, die in den vorangehenden Interviews am meisten genannt worden waren. Es fiel schon hier auf, daß viele der Ursachen mit dem Elternhaus zu tun hatten und das wiederum keine Kriegsängste geäußert wurden.

Dieser Fragebogen wurde 2480 Zehnjährigen vorgelegt. Beim ersten Mal mußten die Kinder bei jeder der zwanzig Ursachen angeben, wie lausig, nervös und grüblerisch sie sich fühlen *würden*. Beim zweiten Mal sollten sie sagen, ob, und wenn ja, wie oft sie eines der beschriebenen Ereignisse in den vergangenen Jahren erlebt hatten.

Zur Bedeutung der Eltern und zum Einfluß der Scheidung siehe Kapitel «Zuhause».

Vier der sechs Ereignisse, bei denen die Kinder sich am lausigsten fühlten, hatten etwas mit den Eltern zu tun: Daß sie sich scheiden ließen, daß sie oft stritten, während sie dabei waren; daß sie selbst Streit mit ihnen hatten; daß sie zu wenig Zeit mit den Eltern verbrachten. Zwei andere Ereignisse waren: Sie wurden gezwungen, etwas zu tun, wozu sie überhaupt keine Lust hatten, wie beispielsweise eine Zigarette zu rauchen (dies kam an zweiter Stelle nach der Scheidung der Eltern) oder die Hausaufgaben zu machen.

Durch Faktoranalysen kamen drei Gruppen zum Vorschein: (1) Ereignisse/Umstände, die sich auf die Eltern bezogen; (2) die Ereignisse/Umstände, die sich auf das Selbstwertgefühl und die Altersgenossen bezogen und (3) Ereignisse, die etwas mit Veränderungen zu tun hatten und Anpassung erforderten. Nur in der zweiten Gruppe hingen die einzelnen Umstände unter sich zusammen. Mit anderen Worten: Kinder, die sagen, fassungslos zu sein, wenn sie ausgeschlossen werden, erzielten auch hohe Punkte bei Fragen über zu dick sein, Kleider zu tragen, die man nicht will und schlecht im Sport zu sein. Glücklicherweise waren die Ereignisse, die die negativsten Gefühle hervorriefen, nicht auch die, die am meisten vorkamen. Jedoch schien ein Zusammenhang zu bestehen zwischen «wie schlimm etwas ist» und «wie oft etwas vorkommt». Bei Ereignissen, bei denen das Selbstwertgefühl verletzt wird oder Schwierigkeiten mit den Altersgenossen auftreten, war ein *linearer* Zusammenhang zu erkennen: Je öfter Kinder ein Ereignis selbst erlebt hatten, desto schlechter fühlten sie sich, wenn es (wieder) vorkam. Hierbei handelte es sich meistens um sich ausgeschlossen fühlen, schlecht im Sport sein, kleiner als die anderen sein, zu spät kommen, fühlen, wie sich der Körper verändert, Sachen anziehen müssen, die man nicht mag, Langeweile, zu wenig Taschengeld, die Hausaufgaben nicht machen. Bei den zwei Ereignissen, die Kinder als «besonders schlimm» klassifizierten, war der Zusammenhang entgegengesetzt: Je weniger sie sie erfahren hatten, desto größer war die vermutete Fassungslosigkeit, wenn es ihnen wirklich widerfahren würde (Scheidung der Eltern oder gezwungen werden, etwas gegen seinen Willen zu tun).

Übrigens bestand der Fragebogen – in Übereinstimmung mit den Interviews, auf denen er beruhte – nur aus fünf einzelnen Vorkommnissen und fünf mehr oder weniger chronischen Voraussetzungen. Denkt man an die Untersuchung von Marie PIER zurück, dann kann man also unterstellen, daß Ereignisse, an die sich Erwachsene mit Abscheu erinnern, beim Erleben *in den Kinderjahren* weniger Bedeutung haben als chronische Lebensumstände wie geschiedene Eltern haben, klein sein, für gute Noten gehänselt werden und zu wenig Taschengeld haben.

Ein Ereignis fällt besonders auf: Zu etwas gezwungen werden, wozu man keine Lust hat. Dies wurde immerhin an zweiter Stelle genannt und schien für Kinder eine schreckliche Erfahrung zu sein. LEWIS gibt hierfür keine weitere Erklärung. Man könnte hier jedoch an eine Verletzung des Selbstwertgefühls denken. Kinder betrachten es wahrscheinlich als etwas, wozu sie durch die Altersgenossen gezwungen werden, an dem sie selbst jedoch nicht teilnehmen. Es entsteht dann eine Gefühl von «alle gegen einen».

SULLIVAN und MISCHEL haben diese erstmalige Selbstbehauptung und die wechselseitige Abstimmung des Verhaltens beschrieben. Hier liegt auch der Grund für die Diskriminierung von Kindern aus sozialen Minderheitsgruppen. Der gut gemeinte Text aus der idealisierenden Werbung: «Kinder diskriminieren nicht, das lernen sie von uns» ist daher wahrscheinlich falsch.

Ausgelacht werden

Schon verschiedene Male ist hier vom *Konformismus* in den Schuljahren die Rede gewesen. Erklärungen hierfür werden u.a. in zwei Richtungen gesucht. Die eine ist mehr *psychologisch*, die andere mehr *biologisch*. Die erste Erklärung geht davon aus, daß ein Kind in der Familie bedingungslos akzeptiert wird. Die Schule ist die erste Umgebung, in der sich ein Kind aus eigener Kraft einen Platz erobern muß. Da dies für alle Kinder einer bestimmten Gruppe gilt, entstehen

Gruppennormen, die für jedes Kind deutlich sichtbar machen können, woran es sich halten muß, wenn es dazugehören will. Ein bestimmter Pullover, Kugelschreiber, ein bestimmtes Springseil oder eine Puppe etc. geben einen konkreten Halt, mit dem man die Zugehörigkeit zum Ausdruck bringen kann.

Die biologische Erklärung geht auf die Evolution zurück. Artgenossen erkennen einander vor allem am äußeren Erscheinungsbild. Dies gilt für alle Tierarten. Ein abweichendes Äußeres hat beinahe immer eine Verbannung aus der Gemeinschaft zur Folge, d. h. das betreffende Tier wird nicht als «einer von uns» anerkannt. In der Urzeit kann dies ein Überlebensfaktor gewesen sein: Menschen, die durch äußerliche Merkmale einander erkennen konnten, waren ihren Feinden gegenüber zusammen stärker.

Die Veränderung des Äußeren wurde im Laufe der Zeit verfeinert, aber die zugrundeliegende Triebkraft ist dieselbe geblieben, nämlich als Mitglied einer Gruppe erkennbar zu sein. Dies gilt für Erwachsene, aber in noch stärkerem Maße für Kinder in der ersten Gruppe ihres Lebens: Der Schule.

Erröten ist aus der Sicht der Evolutionstheorie eine körperliche Reaktion darauf, daß man von den Artgenossen als abweichend betrachtet wird. Es handelte sich dabei um einen Blutstoß in den Kopf (und in Arme und Beine), der Energie freimachte, um schnell flüchten zu können. Auch heutzutage hat das Erröten im Prinzip dieselbe Bedeutung. Jedoch geht es nun nicht mehr um eine körperliche, sondern um eine emotionale Bedrohung. Man merkt, daß die anderen sehen, daß man nicht der Norm und den Erwartungen entspricht, die zu der Gruppe gehören. Das Auslachen hat den Platz der konkreten Verbannung eingenommen. Als wie schlimm ein *Ereignis,* das ein Kind erröten läßt, empfunden wird, ist nach Marie PIER von zwei Faktoren abhängig. Zum einen ist wichtig, wie stark die Bewältigungsmechanismen des betreffenden Kindes entwickelt sind, die es genau das tun läßt, was es wieder zu einem Mitglied der Gruppe macht, nämlich mitlachen. Andererseits ist die Rolle eines eventuell anwesenden Erwachsenen – meistens einer Lehrkraft – von Bedeutung. Wenn diese nicht mitlacht, sondern im Gegenteil für ein gewisses Gegengewicht sorgt, sind die Wirkungen weniger intensiv.

So betrachtet, wird nun auch deutlich, warum bei Befragungen ein Umzug und ein Schulwechsel von Kindern als ein besonders unangenehmes Ereignis bewertet wird. Der Platz in der Gruppe ist verloren und man muß wieder von vorne beginnen – mit allen dazugehörigen Risiken. Kaye KERR untersuchte in London neun- bis elfjährige Kinder und kam zu dem Schluß, daß ein Umzug an und für sich schon eine Streßerfahrung für ein Kind ist, daß aber der Schulwechsel, der oft damit verbunden ist, noch mehr Widerstandsfähigkeit erfordert. Umziehen bedeutet den Verlust von Haus, Umgebung, Freunden und Nachbarn. Jedoch teilt das Kind diese Erfahrung mit der ganzen Familie. In der neuen Schule hingegen muß es alles alleine neu kennenlernen: Das Gebäude, die Lehrer, die Schulatmosphäre und vor allem die neuen Klassenkameraden. Dies kann im Nachhinein eine bereichernde Erfahrung sein, verlangt aber von manchen Kindern einen enormen Kraftakt. Nach Kaye KERR achtet man in einem solchen Fall zu Unrecht nur auf die Noten. Solange diese gut sind, geht man davon aus, daß das Kind keine Probleme hat. Es kann jedoch der Fall sein, daß ein Kind nur intensiver lernt, um so viel wie möglich der Konfrontation mit den neuen Klassenkameraden zu entkommen. FIELD hat bei Kindern, die wußten, daß sie die Schule verlassen würden, ein unruhiges Verhalten in der Klasse festgestellt. Diese Unruhe zeigten auch die Klassenkameraden, als das Kind die Schule verlassen hatte. Dies deutet auf einen Bruch einer verletzlichen sozialen Ordnung hin.

Ausgeschlossen werden

Wenn schon Ereignisse Scham verursachen können, bei denen man nur kurzfristig von der Gruppe ausgeschlossen zu sein scheint, um wieviel schlimmer muß dann nicht die Situation eines chronisch Außenstehenden sein? In einem solchen Fall muß das Selbstwertgefühl ernstlich leiden.

In der englischsprachigen Literatur wird ein deutlicher Unterschied zwischen *neglected* (vernachlässigten) und *rejected* (abgelehnten) Kindern gemacht. Beide stehen außerhalb der Gruppe, jedoch werden nur die abgelehnten Kinder aktiv ausgeschlossen, während die vernachlässigten Kinder nur mehr oder weniger übersehen werden. Gegen abgelehnte Kinder haben die anderen Kinder eine Abneigung, vernachlässigte Kinder werden, wie sich bei näherer Nachfrage ergab, schon akzeptiert, aber sie haben weder Freunde noch Feinde. Bei Untersuchungen zu Verhaltensproblemen von Acht- bis Zwölfjährigen fanden FRENCH und WAAS keinen Unterschied zwischen *neglected* Kindern und Durchschnittskindern. Allerdings gibt es natürlich einen Unterschied zu den beliebten Kindern. Andere Kinder nennen die vernachlässigten Kinder verlegen. Dies muß jedoch keine Dauerposition sein, denn im Laufe der Zeit können die vernachlässigten Kinder Anschluß finden.

Dieser Unterschied wird auch im Kapitel «Klassenkameraden» genannt, wobei erwähnt wurde, daß beide Gruppen nicht beliebt sind. Die abgelehnten Kinder haben jedoch einen (negativen) Einfluß, die vernachlässigten Kinder nicht.

Bei den abgelehnten Kindern ergibt sich ein ungünstigeres Bild, wobei auch die Möglichkeit viel geringer ist, aus dieser negativen Position herauszukommen. Dies kann zu bleibenden Anpassungsschwierigkeiten führen (HARTUP, COIE & DODGE, LADD).

Werden Kinder von ihren Altersgenossen abgelehnt, dann gibt es eigentlich nur zwei Reaktionen. Sie können sich durch ein antisoziales, aggressives Verhalten *äußern*. Dies nennt man aktiv reagieren (acting out). Sie können sich aber auch vom sozialen Kontakt *zurückziehen*. Während sich die aggressiven Kinder mit aller Kraft gegen die Verletzung ihres Selbstwertgefühls zur Wehr setzen und in die Verteidigung gehen – wenn auch auf eine unangemessene Art und Weise – übernehmen zurückgezogene Kinder das negative Bild, das andere von ihnen haben. In ernsten Fällen kann dies zu Kinderdepressionen

Dies ist dasselbe wie der im Kapitel «Normen und Werte» verwendete Unterschied zwischen Verhaltensproblemen und neurotischen Symptomen.

führen. Für welche Reaktion ein Kind sich entscheidet, kann u. a. auch mit dem Temperament zusammenhängen. Ein leicht gereiztes Kind, das Anpassungsschwierigkeiten hat, wird eher zur Externalisation, d. h. zum aktiven Reagieren neigen. Ein träges Kind, das sich zwar anpassen könnte, wenn es hierfür die Zeit bekäme, neigt eher zur Internalisation, d. h. zur Zurückgezogenheit. Die extravertierten Kinder lassen andere bei ihrem Unglück mitleiden; sie überschreien sich selber. Introvertierte Kinder leiden alleine und werden stiller und stiller. Hierdurch entsteht oft eine Abwärtsspirale. Da man sich immer mehr zurückzieht, werden die Kontakte mit den Altersgenossen immer seltener und dadurch beängstigender. Diese Kinder gehen nach dem Unterricht so schnell wie möglich nach Hause, wo sie dann alleine spielen oder den Umgang entweder mit viel jüngeren Kindern oder mit Erwachsenen suchen. Dies kann zu psychosomatischen Beschwerden wie Kopf- und Bauchschmerzen, Schlaflosigkeit und Übelkeit führen. Es kann selbst zu Schulangst kommen. Depressionen werden auch nicht immer gleich erkannt, da die Art, wie sie sich äußern, ganz anders sein kann als die Art, die man von erwachsenen depressiven Menschen her kennt (De Wit).

Kinder, die sich daraufhin aggressiv äußern, könnte man *sozial unbeholfen* nennen. Man müßte ihnen beibringen, sich *sozial kompetenter* zu verhalten. Hierbei könnten Verhaltenstherapien und -übungen helfen. Zurückgezogene Kinder sind sozial wehrloser. Ihnen muß man helfen, widerstandsfähiger zu werden und Selbstvertrauen aufzubauen. Dies könnte durch ich-verstärkende, unterstützende Therapien geschehen. Cluckers beschreibt den Unterschied wie folgt: «Das Ziel eines Therapeuten in einer unterstützenden Therapie ist nicht die Aneignung bestimmter Fähigkeiten oder Funktionen, sondern Voraussetzungen zu schaffen, die die Ich-Entwicklung optimalisieren». Durch die Beziehung zum Therapeuten entsteht ein Selbstwertgefühl (oder es wird zurückgewonnen, wenn es durch bestimmte Erfahrungen verlorengegangen ist). Von hieraus gelangt ein Kind zu wirksameren Bewältigungsstrategien.

Diese Therapieformen für aggressive Kinder wurden bereits im Kapitel «Normen und Werte» erwähnt.

Die meisten Kinderpsychologen und -psychiater sehen die Ursachen der Schulangst und -phobie jedoch meisten in einer neurotischen, übertriebenen Scheidungsangst von sowohl Mutter als auch Kind.

Ein auffallender Name

Im allgemeinen läßt sich sagen, daß bei Kindern, die aus dem einen oder anderen konkreten Grund auffallen, ein größeres Risiko besteht, von der Gruppe gehänselt zu werden. Verhaltens- und Lernprobleme können eine Folge davon sein. Ein dauerhafter Ausschluß kann die Folge sein. Traurig ist hierbei, daß es in derarigen Fällen oft um Dinge geht, an denen das Kind nichts ändern kann. Bei den Dingen, die das Kind von anderen unterscheiden und derentwegen es andauernd geneckt wird, geht es um Merkmale, die außerhalb seiner Einflußspähre liegen. Risikofaktoren, die in diesem Zusammenhang untersucht worden sind, sind u.a. ein auffallender Name und ein abweichendes Äußeres.

Kleine Kinder akzeptieren ihren Vor- und Nachnamen als eine Selbstverständlichkeit. Dies ändert sich im Alter von etwa acht, neun Jahren, wenn die erste Selbstkenntnis entsteht und auch der eigene Name kritisch betrachtet werden kann. Ein deutliches Muster konstatierte BUSSE in einer Untersuchung mit 2000 Schülern zwischen sieben und sechzehn Jahren, die ihren eigenen Namen als entweder schön, neutral oder häßlich beurteilen mußten. Die Siebenjährigen standen ihrem Namen sehr positiv gegenüber. Ab acht Jahren nahm die Zahl der anerkennenden Antworten ständig ab, und zwischen zwölf und dreizehn blieb die Beurteilung ziemlich konstant. Danach nahm die Anzahl der Kinder, die ihren Namen häßlich fanden, wieder zu. Den Schülern wurde dieselbe Frage hinsichtlich aller in der Untersuchung vorkommenden Namen gestellt. Daraus ergab sich, daß, wenn Kinder ihren eigenen Namen häßlich fanden, es sich dann signifikant öfter um einen Namen handelte, der auch allgemein negativ beurteilt wurde. Außerdem scheinen Mädchen ihren Namen öfter häßlich zu finden als Jungen. Dies zeigt, daß der eigene Name nicht von anderen Persönlichkeitseigenschaften und Lebensumständen zu trennen ist.

Es ist wichtig, den Unterschied zwischen beliebten und unbeliebten Namen einerseits und bizarren Namen andererseits im Auge zu behalten. Ein Kind möchte wahrscheinlich lieber Sonja heißen statt Anna (obwohl die Beliebtheit von Namen sehr zeit- und modegebunden ist); heißt man aber Oliva, dann ist dies eine echte Belastung für das betreffende Mädchen.

Es besteht auch ein Unterschied zwischen Vor- und Nachnamen. Den Nachnamen teilt ein Kind mit seiner Familie. Familienmitglieder gehen im allgemeinen gelassen mit ihrem Namen um, und das ist ein günstiges Vorbild. Sind Vater oder Mutter jedoch selber durch ihren Nachnamen unsicher geworden, kann ein Kind diese Haltung übernehmen.

Auf alle Vor- und Nachnamen lassen sich komische Reime bilden, aber manche Namen reizen mehr dazu als andere und geben einem Plagegeist einen leichten Ansatzpunkt. Dies kann die Selbsteinschätzung eines Kindes negativ beeinflussen, wie eine Untersuchung von BAGLEY und Lousie EVAN-WONG ergeben hat. Verglichen mit den Kindern aus der Kontrollgruppe, hatte von den 83 Kindern einer psychiatrischen Klinik eine signifikant höhere Anzahl einen unbeliebten oder bizarren Namen. Außerdem hatten die Kinder mit einem derartigen Namen im allgemeinen weniger andere unangenehme Erfahrungen hinter sich, wie z.B. eine längere Trennung von der Mutter, Krankenhausaufenthalte, andauernde Streitigkeiten zu Hause usw. Der Name zählte also bei der Gesamtheit der negativen Lebensumstände mit. Bei einer derartigen Untersuchung geht man den Ursachen *nach*: Wenn ein Kind einmal psychische Probleme bekommen hat, scheint der Name dabei eine Rolle gespielt zu haben. Man darf dies jedoch nicht zu einer *Vor*aussage umdrehen und sagen, Kinder mit einem bizarren Namen werden unglücklich. RUTTER nennt einen solchen Namen denn auch einen Risikofaktor, der zusammen mit anderen Risikofaktoren zum Entstehen von Problemen beitragen kann. Sind keine oder nur wenig andere Risikofaktoren vorhanden oder stehen dem viele positive Faktoren gegenüber, so muß ein bizarrer Name keine nachteiligen Folgen haben.

Hierin liegt wahrscheinlich auch die Erklärung dafür, daß in großen prognostischen Untersuchungen kein Zusammenhang zwischen dem Namen und einem Verhaltensproblem gefunden wird, wie beispielsweise bei der Untersuchung von FORD mit vierundzwanzigtausend Kindern zwischen sieben und sechzehn Jahren. Er fand keinen Zusammenhang zwischen der (Un)Beliebtheit des Namens und den Schulproblemen. Ebensowenig fand er bei 724 Schülern zwischen vierzehn und siebzehn Jahren einen Zusammenhang zwischen dem Namen einerseits und sozialer Kompetenz und Empathie andererseits. Derartige Untersuchungen sind zu global und suchen nicht nach den subtilen Zusammenhängen zwischen dem Namen und anderen Risikofaktoren. Es kommt nicht zum Ausdruck, wann ein riskanter Name Bedeutung erlangt und wann nicht. FORD weist selber darauf hin, daß manche Kinder tatsächlich unter ihrem Namen leiden, daß aber starke Kinder dadurch vielleicht besonders widerstandsfähig werden. Innerhalb der statistischen Untersuchungsresultate heben sich die gegensätzlichen Effekte jedoch auf, so daß sich kein Zusammenhang ergibt.

Die oben erwähnten Untersuchungen beschäftigen sich lediglich mit dem Einfluß des Namens auf das Kind selbst. Es gibt aber auch Untersuchungen, wie Menschen auf eine Person mit einem bizarren Namen reagieren, so beispielsweise die amerikanische Untersuchung von HARARI und MCDAVID. Zehn- bis Zwölfjährige, die ihre Klassenkameraden auf dem Papier nach Beliebtheit ordnen mußten, stellten die Kinder mit einem häßlichen Namen ans Ende der Liste. Lehrkräfte, die Aufsätze der Kinder beurteilen mußten, gaben bei gleichwertigen Aufsätzen dem Aufsatz, der von einem Kind mit dem Namen Michael oder David geschrieben wurde, eine bessere Note als dem Aufsatz von einem Kind mit einem Namen wie Elmer oder Hubert. Karen und Lisa bekamen im Durchschnitt sogar eine um 1.5 höher liegende Note als Bertha.

Im allgemeinen sollte man den Wunsch eines Schulkindes, einen neuen Rufnamen zu haben, ernst nehmen. Meistens sind dafür gute Gründe vorhanden. Eltern sollten nicht beleidigt sein, wenn «ihr» Name abgewiesen wird. Will man einem derartigen Gefühl zuvorkommen, dann wäre zu empfehlen, einem Kind mehr als nur einen Namen zu geben, so daß es später unter diesen seinen Rufnamen wählen kann.

Auch bei einem Umzug kann der Name als Risiko von Bedeutung sein. Wenn ein Kind sich in der alten Schule gegen Belästigungen erfolgreich zur Wehr gesetzt hat und die Klassenkameraden es wegen seines Namens nicht länger hänselten, wird es nicht erfreut sein, in der neuen Schule wieder von vorne beginnen zu müssen und erneut den Belästigungen der anderen ausgesetzt zu sein. Ein Schulwechsel kann übrigens dazu verwendet werden, sich einen neuen Rufnamen zuzulegen.

Das Äußere

Bei einem auffallenden Äußeren ist eine Veränderung meistens nicht möglich, es sei denn, es handle sich um *Kleidung*, die dem in der Klasse vorherrschenden Modebild nicht entspricht. Auch hierbei gilt, daß das eine Kind diese Belästigungen vertragen kann und die Plagegeister daraufhin wahrscheinlich auch aufhören, während ein anderes Kind diesen Risikofaktor zu diesem Zeitpunkt nicht verarbeiten kann.

Zum *physischen Aussehen* gibt es zwei Gruppen von Untersuchungen. Zum einen hat man den Unterschied zwischen einem anziehenden und einem abstoßenden Aussehen und zum anderen abweichende Merkmale erforscht.

Kindern mit einem *hübschen* Gesicht begegnet man in vielerlei Hinsicht positiver als unattraktiven Kindern. Anhand von Zeugnissen, denen ein Paßfoto beigefügt war, ließ Margaret CLIFFORD Lehrer einschätzen, welchen IQ die Schüler haben, in welchem Maße ihre Eltern an der Schule interessiert sind, welchen sozialen Status die Kinder in der Klasse haben und wie ihre weitere Schullaufbahn aussehen werde. Gut aussehende Kinder wurden in allen vier Bereichen positiver eingeschätzt als unattraktive Kinder.

Karen DION ließ junge Frauen Verhaltensbeschreibungen von Problemkindern lesen, denen auch wieder ein Foto beigefügt war. Sie mußten die Schwere der Problematik angeben und voraussagen, wie das betreffende Kind sich in einer bestimmten Situation verhalten werde. Bei alltäglichen Schwierigkeiten wurde kein Unterschied in der Beurteilung gemacht, jedoch bei einem chronischen Störverhalten schon. Anziehende Kinder wurden milder beurteilt, mit Begriffen wie «er ist frech, aber nicht bösartig». Unattraktive Kinder wurden oft als «asozial» und «aggressiv» beschrieben, mit einer schlechten Prognose für ihre Zukunft. Nach Ellen BERSCHEID und Elaine WALSTER, die viele Untersuchungen über den Einfluß des Aussehens bei Erwachsenen durchgeführt haben, wird unattraktiven Kindern auch öfter «die Schuld in die Schuhe geschoben», da Erwachsene ihnen auch eher Unehrlichkeit zutrauen. SALVIA konstatierte, daß anziehende Kinder im allgemeinen auch besser bei ihren Klasenkameraden angeschrieben sind. Daher haben diese Kinder meistens auch ein stärkeres Selbstwertgefühl, was wiederum zu einem besseren Umgang mit sozialen Situationen führt. Obwohl es im allgemeinen aus ethischen Gründen abgelehnt wird, jemanden aufgrund seines Äußeren zu beurteilen, haben verschiedene Untersuchungen doch ergeben, daß man unbewußt von einem Schönheitsmaßstab ausgeht, den man, grob umrissen, wie folgt umschreiben könnte: Schön ist gut und häßlich ist schlecht.

Kinder mit einem abweichenden Äußeren werden auch häufig ausgelacht. Bei Jungen ist beispielsweise ein auffallend kleines Geschlechtsorgan verrufen. Auch dicke Kinder haben viel auszustehen. BRUCH beschreibt das emotionale Elend, das solchen Kindern widerfahren kann. Wird man geärgert und ausgeschlossen, dann ist Essen oft der einzige Trost. Andere dicke Kinder haben Kummer, da sie sich zwar tapfer an eine Diät halten, aber durch konstituionelle Umstände doch dick bleiben und deswegen weiterhin von den anderen als *verfressen* angesehen werden. Langsam wird das Dicksein von Kindern als ein psychisches Problem anerkannt, das man mit Gruppentherapie zu heilen versucht.

Darum sollte man vorsichtig mit Kindern umgehen, die sich im Umkleideraum oder im Badezimmer umziehen, und sie nicht zwingen, weniger «prüde» zu sein.

Schikanieren

In Kapitel 8 «Normen und Werte» werden einige Interventionsprogramme für aggressive Kinder besprochen.

Belastungen können aber auch auf eine andere Art und Weise entstehen, ohne daß es sich um ein «abweichendes» Kind handelt. Wenn beispielsweise zwei ausgesprochen aggressive Kinder neben einem ängstlichen Kind in einer Klasse sitzen, werden die ersteren kaum widerstehen können, das ängstliche Kind zu schikanieren.

Dieser Prozeß wurde verschiedene Male von OLWEUS beschrieben. Wenn nur die beiden aggressiven Kinder das ängstliche Kind schikanieren, ist das schon schlimm genug. Es kann aber auch geschehen, daß immer mehr Kinder in der Klasse sich daran beteiligen, da – wie OLWEUS es beschreibt – Aggression ansteckend wirkt. Schikaniert zu werden ist vielleicht nicht so schlimm, wenn man es ertragen kann. Die Plagegeister suchen sich jedoch meistens die Kinder heraus, die dem nicht gewachsen sind.

Eine besonders abscheuliche Situation entsteht dann, wenn immer mehr Kinder in der Klasse sich daran beteiligen. Die Wahrscheinlichkeit ist groß, da schikanieren ansteckend wirkt. Dies nennt man auch das *Sündenbockphänomen*: Ein Kind ist die Zielscheibe für alle aggressiven Gefühle, die unter Klassenkameraden bestehen. Das Schikanieren kann dann immer extremere Formen annehmen: Das Opfer selbst wird bedroht und seine Sachen kaputt gemacht. Die Kleidung wird ihm unter lautem Gejohle vom Körper gerissen – vor allem Unterhosen – und die Schultasche ausgeschüttet. Sündenböcke schämen sich meistens und trauen sich nicht, zu Hause über ihre Erniedrigung und ihre Misere zu sprechen. Lehrkräfte, die ab und zu etwas bemerken, aber bei weitem nicht alles – denn so schlau sind die Plagegeister und ihre Gefolgschaft nun auch wieder – denken oft, daß es sich um harmlosere Schikane handelt als wirklich der Fall ist. Kinder, die zu Sündenböcken gemacht werden, gehen dadurch kaputt.

In immer mehr Ländern wird diesem Schulproblem nun Aufmerksamkeit gewidmet. Norwegen ist das erste Land, das das Problem in Angriff genommen hat. Es wurde ein Programm für Schulen entwikkelt, das die Lehrkräfte über das Verhältnis zwischen Quälendem und Sündenbock informiert und Anweisungen dafür enthält, wie das Problem in der Klasse vorgebracht werden kann. Weiterhin enthält das Programm Fragebögen, die die Kinder anonym ausfüllen können, so daß sich der Lehrer ein Bild darüber schaffen kann, was in der Klasse vor sich geht und eine Videokassette, auf der das Leben von zwei Sündenböcken portraitiert wird. Das Programm, dessen erste Auswirkungen bereits sichtbar werden, richtet sich auf zwei Aspekte: *Sündenböcke widerstandsfähiger zu machen* (indem Klassenkameraden sich nicht mehr dem Quälgeist anschließen) und aktiveres Eingreifen der Lehrkraft. Für die schikanierten Kinder selbst wurden individuelle Theraphieprogramme entwickelt, mit denen versucht werden soll, ihnen mehr Selbstsicherheit beizubringen, so daß sie sich gegen die Quälgeister zur Wehr setzen können.

Bettnässer

Es gibt auch konkrete Kinderprobleme, die nicht nach außen dringen, unter denen jedoch die sozialen Kontakte und damit auch die soziale Entwicklung und das Selbstwertgefühl leiden. Eines dieser Probleme ist das Bettnässen. Nach VAN LONDON ist dies wahrscheinlich auch das am meisten vorkommende Problem bei Kindern zwischen sechs und zwölf Jahren. In den Niederlanden gibt es schätzungsweise hunderttausend Kinder in dieser Altersgruppe, die noch regelmäßig ihr Bett nässen. Hierbei ist die Anzahl der Jungen doppelt so hoch wie die der Mädchen. Die Scham ist groß, und darum redet man nicht darüber. Diese Kinder (und oft auch die Erwachsenen) denken, sie seien Ausnahmefälle. Es werden Ausreden erfunden, um nicht ins Ferienlager zu müssen und um Einladungen zur Übernachtung abschlagen zu können. Dadurch werden solche Kinder zu Außenseitern – mit allen Konsequenzen, die damit verbunden sind.

Das Bettnässen hat vielerlei Ursachen, und oft handelt es sich um eine Kombination von verschiedenen Faktoren, z. B. um ein zu frühes und zu strenges Reinlichkeitstraining. Dadurch kann das Urinieren zu einer emotionalen Belastung werden. Das Kind wird ängstlich und gespannt. Eine weitere Ursache können tiefgreifende emotionale Erfahrungen sein, die gerade in der Periode des «beinahe Trockenseins» eintreten. Dies kann eine Regression bewirken, die das Kind nicht mit eigener Kraft rückgängig machen kann. Auch die Kombination von kleiner Blase und tiefem Schlaf kann eine Ursache sein. Man hat verschiedene Methoden entwickelt, um Kindern in der Schulzeit zu helfen, doch noch «sauber» zu werden. Ein derartiges Trainig fordert jedoch sehr viel vom Kind. Darum ist es auch wichtig, daß der Lehrer informiert ist, so daß er versteht, warum ein Kind in der Klasse eventuell stört.

Regression bedeutet in der Entwicklungspsychologie einen Rückfall in ein früheres Stadium, das ein Kind eigentlich schon hinter sich gelassen hat. Dies ist oft notwendig, damit es nochmals und mit größeren Erfolgschancen den Sprung nach vorne wagen kann. Manchmal bleibt ein Kind jedoch auf diesem früheren Niveau stehen.

Krieg

In der letzten Zeit erscheinen viele Publikationen über die Sorgen, die sich Kinder über einen möglichen (Nuklear-)Krieg machen. Ob die Angst vor einem Nuklearkrieg bei Kindern wirklich vorhanden ist, läßt sich nur schwer beurteilen. Es gibt auf diesem Gebiet nur wenige Untersuchungen, und außerdem besteht der Nachteil, daß entsprechende Fragen bei Kindern, wenn auch nicht gerade Angst, so doch zumindest Sorge *hervorrufen* können. Kein Kind würde die Frage «Findest du es beängstigend, daß es Kernwaffen gibt?» sorglos mit «nein» beantworten. Schulkinder wissen außerdem schon ziemlich gut, was *sozial wünschenswert* ist und werden in ihre Antworten sicher etwas Dramatik stecken. Aber es bleibt undeutlich, ob und in welchem Maße ein Kind wirklich Angst vor einem Krieg hat. Wahrscheinlich läßt sich diese Frage nicht durch systematische Untersuchungen beantworten, sondern nur durch Äußerungen der Kinder, die man zufällig aufschnappt, wie beispielsweise der Ausspruch eines Achtjährigen:

«Ich wünschte, ich wäre mein Opa. Der ist schon achtzig. Der braucht keine Angst mehr vor einem Krieg zu haben. Der hat schon gelebt». Es bleibt jedoch die Frage bestehen, ob es sich hier um eine bleibende Sorge oder aber um ein momentanes Nachsinnen handelt, das durch einen Zeitungsartikel oder einen Fernsehbericht hervorgerufen worden ist (was vielleicht sogar nur für besonders sensible Kinder gilt). Es besteht jedoch der Eindruck – obwohl man sich hierbei nicht auf empirische Untersuchungen berufen kann – daß, wenn sich Erwachsene intensiv und explizit mit Kernwaffen beschäftigen, dies auch für Kinder in ihrer direkten Umgebung von Bedeutung wird. Die meisten Erwachsenen besitzen jedoch einen starken Abwehrmechanismus, der verhindert, daß sie über die Schrecken eines möglichen Nuklearkriegs nachdenken. Dies ist die einzige Möglichkeit, um ihr Leben weiterzuführen. Es stellt sich nun die Frage, ob Kinder auch über derartige Schutzmechanismen verfügen oder aber diesen Ängsten wehrlos ausgeliefert sind. Auch hierüber gibt es keine Untersuchungen.

Um jedoch sicher zu gehen, sollte man vermeiden, daß Kinder durch lähmende Angst die Lust verlieren, erwachsen zu werden. In diesem Zusammenhang muß man das Werk von Sibylle ESCALONA erwähnen, die in den sechziger Jahren, in der Zeit der Kuba-Krise, Untersuchungen zur Kriegsbedrohung mit amerikanischen Kindern und Jugendlichen durchführte. Auf der Grundlage dieser Untersuchung erstellte sie eine Übersicht darüber, was Kinder in einem bestimmten Alter verkraften können und was nicht. Hinsichtlich des Schulalters stehen für sie *zwei Merkmale* im Mittelpunkt: Kinder können *vorausdenken*, und sie leben mit einer – wie sie es nennt – «geliehenen Kraft». Da Kinder vorausdenken können, stecken sie voller «Stell dir vor, daß . . .»-Ideen. Hierbei kann die Bedrohung durch einen Nuklearkrieg eine Rolle spielen: «Stell' dir vor, sie schießen die Atomraketen ab. Was passiert dann?» Niemand kann sich davon eine wirkliche Vorstellung machen; Kinder wegen ihres Mangels an Information jedoch am allerwenigsten. Darum ist es wichtig, ihnen die Basisfakten über die Möglichkeiten eines Krieges und seine Folgen zu erzählen, um dadurch ihre Ängste auf ein realistisches Maß zurückzubringen. Dies ist etwas anderes als vertuschend zu behaupten, daß schon nichts passieren wird. Es besteht eine reale Kriegsgefahr, und niemand weiß, wie groß sie ist. Die meisten Menschen versuchen jedoch, diese Gefahr so klein wie möglich zu machen. Niemand will einen Krieg. Hier kommt man zum zweiten Punkt von Sybille ESCALONA, dem Leben mit geliehener Kraft. Kinder schöpfen ihr Vertrauen aus dem, was die Erwachsenen können und tun. Sie identifizieren sich mit ihnen und überbrücken so die Zeit, die bis zu ihrem eigenen Erwachsensein noch vor ihnen liegt. Darum ist es für Kinder im Schulalter nachteilig, wenn Erwachsene als machtlose Dummköpfe, die nur ein Durcheinander verursachen, hingestellt werden. Derartige öffentliche Schuldbekenntnisse sind für Erwachsene vielleicht eine Erleichterung, bei Kindern sät man damit nur Verzweiflung statt Selbstvertrauen.

Der Begriff geliehene Kraft kam auch in Kapitel 10 «Selbständig werden» zur Sprache.

12. Kapitel

Zu Hause

In den hinter uns liegenden Kapiteln wurde einerseits die zunehmende Selbständigkeit und Kompetenz der Kinder im Schulalter betont. Andererseits kam an verschiedenen Stellen zum Ausdruck, daß der Einfluß des häuslichen Milieus von großer Bedeutung bleibt. Das «Zuhause» ist für Kinder in diesem Alter noch immer der wichtigste Faktor in ihrem Leben, auch wenn sie dies nicht ständig zum Ausdruck bringen. Kinder können beispielsweise ihren Eltern gegenüber eine sehr kritische Einstellung einehmen. Durch die erweiterte soziale Erfahrung, die Kinder mit nach Hause bringen, werden die Eltern dazu gezwungen, ihre selbstverständlichen Lebensgewohnheiten und Auffassungen zu überdenken und gegebenenfalls zu verändern. Im allgemeinen neigen Kinder zu Übertreibungen: «Erwachsene Menschen sind dumm». Dies erklärt man durch den Wissenszuwachs und die Argumentationserfahrung der Kinder selbst, wodurch sie zum ersten Mal in ihrem Leben ihre Eltern ab und zu bei Unkenntnis und falschen Schlußfolgerungen ertappen. Durch die Erfahrung, daß sie Dinge wissen, von denen die Eltern *noch keine Ahnung haben*, verringert sich die Achtung vor den Erwachsenen. Dies ist jedoch meistens ein unbewußter Prozeß. Die Kinder merken durchaus, daß Erwachsene im allgemeinen mehr wissen und können. Die Übertreibung kommt nach ELKIND vor allem auf Umwegen zum Vorschein, beispielsweise durch Witze, Spiele und Parodien, in denen Erwachsene *auf die Schippe genommen* werden.

Die zunehmende Selbständigkeit der Kinder bedeutet, daß die Eltern ihnen allmählich Freiheiten zugestehen und sich bewußt machen, daß sie ihre Kinder nicht mehr überall und zu jeder Zeit beschützen können. Sie müssen jedoch für die emotionale Hilfestellung verfügbar bleiben. Es hängt von verschiedenen Faktoren ab, ob und inwieweit Eltern dazu in der Lage sind.

Die Familie als Kollektiv

Man könnte die Familie als ein soziales System, als ein Netzwerk von Beziehungen zwischen Menschen betrachten. Interessant ist in diesem Zusammenhang die Auffassung der russischen Psychologie (unter dem Einfluß des kommunistischen Ideals) über die Familie. PETROVSKY stellte beispielsweise die Frage, ob man die Familie als ein Kollektiv betrachten könne.

Ein Kollektiv ist eine Gemeinschaft, die u. a. durch gemeinsame

Aktivitäten und Kooperation zusammengehalten wird. Gilt dies auch für Familienmitglieder? Teilweise ist dies sicherlich der Fall. PETROVSKY wies auf die Bedeutung der Verteilung der häuslichen Pflichten hin. Die Arbeit ist in der kommunistischen Ideologie nämlich ein Kernpunkt, der den Menschen vom Tier unterscheidet und materiellen Wohlstand und Kultur schafft. Die *Zusammen*arbeit ist eine hohe Form der Kommunikation. Dies ist jedoch noch nicht alles. Zum sozialistischen Ideal gehört auch die emotionale Anteilnahme, wodurch jeder einzelne sich für das Wohl des anderen mitverantwortlich fühlt. Nach PETROVSKY erfüllt das Verhältnis zwischen Eltern und Kindern nicht alle Bedingungen, die für ein echtes Kollektiv gelten. Das Verhältnis der Eltern zu ihren Kindern ist stärker emotional geprägt als das der Kinder zu ihren Eltern. Dies kommt daher, daß die Eltern ihre Kinder zu wenig an ihrer Freude und ihrem Leid teilnehmen lassen. Es bleibt zu viel vor den Kindern verborgen, da man Angst hat, sie sonst zu stark zu belasten. Selbstverständlich muß man sich dem kindlichen Niveau anpassen, aber geteilte Sorgen, Freuden, Erwartungen und das Miterleben sind das solideste Fundament für eine Familie. Es gibt noch einen dritten Punkt, den man mit «Anerkennen» umschreiben könnte. Es ist wichtig, daß die positiven Beiträge von Eltern und Kindern anerkannt werden, aber auch daß sie erkennen, wenn etwas durch ihr Zutun schiefgegangen ist. Viertens sollten die Wertvorstellungen der Eltern in einem gewißen Maße übereinstimmen. Sie können darüber streiten, ob die neue Frisur dem Sohn steht oder ob ein Fernsehprogramm gut oder schlecht ist. Wenn Eltern jedoch in fundamentaleren Dingen wie dem freien Umgang mit dem Taschengeld oder der Wahl neuer Freunde, dem Halten von Haustieren nicht übereinstimmen, geben sie den Kindern die Möglichkeit, zu «teilen und zu herrschen». Die Kinder können die Eltern dann gegeneinander ausspielen, um ihren Willen durchzusetzen. Von einer Zusammengehörigkeit innerhalb der Familie bleibt dann wenig übrig.

In einem anderen Zusammenhang kamen die verschiedenen Aspekte im Kapitel «Selbständig werden» zur Sprache.

Zusammenarbeit, zusammen erleben, einander anerkennen und gemeinsame Werte sind wichtig für die Gruppenkohesie der Familie. Daher schaden nach PETROVSKY am meisten die aufopfernden Eltern, die ihren Kindern praktisch alles aus den Händen nehmen, sie nicht an ihrem Erleben teilhaben lassen und ihnen nicht die Möglichkeit geben, Anerkennung zu erlangen und Verantwortung für die ganze Familie zu tragen.

Aus einer ganz anderen Ecke – nämlich von der australischen Psychologin Jacqueline GOODNOW – kommt Bestätigung für die Erkenntnis, daß Helfen im Haushalt der Persönlichkeitsentwicklung von Kindern zugute kommt. Es fördert prosoziales Verhalten, das Kompetenzgefühl und die Verantwortlichkeit. Es kann aber auch das Band zwischen Eltern und Kindern verstärken: Eltern sind ein konkretes Beispiel, denn von ihnen muß das Kind «abgucken», wie die Spülmaschine gefüllt wird usw. So entsteht eine Art Gleichwertigkeit auf praktischer Ebene, da Kinder und Eltern mit derselben Arbeit beschäftigt sind.

Familienökologie

Die Familie als Gruppe, als Ganzes, steht unter Einflüssen von *außen*, die indirekt die Entwicklung eines Kindes mitbestimmen. Die meisten Untersuchungen richten sich jedoch auf die Prozesse, die Einfluß auf die kindliche Entwicklung haben, sich aber *innerhalb* der Familie abspielen. Der Grund hierfür ist, daß man das Untersuchungsgebiet abgrenzen kann. Anders wären die Einflüsse grenzenlos. Trotzdem setzt sich BRONFENBRENNER dafür ein, daß der *Familienökologie* mehr Aufmerksamkeit gewidmet wird. Er unterscheidet drei Gebiete, die er «Systeme» nennt, da hier Netzwerke von Beziehungen entstehen.

Ökologie bedeutet Umweltkunde.

(1) Das *Mesosystem*: Das Familienleben wird durch Erfahrungen, die das Kind außerhalb der Familie macht, beeinflußt. Diese Erfahrungen bringt es mit nach Hause. Die Schule ist ein wichtiges Mesosystem. Man denke hierbei an die Atmosphäre, die entsteht, wenn ein Kind mit einem schlechten Zeugnis nach Hause kommt und deutlich wird, daß es die Erwartungen der Eltern nicht erfüllen kann. Aber auch die Freunde und Freundinnen, die mit nach Hause genommen werden, bilden ein solches System. Dies gilt für den berüchtigten schlechten Freund, der bei der Mutter Ärger hervorruft, ebenso wie für die fröhliche Freundin, die gute Laune ins Haus bringt. Oder aber für den besten Freund des Kindes, das wenig Anschluß bei seinen Geschwistern findet; der Freund stört daher das Gleichgewicht in der Familie nicht.

(2) Das *Exosystem* umfaßt die Kreise, in denen die Eltern verkehren, die Kinder jedoch kaum oder gar nicht, und die das Familienleben ebenfalls prägen (Arbeit, der Freundeskreis, Vereine usw.). Alles, was hier als positiv oder negativ erfahren wird, bringen die Eltern in die Familie ein.

Lebensereignisse und ihr Einfluß werden im Kapitel «Kindersorgen» besprochen.

(3) Das *Chronosystem* beinhaltet die Veränderungen in den Lebensumständen und die Lebensereignisse, die die Familie als Ganzes im Laufe der Zeit mitmacht und die bleibende Spuren hinterlassen (Scheidung, Umzug, erneute Heirat, ein Todesfall in der Familie, Arbeitslosigkeit usw.).

Die Familie selbst nennt BRONFENBRENNER das *Mikrosystem*. Diese drei Systeme der Familienökologie wirken aufeinander ein. Sie können einander verstärken (die Mutter, die durch einen Umzug sozial isoliert wurde, reagiert z. B. schneller irritiert auf Freunde des Kindes, die ihr nicht liegen) oder abschwächen (Eltern mit einem schwer behinderten Kind können sich durch einen treuen Freundeskreis bei der Verarbeitung des Problems unterstützt fühlen). Es besteht eine Wechselbeziehung zwischen den Faktoren, und der Einfluß eines einzelnen Faktors kann niemals getrennt von den anderen, gleichzeitig einwirkenden Faktoren gesehen werden.

Auf den Einfluß, den einige dieser ökologischen Faktoren während der Schulzeit haben, wollen wir etwas näher eingehen: «Berufstätige Mutter», «arbeitsloser Vater», «Scheidung», «Familien mit nur einem Elternteil» und «Stiefmutter».

Berufstätige Mutter

Lois HOFFMAN ist auf diesem Gebiet eine kompetente Forscherin, die auch die Untersuchungresultate anderer Forscher in einer Übersicht verarbeitet hat. Sie vertritt einen außergewöhnlich nüchternen Standpunkt. Im Vergleich zu früher sind die Familien viel kleiner und die Hausarbeit ist viel leichter geworden. Es ist also zu bezweifeln, daß ein Kind heutzutage tatsächlich weniger Aufmerksamkeit von seiner außer Haus arbeitenden Mutter erhält, als ein Kind früher von seiner schwerbeschäftigten Mutter bekam. Es ist nicht anzunehmen, daß es gut für ein Kind ist, wenn ihm die ganze Zeit geschenkt wird, über die eine moderne Mutter verfügt. Nicht alle Mutter-Kind-Verhältnisse sind so stabil, daß sie die fortwährende Anwesenheit des anderen vertragen können. Nach Lois HOFFMAN bedeutet Arbeit für die meisten Mütter eine stimulierende Erfahrung, und je besser Frauen ausgebildet sind, desto mehr benötigen sie die Befriedigung, die die Arbeit ihnen gibt. Es gibt Anzeichen dafür, daß arbeitende Mütter sich ihren aufwachsenden Kindern gegenüber sicherer fühlen, es sei denn, sie leiden an einem Schuldgefühl, da sie beispielsweise schlechte Arbeiten unterbezahlt verrichten oder unter den Vorwürfen des Ehemanns leiden. Dies scheint vor allem in der Unterschicht der Fall zu sein. In der Mittel- und Oberschicht besteht die Gefahr, daß manche Mütter die Superfrau spielen wollen, die im Beruf und bei der Sorge um die Familie perfekt funktioniert. Abgesehen von diesen Einschränkungen betrachtet es Lois HOFFMAN im allgemeinen als Vorteil, daß Kinder auf diese Weise ein Beispiel eines Familienlebens vorgeführt bekommen, das in der Zukunft wahrscheinlich die Regel werden wird. Diese Kinder werden besser vorbereitet als Kinder mit nicht-arbeitenden Müttern. Sie scheinen weniger stereotype Auffassungen über die Geschlechterrollen zu entwickeln. Dies kommt u. a. auch daher, daß bei einer Familie mit einer berufstätigen Mutter der Vater sich meistens mehr mit dem Haushalt beschäftigt (obwohl hier nicht immer von wirklicher Arbeitsteilung die Rede sein kann).

Hinsichtlich der Schulzeit nennt Lois HOFFMAN zwei Pluspunkte. Einem Kind einer berufstätigen Mutter werden meisten eine Reihe von Aufgaben zugewiesen, und das kommt seinem Drang nach Selbständigkeit und Kompetenz entgegen. Auch wenn ein Kind nicht gerade erbaut darüber ist, sein eigenes Bett machen zu müssen, seine schmutzige Wäsche in den Wäschekorb zu tun oder den Hund auszuführen, so gibt ihm doch die Tatsache, daß es von ihm erwartet wird, das Gefühl, als vollwertig angesehen zu werden. Außerdem stellt eine berufstätige Mutter mehr Regeln auf, wodurch das Familienleben strukturierter verläuft. Die Regelmäßigkeit kann für ein Kind eine Stütze bedeuten. Eine Mutter, die den ganzen Tag «Zeit für sich selbst hat», neigt eher zur Unregelmäßigkeit. Untersuchungen von GUIDUBALDI weisen darauf hin, daß diese Vorteile nur dann zur Geltung kommen, wenn neben dem Beruf genug Aufmerksamkeit für die Kinder übrigbleibt. Sechs-, acht- und zehnjährige Kinder mit einer berufstätigen Mutter klagten öfter als Kinder mit einer nicht-arbeiten-

Bei jüngeren Kindern kommen ganz andere Probleme hinzu, wie beispielsweise eine Kinderkrippe zu finden. Scheidungsängste treten manchmal bei Müttern auf, die sich fest vogenommen hatten, nach der Geburt weiterzuarbeiten, jedoch merken, daß sie ihr Baby lieber nicht alleine lassen.

den Mutter darüber, daß ihre Mütter ihnen nicht zuhören, wenn sie ihre Erlebnisse erzählten. Vor allem für alleinstehende berufstätige Mütter kann es schwierig sein, immer dann die Aufmerksamkeit aufzubringen, wenn die Kinder diese benötigen.

Wenn es Müttern aber gelingt, Zeit zu schaffen, um sich regelmäßig mit ihren Kindern zu beschäftigen, profitieren diese im Vergleich zu Kindern von nicht-werktätigen Müttern in emotionaler und kognitiver Hinsicht. Martha MOOREHOUSE fand bei ihren Untersuchungen *etwas zusammen tun* sogar als wichtigstes Kriterium für die Art des Einflusses von Mutter's Arbeiten auf die Kinder. Als Maßstab verwendete sie die Schulleistungen, die nicht alles, jedoch viel darüber aussagen, wie ein Kind in emotionaler Hinsicht gedeiht. Wenn Schüler mit nicht ganztags und halbtags arbeitenden Müttern ganz allgemein verglichen wurden, kamen keine systematischen Unterschiede zum Vorschein. Sie traten jedoch auf, wenn man Kinder hinsichtlich des Punktes *zusammen mit der Mutter Dinge unternehmen* verglich. Kinder von ganztags arbeitenden Müttern, die regelmäßig mit ihnen Dinge unternahmen, erbrachten gleichwertige oder selbst bessere Leistungen in der Schule wie Klassenkameraden, die weniger Dinge zusammen mit ihren Müttern, die nicht werktätig waren, unternahmen.

Ein anderer interessanter Punkt in den Untersuchungen von Martha MOOREHOUSE ist, daß nicht die Arbeit der Mutter an sich negativen Einfluß auf Kinder hat, sondern Veränderungen darin. Wenn zuvor eine stabile Lebensführung bestand und diese gestört wird – durch andere Arbeitszeiten – geraten Kinder aus dem Lot. Die vertraute Regelmäßigkeit ist verschwunden, und die ist anscheinend wichtiger als die Anzahl Stunden, die die Mutter arbeiten muß. Aber auch hier gilt, daß, wenn die gemeinsamen Aktivitäten zunehmen, die negatvien Auswirkungen ausbleiben, selbst wenn die Mutter von einer Halbtags- zu einer Ganztagsarbeit wechselt. Gemeinsam etwas unternehmen bildet also eine Kompensation für die Stunden, in denen die Mutter nicht zur Verfügung steht. Der Zusammenhang zwischen außer Haus arbeiten, Wohlbefinden der Kinder und gemeinsamen Aktivitäten läßt sich in Begriffe von Quantität und Qualität fassen: Die Anzahl Stunden, die die arbeitende Mutter mit ihren Kindern verbringt ist klein, kann aber kompensiert werden durch die ungeteilte Aufmerksamkeit, die sie dem Kind beim Zusammensein widmet.

Töchter scheinen am meisten von einer beruftstätigen Mutter zu profitieren. Dadurch werden ihre *Schulleistungen* und ihr *soziales Anpassungsvermögen* auf eine positive Art und Weise beeinflußt. Sie bringen ihren Müttern mehr Anerkennung entgegen und schreiben auch Frauen im allgemeinen mehr Kompetenz zu. Dieser Effekt wird dadurch noch verstärkt, daß sich in solchen Familien der Vater meistens mehr mit den Kindern beschäftigt. Es ist bekannt, daß dieser Umstand das Motivations- und Leistungsniveau der Kinder stimuliert.

Bei den Jungen spielt das *soziale Milieu* eine besondere Rolle, und hier ist der Einfluß nicht eindeutig positiv. Sowohl in der Unterschicht wie auch in der Mittelschicht denken die Söhne berufstätiger Mütter weniger stereotyp über die Geschlechterrollen. In der Unterschicht kommt dies jedoch weniger zum Ausdruck. Wenn die Mutter arbeitet, haben Jungen hier im allgemeinen auch weniger Anerkennung für den Vater übrig. Dies hängt wahrscheinlich mit der noch weit verbreiteten Einstellung zusammen, daß ein Mann seine Frau «unterhalten» können muß und nicht arbeiten «lassen» sollte. Andererseits ist sehr wohl ein positiver Effekt auf die Schulleistungen vorhanden.

Jungen aus der Mittelschicht haben dieses Problem nicht. Es gibt bisher auch noch keine befriedigende Erklärung dafür, daß die Lernleistungen dieser Jungen schlechter sind als die Lernleistungen von Jungen mit Müttern, die nicht berufstätig sind.

BRONFENBRENNER glaubt, durch die Unterteilung in halbtags und ganztags arbeitende Mütter mehr Klarheit hinsichtlich dieses Problems zu bekommen. Davon ausgehend, daß die Wahl zwischen ganztags und halbtags arbeiten etwas über die Persönlichkeit aussagt, namentlich über das *Ambitionsniveau*, ließ er Mütter Beschreibungen ihrer Kinder geben. Die ehrgeizigen, besser ausgebildeten, ganztags arbeitenden Mütter beurteilten im allgemeinen ihre Töchter positiver als ihre Söhne. Dies könnte den stimulierenden Effekt für die Mädchen und den negativen Effekt für die Jungen erklären. Es geht also weniger um die Arbeit als solche, als um die Persönlichkeit der Mutter. Bei halbtags arbeitenden Müttern fiel dieser Effekt weg. Sie beschrieben ihre Söhne selbst etwas positiver als ihre Töchter.

Mütter aus dem Mittelstand können auch Schwierigkeiten mit Schuldgefühlen haben, da die Kinder zumindest hinsichtlich der Zuwendung zu kurz kommen. Die verbleibende Zeit wird emotional und nicht intellektuell verwendet. Während Mädchen dann noch stets den Beruf ihrer Mütter als stimulierendes Beispiel erfahren, vermissen die Jungen die stimulierende Aufmerksamkeit für ihre Lernleistungen. Letzteres dient auch als Erklärung für die Tatsache, daß japanische Kinder im Vergleich zu amerikanischen Kindern eine bessere intellektuelle Entwicklung durchmachen. Wie Untersuchungen von STEVENSON gezeigt haben, beschäftigen sich japanische Mütter sehr intensiv mit dem kognitiven Aspekt des Schullebens. Die Bewältigung der vielen Hausaufgaben geschieht beispielsweise unter ihrer Leitung. Sie fühlen sich verantwortlich für die Schulleistungen ihrer Kinder, namentlich ihrer Söhne. Amerikanische Mütter hingegen zeigen vor allem Interesse für das, was ihre Kinder in der Schule erlebt , und weniger für das, was sie gelernt haben. Diese Einstellung ist auch in vielen westeuropäischen Ländern zu beobachten.

Arbeitslose Väter

Viele Untersuchungen über den Einfluß, den die Arbeitslosigkeit des Vaters auf die Entwicklung des Kindes hat, stammen noch immer aus der Krisenzeit der dreißiger Jahre. In Überblicksreferenzen wird darum auch davor gewarnt, die Resultate dieser Untersuchungen ohne weiteres auf die heutige Situation zu übertragen. Arbeitslos sein ist auch heutzutage noch eine Belastung, jedoch besteht die bittere Armut von damals nicht mehr. Man geht auch davon aus, daß das Verarbeiten der Arbeitslosigkeit mit deren zunehmender Häufigkeit vereinfacht wird.

Im allgemeinen weisen die Untersuchungsresultate darauf hin, daß die Arbeitslosigkeit ein bestehendes Familienklima verstärkt. War man schon früher stark emotional aufeinander ausgerichtet, wird dieses Band stärker. In Familien, die schon immer unter Druck gestanden haben, entfernen sich die einzelnen Mitglieder noch weiter voneinander. Dies könnte einerseits eine Erklärung für die zunehmende Kindesmißhandlung in einigen Familien sein, die u. a. STEINBERG festgetellt hat, und andererseits auch die Zunahme der väterlichen Anteilnahme am täglichen Leben erklären, die in anderen Familien zu finden ist (FAGIN).

FARRAN und MARGOLIS fanden eine Zunahme von Infektionskrankheiten bei Kindern mit einem arbeitslosen Vater. Dies könnte durch eine Abnahme der körperlichen Widerstandsfähigkeit unter Streß erklärt werden. BAARDA stellte unter Kindern der fünften und sechsten Klasse, die einen schon länger arbeitslosen Vater hatten, einen Leistungsrückgang in den Fächern fest, die viel Konzentration erfordern: Sprachen und Rechnen. Dieser Mangel an *Konzentrationsvermögen* drückte sich auch in schlechten Noten für Fleiß im allgemeinen aus. Dieser negative Einfluß auf die Lernleistungen ist bei den Mädchen öfter als bei den Jungen zu finden. Dies erklärt man durch die Tatsache, daß Mädchen ihre Schularbeiten meist ernster nehmen als Jungen. Sie werden durch Probleme in der Familie mehr behindert.

Obwohl sich ein negativer Einfluß abzeichnet, kann man nicht sagen, daß alle Kinder im gleichen Maße durch die Arbeitslosigkeit des Vaters getroffen werden. Um herauszufinden, welche Faktoren einen grundlegenden Unterschied verursachen, müssen mehr Untersuchungen durchgeführt werden. Man kann jedoch einige Vermutungen anstellen. Oben wurde das *Familienklima* erwähnt. Darüberhinaus kann auch der *Grund* für die Entlassung eine wichtige Rolle spielen. Sind Krankheit und Behinderung die Ursache, empfindet man dies anders, als wenn man durch einen Personalabbau oder eine Fabrikstillegung überflüssig geworden ist. Die Zugehörigkeit zu einer sozialen Schicht und, dadurch bedingt, die Höhe des Arbeitslosengeldes und auch die Regelung hinsichtlich des Personalabbaus machen die *finanziellen Sorgen* der einen Familie größer als die der anderen. Für Kinder im Schulalter kann dies gerade den Unterschied zwischen Teilnahme oder Nichtteilnahme an dem bedeuten, «was alle tun».

Wichtig kann auch sein, welche Rolle die Arbeit im Leben des Vaters gespielt hat. Auf den ersten Blick könnte man vermuten, daß, je wichtiger der Beruf war, desto größer die entstandene Leere sein muß. Es gibt jedoch Hinweise darauf, daß Menschen mit einem stark ausgeprägten Arbeitsethos und einem großen Leistungsvermögen auch während der Arbeitslosigkeit aktiver bleiben, z. B.durch ehrenamtliche Beschäftigungen (SHAMIR). Ein solcher selbstbewußter Bewältigungsmechanismus ist für ein Kind wahrscheinlich weniger bedrohend, als wenn der Vater in Apathie verfällt. Hierüber gibt es jedoch noch keine Untersuchungen.

Scheidung

Aus dem Kapitel «Kindersorgen» geht hervor, daß die Scheidung der Eltern in der Liste von belastenden Dingen, mit denen Kinder konfrontiert werden können, meistens an erster Stelle genannt wurde.

Ebenso wie für die Arbeitslosigkeit gilt heutzutage auch für eine Scheidung, daß sie die Familie im allgemeinen und die Kinder im besonderen nicht mehr in eine Außenseiterrolle drängt. Jedoch bleibt die Scheidung der Eltern für ein Kind eine traurige Erfahrung. Der Titel eines Buches von Janet STENSON bringt deutlich zum Ausdruck, wie Kinder sich in einem solchen Fall fühlen: «Scheidung ist eine Angelegenheit der Erwachsenen. . .aber ich leide darunter». Scheidung ist etwas, das Erwachsene sich selbst und ihren Kindern antun. Kinder wünschen keine Scheidung. Manchmal hört man den Einwand, daß Kinder im Nachhinein doch erleichtert sein können, da die Spannungen im Hause vorüber sind. Es bleibt jedoch Tatsache, daß nur zwei negative Möglichkeiten zur Wahl stehen: Entweder ständiger Streit im Hause, oder ein Elternteil verläßt das Haus. Die dritte Möglichkeit, die Kinder am liebsten hätten – beide Eltern ohne Streitereien im Hause – wird von vornherein ausgeschlossen. Bei allen Kindern wird das selbstverständliche Gefühl, zu Vater, Mutter und Geschwistern zu gehören, geschädigt. Das stets vorhandene «Zuhause», das sie von ihrer Geburt an kennen, wird zerstört. Ob dieses Zuhause nun immer so harmonisch war oder nicht, dieser Bruch stellt eine Bedrohung der kindlichen Existenzsicherheit dar. Wie stark diese Bedrohung ist und welchen Einfluß sie auf die Entwicklung des Kindes hat, ist Thema vieler Untersuchungen.

Zu Ehescheidungen siehe auch Praktische Kinderpsychologie, Kapitel 12, Abschnitt «Abweichungen von der Normalfamilie».

AMATO und KEITH erstellten eine Meta-Analyse von 92 Untersuchungen, an denen etwa dreizehntausend Kinder beteiligt waren. Sie kamen zu dem Ergebnis, daß Scheidungen im allgemeinen einen negativen Einfluß auf die kindliche Entwicklung und auf das persönliche Wohlbefinden haben. Als Gruppe geht es Kindern aus geschiedenen Ehen im Laufe der Zeit schlechter als Kindern aus intakten Familien. Der Unterschied ist signifikant, aber glücklicherweise nicht groß. Interessant ist vor allem, daß AMATO und KEITH feststellten, daß die Unterschiede zwischen beiden Gruppen in früheren Untersuchungen stärker waren als in neueren. Dies erklären sie damit, daß Scheidungen heute alltäglicher geworden sind und daß sich Eltern der nachteiligen Folgen für ihre Kinder langsam bewußter geworden sind und probieren, sie so weit wie möglich zu vermeiden. Andererseits ist es aber auch so, daß Untersuchungen, die ausschließlich Eltern als Informationsquelle verwenden, Ergebnisse mit kleineren Unterschieden liefern. Dies könnte darauf hinweisen, daß geschiedene Eltern dazu neigen, die Probleme ihrer Kinder zu unterschätzen.

Grob umrissen lassen sich drei Ursachen dafür nennen, daß sich die Auswirkungen einer Scheidung nur schwer isolieren lassen. *Erstens* «fällt eine Scheidung nicht aus der Luft». Eine Periode der familiären

Misere ist vorausgegangen, die das Kind negativ beeinflußt hat. Vergleicht man Kinder von erst kürzlich geschiedenen Eltern mit gleichaltrigen Kindern aus intakten Familienverhältnissen, so kann man nicht bestreiten, daß bei Kindern aus geschiedenen Ehen mehr Probleme vorhanden sind. Es stellt sich aber die Frage, inwieweit diese Probleme wirklich «neu» sind. Da eine Scheidung eine deutlich nachweisbare traumatische Erfahrung ist, eignet sie sich vorzüglich als *Problemaufhänger*. Außerdem entsteht in der Erinnerung auch noch das verzerrte Bild, daß die Kinder vorher weniger Probleme gehabt hätten. Lamb hatte schon früher darauf hingewiesen, daß in der gesamten Literatur über Scheidungen immer noch nicht deutlich sei, ob Kinder auf das tatsächliche Auseinandergehen reagieren oder aber auf die Konflikte, die der Scheidung vorangegangen sind. Anders ausgedrückt: Reagieren sie auf den Zwang, mit Eltern zusammenleben zu müssen, die gefühlmäßig schon auseinandergegangen sind und die nur noch durch Konfliktstoffe miteinander verbunden sind?

Zweitens ist eine Scheidung oft der erste Dominostein, der fällt und eine Kettenreaktion auslöst: Ein Kind muß fortan mit nur einem Elternteil leben, die Familie hat weniger Geld, man vermißt den Kontakt mit der Verwandtschaft des ausgezogenen Elternteils (Großmutter, Großvater). Alle diese Veränderungen haben Einfluß auf die Entwicklung des Kindes.

Drittens ist eine Scheidung ein großer Risikofaktor. Es bleibt hierbei jedoch wichtig, wie viele andere Risikofaktoren im Leben des Kindes bereits vorhanden sind. Es kann der berühmte Tropfen sein, der das Faß zum Überlaufen bringt. Es kann dem jedoch auch etwas Positives gegenüberstehen.

Amato und Keith analysierten *drei Gruppen* von Faktoren, um herauszufinden, welche den größten Anteil am negativen Einfluß auf Kinder hat. Die konfliktbeladene Atmosphäre in der Familie, sowohl in der Periode, in der der Vater noch zu Hause ist wie auch während der Abwicklung und Verarbeitung der Scheidung (oben als erste Ursache erwähnt), die finanziellen Probleme und das Leben mit der Mutter (oben unter der zweiten Ursache erwähnt).

Anhand dieser Analyse kann festgestellt werden, daß die Streitereien und die angespannte Atmosphäre zu Hause den größten Anteil haben. Dies ist in Übereinstimmung mit einer wichtigen Untersuchung von Jeanne Block, Block und Gjerde. Sie erstreckte sich über einen Zeitraum von elf Jahren und begann, als alle 110 beteiligten Familien noch intakt waren. Die Kinder wurden sukzessiv im Alter von drei, vier, fünf, sieben, elf und vierzehn Jahren gründlich untersucht. Die Eltern wurden über ihre Kinder interviewt, und die Lehrkräfte gaben ihre Beurteilung ab. Im Laufe dieser elf Jahre kamen auch Scheidungen vor. Mit dieser Untersuchungsmethode konnte das kindliche Verhalten vor und nach einer Scheidung ohne Verzerrungen verglichen werden. Es zeigte sich, daß bei Kindern, die nach einer Scheidung als problematisch eingestuft wurden, auch schon in der Zeit, in der «noch nichts passiert war», Schwierigkeiten festzustellen waren. Dies galt vor allem für die Jungen. In allen untersuchten Altersphasen wurden sie signifikant häufiger – sowohl vor einer Scheidung wie auch danach – als aggressiv, unbeherrscht und hyperaktiv charakterisiert. Bei den Mädchen war dies weniger auffällig, obwohl in der Zeit, in der die Eltern noch zusammen waren, häufig über sie gesagt wurde, daß sie im Umgang mit anderen Kindern schwierig seien. Der Schaden wird also sehr wahrscheinlich schon angerichtet, bevor die Scheidung offiziell ist.

Die Konflikte nach der Scheidung bleiben bestehen. Stehen sich Eltern in unversöhnlichem Haß gegenüber oder kann sich einer der Partner nicht mit der Scheidung abfinden, dann wird es schwieriger, sein Augenmerk auf die Bedürfnisse der Kinder zu richten und zu retten, was zu retten ist. In Beratungsstellen kann man öfters sehen, daß Eltern in der Periode, in der eine Scheidung erwogen wird, besser in der Lage sind, darüber zu sprechen, was mit den Kindern geschehen soll, als dann, wenn es wirklich so weit ist und man zu sehr von seinen eigenen Emotionen in Beschlag genommen wird. Der Heilpädagoge LICHTENBELT beschreibt dies so: Am Anfang haben beide Ehepartner hinsichtlich der Kinder noch die besten Absichten, denn diese tragen ja nicht die Schuld am Konflikt. Hat der Scheidungsprozeß jedoch erst einmal richtig begonnen, werden die Kinder zum Instrument, mit dem man sich verletzt.

Wenn die geschiedenen Eltern zu einer vernünftigen Regelung gelangen, können sie sich zu einer *gemeinschaftlichen Elternschaft* (die elterliche Macht wird durch Vater und Mutter wie während der Ehe ausgeübt) oder einer *Ko-Elternschaft* (die Kinder wohnen in gleichmäßigen Perioden entweder beim Vater oder bei der Mutter) entschließen. Diese Formen werden von Kindern bevorzugt. Sie müssen sich dann nicht zwischen den Eltern entscheiden und werden nicht vor ein Loyalitätsdilemma gestellt. Nach anfänglichem Enthusiasmus über diese neue juridische Möglichkeit der Ko-Elternschaft bemerkten Beratungsstellen, daß sie auf die Dauer oft nicht gut geht. Eintracht hinsichtlich der Kinder scheint ein wichtiger Prüfstein für eine Beziehung zu sein. Man könnte beinahe sagen – wie Maria HETHERINGTON, eine der bedeutendsten Scheidungsforscherinnen – daß, wenn Eltern in diesem Punkt an einem Strang ziehen, das Verhältnis gut ist und sie daher nicht hätten auseinandergehen müssen. Daß sie doch geschieden sind, beweist, daß das gute Verhältnis nicht besteht und daß sie die Eintracht nach anfänglichen guten Vorsätzen nicht aufrechterhalten können.

Wenn die Eltern die Dinge auf vernünftige Art und Weise regeln, sollten sie auf jeden Fall auf *zwei mögliche Komplikationen* achten. Die eine Komplikation ist die, daß man zu selten konkrete Vereinbarungen trifft, da man davon ausgeht, alles werde schon gut gehen. Man unterschätzt die Emotionen, die immer wieder auftauchen und die bei einem Mangel an konkreten Abmachungen Verwirrung erzeugen. Die zweite Komplikation besteht darin, daß eine harmonische Regelung der Angelegenheit die Wunschträume der Kinder nährt, alles könne wieder gut werden. Es ist wichtig, den definitiven Charakter der Scheidung immer wieder explizit zu machen.

Als dritter Punkt sollte erwähnt werden, daß auf Unterschiede zwischen den verschiedenen Kindern zu wenig geachtet wird. So haben beispielsweise Kinder mit einem schwierigen Temperament wahrscheinlich auch mehr Schwierigkeiten, über die Scheidung – auch auf die Dauer – hinwegzukommen.

Der Zusammenhang, den ROBINS zwischen Kindern aus geschiedener Ehe und dem Schulschwänzen mit darauf folgendem Schulausschluß gefunden hat, läßt sich wahrscheinlich am besten durch die Herkunft der betreffenden Kinder aus der Unterschicht erklären, die ohnehin schon so viele Risikofaktoren in sich birgt. Dasselbe gilt für den von GUIDUBALDI festgestellten Effekt des Nachlassens der Schulleistungen, der vor allem mit der geringen Wertschätzung erklärt werden kann, die in der Unterschicht dem Lernen oft noch beigemessen wird.

Vielleicht ist dies zum Teil darauf zurückzuführen, daß in der Unterschicht auch die Dominoeffekte häufiger sind, vor allem in materieller Hinsicht.

Wie wir schon bei Jeanne BLOCK, BLOCK und GJERDE gesehen haben, gibt es auch zahlreiche geschlechtsspezifische Besonderheiten.

Jungen verursachen im Schulalter mehr Probleme und das über einen längeren Zeitraum hin. Meistens ist es so, daß Jungen sich mehr nach außen hin durch asoziales und aggressives Verhalten abreagieren. Mädchen kehren sich dagegen bei Problemen eher nach innen und leiden dann unter Zurückgezogenheit, Ängsten und Niedergeschlagenheit. Die externen Reaktionen der Jungen schienen in den Untersuchungen von Jeanne BLOCK, BLOCK und GJERDE besser als die internen Reaktionen einen dauerhaften Mangel an sozialer Kompetenz vorauszusagen. Dies galt auch für die wenigen Mädchen, die mit *Externalisierung* reagierten. Die *Internalisierung* passt mehr zu dem Bild, das man vom idealen Mädchen hat. Es paßt sich diesem auch an und fällt daher nicht auf.

Der Unterschied zwischen Internalisation und Externalisation kam im Kapitel «Kindersorgen» zur Sprache.

Alleinerziehende Elternteile

Ein Teil der Folgen resultiert aus der Tatsache, daß nur noch ein Elternteil vorhanden ist, ein anderer hängt damit zusammen, daß dieser Elternteil meistens die Mutter ist. Für das Schulalter bedeutet ersteres, daß – wie WEISS es ausdrückt – die Kinder gewissermaßen «Partner» der Eltern werden. Sie werden unabhängiger und selbständiger, haben mehr Einfluß auf Familienentscheidungen und übernehmen eher die Normen und Gewohnheiten der Erwachsenen. Für ältere Schulkinder betrachtet WEISS diese frühe Reife eher als Vorteil denn als Nachteil, auch wenn sie sich in ihrer späteren Erinnerung wünschen, daß sie etwas länger eine unbesorgte Kindheit gehabt hätten. Sie scheinen jedenfalls hauptsächlich von dem frühen Training in Kompetenz und Verantwortlichkeit zu profitieren. Bei jüngeren Schulkindern ist jedoch noch das Bedürfnis nach elterlicher Unterstützung da. Wenn sie merken, daß der Elternteil noch zu stark durch die eigenen Probleme in Beschlag genommen wird, unterdrücken sie diesen Wunsch. Sie sind nun einmal emotional zu abhängig von dem übrig gebliebenen Elternteil und vermeiden darum, sich lästig und

Vergleiche hiermit, was im Kapitel «Selbständig werden» hinsichtlich der Fähigkeit zur Selbsthilfe gesagt wurde. Man unterscheidet zwischen Selbständigkeit bei konkreten Aufgaben und Aufgaben in sozial-emotionaler Hinsicht.

fordernd zu verhalten. Dies kann jedoch nach einiger Zeit zu Gefühlsausbrüchen führen.

Die meisten Familien mit nur einem Elternteil werden von der Mutter geführt. Auch hier ist ein wichtiger Geschlechtsunterschied erkennbar. Mädchen erholen sich nach der Scheidung und bauen meistens ein gutes Verhältnis mit ihrer Mutter auf. Bei Jungen nehmen die Probleme, wie wir gesehen haben, jedoch zu. Warum? Es wurden verschiedene Erklärungen angeboten. Jungen haben im allgemeinen für ihre Entwicklung mehr als Mädchen den Wunsch nach konsistenter Führung und Disziplin. Mütter, die das Verarbeiten ihrer Scheidung in Anspruch nimmt, können ihnen das nicht geben (Mavis HETHERINGTON). Jungen sind hinsichtlich ihrer Geschlechtsidentität mehr auf ihren Vater angewiesen als die Mädchen, bei denen der Einfluß mehr von beiden Eltern ausgeht. Im allgemeinen ist der Vater in einer konfliktreichen Familie oft außer Hause, wodurch sein aufwachsender Sohn hinsichtlich seiner eigenen Geschlechtsrolle unsicher wird (LAMB). Zur Unterstützung der letzten Erklärung kann dienen, daß es Anzeichen dafür gibt, daß Jungen, die nach der Scheidung dem Vater zugesprochen werden, sich weniger problematisch verhalten als Jungen, die bei der Mutter bleiben (SANTROCK und WARSHAK). Ihre soziale Kompetenz scheint sogar größer zu sein als die von Jungen aus einer intakten Familie, da sie anscheinend durch den täglichen Kontakt mit dem Vater deutlichere Identifikationsmöglichkeiten haben und so mehr Sicherheit in ihrem Auftreten erlangen.

Der Prozeß der Identifikation wird u. a. in Praktische Kinderpsychologie, Kapitel 12, Abschnitt «Identifikation und latente Phase in der traditionellen Familie» behandelt.

Von den wenigen vorhandenen Untersuchungsergebnissen, wie beispielsweise die von Susan GOLOMBOK sowie von Patricia FALK, sollte erwähnt werden, daß eine lesbische Veranlagung der alleinerziehenden Mutter weder die Sexualität ihrer Tochter noch die ihres Sohnes in eine homosexuelle Richtung lenkt.

Die Abwesenheit des Vaters wird hinsichtlich der intellektuellen Entwicklung als negativ angesehen, da dieser die Kindern im Normalfall stärker fordert und mehr stimuliert, was der kognitiven Entwicklung nützt. Nach Ellen STROMMEN gibt es Hinweise darauf, daß der negative Effekt stärker ist, wenn die Scheidung stattfindet, solange das Kind noch im Kindergartenalter ist. Allerdings wird der Effekt erst im Schulalter sichtbar, wenn die intellektuelle Entwicklung im Mittelpunkt steht. Ellen STROMMEN weist jedoch darauf hin, daß es verschiedene Faktoren gibt, die einen Ausgleich schaffen können, wie beispielsweise das Vorhandensein einer Vaterfigur. Auch SVANUM findet die Aussage, daß beispielsweise das Nachlassen der Schulleistungen auf die Abwesenheit des Vaters zurückzuführen ist, zu vage. Natürlich können sich die Schulleistungen aller Kinder vorübergehend durch einen Mangel an Konzentration verschlechtern. Ein bleibender Effekt kommt jedoch meistens nur in der Unterschicht vor, wo das kognitiv stimulierende Klima von vornherein weniger ausgeprägt ist, was dann durch eine Scheidung noch verstärkt wird. Der Unterschied wird dadurch noch größer, daß Mütter aus einem höheren sozialökonomischen Milieu selbst intellektuell besser entwickelt sind und dadurch ihren Kindern die Selbstverständlichkeit des Besitzes von

Wissen und Kenntnis vorleben und ihnen auch bei den Hausaufgaben helfen können. Für Mütter aus einem niedrigeren sozialen Milieu gilt dies alles nicht. Außerdem werden sie oft noch mit finanziellen Sorgen belastet, indem sie beispielsweise von der Sozialhilfe leben.

Stiefeltern

Es geht in diesem Abschnitt um Stiefeltern, bei denen Kinder wohnen, und nicht um die sogenannten «Wochenendstiefeltern».

Viele Kinder leben während einer bestimmten Periode ihrer Jugend mit einem Stiefelternteil, meistens einem Stiefvater, da ihre Mutter wieder heiratet. Das Phänomen ist so verbreitet, daß dafür – zumindest im Englischen – ein Wort entstanden ist: *familiy transitions* (Familienwechsel). Von der einen Familienform wechselt man in die andere und die neuen Familienmitglieder müssen sich aneinander anpassen. Ein Problem in unserer Kultur ist, daß es keine festen Normen, Gewohnheiten und Rollenverteilungen für die Mitglieder einer Stieffamilie gibt. Jeder muß für sich selbst probieren, das Beste daraus zu machen, ohne einen Leitfaden zu haben, der ihm sagt, was richtig ist.

In dieser Unsicherheit greift man schnell auf die «normale Kernfamilie» als Beispiel zurück. Das erste Mal ist eben etwas schief gegangen, aber jetzt ist alles so geregelt, wie es sein sollte. In verschiedenen Veröffentlichungen, u. a. der von SAGER, wird hiervor gewarnt. In der Lebensgeschichte der Betroffenen kommt die Stieffamilie später. Das macht sie komplexer. Sie hat eine verwirrend vielfältige Vorgeschichte, in der viele unbekannte Menschen eine Rolle spielten und spielen. Dadurch ist die Stieffamilie auch verletzlich. Es zeigt sich sehr schnell, daß man nicht weiß, wie man mit all diesen Menschen, die in der Geschichte mitspielen, umgehen muß. Gehen die Kinder beispielsweise mit zum Begräbnis der Schwester des Stiefvaters? Oder zur Hochzeit der Schwester des eigenen Vaters? Für den betreffenden Elternteil bewirkt ein neuer Lebensgefährte oft ein wiedergewonnenes Selbstvertrauen, das durch das Scheitern der ersten Ehe ins Wanken geraten war. Für ein Kind im Schulalter hingegen bedeutet das Hinzukommen einer Stiefmutter oft die Aufgabe einer Position, die das «eben-nur-ein-Kind-sein» überstieg. Es war Halt und Stutze. Das Kind alleinstehender Eltern – vorallem ein Einzelkind oder das älteste – kann ein starkes Band mit dem Elternteil, mit dem es zusammenwohnt, entwickeln. Eine Stiefmutter verdrängt nun ein Kind von diesem Platz. Das Kind kann enttäuscht sein und sich verletzt fühlen: «Du hattest also nicht genug an mir gehabt». Es ist ein bekanntes Phänomen, daß Kinder in der Periode, in der der Elternteil einen tieferen Kontakt zu einem neuen Partner sucht, auf die verschiedenste Art und Weise versuchen können, die sich entwickelnde Beziehung zu stören. Dies kann sich auf das schlummernde Schuldgefühl bei dem betreffenden Elternteil auswirken. Schließlich hat man das Kind ja schon einmal ernstlich verletzt. Einige Erwachsene gehen dann so weit, daß sie das Kind tatsächlich um Zustimmung bitten: «Wenn du es nicht willst, dann tue ich es nicht». Hiermit lädt man eine untragbare Last auf viel zu kleine Schultern. Sagt das Kind «Ja», verspielt es das Recht, weiterhin Schwierigkeiten mit der Angelegenheit zu haben. Sagt es aber «Nein», schlummert in dem Verhältnis zwischen den beiden immer ein stiller Vorwurf wegen des Opfers, das gebracht worden ist. Außerdem kann dies im Kind ein nicht wünschbares Machtgefühl hervorrufen. Wie bei der Scheidung gilt auch bei der erneuten Heirat, daß es sich um eine Entscheidung handelt, für die die Erwachsenen die ganze Verantwortung tragen, auch wenn sie versuchen, die Gefühle der Kinder zu berücksichtigen.

Die Geschlechtsunterschiede, die für Scheidungen schon besprochen worden sind, werden auch hier gefunden. Dies gilt sowohl für die Kinder wie auch für die Erwachsenen. So fand FURSTENBERG einen Unterschied zwischen Stiefvätern und Stiefmüttern, wobei letztere zu mehr Problemen Anlaß gaben. Eine wichtige Randbemerkung ist jedoch, daß Kinder meistens noch immer der Mutter zugesprochen werden. Kommen die Kinder zum Vater, dann ist meistens ein außergewöhnlicher Umstand auf seiten der Mutter dafür verantwortlich. Dadurch sind Stiefväter ein weniger kompliziertes Phänomen als die Stiefmütter.

Dabei spielt wahrscheinlich auch eine Rolle, daß Kinder mehr Kontakt zur Stiefmutter als zum Stiefvater haben, da diese meistens die tägliche Sorge für die Familie trägt.

Auch auf Seiten der Kinder zeichnet sich ein Geschlechtsunterschied ab. Untersuchungen von FURSTENBERG, MAVIS, HETHERINGTON, Martha Cox und Cox haben ergeben, daß Mädchen mehr Probleme mit Stiefeltern haben als Jungen. Dies steht im Widerspruch zu den gerade genannten großen Problemen, die Jungen bei einer Scheidung haben. Am deutlichsten ist dies hinsichtlich des Stiefvaters, der von den Mädchen oft als Eindringling betrachtet wird. Vielleicht ist dies bei Jungen auch der Fall, jedoch ist bei ihnen der Umstand, daß ein neuer Mann in ihr Leben tritt, von größerer Bedeutung. FURSTENBERG fand heraus, daß das Verhältnis zum Stiefvater bei Jungen für die Anpassungsfähigkeit im allgemeinen ein besserer Indikator ist als das Verhältnis mit dem nicht mehr anwesenden leiblichen Vater.

Mädchen suchen keine offene Konfrontation mit dem neuen Mann der Mutter, sondern verschließen sich durch bockiges Schweigen und Ignorieren. Ganz vorsichtig wird ab und zu suggeriert, daß dies Auswirkungen hat auf ihre späteren Beziehungen mit Männern, gekennzeichnet durch Zurückziehen, wenn ein emotionaler Appell an sie erfolgt. Dies ist ein Beispiel für eine möglich langfristige Auswirkung, die unsichtbar bleibt, wenn man die Untersuchung nur auf die Zeit kurz nach der Scheidung beschränkt.

CLINGEMPEEL und SEGAL versuchten eine Übersicht der Faktoren zu erstellen, die für das Gelingen oder Scheitern einer Stieffamilie mit Kindern zwischen neun und zwölf Jahren verantwortlich sind. Sie formten vier *Subkategorien*: (1) Stiefmütter mit Stiefsöhnen und (2) mit Stieftöchtern; (3) Stiefväter mit Stiefsöhnen und (4) mit Stieftöchtern. Sie bezogen auch andere Faktoren ein, so z. B. die Häufigkeit der Kontakte mit dem nicht mehr erziehungsberechtigten Elternteil und die Dauer des Bestehens der Stieffamilie. Es wurden nur wenige signifikante Zusammenhänge gefunden. Es zeigte sich beispielsweise: Je intensiver die Beziehung zur leiblichen Mutter war, desto schwieriger war jene zwischen Tochter und Stiefmutter, während dies bei den

Jungen nicht der Fall war. Andererseits bestand ein deutlicher Zusammenhang zwischen einem guten Verhältnis der Stiefmutter zu den Kindern beiderlei Geschlechts und deren Ausgeglichenheit im allgemeinen. Wenn diese potentiell doch so schwierige Beziehung gut ist, sagt dies deutlich etwas über die emotionale Festigkeit der Kinder aus. Ihre Bewältigungsmechanismen scheinen selbst diesem Problem gewachsen zu sein.

Man kann noch keine deutlichen Aussagen darüber machen, ob es nun günstig oder ungünstig für das Entstehen einer tiefen Beziehung zum Stiefelternteil ist, wenn ein Kind noch viel Kontakt mit dem fortgegangenen Elternteil hat. Wie FURSTENBERG zeigt, kann man auf zweierlei Art argumentieren. Einerseits behütet ein regelmäßiger Kontakt das Kind vor *Loyalitätskonflikten*, d. h. der Stiefvater verdrängt den leiblichen Vater nicht von seinem Platz. Andererseits kann ein Kind in der Ambivalenz stecken bleiben, «Wer von beiden bedeutet mir nun mehr?». Dadurch wird es schwierig, zu einer zusammengehörigen Stieffamilie zu werden.

Im allgemeinen wird geraten, daß Stiefmütter – sicherlich zu Anfang – so wenig wie möglich die Rolle des Ersatzelternteils auf sich nehmen und daß sie vor allem vorsichtig in ihrem Disziplinverhalten sein sollten. Ihre wichtigste Rolle besteht darin, den biologischen Vater zu unterstützen.

Das Verhältnis zwischen den Ehepartnern

Innerhalb der Familie als soziales System unterscheidet BELSKY drei Subsysteme, die aufeinander einwirken und die zusammen das Familienklima bestimmen: (1) Die Beziehung zwischen den Eltern; (2) das Verhältnis der Kinder untereinander und (3) die Beziehung zwischen Eltern und Kindern.

Der Einfluß der Beziehung zwischen den Ehepartnern kam schon im Kapitel über die Scheidung zur Sprache. Aber selbst wenn das Verhältnis nicht so schlecht ist, daß es zu einer Scheidung führt, können die Eltern es als mehr oder weniger glücklich oder als unbefriedigend erfahren. Es ist eine immer wieder genannte Tatsache, daß Mütter, die sich durch ihren Ehemann unterstützt und geschätzt wissen, sich im allgemeinen bei der Erziehung der Kinder sicherer fühlen.

Gene BRODY, PILLEGRINI und SIGEL untersuchten folgenden Zusammenhang: Wie erfahren die Eltern ihre Ehe, und auf welche Art und Weise gehen sie mit ihren Kindern im beginnenden Schulalter um, wenn sie ihnen etwas beibringen wollen? Man fand keinen Unterschied in der Vorgehensweise von Eltern, die mit ihrer Ehe zufrieden waren. Jedoch zeigte sich ein Unterschied zwischen zufriedenen und unzufriedenen Eltern, ebenso wie zwischen unzufriedenen Vätern und Müttern. Mütter, die mit ihrer Ehe nicht zufrieden waren, verhielten sich im allgemeinen offener als unzufriedene Väter. Sie gaben positive Rückmeldungen (Feedback) und Erklärungen. Außerdem stellten sie Fragen, wodurch sich oft ein lehrsamer Dialog entwickelte. Sie mischten sich auch seltener ein, wenn das Kind etwas alleine ausprobieren wollte. Unzufriedene Väter schienen gereizt und ungeduldig zu sein, wodurch sie den Kindern öfter etwas aus den Händen nahmen, anstatt ihnen zu helfen, es alleine zu schaffen. Sie hatten auch weniger Lob für ihre Kinder übrig. Somit war ihre Vorgehensweise negativer als die der unzufriedenen Mütter und der zufriedenen Väter. Bei unzufriedenen Müttern war es wiederum anders. Ihre Einstellung war positiver als die der zufriedenen Mütter. Dies erweckt den Eindruck, daß sie im Umgang mit aufwachsenden Kindern eine Kompensation für die starre Kommunikation mit dem Ehemann gefunden haben. Da es in dieser Untersuchung jedoch darum ging, den Kindern etwas beizubringen, ließen sich keine Aussagen darüber machen, wie die Mütter reagierten, wenn Konflikte mit den Kindern entstehen. Dann könnte weiterhin gelten, daß Mütter, die in ihrer Ehe Unterstützung und Anerkennung finden, ihren Kindern gegenüber auch gefestigter sind.

Schon bei Babies wurde konstatiert, daß die Entwicklung des Mutter-Kind-Verhältnisses günstig beeinflußt wird, wenn die Frau Unterstützung und Anerkennung bei ihrem Mann findet.

Die Forscher weisen auch darauf hin, daß Eltern, die ältere Kinder haben und die unzufrieden mit ihrer Ehe sind, der Gruppe von Menschen angehören, die zu Verhandlungen und Kompromissen in der Lage sind. Wenn nicht, hätten sie sich längst scheiden lassen! Etwas davon wird auch in ihrer Haltung den Kindern gegenüber zum Ausdruck kommen.

Auch in vernünftigen Ehen kommen Streitereien zwischen Mann und Frau vor. Jennifer JENKINS befragte eine große Gruppe Neun- bis Zwölfjähriger und ihre Mütter, was die Kinder in einem solchen Fall tun. Beinahe 75% probierten, auf die eine oder andere Weise dazwischenzukommen. Es schien, daß sie gut einschätzen konnten, wie schlimm ein bestimmter Streit war und dementsprechend ihr Verhalten anpaßten. Bei einem heftigen Konflikt verzogen sie sich lieber, aber riefen dennoch aus einem anderen Zimmer, daß die Eltern aufhören sollen. Oder sie heulten und knallten mit den Türen, um die Eltern abzulenken. Bei kleineren Auseinandersetzungen gingen sie wörtlich dazwischen und 40% probierte nach Beendigung des Streits, die Eltern dazu zu bewegen, sich wieder zu versöhnen. Ungefähr die Hälfte der Mütter wie auch der Kinder erklärte, daß die Einmischung der Kinder half, den Streit zu beenden.

Geschwister

In Praktische Kinderpsychologie, Kapitel 8 wird hierüber ausführlich berichtet.

Zur gegenseitigen Beeinflussung der Geschwister im Schulalter wollen wir hier nur die Aspekte erwähnen, die BOER in einer Übersicht zusammengestellt hat. Vom Umgang mit Geschwistern scheint ein allgemein *sozialisierender Einfluß* auszugehen. Hierbei übt das ältere Kind vor allem seine Überlegenheit und versucht, bei verschiedenen Gelegenheiten das jüngere in eine Abhängigkeitsposition zu bringen. Dies geschieht beispielsweise, indem es Aktivitäten vorschlägt, bei denen das jüngere Kind die Hilfe des älteren benötigt. Das jüngere Kind kann dies als hinderliche Herrschsucht erfahren. Da das ältere jedoch im Vorteil ist, ist es für das jüngere schwierig, seinen Ärger direkt zu äußern. Dieses übt sich darum vor allem im Verhandeln, Überreden und Kompromisse schließen, was wiederum seine soziale Kompetenz fördert.

BOER zitierte MINUCHIN, der das Fungieren der Geschwister füreinander ein *soziales Laboratorium* nannte. Sie spielen den ganzen Tag lang verschiedene Rollen im Hinblick aufeinander. «So kann eine zehnjährige Schwester ihre zwei Jahre jüngere Schwester ärgern, wenn sie sich langweilt, loben, wenn sie ihre Gesellschaft sucht, sie ausschimpfen, wenn sie bei einem Spiel Streit bekommen haben und sie mütterlich trösten, wenn die Eltern nicht zu Hause sind und die Kleine Angst bekommen hat». Wichtig scheint vor allem die *Aggressionsregulierung* zu sein. Geschwister sind gezwungen, miteinander zu leben. Dies ist ein wesentlicher Unterschied zu Freunden und Freundinnen. Der weitere Umgang mit ihnen kann verweigert werden. Darum sind Aggressionen innerhalb einer Freundschaft auch riskant, im Verhältnis der Geschwister untereinander jedoch nicht. BOER, Judy DUNN und Brenda BRYANT betonen, daß Aggression zwischen Geschwistern selten dazu führt, daß es in ihrem Verhältnis zu einem dauerhaften Bruch kommt. Anscheinend besteht hier ein *irrationales Wir-gefühl*, das viel vertragen kann. Darum bietet die Familie ein stabiles Übungsgelände, auf dem das Kind lernt, was anderen gegenüber erlaubt ist und was nicht, ohne daß es riskiert, für immer ausgeschlossen zu werden.

Im Schulalter kann zwischen Geschwistern ein Prozeß in Gang kommen, den SCHACHTER *Deidentifikation* genannt hat. D.h.. Man will sich von anderen unterscheiden. Während außerhalb der Familie die Konformität Vorrang hat, kann sich ein Kind innerhalb der Familie in seiner Eigenständigkeit üben. In der schlummernden oder aber auch deutlich vorhandenen Rivalität um die Gunst der Eltern versuchen Kinder, sich zu profilieren. Auf diese Art und Weise nimmt die Rivalität im Laufe der Zeit ab, da jedes Kind seinen eigenen Stil findet. Diese Stile sind untereinander nicht mehr vergleichbar. So kristallisieren sich beispielsweise das Lese- und das Sportkind heraus. Gegenseitiger Neid ist dann überflüssig. Wichtig ist hierbei jedoch, daß beide Kinder gleichermaßen von ihren Eltern geschätzt werden.

Die Erziehung

Ellen STROMMENS Annahme zufolge besteht ein großes Maß an Kontinuität zwischen dem Erziehungsstil, den jüngere Kinder erfahren, und dem Erziehungsstil für Kinder im Schulalter. Dies ist einerseits durch die gleichbleibende Persönlichkeit der Eltern zu erklären. MONDELL und TYLER stellten fest: Je kompetenter die Eltern selbst sind und je mehr positives Selbstvertrauen und aktiven Einsatz sie zeigen, desto natürlicher gehen sie mit ihren Kindern um. Dies scheint einen doppelten Effekt zu haben. Ihre Einstellung überträgt sich auf die Kinder, die an ihr eigenes Können zu glauben lernen. Wächst ihnen jedoch ein

Zum Zusammenhang zwischen Gefühlen und Kompetenz der Eltern und der Kinder siehe auch Kapitel «Selbständig werden».

Problem über den Kopf, verhalten sich solche Eltern verständnisvoller, wärmer und hilfsbereiter, da sie davon ausgehen, daß ihr Kind tatsächlich überfordert ist. Die Persönlichkeit der Eltern – eine gegebene Größe – hat also Einfluß auf die Art und Weise, mit der sie ihren Kindern Kompetenz vermitteln.

Andererseits besteht auch eine Kontinuität hinsichtlich der Auffassungen der Eltern über Erziehung, die sie zum größten Teil in ihren eigenen Kinderjahren erworben haben. Es scheint, daß man verschiedene Auffassungen unterscheiden kann, die mit verschiedenen Entwicklungstheorien übereinstimmen, ohne daß jedoch der Fachausdruck dafür verwendet wird. Manche Eltern verhalten sich wie echte *Skinnerianer*, die durch das System von Belohnung und Strafe das Verhalten ihrer Kinder beeinflussen. Andere Eltern glauben an die *Reifung* und greifen darum wenig ein, da sie glauben, daß aus ihrem Kind doch das kommt, was in ihm steckt. Wieder andere Eltern sind mehr Kognitivisten; schon während eines Gesprächs geben sie Informationen und Erklärungen hinsichtlich des erwünschten Verhaltens. Derartige Einstellungen bleiben nach Ellen STROMMEN auch im Schulalter bestehen, jedoch ist das Verhalten, mit dem die Kinder darauf reagieren, unterschiedlich.

Auch KIRKPATRICK betont die Hartnäckigkeit von Interaktionsmustern, wenn es um negative Einflüsse geht. Er nennt einige charakteristische Beispiele der Kinderausbeutung. Sie beginnen schon bei kleinen Kindern und im Schulalter können daraus richtige Barrieren entstehen: Eltern, die ihre Kinder benützen, um sich großartig zu fühlen (eine Einstellung, die oft von einer Generation auf die andere übertragen wird); Eltern, die stolz auf ihre Kinder sein wollen aus Gründen, die sie selbst bestimmen und die die Möglichkeiten der Kinder überfordern; Eltern, die sich bei allem, was ihre Kinder ohne ihr Wissen tun, wie Märtyrer verhalten und ihre Kinder dadurch bei jedem selbständigen Schritt mit einem großen Schuldgefühl belasten.

Geschlechtsidentität

Eltern sind nach KIRKPATRICK für ihre Kinder meist eindrückliche Vorbilder: Sie führen ihnen vor, was sie später in ihrem Leben zu erwarten haben. Das wird den Kindern im Schulalter bewußt. Sie sind die wichtigste Quelle der Erwartungen über die eigene Heirat und Elternschaft. Dies gilt auch für den sozialen Status, den ein Kind als selbstverständlich erfährt. Was in einem bestimmten sozialen Milieu gang und gäbe ist, wird durch die Kinder ungewollt aufgenommen, wie beispielsweise das Tragen bestimmter Kleidung oder eine bestimmte Art des Reisens (z. B. mit dem Wohnwagen). Was in der Pubertät möglicherweise noch abgelehnt wird, wird einige Zeit später in den eigenen Lebensstil aufgenommen. Auch die Einstellung, selbst die Führung zu übernehmen oder umgekehrt die Autorität anderer zu akzeptieren, wird dem Kind zu Hause vermittelt. Auch die eigene Geschlechtsidentität wird zu einem großen Teil von der Familie mitbestimmt. Dies gilt auch während der Schuljahre, wenngleich FREUD diese Zeit die *Latenzjahre* nennt.

Latenz bedeutet in diesem Zusammenhang: Äußerlich wenig bemerkbar.

In der Viererbeziehung Vater/Mutter/Sohn/Tochter spielt sich ein Prozeß der Bildung der Geschlechtsrollen ab. Es besteht ein gewisser Kreislauf. Mann und Frau erziehen als Vater und Mutter ihren Sohn oder ihre Tochter, so daß aus diesen wieder ein Mann und eine Frau wird. Hierfür müssen sie keine besonderen Dinge vollbringen. Im täglichen Zusammenleben sind sie ein ständiges Beispiel für ihre Kinder, dem diese folgen oder das sie abweisen.

Der sexuellen Entwicklung ist in Praktische Kinderpsychologie, Kapitel 12 gewidmet; hier werden lediglich einige Kernpunkte erwähnt, die für das Schulalter von Bedeutung sind.

Die Schuljahre bilden die wichtigste Periode, in der Kinder üben, was in ihrer Kultur zu einem echten Jungen oder Mädchen paßt. Was hat eine Mutter ihrem Sohn zu geben? Braucht er nicht vor allem männliche Vorbilder? Dies könnte man im Prinzip bejahen, wie wir im Kapitel über die Scheidung gesehen haben. Und doch kann eine Mutter auch in diesem Altersabschnitt einen Beitrag zur sexuellen Entwicklung ihres Sohnes liefern und zwar an erster Stelle durch die Art, mit der sie auf das zunehmend männlicher werdende Verhalten ihres Kindes reagiert. Stört es sie, da es sie zu sehr an die Machomänner in ihrem eigenen Leben erinnert? Wird sie kribbelig, wenn ihr Sohn sie stets mehr irritiert, ohne daß er die Ursache dafür begreift? Oder findet sie es prima und zieht ihn, ebenso unbewußt, etwas vor? Vielleicht liegen die Wurzeln der Männlichkeit in der Freude, dem Stolz und einem Hauch von Gefallsucht, mit dem ein Schuljunge sich durch seine Mutter betrachtet fühlt. Zweitens kann eine Mutter dadurch, daß sie meistens bestimmt, was im Hause geschieht, dafür sorgen, daß das stereotype Jungenverhalten durchbrochen wird, ohne daß der Junge Angst haben muß, daß sein Image dadurch leidet.

Einen Gegenpol bildet das Verhältnis Vater und Tochter. Bei der Mutter schaut ein Mädchen ab, wie es sich fraulich verhalten muß. Zusammen mit dem Vater übt sie die Frauenrolle schon ein klein bißchen ein. Es ist großartig, wenn der Vater darauf eingeht. Aus den vielen Berichten über Inzest, der gerade im Schulalter beginnt, zeigt sich jedoch, daß es für Väter manchmal schwierig ist, das richtige Maß nicht zu überschreiten, denn so ein gefallsüchtiges kleines Mädchen weckt allerlei erotische Gefühle. Die Tochter ist für einen Vater auch irgendwie das einzige frauliche Wesen, das ganz und gar ihm gehört. Das schmeichelt seiner Eitelkeit. Je mehr er dies bei seiner Frau entbehren muß, um so größer ist die Gefahr, daß er keinen Widerstand mehr leisten kann. Die Grenze der Intimität, die zwischen Vater und Tochter möglich und für deren Selbstwertgefühl auch wichtig ist, wird überschritten und wird zur Sexualität. Gerade Männer, die in ihrer eigenen Jugend die Intimität vermißt haben, können ihr Gefühl nur durch sexuelle Handlungen äußern. Auffallend ist, daß Töchter oft Haßgefühle ihrer Mutter gegenüber haben, da sie es zugelassen hat, daß ihnen der Vater so etwas angetan hat.

Je männlicher gewiße Väter sind, um so fraulicher wünschen sie sich ihre Tochter. Ein jungenhaftes Verhalten ist ihnen nicht recht. Auf den ersten Blick könnte man denken, daß dies eine emanzipatorische Entwicklung verhindert. Auf einem Umweg kann es dieser Entwicklung aber auch förderlich sein, da ein solcher Vater einen günstigen Einfluß auf die Unabhängigkeit und das Selbstvertrauen seiner Tochter hat. Dies kommt wahrscheinlich daher, daß er deutlich zum Ausdruck bringt, wieviel Freude und Anerkennung er für das hat, was für sie besonders kennzeichnend ist: Ihre Mädchenhaftigkeit. Dies wird noch verstärkt, wenn ein Vater seiner Tochter deutlich zeigt, daß er das Frauliche in ihrer Mutter liebt. Er macht es dann für sie einfacher, sich selbst in ihrer Rolle als Mädchen wohl zu fühlen.

Nancy CHODOROW beschreibt den Unterschied in der Entwicklung von Söhnen und Töchtern wie folgt. Während ein Junge zu verstehen lernt, daß er ein andersartiges Wesen ist als seine Mutter, und sie dadurch mit anderen Augen sieht, sie also betrachtet, ohne ein Teil von ihr zu sein, bildet ein Mädchen, auch wenn es älter ist, mehr eine Einheit mit der Mutter. Mädchen kennen die Erfahrung, sich loszureißen und sich als eigene Person zu betrachten, weniger als Jungen. Sie grenzen ihre eigenen Wünsche und Interessen auch weniger von denen anderer Menschen ab und können im allgemeinen mehr in anderen aufgehen und mit ihnen fühlen. Zwischen Mutter und Tochter kann dadurch im Schulalter eine starke Identifikation und Verbundenheit bestehen bleiben, die erst in der Pubertät zu heftigen Konflikten führt, da die Tochter sich auf die eine oder andere Weise ihre eigene Selbständigkeit erkämpft. Auch zwischen Vater und Sohn kann es heftig zugehen, aber dies beginnt meistens schon während der Schulzeit, auch wenn der Vater herzlich und interessiert ist. Vielleicht sogar gerade dann. Durch seine hohen Forderungen an seinen Sohn läßt ein Vater seine Anerkennung für den Sohn sichtbar werden. Es besteht ein Unterschied zwischen Konfrontationen, die auf väterlicher Liebe und Respekt beruhen, und den Auseinandersetzungen, die durch Eifersucht und Aggression entstehen. Für die erste Art der Konfrontationen wird in der englischsprachigen Literatur auch der Begriff *loving fight* verwendet, d. h. Kampf aus Zuneigung, wobei es hart zugehen kann. Ein Vater sieht etwas in seinem Sohn, und er will dies aus ihm herausholen, auch wenn es Streit kostet. Im Schulalter gelingt es dem Vater auch meistens, den Sohn unter den oft allzu beschützenden Fittichen der Mutter hervorzuholen. In kleinen Dingen kann er seinem Jungen dann das stolze Gefühl des «Männer-unter-sich» geben. Dies kann zwar – muß aber nicht – zu einem herablassenden Verhalten Frauen gegenüber führen. Die Vielfalt der möglichen Beziehungen im Viereck Vater – Mutter – Tochter – Sohn erlaubt solche Einseitigkeiten allerdings nicht.

Hiermit läßt sich auch die größere Anpassungsfähigkeit der Mädchen erklären. Bei Uneinigkeiten ziehen sie öfter das Harmoniemodell dem Konfliktmodell vor. Durch Übungen zur Selbstbehauptung versucht man ihnen zu helfen, sich durchzusetzen.

Literatur

AARNOUTSE, C. A. J., M. J. C. MOMMERS, B. W. G.M. SMITS and J. F. J. VAN LEEUWE: De onwikkeling en samenhang van technisch lezen, begrijpend lezen en spellen. In: Pedagogische Studien, 63, 1986.

AEBLI, H.: Grundformen des Lehrens. Klett-Cotta, 1978.

AHLERS, J.: Wat is dat voor een school?. Van Loghum Slaterus, 1984.

AJURIAGUERRA, J. DE: siehe BORYSOWICZ and BLÖTE: Beoordelingsmethode voor de schrifthouding en schriftbeweging.

ALEXANDER, K. L. and Doris R. ENTWISLE: Achievement in the First 2 Years of School: Patterns and Processes, Monographs of the Society for Research in Child Development, The University of Chicago Press, 53, 2, 1988

AMATO, P. R. and B. KEITH: Parental Divorce ande the Well-Being of Children: A Meta-Analysis. In: Psychological Bulletin, 110, 1, 26–46, 1991

ANNETT, Marian and Margaret MANNING: Reading and a balanced polymorphism for laterality and ability. In: Journal of Child Psychology and Psychiatry, 31, 4, 1990

ANTHONY, E. J. and B. J. COHLER (Hrsg.): The Invulnerable Child. Guilford Press, 1987

APPLEYARD, J. A.: Becoming a Reader. Cambridge University Press, 1990

AREND, E.: siehe GHESQUIERE: Het verschijnsel jeugdliteratuur.

BAARDA, D. B.: Schoolprestaties van kinderen van werkloze vaders. In: Pedagogische Studien, 12, 1983.

BAGLEY, C. and Lousie EVAN-WONG: Psychatric disorder and adult and peer group rejection of the child's name. In: Journal of Child Psychology and Psychatrie, 11, 1970.

BAKKER, D. J.: siehe VAN DER VLUGT: Lateralisatie van hersenfunkties.

BALKE-AURELL, G.: Changes in ability as related to educational and occupational experience. In: Göteborg Studies in Educational Science, 40, 1982.

BALTES, P. B. and S. L. WILLIS: Plasticity and enhancement of intellectual functioning in old age. In: F. I. M. CRAIK and S. E. TREHUB (Hrsg.): Aging and cognitive processes. Plenum Press, 1982.

BANDURA, A., J. E. GRUSEC and F. L. MENLOVE: Observational learning as a function of symbolization and incentive set. In: Child Development, 37, 1967.

BANDURA, A.: Aggression. Eine sozial-lerntheoretische Analyse. Klett-Cotta, 1979.

BANKS, S.: Children's television viewing behavior. In: Journal of Marketing, 44, 1980.

BARCLAY, J.: siehe MARTIN: Child Temperament and Educational Outcomes.

BARNETT, M.: siehe J. C. HORN: Muse on others' woes.

BARON, R. A.: siehe DUSEK (Hrsg.): Teacher Expectancies.

BEEN, P. H.: Dyslexia and Jump Resonance in Neural Nets. University of Groningen, 1991.

BEENTJES, J. W. J.: Studies on children's television and reading. Proefschrift Rijksuniversiteit Leiden, 1990.

BEISHUIZEN, J. J., M. BEISHUIZEN en E. J. H.M. FELIX: Leren optellen en aftrekken: een longitudinaal onderzoek. In: Tijdschrift voor Onderwijsresearch, 14, 2, 1989.

BEISHUIZEN, M. en G. BROERS: Leren rekenen: inzicht of gewoontevorming? In: Psychologie, 9, 10, 1990.

BELMONT, J. M.: Cognitive Strategies and Strategic Learning. In: American Psychologist, Februar, 1990.

BENBOW, Camilla: Sex differences in mathematical reasoning ability in intellectually talented preadolescents: their nature, effects and possible causes. In: Behavioral and Brain Sciences, 11, 169–232, 1988.

BENNETT, N.: Personality and school success. In: Psychology Today, 8, 1978.

BENNETT, W. J.: What works? United States Department of Education, 1986.

BEREITER, C. and M. SCARDAMALIA: Does learning to write have to be so difficult? In: J. PRINGLE, J. YALDEN and A. FRIEDMAN (Hrsg.): Writing Skills, Longman, 1984.

BERG, Cynthia A. and R. STERNBERG: A Triarchic Theory of Intellectual Development during Adulthood. In: Developmental Review, Vol.5, 4, 1985.

BERLIN, H.: siehe THOMASSEN, VAN GALEN en DE KLERK (Hrsg.): Studies over de schijfmotoriek.

BERLYNE, D. E.: Learning and the Educational Process. New York: McGraw Hill, 1966.

BERNDT, T. J.: A Commentary on Six Recent Studies of Popular, Rejected and Neglected Children. In: Merrill-Palmer Quaterly, 4, 1983.

BERNDT, T. J. AND T. B. PERRY: Children's Perception of Friendships as Supportive Relationships. In: Developmental Psychology, 5, 1986.

BERSCHEID, Ellen and Elaine WALSTER: The beauty and the best. In: Psychology Today, 5, 1972.

BERTI, Anna, Anna BOMBI and Rossana DE BENI: Acquiring economic notions. In: International Journal of Behavioral Development, 9, 1986.

BETTELHEIM, B.: Kinder brauchen Märchen. Deutsche Verlagsanstalt, 1977.

BIGELOW, B. J.: Childrens' friendship expectations. In: Child Development, 48, 1977.

BLANCHARD, R. J. and Caroline BLANCHARD (Hrsg.): Advances in the Study of Aggression. Academic Press, 1984.

BLEULER, M.: Die schizophrenen Geistesstörungen. Thieme, 1972.

BLÖTE, Anke: siehe BORYSOWICZ en BLÖTE: Beoordelingsmethode voor de schrijfhouding en schrijfbeweging.

BLOCK, J.: Assimilation, Accodomation and the Dynamics of Personality Development. In: Child Development, 53, 1982.

BLOCK, Jeanne, J. BLOCK and P. F. GJERDE: The personality of Children prior to divorce. In: Child development, 57, 1986.

BLOCK, Jeanne H.: Differential Premises Arising from Differential Socialization of the Sexes. In: Child Development, 54, 1983.

BLOOM, B. S. (Hrsg.): Developing talent in young children. Ballantine Books, 1985.

BOECK, P. DE: Waarom houden kinderen van sprookjes? In: Kind en adolescent, 6, 1985.

BOER, F.: Broers en zusters. In: Kind en adolescent, 2, 1986.

BOER, F.: Agressie in de broer/zuster-relatie. In: Kind en Adolescent, 4, 1990.

BORKOWSKI, J. G. and J. D. Day (Hrsg.): Cognition in Special Children: Comparative Approaches tot Retardation, Learning Disabilities and Giftedness. Norwood: Ablex, 1987.

BORYSOWICZ, Bozena en Anke BLÖTE: Beoordelingsmethode voor de schrijfhouding en schrijfbeweging. Swets & Zeitlinger, 1984.

BOSCH, J. H. VAN DEN: siehe GEEL: Honderd jaar zorgelijkheid over het stelonderwijs.

BRADSHAW, J. L. and N. C. NETTLETON: The nature of hemispheric specialization in man. In: The Bahavioral and Brain Sciences, 4, 1981.

BRADY, S. A., D. P. SHANKWEILER and Virginia A. MANN: Speech perception and memory coding in relation to reading ability. In: Journal of Experimental Child Psychology, 35(2), 1983.

BRODY, G., A. D. PILLEGRINI and I. E. SIGEL: Marital quality and motherchild and father-child interactions with school-aged children. In: Developmental Psychology, 22, 1986.

BRODZINSKY, D. and S. MESSER: Girls' self-Censored Anger. In: Child Development, 50, 1980.

BRONFENBRENNER, U.: Ecology of the family as a context for human development. In: Developmental Psychology, 6, 1986.

BROWN, Ann, J. BRANSFORD, R. FERRARA and J. CAMPIONE: Learning, remembering and understanding. In: P. H. MUSSEN (Hrsg.): Handbook of Childpsychology, Volume III; John Wiley & Sons, 1983.

BRUCH, H.: The importance of overweight. In: P. J. COLLIPP (Hrsg.): Childhood obesity, Littleton, 1980.

BRUNER, J. S.: The relevance of education. Norton, 1973.

BRYANT, Brenda K.: Sibling relationships in middle childhood. In: M. E. LAMB & B. SUTTON SMITH (Hrsg.): Sibling relationships. Hillsdale, 1982.

BRYANT, Brenda K.: The Neighborhood Walk: Sources of Support in Middle Childhood. Monographs of the Society for Research in Child Development. The University of Chicago Press, 50–3, 1985.

BRYANT, P. and Lynette BRADLEY: Children's reading problems. Basil Blackwell, 1985.

BRYCE-SMITH, D.: siehe HENBEST: Zinc deficiency linked to dyslexia.

BÜHLER, CHARLOTTE: SIEHE GHESQUIERE: Het verschijnsel jeugdliteratuur.

BUGENTHAL, Daphne and W. A. SHENNUN: Difficult children as elicitors and targets of adult communication patterns. Monographs of the Society for Research in Child Development. The University of Chicago Press, 49–1, 1984.

BUIKHUISEN, W. en B. W. G.P. MEIJS: A psychological approach to recidivism. In: K. T. VAN DUSEN and S. A. MEDNICK (Hrsg.): Prospective studies of crime and delinquency. Martinus Nijhoff, Boston, 1983.

BURSTALL, C. and M. JAMIESON: Primary French in the balance. Windsor, 1974.

BUSKEN HUET, C.: siehe DASBERG: Het kinderboek als opvoeder.

BÜSSE, T. V.: Entwicklungsveränderungen in der Vorliebe für den eigenen Vornamen. In: Zeitschrift für Entwicklungspsychologie und Pädagogische Psychologie, XII–3, 1980.

CALLEWAERT, H.: siehe THOMASSEN, VAN GALENen DE KLERK (Hrsg.): Studies over schrijfmotoriek.

CARPETNER, P. A. and M. A. JUST: From eye fixations to comprehension. In RAYNER (Hrsg.): Eye movement in reading: perceptual and language processes. Academic Press, 1983.

CARR, T. H.: Building theories of reading ability. In: Cognition, 9, 1981.

CARSTAIRS, J.: siehe THOMASSEN, VAN GALEN EN DE KLERK (Hrsg.): Studies over schrijfmotoriek.

CASE, R.: Intellectual development- birth to adulthood. Academic Press, 1985.

CHEN, C. and H. W. STEVENSON: Homework, a Cross-cultural Examination. In: Child Development, 60, 551–561, 1989

CHODOROV, Nancy: The Reproduction of Mothering. University of California Press, 1978.

CHORUS, Margriet: De leeswereld van kinderen, Nederlands Bibliotheek en Lektuur Centrum, 1991.

CLARK POWER, F., Ann HIGGINS and L. KOHLBERG: Lawrence Kohlberg's Approach to Moral Education. Columbia University Press, 1989.

CLIFFORD, Margaret: siehe Ellen BERSCHEID and Elaine WALSTER: The beauty and the best.

CLINGEMPEEL, W. G. and S. SEGAL: Stepparent-Stepchild Relationships and the Psychological Adjustment of Children. In: Child Development, 57, 1986.

CLUCKERS, G., S. MEYKENS, M. MONTHAYE, W. SMIS en R. VERSCHEUREN: Steungevende Kinderpsychotherapie. Van Longum Slaterus, 1986.

COIE, J. D. and K. A. DODGE: Continuities and Changes in Children's Social Status. In: Merrill-Palmer Quaterly, 3, 1983.

CONDRY, J. C.: Enemies of exploration. In: Journal of Personality and Social Psychology, 35, 1975.

CORDES, Colleen: ....and the kids are all right. In: APA Monitor, 12, 1986.

CORDES, Colleen: Kids, who watch more found more likely to believe TV. In: APA Monitor, 11, 1985.

CORDES, Colleen: Schools lagging in logging-in to computer boom. In: APA Monitor, 6, 1984.

CORNOLDI, C. et al: On Metamemory-Memory Relationship: Strategy Availability and Training. In: International Journal of Behavioral Development, 14, 1, 101–121, 1991.
COSLIN, P. G., M. G. AGOU & C. MOJOUX: Vandalism in Schools, behaviours and attitudes. Vortrag ISSBD-Konferenz, Tours, 1985.
CREASEY, G. L. and Barbara J. MYERS: Videogames and peer involvement. In: Merrill-Palmer Quaterly, 3, 1986.
DAMON, W.: Social and Personality Development. W. W. Norton, 1983.
DASBERG, Lea: Grootbrengen door kleinhouden. Boom, 1980.
DASBERG, Lea: Het kinderboek als opvoeder. van Gorcum, 1981.
DEFARES, P. B.: Psychosociale stress in het kruisveld van problematische opvoedingssituaties. Wageningen, 1986.
DEKKING, Yarig M.: Sociale angst bij kinderen. In: H. M. VAN DER PLOEG en P. B. DEFARES (Hrsg.): Stress en angst in de medische situatie. Stafleu, 1982.
DEKOVIC, M. en J. M. A.M. JANSSENS: Opvoeding, prosociaal gedrag en populariteit van kinderen. In: Kind en Adolescent, 12, 2, 1991.
DEL GUERCIO, A. and G. FOUTS: Effects of age, attention and timecompressed television on observational learning. Vortrag ISSBD Konferenz, Tours, 1985.
DIENER, C. L. and Carol S. DWECK: An analysis of learned helplessness: the processing of success. In: Journal of Personality and Social Psychology, 39, 1980.
DIJKSTRA, P.: Geen leesstoringen in Japan? In: Psychology, 8, 1986.
DION, Karen: What is beautiful is good. In: Journal of Personality and Social Psychology, 24, 1972.
DIRKZWAGER, A., S. D. FOKKEMA, G. C. VAN DER VEER en J. J. BEISHUIZEN: Leren met computers in het onderwijs. SVO-reeks, 1984.
DISHION, T. J.: The Family Ecology of Boys' Peer Relations in Middle Childhood; in Child Development, 61, 874–892, 1990
DORR, Aimee, siehe C. CORDES: Kids who watch more found more likely to believe TV.
DOWNEY, Geraldine and Elaine WALKER: Social Cognition and Adjustment in Children at Risk for Psychopathology. In: Developmental Psychology, 25, 5, 835–845, 1989.
DUBOW, E. F. and J. TISAK: The Relation between Stressful Life Events and Adjustment in Elementary School Children: the Role of Social Support and Social Problem-Solving Skills. In: Child Development, 60, 1412–1423, 1989.
DUCK, S., D. K. MIELL and Heather GAEBLER: Attraction and Communication in Children's Interactions. In: H. C. Foot, A. J. Chapman and J. R. Smith (Hrsg.): Friendship and Social Relations in Children. John Wiley & Sons, 1980.
DUDINK, A.: Kunnen kinderen studeren, bijvoorbeeld aantekeningen maken? Sneldruk Enschede, 1985.
DUGAN, T. F. and R. COLES (Hrsg.): The Child in Our Times: Studies in the Development of Resiliency. Brunner/Mazel, 1989
DUMONT, J. J.: Lees- en spellingsproblemen. Lemniscaat, 1984.
DUNN, J. and C. KENDRICK: Siblings, love, envy and understanding. Havard University Press, 1982.
DUSEK, J. B. (Hrsg.): Teacher Expectancies. Erlbaum, 1985.
DWECK, Carol S., T. E. GOETZ and N. L. STRAUSS: Sex differences in learned helplessness. In: Journal of Personality and Social Psychology, 38, 1980.
ELDERING, Lotty and J. KLOPROGGE (Hrsg.): Different Cultures, Same School. Swets & Zeitlinger, 1989.
ELKIND, D.: The hurried child. Edison Wesely, 1981.
ELKIND, D.: Children and adolescents: Interpretative essays on Jean Piaget. Oxford University Press, 1981.
ERASMUS, D.: Over het handschrift. Mercator, 1985.
ERIKSON, E. H.: Kindheit und Gesellschaft. Klett-Cotta, 1984.
ERON, L. D.: Parent-child interaction, television violence and aggression of children. In: American Psychologist, 37, 1982.
ERON, L. D. and R. HUESMANN: The Relation of Prosocial Behavior to the Development of Aggression and Psychopathology. In: Aggressive Behavior, 10, 1984.

ESCALONA, Sibylle: Children and the threat of nuclear war. New York, 1962 (Niederländische Übersetzung: Kinderen en kernwapens. Vredesopbouw, 1983).
EYDE, Donna: siehe C. LEVINE: Videotaping Disruptive Kids.
FAGIN, L. H.: Unemployment and Health in Families. DHSS London, 1981.
FALK, Patricia J.: Lesbian Mothers; in: American Psychologist, 44, 6, 941–947, 1989.
FARNHAM-DIGGORY, Sylvia: Why reading? Because it's there. In: Developmental Review, 4, 1984.
FARRAN, D. C. and L. H. MARGOLIS: siehe BRONFENBRENNER: Ecology of the family.
FARRINGTON, D. P.: The Family Backgrounds of Aggressive Youths. In: L. A. HERSOV, M. BERGER and D. SCHAFFER (Hrsg.): Aggression & Antisocial Behaviour in Childhood and Adolescence. Pergamon Press, 1978.
FEILITZEN, C. V. and O. LINNE: Identifying with television characters. In: Journal of Communication, 25, 1975.
FEINGOLD, B. F.: siehe J. F. TAYLOR: The hyperactive child and the family.
FELDBAUM, C. L., T. E. CHRISTENSON and E. C. O'NEAL: An observational study of the assimilation of the newcomer to the preschool. In: Child Development, 51, 1980.
FESHBACH, Norma: Empathy, Empathy Training and the Regulation of Aggression in Elementary School Children. In: R. M. KAPLAN, V. J. KONECNI and R. W. NOVACO (Hrsg.): Aggression in Children and Youth. Martinus Nijhoff, 1984.
FESHBACH, S.: Aggression. In: P. MUSSEN (Hrsg.): Revision of Charmichael's manuel for children psychology. Vol.II, John Wiley & sons, 1970.
FESHBACH, S. and Norma FESHBACH: The Young Aggressors. In: Psychology Today, 11, 1973.
FISCHER, Mariellen and H. LEITENBERG: Optimism and Pessimism in Elementary SchoolAged Children. In: Child Development, 57, 1986.
FLAVELL, J. H.: Kognitive Entwicklung. Klett-Cotta, 1979.
FLAVELL, J. H.: siehe Ann BROWN: Learning, remembering and understanding.
FLOER, L. and J. R. HAYES: Images, plans and prose – the representation of meaning. In: Written Communication, 1, 1984.
FORD, M.: siehe ZUCKERMANN: Call me Ishmael.
FOURNIER, Ery P. en Rita VUYK: Kinderen vertellen over moeilijke situaties; in: Kind en Adolescent, 9, 4, 1988.
FOUTS, G.: siehe DEL GUERCIO and FOUTS: Effects on age, attention and time compressed television on observational learning.
FOWLER, Carol A.: siehe WOLFORD and FOWLER: Differential use of partial information by good and poor readers.
FRENCH, D. C. and G. A. WAAS: Behavior problems of peer-neglected and peerrejected elementary-age children. In: Child Development, 1, 1985.
FREUDENTHAL, H.: Revisiting Mathematics Education. Kluwer Academic Publishers, 1991
FRIEDRICH, Lynette and Aletha STEIN: Aggressive and pro-social television programs and the natural behavior of pre-school children. Monograph 38, Society for Research in Child Development, 1973.
FRIEDRICH-COFER, Lynette and Aletha C. HUSTON: Television Violence and Agression: The Debate Continues. In: Psychological Bulletin, 100–3, 364–371, 1986.
FRY, P. M. (Hrsg.): Changing conceptions of intelligence and intellectual functioning: current theory and research. In: International Journal of Psychology, 4/5, 1984.
FURMAN, W. and D. BUHRMEESTER: Children's perceptions of the qualities of sibling relationships. In: Child Development, 65, 1986.
FURSTENBERG, F. F. and G. B. SPANIER: Remarriage and reconstituted families. In: M. B. SUSSMAN and S. K. STEINMETZ (Hrsg.): Handbook of Marriage and the Family, Plenum, 1984.
GALABURDA, A. M., M. LE MAY, T. L. KEMPER and N. GESCHWIND: Right-left asymmetries in the brain. In: Science, 199, 1978.
GALABURDA, A. M.: siehe HEEMSTRA: Het brein: links en rechte interessant.
GALPERIN, P. J.: siehe VAN PARREREN en CARPAY: Sovjetpsychologen aan het woord.

GARDNER, W. and B. ROGOFF: The role of instruction in memory development. In: The quarterly Newsletter of the Laboratory of Comparative Human Cognition, 4, 1982.

GARMEZY, N. and M. RUTTER: Stress, coping & development in children, McGraw-Hill Book Company, 1983.

GEEL, R.: Honderd jaar zorgelijkheid over het stelonderwijs. In: NRC Handelsblad, 14–11–1985.

GERBNER, G.: The television world of violence. In: D. L. LANGE, R. K. BAKER and S. J. BALL (Hrsg.): Mass media and violence. Government Printing Office, 1969.

GESCHWIND, N. and P. O. BEHAN: Left handedness: Association with immune disease, migraine, and developing learning disorders. In: Proceedings of the National Academy of Sciences, 79, 1982.

GESCHWIND, N. and A. M. GALABURDA: Cerebral lateralization: Biological mechanisms, associations and pathology I. In: Archives of Neurology, 42, 428–459, 1985.

GESCHWIND, N. and A. M. GALABURDA: Cerebral lateralization: Biological mechanisms, associations and pathology II. In: Arch. of Neurol., 42, 521–552, 1985.

GESCHWIND, N. and A. M. GALABURDA: Cerebral lateralization: Biological mechanisms, associations and pathology III. In: Arch. of Neurol., 42, 634–654, 1985.

GESELL, A.: siehe GOODNOW: Kindertekeningen.

GHESQUIERE, Rita: Het verschijnsel jeugdliteratuur. Acco, 1982.

GIBSON, Eleanor J. und H. LEWIN: Die Psychologie des Lesens. Klett-Cotta, 1980.

GIEHRL, H. E.: Der junge Leser. Donauwörth, 1977.

GLEITMANN, L.: siehe ROZIN and GLEITMANN: The reading process and the alphabetic principle.

GLICK, P. C.: Marriage, divorce and living arrangements. In: Journal of Family Issues, 5, 1984.

GOLDBERG, E. and L. COSTA: Hemisphere differences in the acquisition of descriptive systems. In: Brain and Language, 14, 1981.

GOLOMBOK, Susan, Anne SPENCER and M. RUTTER: Children in Lesbian and SinglePa-rent Households. In: Journal of Child Psychology and Psychatry, 4, 1983.

GOODNOW, Jacqueline: Kindertekeningen. Arbeiderpers, 1981.

GOODNOW, Jacqueline: Children's Household Work: Its Nature and Functions. In: Psychological Bulletin, 103, 1, 5–26, 1988.

GOTTFRIED, Adele E. and Allen W. GOTTFRIED (Hrsg.): Maternal Employment and Children's Development. Plenum Press, 1988

GRAHAM, S. and P. STERN: Children's attributional reasoning about affective reactions of others. Vortrag für die Society for Research in Child Development, Boston, 1981.

GRAHAM, Sandra: zie Susan MOSES: Motivation neglected in educational reform.

GRAZIANO, W. G. et al: Self-Monitoring in Children: a Differential Approach to Social Development; in: Developmental Psychology, 23, 4, 571–576, 1987.

GROEBEN, N.: Junglesersoziologie. In: Lexikon der Jugendliteratur, 2, 1977.

GRÜNEWALD, G.: Schrift als Bewegung. Beltz, 1957.

GUIDUBALDI, J.: siehe Colleen CORDES: . . .and the kids are all right.

HAGEN, P.: Hoe wij leren lezen. Zwijsen, 1984.

HAMSTRA-BLETZ, Elisabeth: siehe THOMASSEN, VAN GALEN en DE KLERK (HRSG.): Studies over de schrijfmotoriek.

HARARI, H. and J. W. MCDAVID: Name stereoypes and teachers' expectations. In: Journal of Educational Psychology, 65, 1973.

HARRIS, P. L. and T. OLTHOFF: The child's concept of emotion. In: G. BUTTERWORTH and P. LIGHT (Hrsg.): Social cognition: Studies of the development of understanding. University of Chicago Press, 1982.

HARTER, Susan: A model of intrinsic mastery and developmental change in children: individual differences and developmental change. In: Minnesota symposium on child psychology. Erlbaum, 1980.

HARTLEY, R.: Imagine you're clever. In: Journal of Child Psychology and Psychatry, 3, 1986.

Hartsthorne, H. and M. A. May: Studies in the nature of character. MacMillian, 1928–1930.
Hartup, W. W.: Peer Relations. In: P. Mussen (Hrsg.): Handbook of Child Psychology, Volume IV, John Wiley & sons, 1985.
Havinghurst, R. J.: Developmental tasks and education. McKay, 1972.
Hayes, J. R.: siehe Flower and Hayes: Images, plans and prose.
Heemstra, M. L.: Het brein: links en rechts interessant. In: Psychologie, 3, 1986.
Henbest, N.: Zinc deficiency linked to dyslexia; in: Science, 17–3, 1988.
Hertroys, J. B. en W. Kersten: Binken en bangerikken. De Toorts, 1985.
Hetherington, M., Martha Cox and R. Cox: Long-term Effects of Divorce and Remarriage on the Adjustment of Children. In: Journal of the American Academy of Child Psychatry, 24, 1985.
Hetherington, M. (Hrsg.): Socialisation, Personality and Social Development. John Wiley & sons, 1983.
Hetherington, E. Mavis, Martha Cox and R. Cox: Long-term Effects of Divorce and Remarriage on the Adjustment of Children. In: Journal of the American Academy of Child Psychiatry, 24, 1985.
Hetherington, E. Mavis: Coping with Family Transitions: Winners, Losers, and Survivors; in: Child Development, 60, 1–14, 1989.
Hoffman, L.: Maternal Employment: 1979. In: American Psychologist, 34–10, 1979.
Hoffman, M. L.: Affective and cognitive processes in moral internalization. In: E. T. Higgins, D. Ruble and W. Hartup (Hrsg.): Social cognition and social behavior. Cambridge University Press, 1984.
Holman, Th.: De tweede jeugd van het oude kinderboek; in: Het Parool, 6–10, 1990.
Horn, J. C.: Muse on others' woes. In: Psychology Today, 10, 1979.
Hume, J.: Mondelinge toelichting ISSBD conferentie Lund, 1979.
Hynd, G. W. and Margaret Semrud-Clikeman: Dyslexia and Brain Morphology; in: Psychological Bulletin, 106–3, 1989.
Inhelder, Bärbel: siehe Piaget: Development and learning.
Intomart: Nationaal Onderzoek Jongerenbladen, 1985.
Isen, A. M.: Success, failure, attention and reaction to others: the warm glow of success. In: Journal of Personality and Social Psychology, 15, 1970.
Jackson, N. E.: Precocious reading ability: What does it mean? In: Gifted Child Quarterly, 32, 200–204, 1988.
Jacobson, D. S.: The impact of material separation/divorce on children. In: Journal of Divorce, 1,2,4, 1978.
Jahoda, G.: The development of thinking about socio-economic systems. In: H. Tajfel (Ed): The social dimension. Cambridge: Cambridge University Press, 1984.
James, W.: The principles of psychology. Holt, 1890.
Janssen, A. W. H. and M. L. J. van Kleef-Hendrikx: The relationship between parent and offspring level of moral reasoning. Vortrag bei der European Conference on Developmental Psychology, Budapest, 1988.
Jenkins, J. J.: Four points to remember – a tetrahedral model. In: L. S. Cermak and F. I. M. Craik (Hrsg.): Levels of processing in human memory. Erlbaum, 1979.
Jones, G. P. and M. H. Dembo: Age and Sex Role Differences in Intimate Friendships During Childhood and Adolescence; in Merrill-Palmer Quarterly, 35, 4, 445–462, 1989.
Jopt, U. W.: Faulheit. In: Zeitschrift für Entwicklungspsychologie und Pädagogische Psychologie, 4, 1978.
Joris, Lieve: De grote onrust. In: Haagse Post, 7, 1985.
Just, M. A.: siehe Carpenter and Just: From eye fixations to comprehension.
Katz, Lilian: Current topics in early childhood education. Ablex Publishing Corporation, 1979.
Keeney, T. J.: siehe Ann Brown: Learning, remembering and understanding.
Keller, Monika: Die Entwicklung der Entwicklungspsychologie. In: Psychologie Heute, 6, 1982.
Keogh, Barbara: Children's temperament and teachers' decisions. In: Temperamental

differences in infants and young children. Ciba Foundation Symposium, Pitman, 1982.

KERR, Kaye: The influence of school and residental mobility on children's behavior. Vortrag ISSBD Konferenz, Tours, 1985.

KERR, B. A. and N. COLANGELO: The college plans of academically talented students. In: Journal of Counseling and Development, 67, 42–48, 1988.

KIEFER, K. E. and C. R. SMITH: Textual analysis with computers. In: Research of Teaching English, 17, 1983.

KIRKPATRICK, C.: The Family. Ronald Press Company New York, 1963.

KLERK, L. F. W. DE: siehe THOMASSEN, VAN GALEN en DE KLERK (Hrsg.): Studies over de schrijfmotoriek.

KLEY, P. VAN DER: Zeg na, jij. Muusses, 1983.

KNULST, W.: Van vaudeville tot video. Sociaal Cultureel Planbureau, 1989.

KOHLBERG, L.: Moral stages and moralization. In: T. lickona (Hrsg.): Moral development and behavior; Theory, Research and Social Issues. Holt, Rinehart & Winston, 1976.

KOHNSTAMM, E. A. et al: Nieuwe Streeflijst Woordenschat voor 6-jarigen. Swets & Zeitlinger, 1981.

KOHNSTAMM, G. A.: Sociale ontwikkeling. In: W. Koops en J. J. van der Werff: Overzicht van de empirische ontwikkelingspsychologie, Teil drei, Sociale ontwikkeling en ontwikkeling van de persoonlijkheid. Wolters-Noordhoff, 1988.

KOOLSTRA, C. M., T. H. A. VAN DER VOORT en M. W. VOOIJS: Buitenschools mediagebruik als voorspeller van technisch en begrijpend lezen; in: Pedagogische Studin, maart 1991.

KOPMELS, D.: Kleine mensen leren lezen. Regionaal Pedagogisch Centrum Zeeland, 1984.

KOUNIN, J. S.: Techniken der Klassenführung. Huber/Klett-Cotta, 1976.

KRAPPMANN, L.: siehe OSWALD & KRAPPMANN: Konstanz und Veränderung in den sozialen Beziehungen von Schulkindern.

KRAPPMANN, L. & H. OSWALD: Beziehungsgeflechte und Gruppen von gleichaltrigen Kindern in der Schule. In: Kölner Zeitschrift für Soziologie und Sozialpsychologie, 25, 1983.

KRAPPMANN, L. & H. OSWALD: Schulisches Lernen in Interaktionen mit Gleichaltrigen. In: Kölner Zeitschrift für Soziologie und Sozialpsychologie, 25, 1983.

KÜNKEL, F.: Charakter, Einzelmensch und Gruppe. Leipzig, 1934.

KUNST, H.: LOGO, achtergronden, evidentie en mogelijkheden. In: Pedagogische Studien, 1, 1984.

LAAK, J. TER: Moreel oordeel en enkele persoonlijkheidskenmerken bij 9- tot 11-jarigen. In: Pedagogische Tijdschrift, 3, 1986.

LAAK, J. TER en L. ALEVA: Wat heet eerlijk? In: Psychologie, 5, 1986.

LADD, G. W.: Social Networks of Popular, Average and Rejected Children in School Settings. In: Merrill-Palmer Quarterly, 3, 1983.

LAMB, M. E.: The effect of divorce on children's personality development. In: Journal of Divorce, 2, 1977.

LANGBEHN, A. J.: siehe DASBERG: Het kinderboek als opvoeder.

LAWLER, R. W.: Computer experience and cognitive development. Ellis Horwood Limited, 1985.

LAWLER, R. W., B. de BOULAY, M. HUGHES and H. MACLEOD: Cognition and Computers: Studies in Learning. Chichester: Ellis Horwood Limited, 1986.

LEAHY, R. L. (Hrsg.): The child's construction of social inequality. New York: Academic Press, 1983.

LEPPER, M. R. and J. L. GURTNER: Children and Computers, Approaching the Twenty-First Century. In: American Psychologist, 44, 2, 1989.

LEVELT, P. B. M.: Hidden messages to girls and boys. NOS, 1984.

LEVELT, P. B. M.: Voor beeld, wat kinderen van de televisie leren kunnen. Staatsuitgeverij, 1981.

LEVIN, J.: siehe Particia MARKS GREENFIELD: Mind and Media.

LEVIN, H.: siehe GIBSON & LEVIN: Die Psychologie des Lesens.
LEVINE, Carol: Videotaping Disruptive Kids. In: Psychology Today, 4, 1983.
LEVITA, D. J. DE: Het kinderkastensyndroom. In: Verslag kinderkast, Stichting voor het kind, 1980.
LEWIS, C. E., Judith M. SIEGEL and Mary Ann LEWIS: Feeling bad: exploring sources of distress among pre-adolescent children. In: American Journal of Public Health, 2, 1984.
LICHTENBELT, L.: Hulpverlening aan ouders en kinderen in de praktijk. In: Kind en adolescent, 3, 1985.
LIVESLEY, W. J. and D. B. BROMLEY: Person perception in childhood and adolescence. John Wiley & sons, 1973.
LOHMAN, D. F.: siehe SNOW and LOHMAN: Towards a theory of cognitve aptitude for learning from instruction.
LONDON, A. VAN: In bed plassen. Van Loghum Slaterus, 1986.
LURIA, A. R.: siehe MARTLEW (Hrsg.): The emergence of writing as an independent field of study.
MACCOBY, Eleanor E.: Gender as a Social Category. In: Developmental Psychology, 24, 6, 755–765, 1988.
MALONE, T. W.: What makes things fun to learn? In: Cognitive Science, 5, 1981.
MANDER, J.: Schafft das Fernsehen ab! In: Psychologie Heute, 10, 1979.
MANN, Virginia A: Reading skill and language skill. In: Developmental Review, 4, 1984.
MANN, Virginia A.: Phonological processing, language comprehension, and reading ability. In: Journal of Learning Disabilities, 22, 1989.
MARKS GREENFIELD, Patricia: Mind and Media. Fontana, 1984.
MARTIN, R. P.: Child Temperament and Educational Outcomes. Vortrag Symposium über Temperament, Leiden, 1985.
MARTLEW, Margaret (Hrsg.): The emergence of writing as an independent field. Wiley, 1983.
MASTEN, Ann: Humor and Competence in School-aged Children. In: Child Development, 57, 461–473, 1986.
MCDEVITT, T. M. et al: Children's Belief about listening: Is it enough to Be Still and Quite? In: Child Development, 61,713–721, 1990.
MCGHEE, P. E.: Humor, its origin and development. Freeman, 1979.
MCKINNON, G. E.: siehe WILLOWS and MCKINNON: Selective reading, attention to the unattended lines.
MCLUAN, H. M.: The medium is the message. 1967
MEDNICK, S.: Crime in the Family Tree. In: Psychology Today, 3, 1985.
MEULENBROEK, R. J. G.: siehe THOMASSEN, VAN GALEN en DE KLERK (Hrsg.): Studies over de schrijfmotoriek.
MEY, H.van der: Question Asking: To know that you don't know is not enough. In: Journal of Educational Psychology, 82, 3, 1990.
MIELKE, K. W. and M. CHEN: Making contact: formative research in touch with children. In: CTW International research Notes, 3, 1980.
MILLER, G. A.: The magical number seven, plus or minus two. In: Psychological Review, 63, 1956.
MILLER, M. M. and B. REEVES: siehe STROMMEN: Developmental Psychology.
MILLER, P. H., F. S. KESSEL and J. H. FLAVELL: Thinking about people thinking about.... In: Child Development, 41, 1970.
MISCHEL, W. and N. H. MISCHEL: Essentials of Psychology. Random House, 1970.
MOLFESE, D. L. and S. J. SEGALOWITZ (Hrsf.): Brain Lateralizarion in Children: Developmental Implications. Guilford Press, 1988.
MONDELL, S. and F. B. TYLER: Parental competence and styles of problemsolving/play behavior with children. In: Developmental Psychology, 17, 1981.
MÖNKS, F. J. en P. SPAN: Hoogbegaafden in de samenleving. Nijmegen: Dekker & Van de Vegt, 1985.
MONTESSORI, Maria: Zelfopvoeding. Ploegsma, 1922.

MOOREHOUSE, Martha J.: Linking Maternal Employment Patterns to
Mother-Child Activities and Children's School Competence. In: Developmental Psychology, 27, 2, 295–303, 1991.
MOOSLEITNER, G. P.: Warum Ihr Kind einen Computer braucht. In: Eltern, 1, 1984.
MORET, H.: Van kiekeboe tot slappe lach. In: Psychologie, 7/8, 1983.
MORRISION, F. J.: Reading disability, a problem in rule learning and word decoding. In: Developmental Review, 4, 1984.
MOSES, Susan: Motivation neglected in educational reform. In: APA Monitor, Januar 1991.
MULDER, T., W. HULSTIJN en Aleid VAN DE BUNTE: Motorische stoornissen bij kinderen. In: Nederlands Tijdschrift voor de Psychologie, 41, 1986.
MYERS, N. A.: siehe Ann BROWN: Learning, remembering and understanding.
NAYLOR, H.: Reading disability and lateral asymmetry. In: Psychological Bulletin, 87, 1980.
NELSON, Janice and Frances E. ABOUD: The resolution of social conflicts between friends. In: Child Development, 56, 1985.
NELSON-LEGALL, S. and S. GLOR-SCHEIB: Help-seeking in Elementary Classrooms. In: Contemporary Educational Psychology, 19, 58–71, 1985.
NETTLETON, N. C.: siehe BRADSLOW and NETTLETON: The nature of hemispheric specialization in man.
NEUWAHL, Nitha en P. H. M. VAN DEN BOOGAART: Huiswerk. In: School, 5, 1985.
NEWMAN, R. S.: Children's Help-seeking in the Classroom: The Role of Motivational Factors and Attitudes. In: Journal of Educational Psychology, 82, 1, 1990.
NIEDERLE, C.: Die Kinderzeitschrift im Urteil ihrer Leser. München, 1972.
NILSEN, A. P., R. PETERSON and L. W. SEARFOSS: The adult as critic versus the child as reader. In: Language arts, 57, 1980.
NOBLE, G.: Children in front of the small screen. Constable, 1975.
NUIS, A.: Schrijven op je hurken. In: Haagse Post, 40, 1980.
OLWEUS, D.: Aggression in the school. John Wiley & Sons, 1978.
OLWEUS, D.: Stability in Aggression and Withdrawn, Inhibited Behavior Patterns. In: R. M. KAPLAN, V. J. KONECNI and R. W. NOVACO (Hrsg.): Aggression in Children and Youth. Martinus Nijhoff, 1984.
OPPENHEIMER, L.: Development of recursive thinking: procedural variations. In: International Journal of Behavioral Development, 1, 1986.
OSWALD, H. & L. KRAPPMANN: Konstanz und Veränderung in den sozialen Beziehungen von Schulkindern. In: Zeitschrift für Sozialisationsforschung und Erziehungssoziologie. Beltz, 2, 1984.
OVERACHELDE, Walda van: Vriendsachappen en vriendschapsverwachtingen bij hoogbegaafde kinderen. In: Tijdschrift voor Orthopedagogiek, Kinderpsychiatrie en Klinische Kinderpsychologie, September/Dezember 1988.
PALINCSAR, A. S. and A. L. BROWN: Reciprocal teaching of comprehension-monitoring activities. In: Cognition and Instruction, 1, 117–175, 1984.
PATINA, N. S.: siehe THOMASSEN, VAN GALEN en DE KLERK (Hrsg.): Studies over de schrijfmotoriek.
PAPERT, S.: Computers en kinderen. Bert Bakker, 1984.
PAPERT, S.: Mindstorms. Basic Books, 1980.
PARIS, S. G. and Evelyn R. OKA: Children's Reading Strategies, Metacognition and Motivation. In: Developmental Review,1, 1986.
PARREREN, C. F. VAN, E. M. H. ASSINK en J. W. M. BORGHOUTS-VAN ERP: Onderwijsleerprocessen in het kader van ontwikkelnd onderwijs. In: S. DIJKSTRA, A. C. M. DUDINK en R. J. TAKENS (Hrsg.): Psychologie en onderwijs. Swets & Zeitlinger, 1983.
PARREREN, C. F. VAN: Basisvorming, leer- en ontwikkelingspsychologische aspecten. Mennicke Stichting, 1985.
PARREREN, C. F. VAN en J. A. CARPAY: Sovjetpsychologen aan het woord. Wolters Noordhoff, 1972.

PATTERSON, G. R.: Coercive family process. In: Social Learning Approach Series, Vol.3, Eugene: Castalia Publishing Co., 1982.

PAVERT, J. VAN DE: Veilig leren lezen. . .onveilig leren schrijven; In: School, 1, 1985.

PEA, R. D. and D. M. KURLAND: siehe Patricia MARKS GREENFIELD: Mind and Media.

PELS, Trees: Marokkaanse kleuters en hun culturele kapitaal. Swets & Zeitlinger, 1991.

PENNINGS, A.: siehe THOMASSEN, VAN GALEN en DE KLERK (Hrsg.): Studies over de schrijfmotoriek.

PERFETTI, C. A. and S. ROTH. In: A. M. Lesgold and C. A. Perfetti (Hrsg.): Interactive Processes in Reading. Erlbaum, 1981.

PERFETTI, C. A.: The cooperative language processors: Semantic influences in an autonomous syntax. In: D. Balota, G. B. Flores d'Arcais and K. Rayner (Eds): Comprehension processes in reading. Erlbaum, 1990.

PERLMUTTER, M.: siehe Ann BROWN: Learning, remembering and understanding.

PETROVSKY, A. V.: Studies in psychology: the Collective and the Individual. Progress Publisher, 1985.

PIAGET, J.: Understanding causality. Norton, 1974.

PIAGET, J.: Die Entwicklung des Zahlbegriffs beim Kinde. Klett-Cotta, 1975.

PIAGET, J.: Das moralische Urteil beim Kinde. Klett-Cotta, 1983.

PIAGET, J.: Development and learning. In: Judith KRIEGER GARDNER (Hrsg.): Readings in developmental psychology. Little, Brown and Company, 1978.

PIER, Marie L.: The sense of self and awareness of identity. Vortrag ISSBD Konferenz, Tours, 1985.

PIJNING, H. F.: Motoriek en lernen. Wolters Nijhoff, 1983.

PINXTEREN, H.: siehe PAPERT: Computer en kinderen.

POSTMAN, N.: Das Verschwinden der Kindheit. S. Fischer, 1986.

PULKKINEN, Lea: Finnland: The Search for Alternatives to Aggression. In: A. P. GOLDSTEIN and M. SEGALL (Hrsg.): Aggression in global perspectives. Pergamon Press, 1983.

RAAIJMAKERS, J. G. W.: Psychologie van het geheugen. Van Loghum Slaterus, 1984.

RAGOSTA, M.: siehe Particia MARKS GREENFIELD: Mind and Media.

REITSMA, P.: Phonemic and graphemic codes in learning to read. Dissertation Vrije Universiteit Amsterdam, 1983.

REMBOLDT, J.: siehe THOMASSEN, VAN GALEN en DE KLERK (Hrsg.): Studies over der Schrijfmotoriek.

RESNICK, L. B. and Phyllis A. WEAVER: Theory and Practice of Early Reading – Volume 1,2,3, Lawrence Erlbaum Associates, 1979.

REST, J. R.: Morality. In: P. H. MUSSEN (Hrsg.): Handbook of Child Psychology, Volume III, John Wiley & sons, 1983.

RINGROSE, H. J. en F. H. NIJENHUIS: Bang zijn voor andere kinderen. Wolters Noordhoff, 1986.

RISPENS, J.: Auditieve aspecten van leesmoeilijkheden. Dissertation Rijksuniversiteit Utrecht, 1974.

ROBINS, L. M.: Some methodological problems and reasearch directions in the study of the effects of stress on children. In: N. GARMEZY and M. RUTTER (Hrsg.): Stress, coping & development in children. McGraw-Hill Book Company, 1983.

ROBINS, L. N.: siehe Jeanne BLOCK, BLOCK and GJERDE: The personality of children prior to divorce.

ROGOFF, B.: siehe GARNDER and ROGOFF: The role of instruction in memory development.

RONVIK, J.: siehe Joyce Van TASSEL-BASKA and Paula OLSZEWSKI-KUBILIUS: Pattern of Influence on Gifted Learners.

ROSENTHAL, R. and L. JACOBSON: Pygmalion in the classroom. Holt, Rinehart & Winston, 1968.

ROTH, S.: siehe Perfetti and Roth: Some of the interactive processes in reading and their role in reading skill.

ROTHENBERG, B.: Children's social sensitivity and the relationship to interpersonal

competence, intrapersonal comfort and intellectual level. In: Developmental Psychology, 2, 1970.
ROZIN, P.: The evolution of intelligence and the access to the cognitive unconscious. In: SPRAGUE and EPSTEIN (Hrsg.): Progress in psychobiology and physiological psychology. Academic Press, 1976.
ROZIN, P. and L. GLEITMAN: The reading process and the alphabetic principle. In: REBER and SCARBOROUGH (Hrsg.): Toward a psychology of reading. Erlbaum, 1977.
RUBIN, Z.: Kinderfreundschaften. Klett-Cotta, 1981.
RUMELHART, D. E.: Toward an interactive model of reading. In: DORNIC & RABBIT (Hrsg.): Attention and performance. Vol. VI, Erlbaum, 1977.
RUTHE, R.: Faulheit ist heilbar. Herder Bücherei, 1977.
RUTTER, M.: Family, Area and School Influences in the Genesis of Conduct Disorder. In: L. A. HERSOV, M. BERGER and D. SCHAFFER (Hrsg.): Aggression & Anti-social Behavior in Childhood & Adolescence. Pergamon Press, 1978.
SADKER, Myra and D. SADKER: Sexism in the schoolroom of the '80s. In: Psychology Today, 3, 1985.
SAGER, C. (Hrsg.): Treating the Remarried Family. Brunner/Mazel, 1983.
SALOMON, G.: Interaction of Media, Cognition and Learning. Jossey-Bass, 1979.
SALOMON, G.: Television Literacy and Television versus Literacy. In: R. W. BAILEY and R. M. FOSTEIN (Hrsg.): Literacy for Life: the Demand for Reading and Writing. Modern Language Association, New York, 1983.
SALVIA, J., J. B. SHEARE and B. ALGOZINNE: Facial attractiveness and Personal-Social Development. In: Journal of Abnormal Child Psychology, 3, 1975.
SANTROCK, J. W. and R. WARSHAK: Father custody and social development in boys and girls. In: Journal of Social Issues, 4, 1979.
SAVIN, H. B.: What the child knows about speech when he starts to read. In: KAVANAGH and LEVITIN (Hrsg.): Language by ear and by eye. MIT Press, 1972.
SAXE, G. B.: Candy selling and math learning. In: Educational Researcher, 17, 14–21, 1988.
SCARDAMALIA, M.: siehe BEREITER and SCARDAMALIA: Does learning to write have to be so difficult?
SCHACHTER, F. F., E. SHORE, S. FELDMAN, R. E. MARQUIS & S. CAMBELL: Siblings deidentification. In: Developmental Psychology, 12, 1976.
SCHNEIDER, B. H. et al: Social Relations of Gifted Children as a Function of Age and School Program. In: Journal of Educational Psychology, 81, 1, 48–56, 1989.
SELIGMAN, M. E. P.: Erlernte Hilflosigkeit. Urban & Schwarzenberg, 1983.
SELMAN, R. L.: The growth of interpersonal understanding. Academic Press, 1980.
SERGENT, J.: siehe Anke Bouma: Lateral Asymmetries and Hemispheric Specialization.
SHAMIR, B.: Unemployment and free time: the role of Protestant work ethic and work involvement. In: Leisure Studies, 4, 1985.
SHANKWEILER, D. P.: siehe BRADY, SHANKWEILER and MANN: Speech perception and memory coding in relation to reading ability.
SHANTZ, Carolyn U.: Social Cognition. In: P. H. MUSSEN (Hrsg.): Handbook of Child Psychology, volume III, John Wiley & sons, 1983.
SIEGAL, M.: Are Sons and Daughters Treated More Differently by Fathers than by Mothers? In: Developmental Review, 7, 183–209, 1987.
SINBERG, Janet: Ik krijg een stiefvader. . .en dat is best moeilijk. Heuff, 1980.
SKINNER, Ellen, Anita SCHINDLER und M. TSCHECHNE: Self-Other Differences in Childrens's Perceptions about the Causes of Important Events. In: Journal of Personality and Social Psychology, 58, 1, 144–155, 1990.
SKUSE, D.: The psychological consequences of being small. In: Journal of Child Psychology and Psychiatry, 28, 5, 641–650, 1987.
SLAVENBURG, J.: Onderwijs en gezinsactivering. Stichting Onderzoek van het Onderwijs, 1986.
SMITH, M. C.: Cognizing the behavior stream: the recognition of intentional action. In: Child Development, 49, 1978.
SMITH, Eleanor: The new moral classroom. In: Psychology Today, Mai 1989.

SNOW, R. E. and D. F. LOHMAN: Toward a theory of cognitive attitude for learning from instruction. In: Journal for Educational Psychology, 76–3, 1984.
SNYDER, M.: Self-monitoring processes. In: L.Berkowitz (Hrsg.): Advances in experimental social psychology, 12, 86–128, 1979.
SPELLBRINK, W. & D. ZEBERGS: The development and Concomitants of Children's Classroom and Interactional Behavior. Vortrag ISSBD Konferenz, Tours, 1985.
SPIVACK, G., Janet MARCUS and M. SWIFT: Early Classroom Behaviors and Later Misconduct. In: Developmental Psychology, vol.22, no.1, 1986.
STEINBERG, L. D.: Economic antecedents of child abuse and neglect. In: Child Development, 52, 1981.
STEIN, Aletha: siehe Lynette FRIEDRICH and Aletha STEIN: Aggressive and prosocial television programms and the natural behavior of preschool children.
STERNBERG, R. J. (Hrsg.): Advances in the psychology of human development. Lawrence Erlbaum, 1982.
STERNBERG, R. J.: Beyond IQ: A Triarchic Theory of Human Intelligence. Cambridge University Press, 1985.
STERNBERG, R. J.: A contextualist view of the nature of intelligence. In: International Journal of Psychology, 19–4/5, 1985.
STERNBERG, R. J. and J. E. DAVIDSON (Hrsg.): Conceptions of Giftedness. New York: Cambridge University press, 1986.
STEVENSON, H.: siehe DIJKSTRA: Geen leesstoornissen in Japan?
STEVENSON, H. and D. WAGNER: Cultural perspectives on Child Development, San Francisco, 1982.
STEVENSON, H. W. c.s.: Mathematics Achievement of Children in China and the United States. In: Child Development, 61, 1053–1066, 1990.
STEVENSON, H. W. c.s.: Contexts of Achievement: a study of American, Chinese and Japanese children, Monographs of the Society for Research in Child Development, University of Chicago Press, 221, Vol. 55, 1–2, 1990.
STIGLER, J. W., S. LEE and H. W. STEVENSON: Mathematics Classrooms in Japan, Taiwan, and the United States. In: Child Development, 58, 1272–1285, 1987.
STIPEK, D. J., M. E. LAMB and E. F. ZIEGLER: A measure of children's optimism. In: Educational and Psychological Measurement, 41, 1981.
STROMMEN, Ellen A., J. P. MCKINNEY and H. E. FITZGERALD: Developmental Psychology, the school-aged child. The Dorsey Press, 1983.
SULLIVAN, H. S.: The Interpersonal Theory of Psychatry. W. W. Norton, 1953.
SULS, J. & R. J. KALLE: Children's moral judgements as a function of intention, damage and an actor's physical harm. In: Personality and Social Psychology Bulletin, 7, 1981.
SVANUM, S. and R. G. BRINGLE: Father Absence and Cognitive Performance. In: Child Development, 53, 1982.
TAL, Z. and E. BABAD: The Teacher's Pet Phenomenon: Rate of Occurence, Correlates, and Psychological Costs. In: Journal of Educational Psychology, 82, 4, 637–645, 1990.
TASSEL-BASKA, Joyce VAN and Paula OLSZEWSKI-KUBILIUS (Hrsg.): Pattern of Influence on Gifted Learners: the Home, the Self and the School. New York: Teachers College Press, 1989.
TAUSCH, Annemarie and R. TAUSCH: On becoming partners in preschool and schoolteaching. In: C. F. M. VAN LIESHOUT and D. J. INGHAM (Hrsg.): Stimulation of social development in school. Swets & Zeitlinger, 1977.
TAYLOR, J. F.: The hyperactive child and the family. Random House, 1982.
TELLEGEN, Saskia: Waarom zou je lezen. Dissertation Universiteit van Amsterdam, 1986.
TERMAN, L. M.: Genetic Study of Genius, Volumes 1–5. Stanford University Press, 1925–1959.
TEULINGS, H. L.: siehe THOMASSEN, VAN GALEN en DE KLERK (Hrsg.): Studies over de schrijfmotoriek.

THARP, R. G. and R. GALLIMORE: What a coach can teach a teacher. In: Psychology Today, 1, 1976.

THIJSSEN, T.: siehe GEEL: Honderd jaar zorgelijkheid over het stelonderwijs.

THOMASSEN, A. J. W.M., G. P. VAN GALEN en L. F. W. DE KLERK (Hrsg.): Studies over de schrijfmotoriek. Swets & Zeitlinger, 1985.

TIGER, L.: Optimism, the biology of hope. Simon & Schuster, 1979.

TOMLINSON-KEASY, Carol and T. D. LITTLE: Outcomes of gifted men and women. In: Journal of Educational Psychology, 82, 3, 442–455, 1990.

TURKLE, Sherry: The second self. Simon & Schuster, 1984.

VEER, A. J. E. de, J. M. A. M. JANSSENS en J. R. M. GERRIS: Perspectief nemen, empathie en morele ontwikkeling. In: Kind en Adolescent, 9,4, November 1988.

VELDEN, R. K. W. VAN DER: Sociale herkomst en schoolsucces. Rion, Monografien onderwijsonderzoek 10, 1991.

VENEZKY, R. L.: siehe GIBSON en LEVIN: Psychologie des Lesens.

VETH, C.: siehe DASBERG: Het kinderboek als opvoeder.

VLUGT, H. VAN DER: Lateralisatie van hersenfunkties. Swets & Zeitlinger, 1979.

VOOIJS, M. W.: Kritisch TV kijken. Swets & Zeitlinger, 1982.

VOORT, T. H. A. VAN DER: Televisie en lezen. Swets & Zeitlinger, 1990.

VOORT, T. VAN DER: De invloed van televisiegeweld. Swets & Zeitlinger, 1990.

VRIES, A. DE: Wat heten goede kinderboeken. Querido, 1989.

VUCHINICH, S. et al.: Parent-Child Interaction and Gender Differences in Early Adolescent' Adaptation to Stepfamilies. In: Developmental Psychology, 27, 4, 618–626, 1991.

VYGOTSKY, L. S.: Mind in society – the development of higher psychological processes. Harvard University Press, 1978.

WATERS, H. S.: Memory Development in adolscence-relationships between metmemory, strategy use and performance. In: Journal of Experimental Child Psychology, 33, 1982.

WEINER, B.: A theory of Motivation for Some Classroom Experiences. In: Journal of Educational Psychology, 71, 1, 3–25, 1979.

WEISS, R. S.: Growing up a little faster. In: Journal of Social Issues, 4, 1979.

WEISS, W. W.: Erziehung zur Selbständigkeit. In: Zeitschrift für Pädagogik, Februar 1980.

WERNER, Emmy E. and Ruth S. SMITH: Vulnerable but invinvible. McGraw-Hill Book Company, 1982.

WESDORP, H.: Goed onderwijs, wat is dat? Stichting voor het Onderzoek van het Onderwijs-Selecta Reeks, 1986.

WHITE, R. W.: Motivation reconsidered: the concept of competence. In: Psychological Review, 66, 1959.

WHITEHEAD, Linnette: Sex differences in children's responses to family stress. In: Journal of Child Psychology and Psychatry, 20, 1979.

WIEGMAN, O., B. BAARDA en S. SEYDEL: Aggressie en criminaliteit. Van Loghum Slaterus, 1982.

WIEGMAN, O., M. KRUTTSCHREUTER en B. BAARDA: Television viewing related to aggressive and prosocial behavior. SVO-Selectareeks, 1986.

WILLIS, J. W., D. LAMONT JOHNSON and P. N. DIXON: Computers, Teaching and Learning. Dilithium Press, 1983.

WILLOWS, D. M. and G. E. MCKINNON: Selective reading, attention to the unattended lines. In: Canadian Journal of Psychology, 1973.

WIT, C. DE: Depressie bij kinderen. Acco, 1985.

WOLFORD, G. and Carol A. FOWLER: Differential use of partial information by good and poor readers. In: Developmental Review.

WOLTJER, G. en H. JANSSENS: Wat is er met dat kind? Wolters Noordhoff, 1986.

WOODARD, F. and Donnarae MACCANN: Huckleberry Finn and the traditions of Blackface Minstrelsy. In: Bulletin Interracial Books for Children, 15, 1984.

WOODWORTH, R. S.: Psychology. Holt, 1945.

Wood, D. and D. Middleton: A study of assisted problem-solving. In: British Journal of Psychology, 66, 1975.
Yeats, K. O. and R. L. Selman: Social Competence in Schools: Toward an Integrative Developmental Model for Intervention. In: Developmental Review, 9, 64–100, 1989.
Youniss, K.: Parents and Peers in Social Development. University of Chicago Press, 1980.
Yule, W and R. Williams: Post traumatic stress reactions in children. In: Journal of Traumatic Stress, 10, 1990.
Wygotski: siehe Vygotsky
Zuckerman, Diana: Call me Ishmael. In: Psychology Today, 5, 1985.

Register

Personenregister

Sachregister

Rita Kohnstamm

Praktische Psychologie des Jugendalters

1999. 239 Seiten, Kt DM 39.80 / Fr. 35.90 / öS 291.–
(ISBN 3-456-83183-8)

Rita Kohnstamm befaßt sich hier mit der Entwicklung der 12- bis 18jährigen.
Das Buch ist in drei Blöcke gegliedert. In Vom Kind zum Erwachsenen geht es um die körperlichen und geistigen Veränderungen. In Das Individuum werden die Themen Persönlichkeit, Werte und Ideale erörtert. Im dritten Block Das Umfeld wird auf die Beziehungen der Jugendlichen zu Gleichaltrigen und Freunden sowie zu ihrer Familie eingegangen.

Rita Kohnstamm

Praktische Kinderpsychologie

Die ersten 7 Jahre. Eine Einführung für Eltern, Erzieher und Lehrer

2. Nachdruck 2000 der 3., korrigierten und erweiterten Auflage 1990. 224 Seiten, Kt
DM 29.80 / Fr. 29.80 / öS 218.– (ISBN 3-456-81875-0)

Der Hauptteil des Buches behandelt u.a. die Entwicklung von Abhängigkeit zur Selbständigkeit, das Werden der Persönlichkeit und des Selbstbewußtseins. Rita Kohnstamm befaßt sich mit einer Vielzahl faszinierender Einzelfragen: Welche Rolle spielt die Stellung eines Kindes in der Geschwisterreihe? Wie entstehen Kinderängste, und was kann man dagegen tun? Wie bildet sich das Gewissen des Kindes aus? Woher kommen die Aggressionen des Kindes? Was bestimmt die Entwicklung seiner Geschlechtsrolle? Wie verläuft die Entwicklung der Phantasie? des Spiels?

Verlag Hans Huber http://Verlag.HansHuber.com
Bern Göttingen Toronto Seattle